Excel 2013

Excel 2013

Sehen und Können

Ignatz Schels

Markt+Technik

ISBN 978-3-945384-10-7

Espenpark 8
90559 Burgthann

Produktmanagement Christian Braun
Herstellung Jutta Brunemann, j.brunemann@mut.de
Einbandgestaltung David Haberkamp
Coverfoto © Jonas Glaubitz – Fotolia.com
Satz Thorsten Schlosser, Kreuztal (www.buchsetzer.de)
Druck Media-Print, Paderborn
Printed in Germany

Liebe Leserin, lieber Leser,

ich freue mich, Ihnen mit diesem Buch *Bild für Bild* das faszinierende Tabellenkalkulationsprogramm Microsoft Excel 2013 präsentieren zu können. Lernen Sie, wie Excel 2013 eingerichtet und bedient wird, üben Sie den Umgang mit Tabellen, Arbeitsmappen sowie Zellbereichen und nutzen Sie die vielen Werkzeuge für die Bearbeitung und Analyse von Kalkulationsdaten. Ich zeige Ihnen an Beispielen aus der Praxis, wie Sie Formeln schreiben und wichtige Funktionen anwenden, Diagramme zeichnen, große Datenlisten verwalten und PivotTables gestalten. Natürlich finden Sie zu jedem Thema auch eine Menge Tipps und Tricks.

Mit *Bild für Bild* werden Sie schon bald zum Excel-Experten. Ich wünsche Ihnen viel Erfolg und viel Spaß mit diesem ganz besonderen Buch!

Ihr Autor Ignatz Schels

4 Schrift, Farben und Muster – Tabellen formatieren 85

5 Seitenlayout und Druck 109

6 Formeln und Funktionen 129

7 Listen und Tabellen 163

8 PivotTables und PivotCharts 187

9 Diagramme 203

Starten, einrichten, loslegen

1

Start

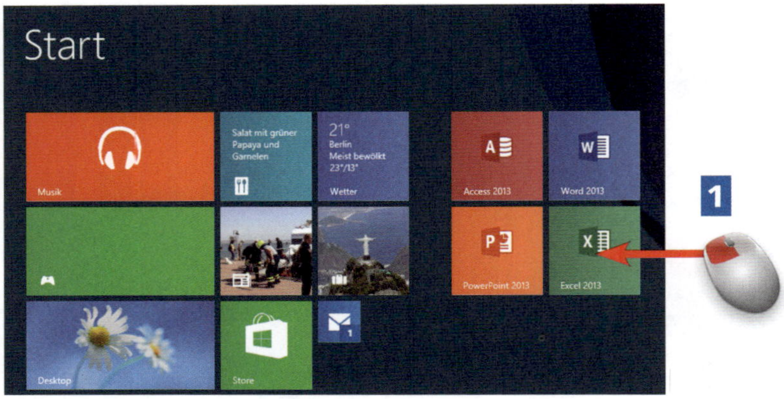

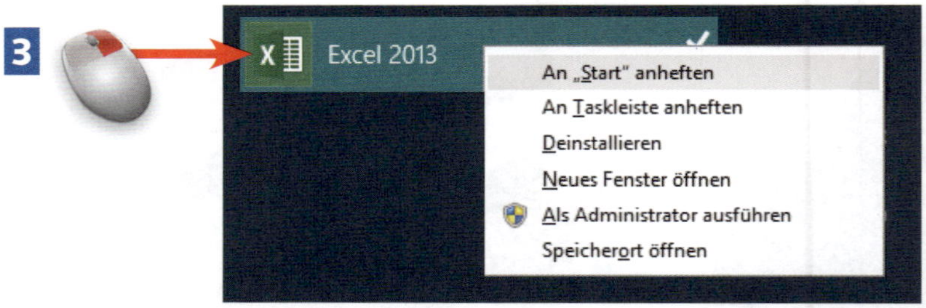

1 Starten Sie Ihr Betriebssystem Windows und suchen Sie auf dem Startbildschirm die Kachel von Excel 2013.

2 In der Apps-Ansicht finden Sie die Kachel in der Gruppe *Microsoft Office 2013*.

3 Klicken Sie das Symbol mit der rechten Maustaste an und holen Sie es in das Startmenü und in die Taskleiste des Desktops.

Um Microsoft Excel zu starten, klicken Sie auf die Kachel im Startmenü oder suchen das Symbol in der Liste der Apps. Wie alle Windows-Programme lässt sich Excel im Vollbild oder in einem Fenster auf dem Desktop bearbeiten.

WISSEN

4

5

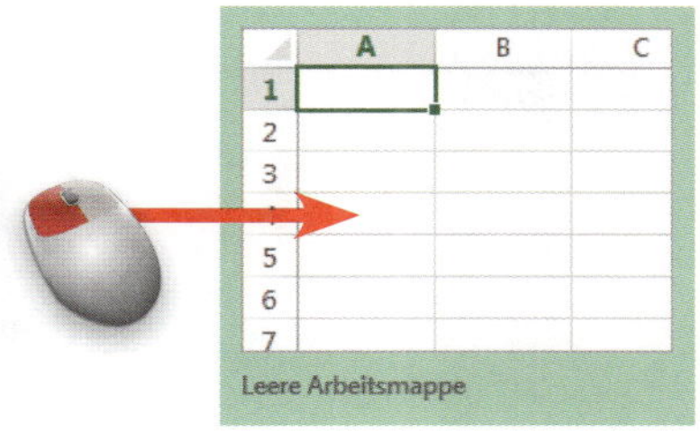

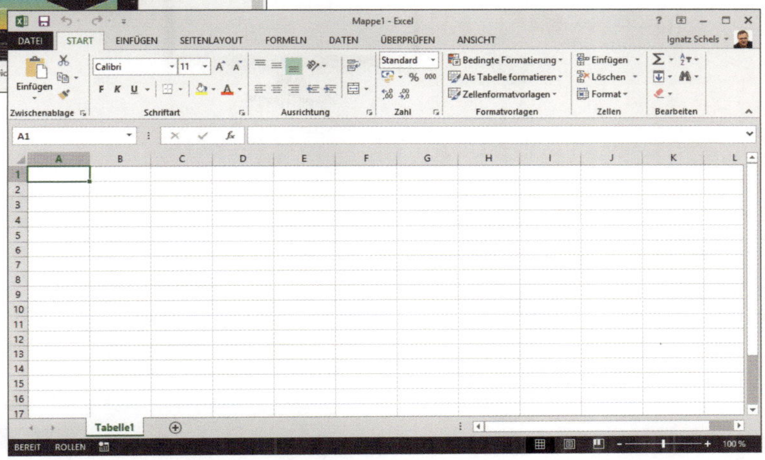

6

4 Excel wird gestartet und präsentiert eine Auswahl von Vorlagen. Um eine Vorlage zu verwenden, klicken Sie auf das Symbol.

5 Für eine neue, leere Arbeitsmappe klicken Sie auf das Symbol *Leere Arbeitsmappe*.

6 Eine neue Mappe mit der Bezeichnung *Mappe1* ist angelegt, sie enthält eine einzelne Tabelle (Tabelle1).

Ende

Die Anzahl der Tabellen in neuen Arbeitsmappen lässt sich in den Excel-Optionen (*Datei-Menü*) einstellen.

HINWEIS

Für jede Arbeitsmappe wird ein neues Fenster (eine Task) auf dem Desktop geöffnet. In der Vorgängerversion wurden alle Mappen in einem einzigen Excel-Fenster gehalten.

HINWEIS

Wenn Sie das Excel-Symbol nicht finden, geben Sie auf dem Windows-Startbildschirm einfach *Excel* ein.

TIPP

Start

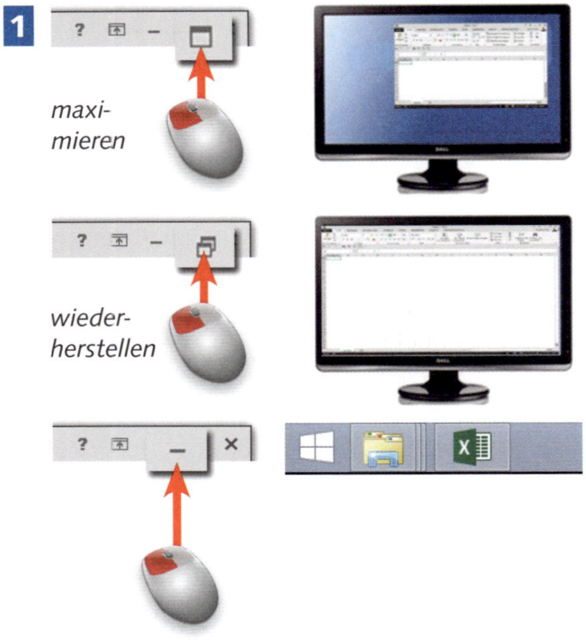

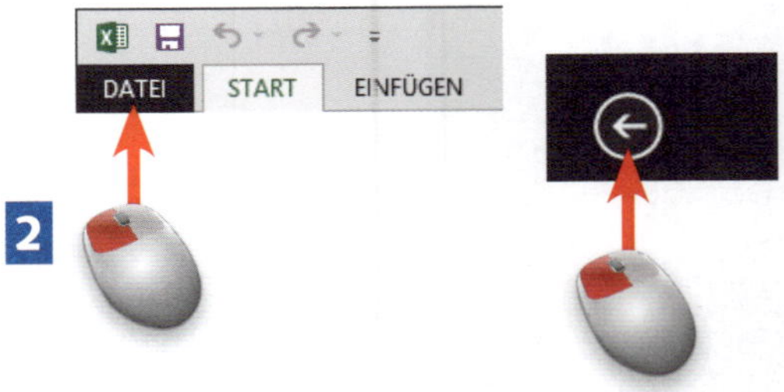

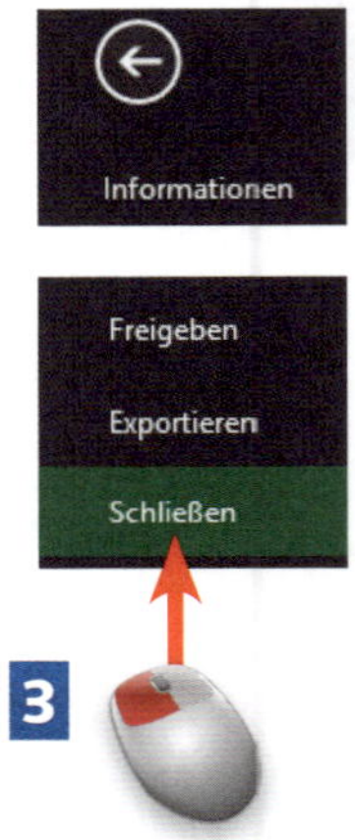

1. Mit diesen Symbolen verkleinern und vergrößern Sie das Fenster der Mappe oder minimieren diese auf das Taskleistensymbol.
2. Aktivieren Sie das *Datei*-Menü, um den Startbildschirm erneut anzuzeigen. Mit dem Pfeilsymbol schalten Sie wieder zurück.
3. Um die Arbeitsmappe zu schließen, wählen Sie *Schließen*.

Wie jedes Windows-Programm wird auch Excel in Fenstern verwaltet. Lernen Sie die Fenstersymbole und die Fensteransichten für das Programm- und das Arbeitsmappenfenster kennen.

WISSEN

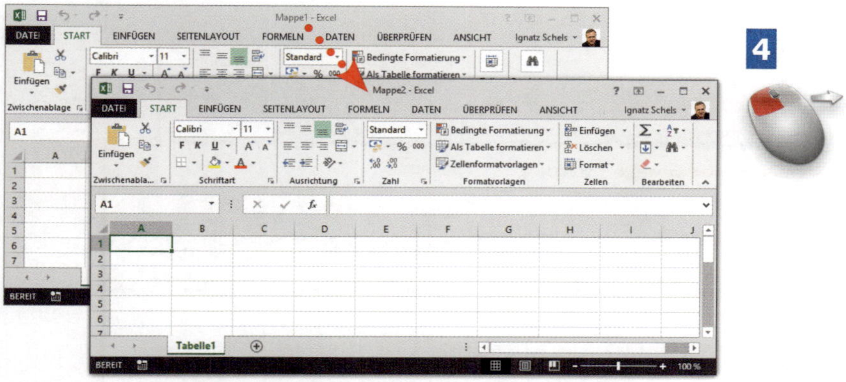

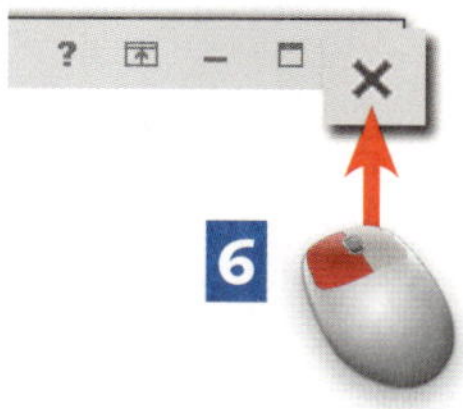

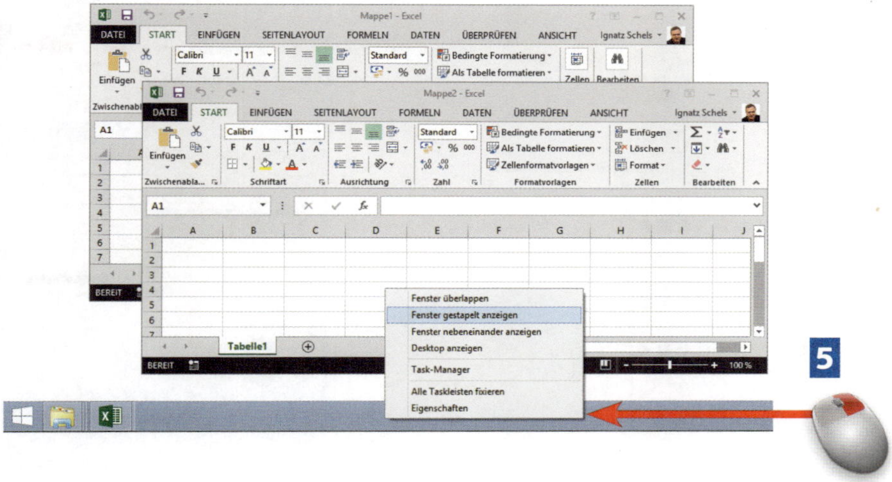

4 Im Fenstermodus sehen Sie jede Arbeitsmappe als einzelnes Fenster. Verschieben Sie sie mit dem Mauszeiger in der Titelleiste.

5 Klicken Sie mit der rechten Maustaste in die Taskleiste und ordnen Sie die Fenster gestapelt, übereinander oder nebeneinander an.

6 Mit dem Schließen-Symbol wird die Mappe geschlossen. Schließen Sie damit die letzte Mappe, wird das Programm Excel beendet.

Ende

TIPP

Das mittlere Fenstersymbol ist ein Wechselschalter zwischen Fenstermodus und Vollbildmodus. Probieren Sie: Ein Doppelklick auf die Titelleiste eines Fensters schaltet zwischen Vollbild und Fenstermodus um.

FACHWORT

Taskleiste: Die Leiste am unteren Rand des Desktops. Sie zeigt Symbole zur Aktivierung von Programmen an.

HINWEIS

Alle anordnen im Register *Ansicht* ordnet alle Arbeitsmappen nebeneinander oder in Stapeln an.

Start

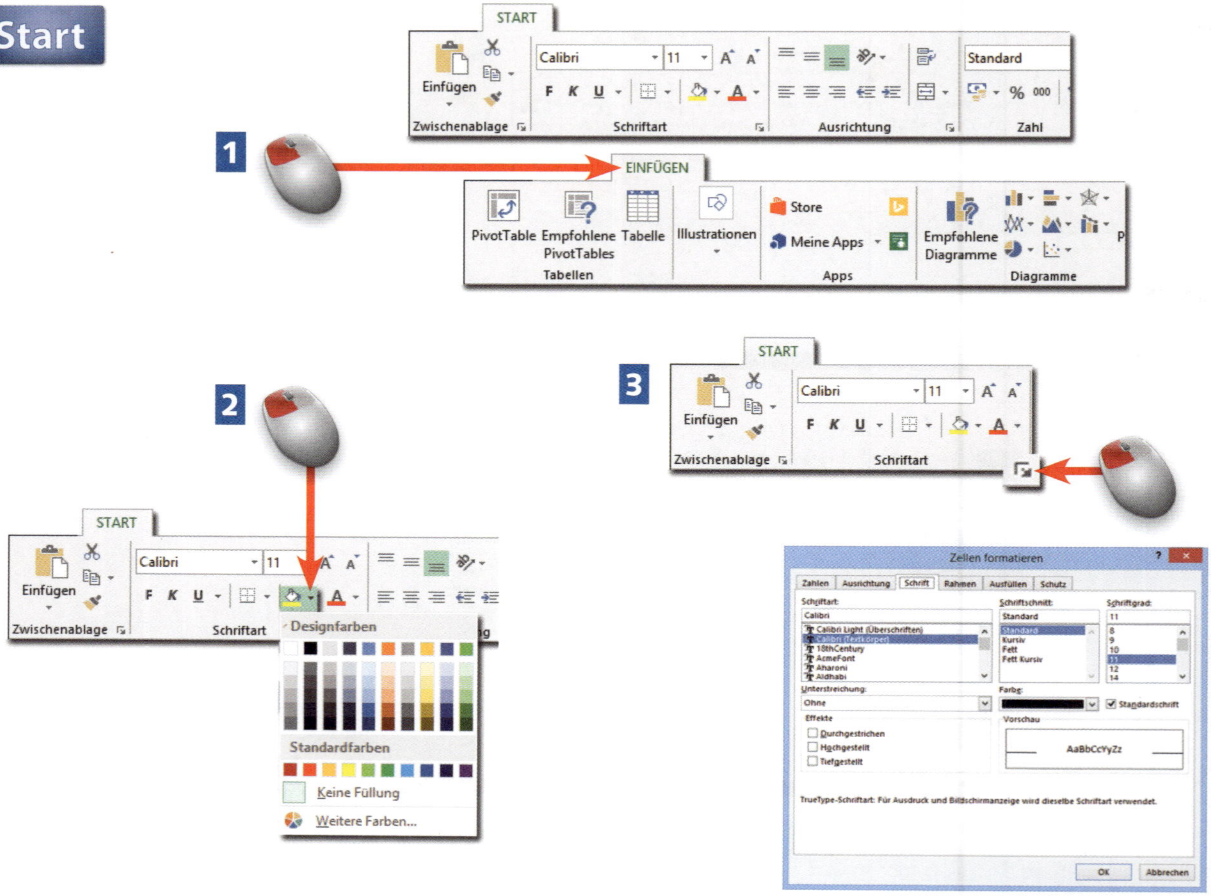

1 Klicken Sie auf den Reiter am oberen Rand des Menübandes, um auf ein Menü umzuschalten.

2 Wählen Sie ein Symbol aus einer Gruppe oder klicken Sie auf das Pfeilsymbol, um das Auswahlmenü des Symbols zu öffnen.

3 Wenn die Gruppe ein Dialogfeldsymbol anbietet, klicken Sie es an, um ein Dialogfenster zu öffnen.

Das Menüband ist die Steuerzentrale für alle Programmfunktionen. Hier finden Sie Register, die in Gruppen unterteilt sind und die wiederum Symbole anbieten. Üben Sie ein wenig mit Registern und Befehlssymbolen. Um das Menüband zu ändern und z. B. neue Register und Symbole einzufügen, aktivieren Sie *Datei/Optionen/Menüband anpassen*.

WISSEN

4
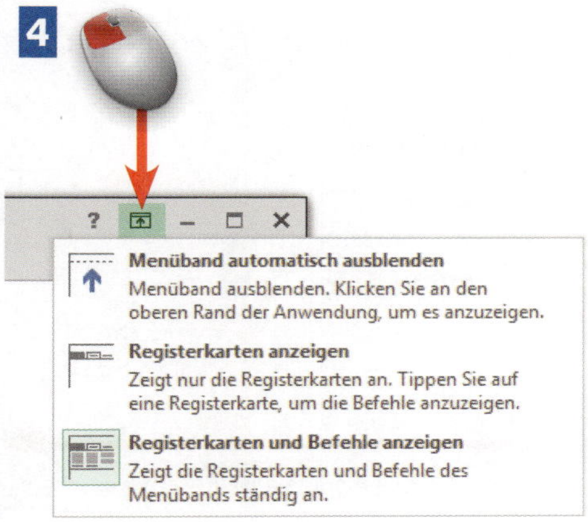

6
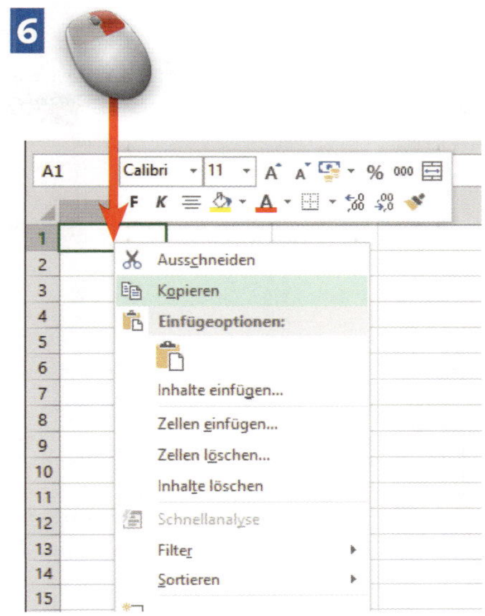

5
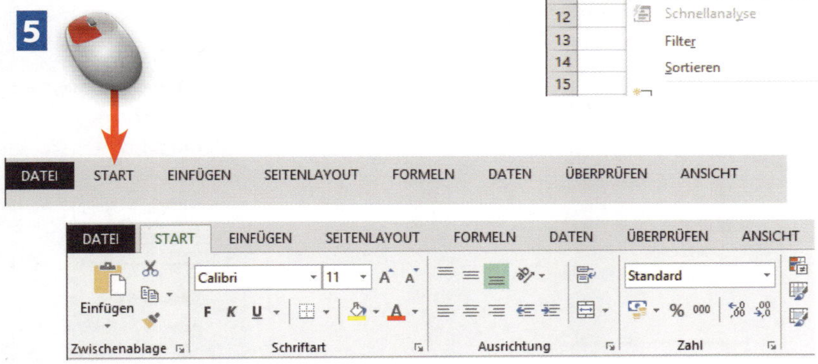

4 Dieses Symbol enthält drei Menüband-Anzeigeoptionen. Sie können das Menüband wahlweise aus- oder einblenden.

5 Ist das Menüband ausgeblendet, wird es erst nach einem Klick auf eines der Register aktiviert.

6 Kontextmenüs blenden Sie mit der rechten Maustaste ein. Sie bieten die wichtigsten Formatierungssymbole und kontextbezogene Funktionen.

Ende

Im Kontextmenü finden Sie eine wechselnde, von der Markierung (Zellen, Zeilen, Spalten, Objekte) abhängige Auswahl an Befehlen aus unterschiedlichen Registern und Gruppen.

HINWEIS

Das Menüband können Sie auch per Doppelklick auf einen Reiter oder mit der Tastenkombination Strg+F1 ein- und ausblenden.

TIPP

Start

1

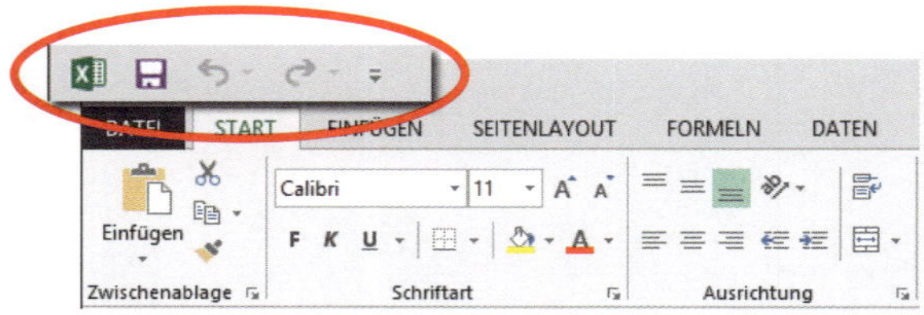

2

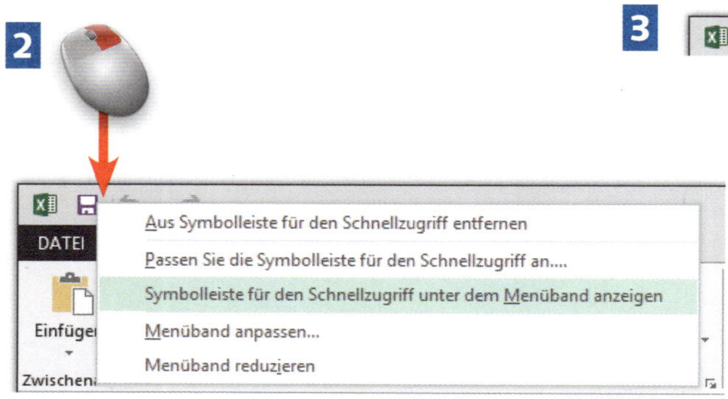

3

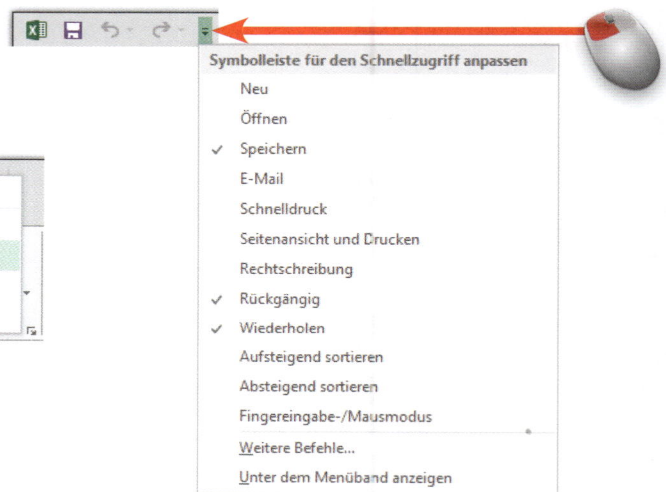

1 Die Symbolleiste für den Schnellzugriff befindet sich über dem Menüband.

2 Klicken Sie mit der rechten Maustaste in die Leiste und bestimmen Sie die Position.

3 Mit dem Pfeilsymbol am rechten Rand öffnen Sie das Menü mit der Befehlsauswahl.

Die Symbolleiste für den Schnellzugriff können Sie individuell gestalten. Holen Sie Ihre Lieblingssymbole aus den verschiedenen Registern und Gruppen in diese kleine Leiste, um Zeit zu sparen.

WISSEN

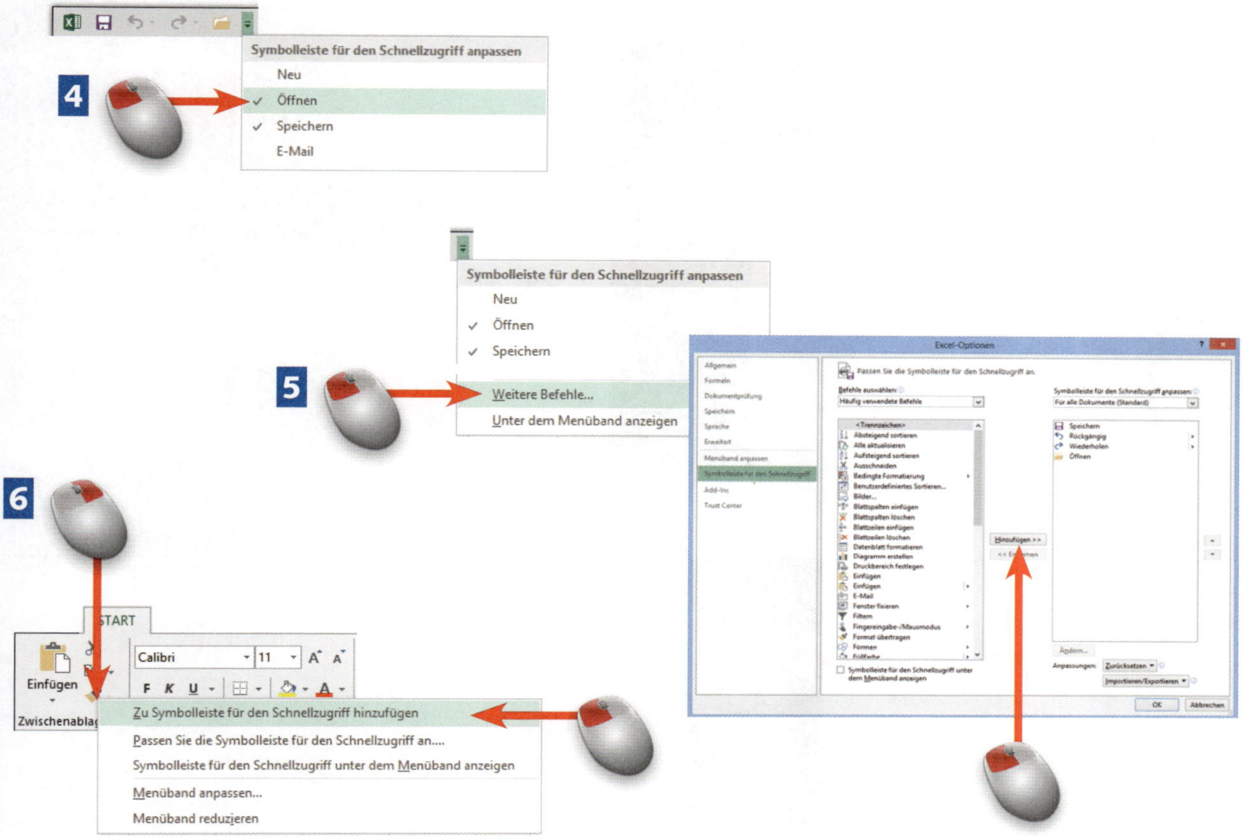

4 Klicken Sie auf einen Befehl, um dessen Symbol in die Symbolleiste für den Schnellzugriff zu holen.

5 Wählen Sie *Weitere Befehle* und holen Sie weitere Symbole aus unterschiedlichen Kategorien in die Leiste. Klicken Sie auf *Hinzufügen*.

6 So geht's schneller: Klicken Sie ein Symbol mit der rechten Maustaste an und wählen Sie *Zu Symbolleiste für den Schnellzugriff hinzufügen*.

Ende

Die Befehlsauswahl finden Sie auch im *Datei*-Menü unter *Optionen* auf der Registerkarte *Symbolleiste für den Schnellzugriff*.

HINWEIS

Um ein Symbol aus der Symbolleiste für den Schnellzugriff zu entfernen, klicken Sie es mit der rechten Maustaste an und wählen *Aus Symbolleiste ... entfernen*.

HINWEIS

Die Anpassung der kleinen Symbolleiste finden Sie auch unter *Datei/Optionen*.

TIPP

Start

1

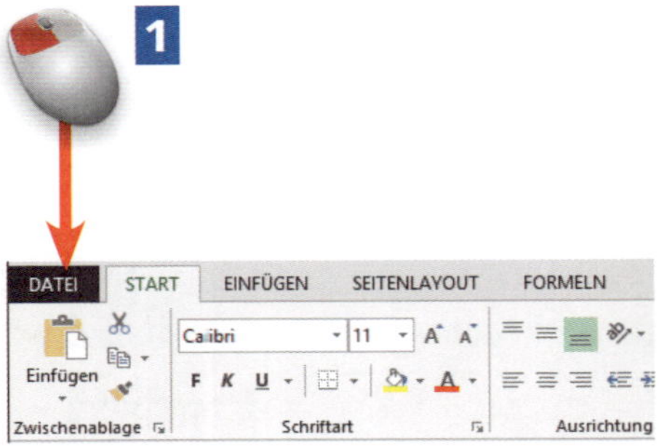

2

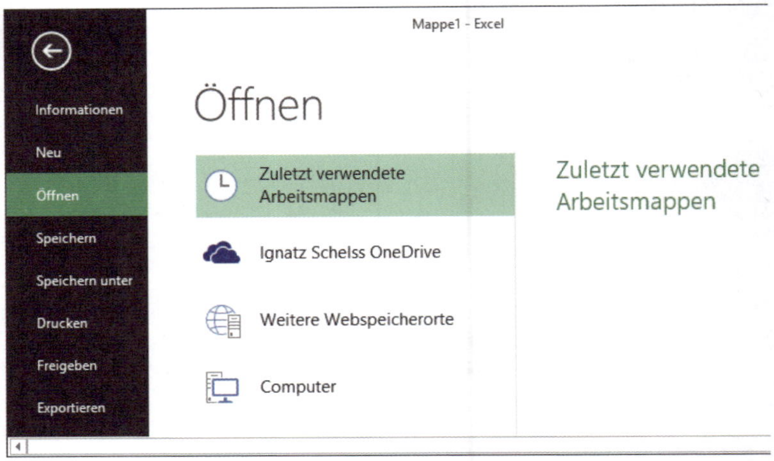

3

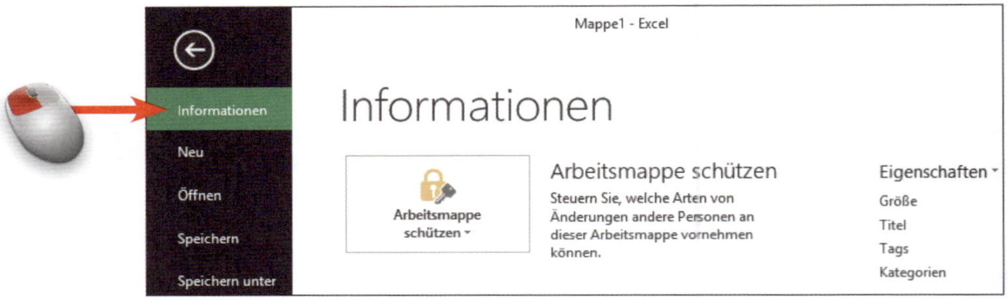

1 Das *Datei*-Menü ist das erste Menü im Menüband. Klicken Sie es an, ...

2 ... wird die Backstage-Ansicht aktiviert. Die Option *Öffnen* ist aktiv, Sie können eine bereits gespeicherte Mappe öffnen.

3 Sehen Sie sich die Informationen zur aktuellen Arbeitsmappe an. Hier können Sie die Mappe auch überprüfen und schützen.

In *der Backstage-Ansicht* finden Sie alle Befehle zur Verwaltung Ihrer Mappen wie Speichern, Öffnen und Drucken. Auch Vorlagen für neue Mappen werden angeboten, und die zuletzt verwendeten Dateien lassen sich bequem aus einer Liste abrufen.

WISSEN

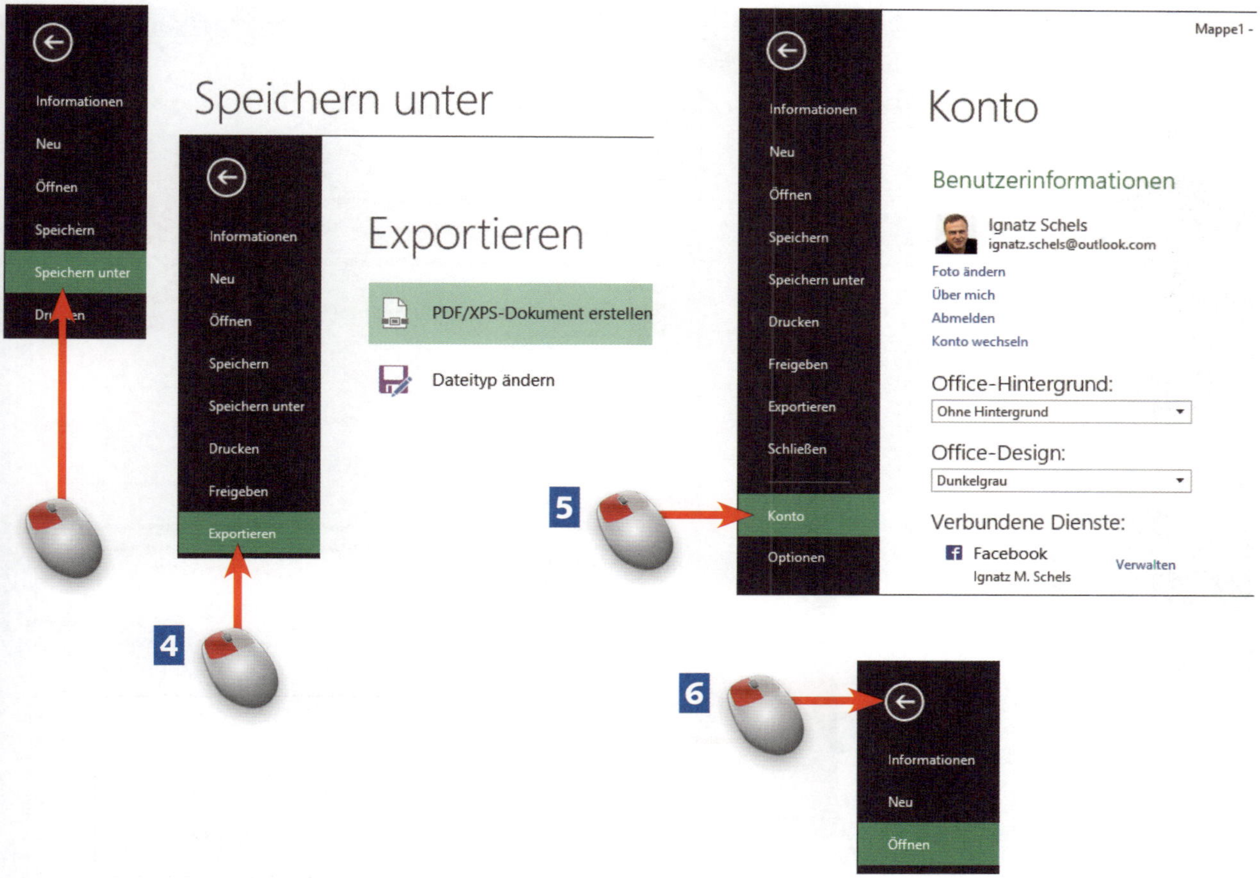

4 Speichern Sie die Arbeitsmappe oder exportieren Sie sie als PDF-/XPS-Dokument.

5 Hier verwalten Sie die Konto-Informationen Ihres Microsoft-Kontos. Melden Sie sich an, wenn Sie die Cloud (OneDrive) nutzen wollen.

6 Klicken Sie auf das Pfeilsymbol, um zum Reiter *Start* zurückzuschalten.

Ende

Die Verwaltung des Microsoft-Kontos aktivieren Sie auch rechts oben im Excel-Fenster, hier werden Ihr Kontobild und der Kontoname angezeigt.

TIPP

Wie Sie Tabellen und Zellbereiche drucken, lesen Sie in Kapitel 2.

HINWEIS

Der Backstage-Befehl *Informationen* liefert Auskünfte über Größe, Erstelldatum und Autor einer Datei und bietet die Möglichkeit, die Mappe per Kennwort zu schützen.

TIPP

Start

1

2

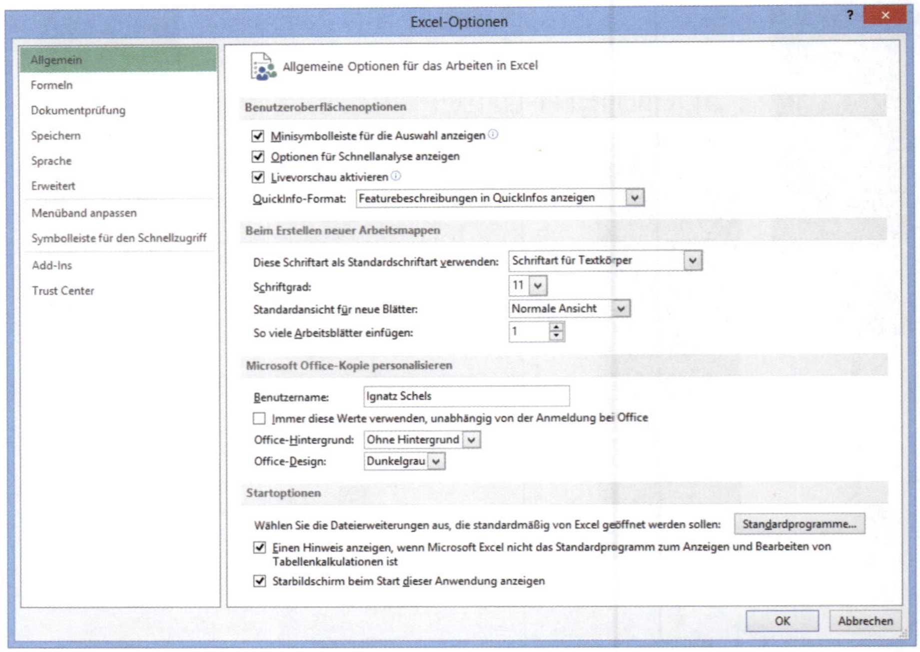

3

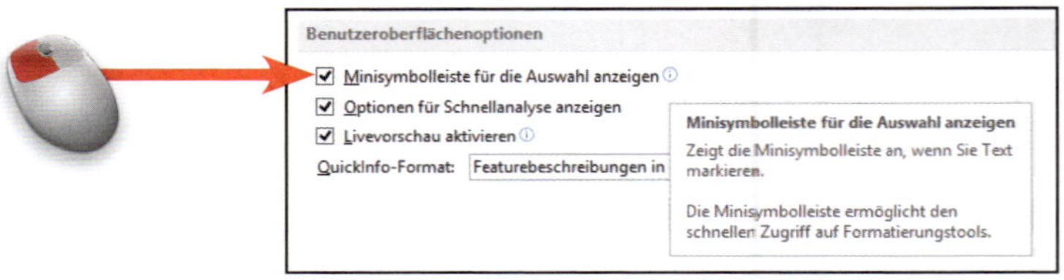

1 Klicken Sie auf den Reiter *Datei* und in der Backstage-Ansicht auf *Optionen*, um die Excel-Optionen zu aktivieren.

2 Die Dialogbox *Excel-Optionen* wird eingeblendet, die erste Kategorie *Allgemein* ist markiert.

3 Zeigen Sie auf eine Option, wird ein kleines Hilfefenster sichtbar. Stellen Sie die Benutzeroberflächenoptionen ein.

Die Excel-Optionen regeln alle Voreinstellungen für das Programm selbst und für Dateien, Mappen und Tabellen. Passen Sie Ihre Programmoberfläche nach eigenen Wünschen an.

WISSEN

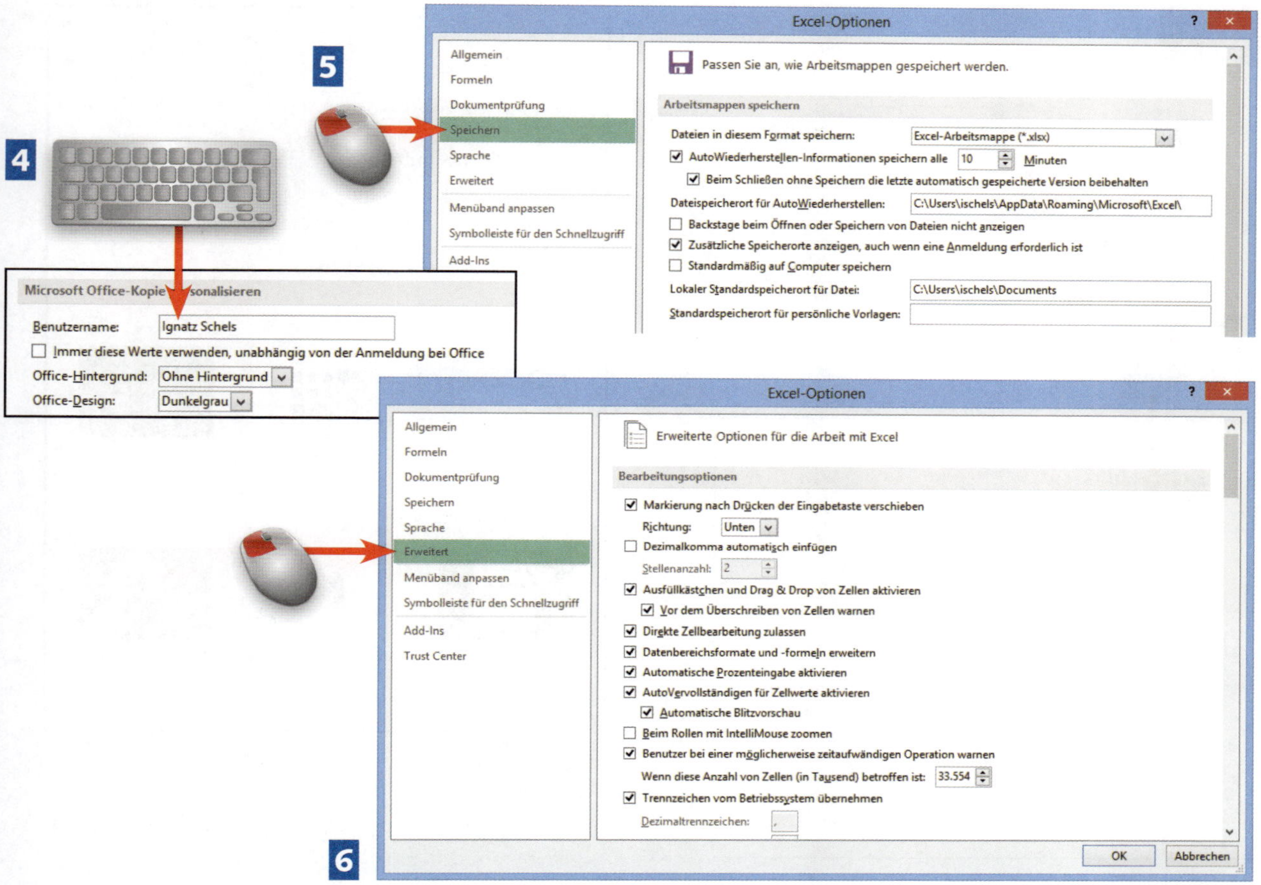

4 Tragen Sie Ihren Benutzernamen ein. Excel wird damit alle von Ihnen gespeicherten Arbeitsmappen kennzeichnen.

5 Klicken Sie auf die Kategorie *Speichern* und bestimmen Sie, wo und wie Excel Ihre Daten speichert.

6 In der Kategorie *Erweitert* finden Sie zahlreiche Optionen für Tabellen und Zellbearbeitung.

Ende

In der Kategorie *Speichern* ist für *AutoWiederherstellen* ein Intervall von 10 Minuten eingestellt. Stürzt das Programm ab, erhalten Sie automatisch die letzte Sicherungskopie.

TIPP

Fügen Sie in der Kategorie *Sprache* weitere Sprachen hinzu, wenn Sie Ihre Excel-Tabellen mehrsprachig bearbeiten wollen. Schalten Sie auf eine Sprache um, erhalten Sie die passenden Grammatik- und Rechtschreibprüfungen.

HINWEIS

Start

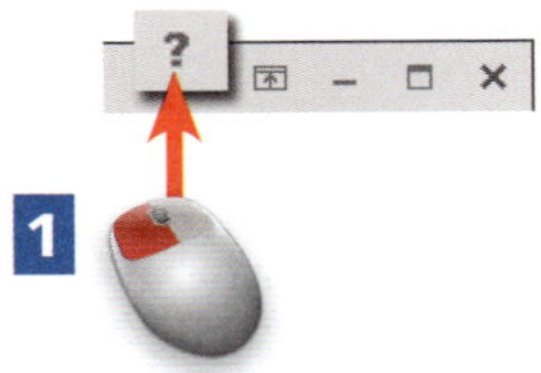

1 Schnelle Hilfe erhalten Sie, wenn Sie auf das Fragezeichensymbol rechts oben klicken oder die Funktionstaste F1 drücken.

2 Die Excel-Hilfe wird in einem neuen Fenster gestartet, klicken Sie auf ein Symbol oder verwenden Sie einen Suchbegriff.

3 Lesen Sie die Hilfetexte zu den angebotenen Themen und schalten Sie zurück zur Startseite.

Wenn's mal gar nicht mehr weitergeht, lassen Sie sich von der Excel-Hilfe unterstützen. Aktivieren Sie das Hilfefenster und suchen Sie per Suchfenster sowie Suchmenü nach dem Thema.

WISSEN

4

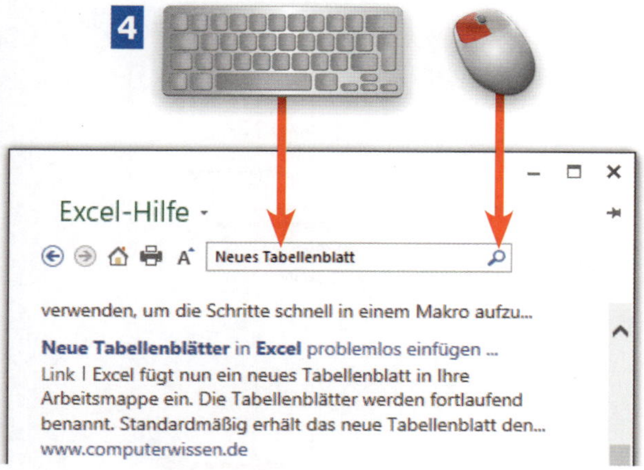

6

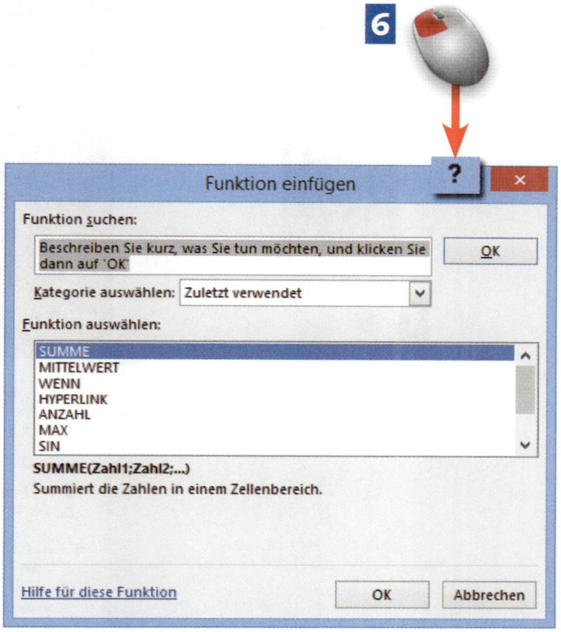

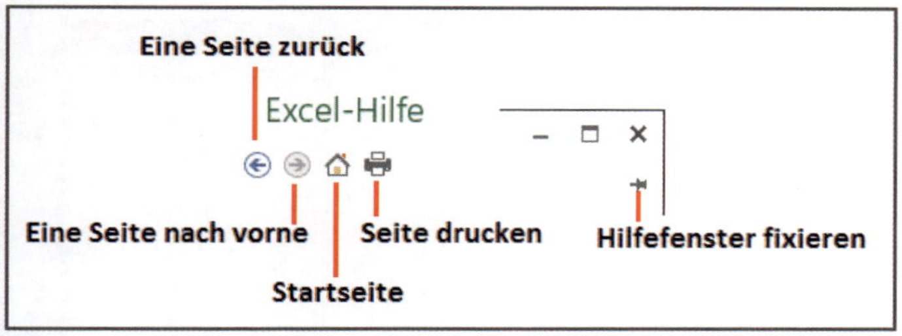

5

4 Geben Sie einen Suchbegriff in das Suchfenster ein und klicken Sie auf das Suchsymbol, um die passenden Themen zu listen.

5 Mit den Symbolen navigieren Sie im Hilfefenster. Die Pinn-Nadel fixiert das Hilfefenster auf dem Bildschirm.

6 Auch Dialogfenster bieten ein Fragezeichen-Symbol an, das direkt zu den passenden Hilfetexten im Hilfefenster führt.

Ende

Drücken Sie F1, wenn ein Dialog oder eine Meldung angezeigt wird. Das Hilfefenster zeigt automatisch die zum Thema passenden Hilfetexte an.

TIPP

Nutzen Sie auch das Onlineangebot von Microsoft, hier finden Sie zahlreiche Hilfeangebote: *www.office.microsoft.com*.

HINWEIS

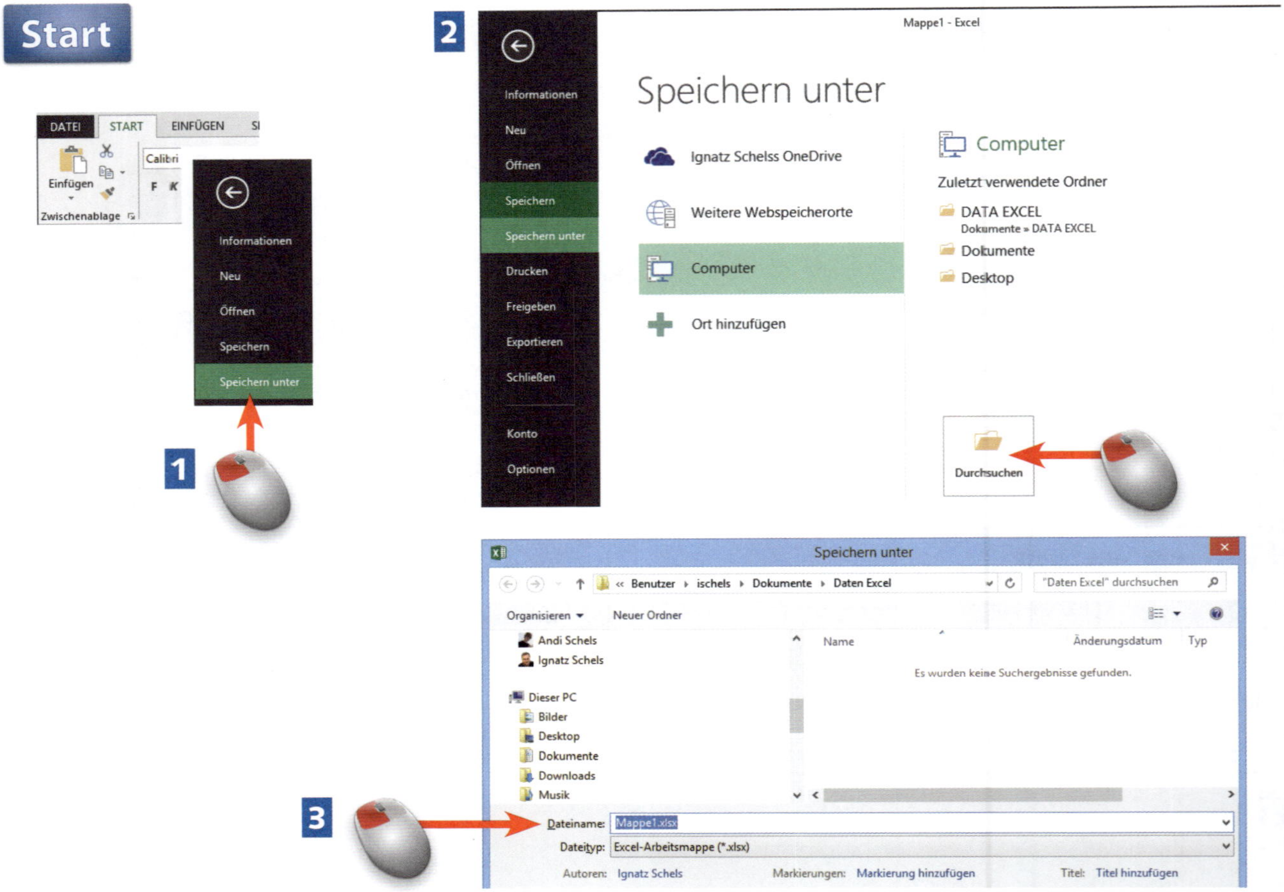

1 Aktivieren Sie das *Datei*-Register und in der Backstage-Ansicht den Befehl *Speichern unter*.

2 Die Backstage-Ansicht stellt die Cloud oder den Computer als Speicherort zur Auswahl. Klicken Sie auf *Durchsuchen*.

3 Speichern Sie die Mappe im Standardformat oder in einem der angebotenen Dateiformate.

Speichern Sie Ihre Arbeitsmappe als Datei ab, bevor Sie Excel beenden. Sie können zwischen mehreren Dateiformaten, auch dem der Vorgängerversionen, wählen.

WISSEN

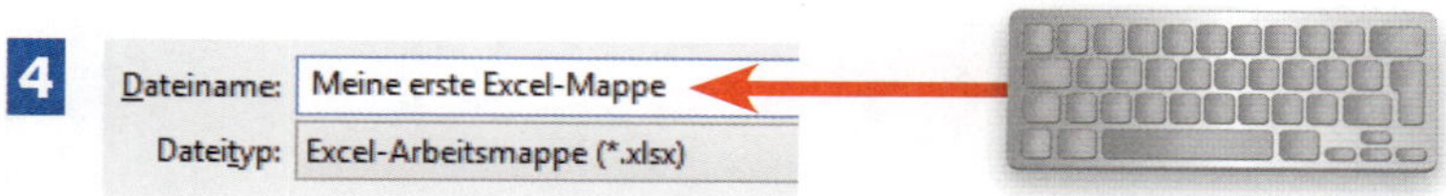

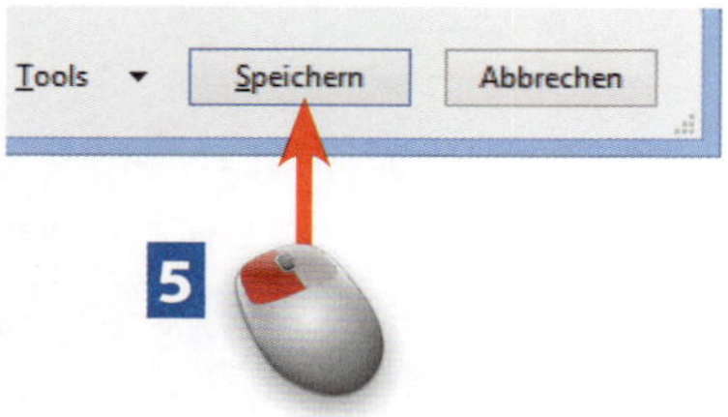

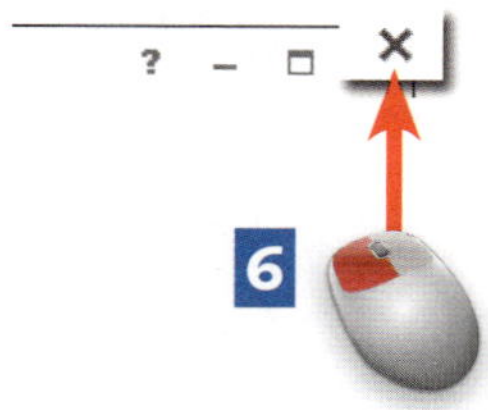

4 Geben Sie den Dateinamen ohne Punkt ein. Die Dateiendung (XLSX) weist Excel automatisch zu.

5 Klicken Sie auf *Speichern*, um die Arbeitsmappe unter den angegebenen Namen und Dateityp zu speichern.

6 Schließen Sie die Mappe mit *Datei/Schließen* oder mit dem Schließen-Symbol. Beenden Sie Excel mit *dem* Schließen-Symbol.

Ende

TIPP

Mit der Funktionstaste F12 starten Sie den Speicherdialog ebenfalls.

HINWEIS

Das Dateiformat von Excel 2013 ist identisch mit dem der Versionen 2010 und 2007, Dateien älterer Versionen sind kompatibel.

HINWEIS

Die Dateiendung weist auf das Dateiformat hin:
XLSX: Excel 2007, 2010, 2013
XLS: Excel 2003/XP und ältere Versionen

Mit Zellen arbeiten

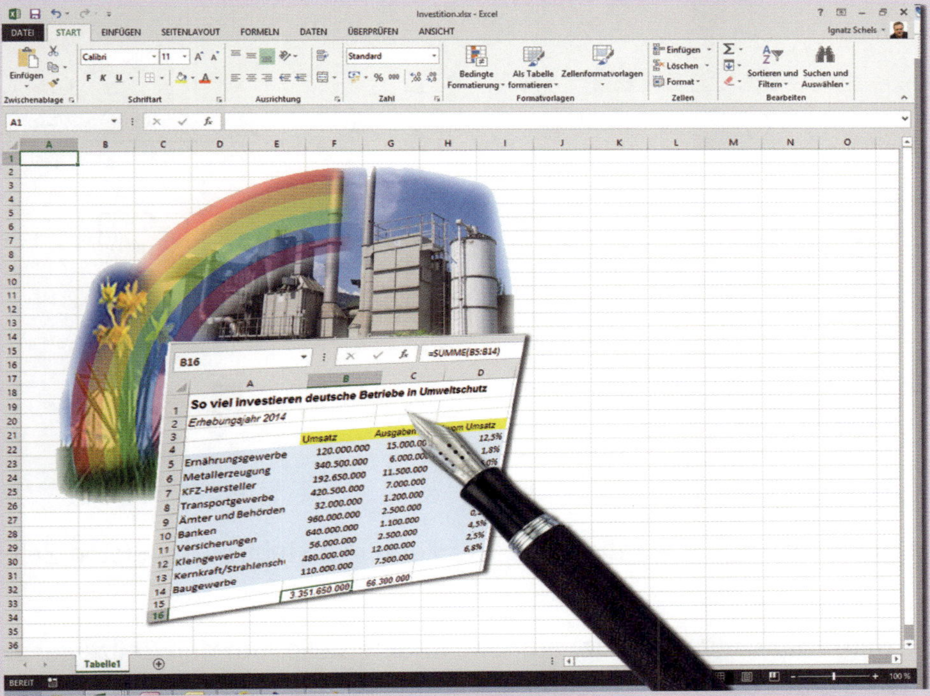

2

Start

1

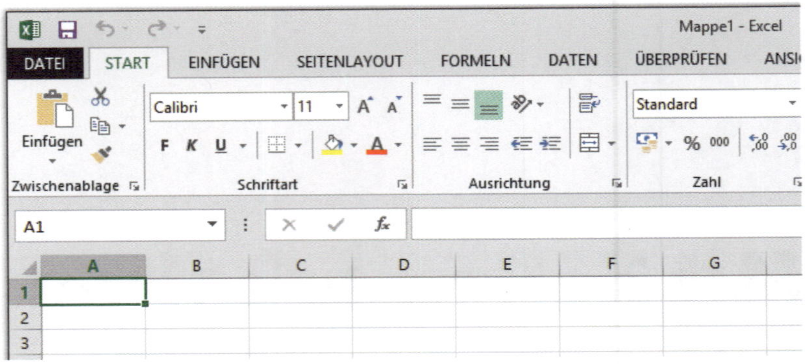

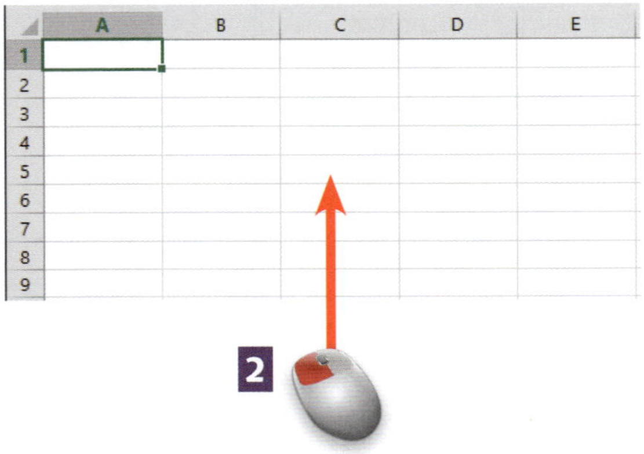

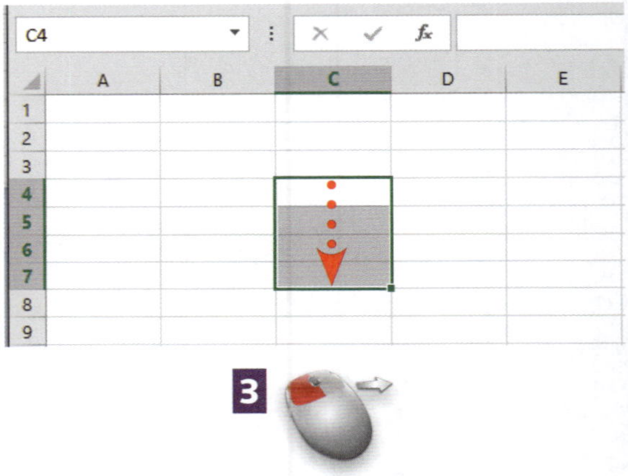

1 Bearbeiten Sie die erste Tabelle – *Tabelle1* –, der Zellzeiger steht in der ersten Zelle namens A1.

2 Klicken Sie mit dem Mauszeiger (Kreuz) auf eine andere Zelle, um den Zellzeiger zu bewegen. Achten Sie auf die neue Zelladresse.

3 Um mehr als eine Zelle zu markieren, ziehen Sie den Mauszeiger mit gedrückter Maustaste in eine Richtung …

Alles Leben entsteht aus der Zelle, und das Prinzip gilt auch für Excel. Lernen Sie die Grundlagen der Tabellenkalkulation mit Zellen, Zellzeiger, Zeilen- und Spalteneinteilung kennen.

WISSEN

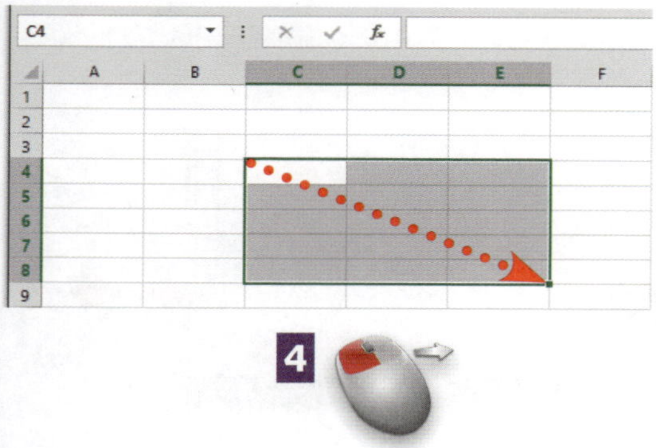

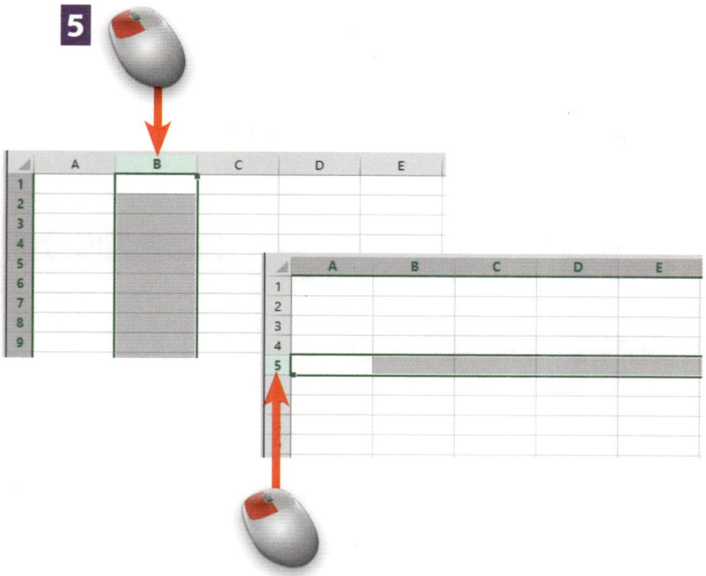

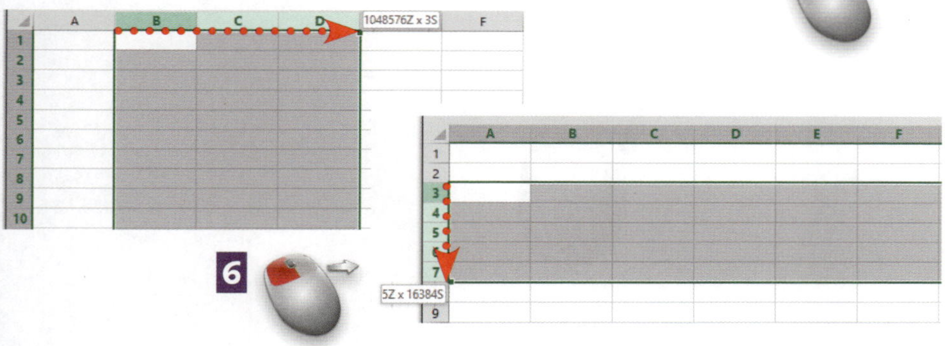

4 ... oder gleichzeitig nach rechts unten bzw. links oben. Lassen Sie die Maustaste los, ist der Zellbereich markiert.

5 Um eine ganze Zeile oder Spalte zu markieren, klicken Sie auf die Zeilennummer oder den Spaltenbuchstaben.

6 Auch hier können Sie den Bereich erweitern. Ziehen Sie den Mauszeiger über mehrere Zeilennummern oder Spaltenbuchstaben.

HINWEIS

Das Namensfeld links oben zeigt immer die Adresse der aktiven Zelle, d. h. der Zelle, in der sich der Zellzeiger befindet.

HINWEIS

Ein Tabellenblatt besteht aus 1.048.576 Zeilen und 16.384 Spalten. Oder anders ausgedrückt: 2^20 Zeilen und 2^14 Spalten.

TIPP

Solange Sie beim Markieren die Maustaste gedrückt halten, können Sie die Anzahl markierter Zeilen und Spalten im Namensfeld links oben im Schnittpunkt von Zeilen und Spalten ablesen.

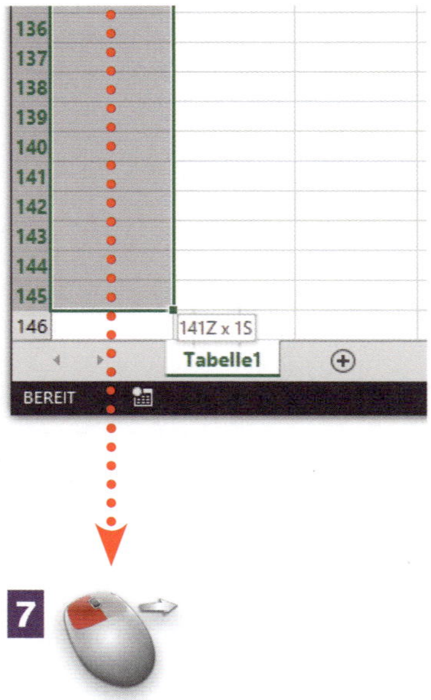

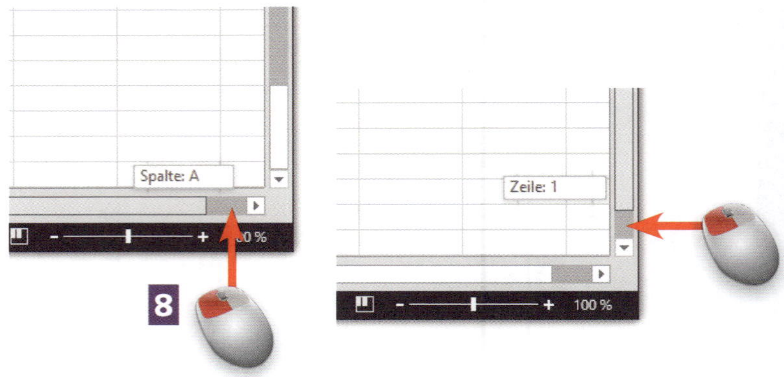

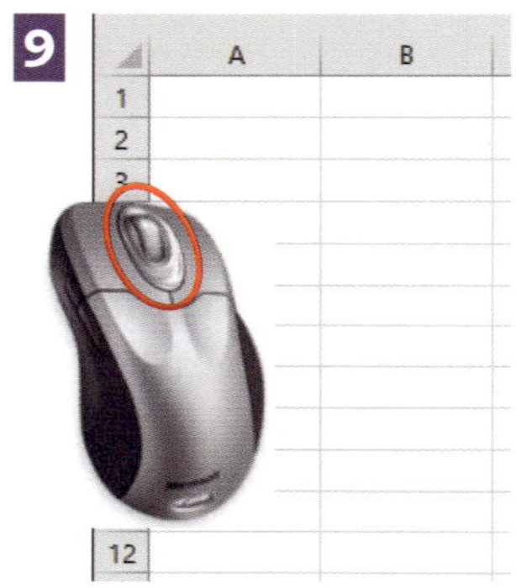

7 Ziehen Sie die Markierung über den Fensterrand hinaus, rollt die Tabelle automatisch weiter.

8 Mit den Rollbalken rechts außen und unten können Sie horizontal und vertikal rollen. Klicken Sie auf den Pfeil oder in die Leiste.

9 Benutzen Sie auch das Mausrad zwischen den Tasten, um die Tabelle zu rollen.

Gut markiert ist halb kalkuliert. Verschieben Sie den Zellzeiger oder markieren Sie Zellen per Mauszeiger und mit der Tastatur. Lernen Sie am besten beide Methoden kennen und nutzen Sie die jeweils schnellste.

WISSEN

10
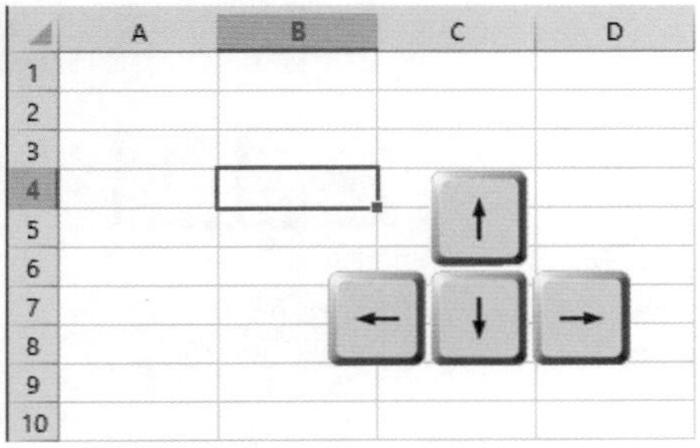

11
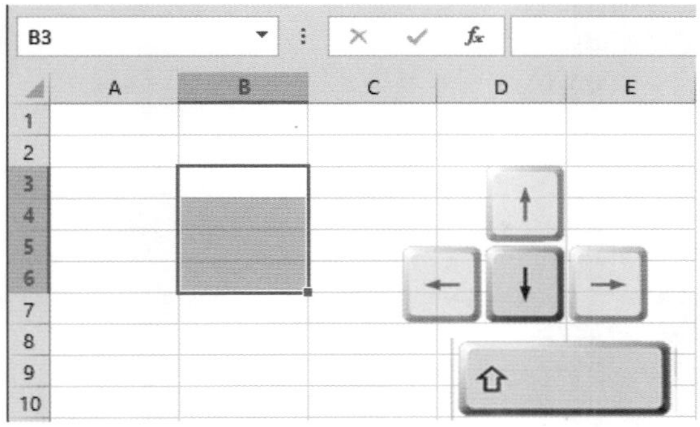

12
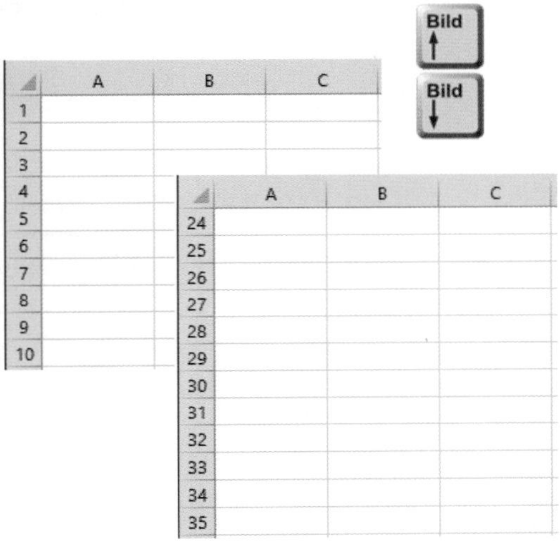

10 Die Pfeiltasten in der Mitte der Tastatur bewegen den Zellzeiger in alle vier Richtungen.

11 Um mehrere Zellen zu markieren, drücken Sie gleichzeitig eine Pfeiltaste und die ⇧-Taste.

12 Nutzen Sie auch die Bildtasten, um seitenweise nach unten oder nach oben zu blättern.

Ende

TIPP

Mit der ⇆-Taste bewegen Sie den Zellzeiger innerhalb einer Markierung. Mit ⇧+⇆ springt er rückwärts.

TIPP

Ziehen Sie den Mauszeiger mit gedrückter Maustaste bis zur Taskleiste, rollt die Tabelle schneller nach unten.

Start

2

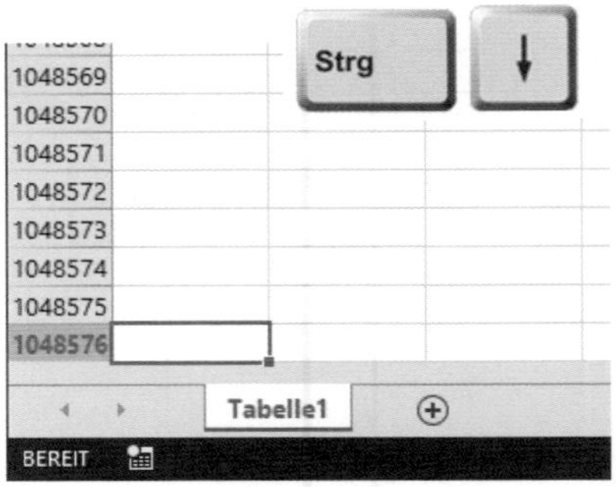

1

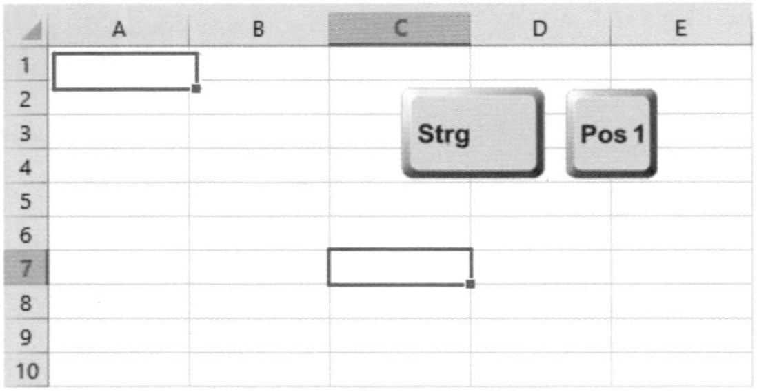

3

1 Drücken Sie [Strg]+[Pos 1], um den Zellzeiger nach links oben auf die Zelle A1 zu setzen.

2 Mit [Strg]+[↓] setzen Sie den Zellzeiger in die letzte Zeile.

3 Drücken Sie [Strg]+[→], um den Zellzeiger in die letzte Spalte zu setzen.

Ein Tabellenblatt hat 1.048.576 Zeilen und 16.384 Spalten. Um an die Randbereiche der riesigen Tabellen zu kommen, brauchen Sie spezielle Tastenkombinationen. Lernen Sie, wie Sie den Zellzeiger auf dem schnellsten Weg durch das Zellenlabyrinth bewegen.

WISSEN

4

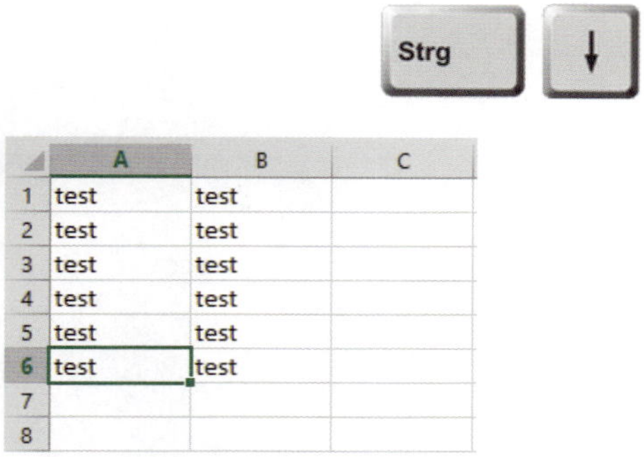

5

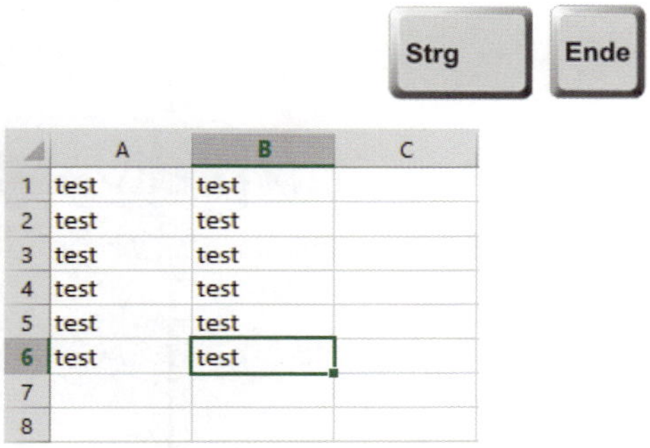

6

4 Enthält die Tabelle bereits Einträge, setzt Strg+↓/→ den Zeiger auf die letzte Zelle vor der ersten Leerzeile oder Leerspalte.

5 Mit Strg+Ende springt der Zellzeiger an die letzte beschriftete Zelle der Tabelle.

6 Für direkte Sprünge drücken Sie F5 und geben die Zelladresse ein. Bestätigen Sie mit einem Klick auf *OK* oder mit der ↵-Taste.

Ende

HINWEIS

In welche Richtung der Zellzeiger nach ↵ springt, stellen Sie unter *Datei/Optionen/Erweitert* ein.

HINWEIS

Verwenden Sie die Pfeiltasten zwischen Ziffern- und Nummernblock. Die Pfeile auf dem Nummernblock funktionieren nur bei ausgeschalteter Num-Taste.

TIPP

Schnelle Sprünge auch mit der Maus? Klicken Sie doppelt auf die Randlinie des Zellzeigers, steuert dieser die nächste erreichbare „Ecke" der (beschrifteten) Tabelle an.

Start

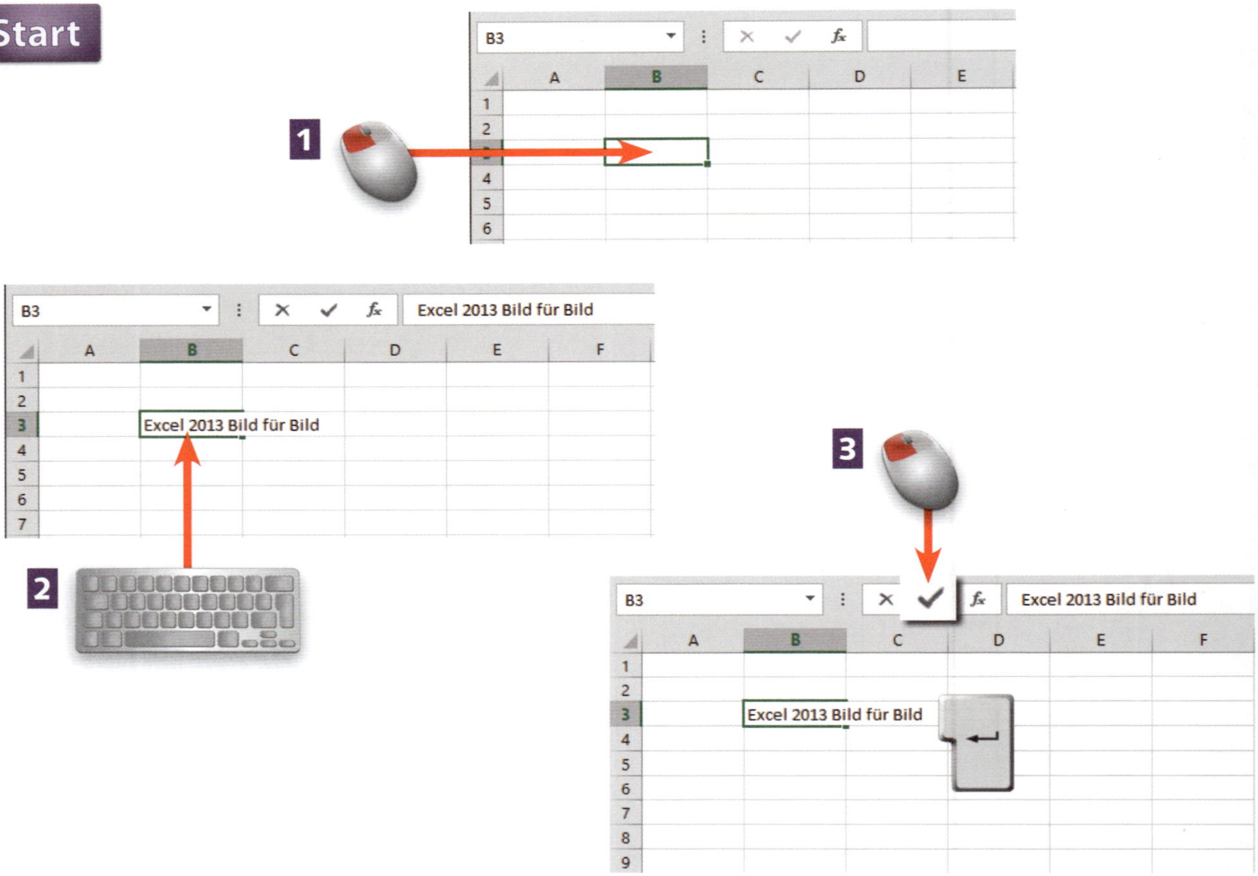

1 Um die Tabelle zu beschriften, setzen Sie den Zellzeiger in die gewünschte Zelle ...

2 ... und schreiben einfach los. Der eingetippte Text wird in der Zelle und in der Bearbeitungsleiste angezeigt.

3 Sie können die Eingabe abschließen, indem Sie mit dem Mauszeiger auf das Häkchen klicken oder einfach ↵ drücken.

Tabellen mit Text oder Zahlen zu füllen, ist einfach. Markieren Sie die Zelle und schreiben Sie los. Wollen Sie etwas ändern, bearbeiten Sie die Zelle direkt im Tabellenblatt oder in der Bearbeitungsleiste. Eine neue Eingabe überschreibt automatisch den Zellinhalt, Sie müssen die Zelle nicht vorher löschen.

WISSEN

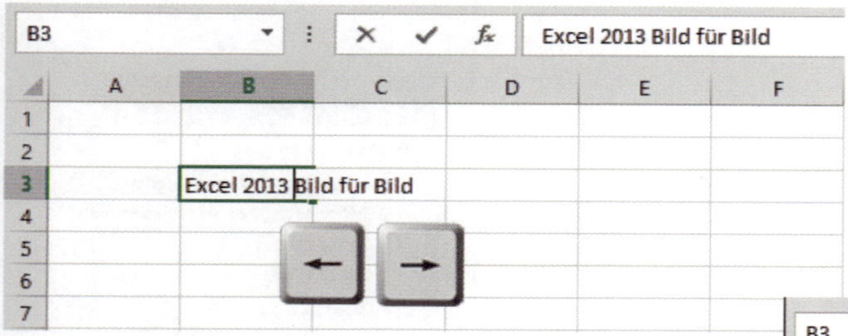

4

5

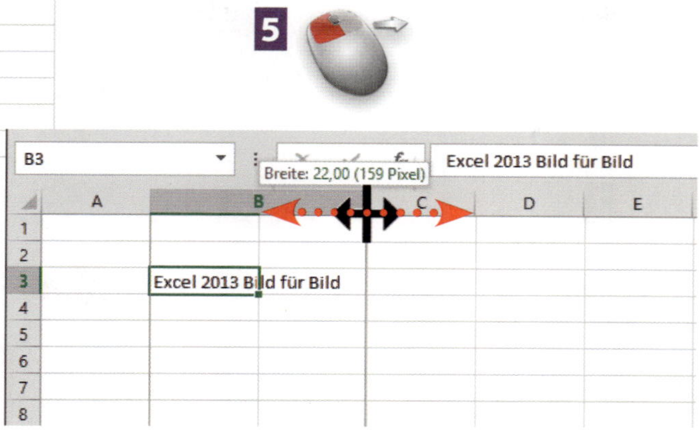

6

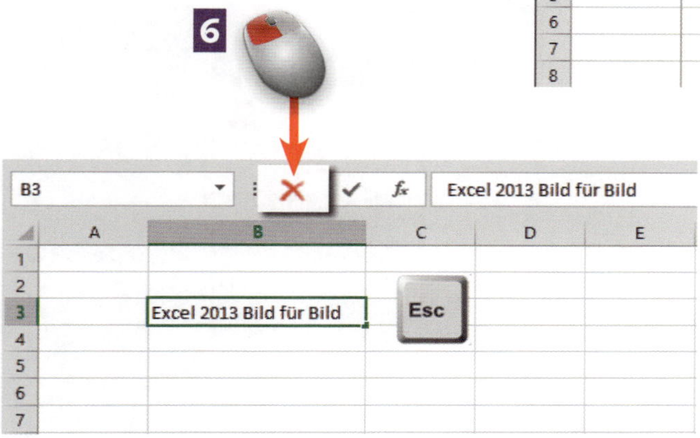

4 Setzen Sie die Schreibmarke (Cursor) per Doppelklick in die Zelle, verschieben Sie sie mit den Pfeiltasten und bearbeiten Sie den Text.

5 Wenn die Spalte nicht breit genug ist, zeigen Sie auf die rechte Spaltenlinie im Spaltenkopf und ziehen diese mit gedrückter Maustaste nach rechts.

6 Um eine Eingabe oder eine Änderung in der Zelle rückgängig zu machen, klicken Sie auf das Kreuzsymbol oder drücken [Esc].

Wenn Sie mit [↵] abschließen, springt der Zellzeiger automatisch in die nächste Zeile. Haben Sie den Bereich vorher markiert, bleibt der Zellzeiger in den markierten Zellen.

HINWEIS

Schnelle Taste zum Öffnen der aktuellen Zelle: Drücken Sie [F2].

TIPP

Achten Sie auf die Zellzeigerinfo, wenn Sie die Spaltenbreite ändern, sie zeigt die Breite an (in Anzahl der Zeichen und Pixel).

TIPP

7

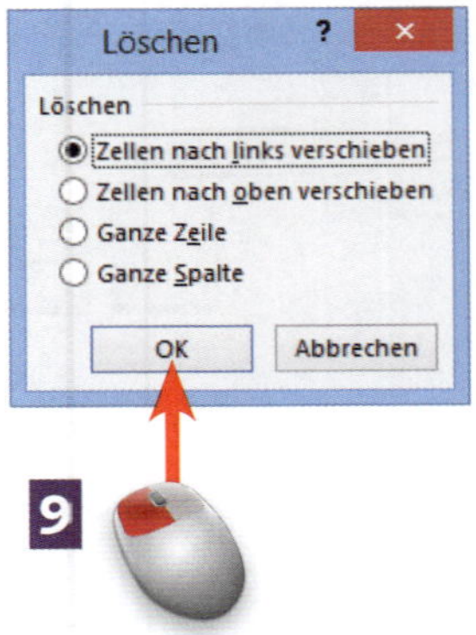

9

8

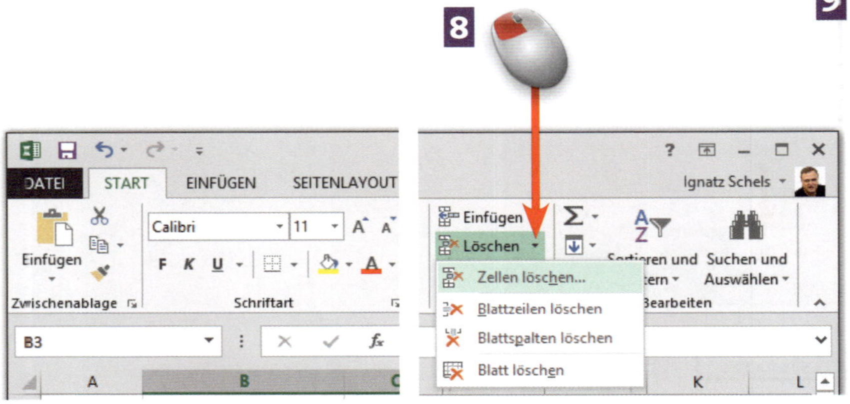

7 Mit der Entf-Taste löschen Sie den Zellinhalt aller markierten Zellen.

8 Unter *Start/Zellen* finden Sie einen Löschbefehl, der Zellinhalte, Zeilen, Spalten oder das ganze Tabellenblatt löscht.

9 Öffnen Sie das Symbol und entscheiden Sie, was mit dem Rest der Tabelle passieren soll.

So einfach wie die Eingabe von Text und Zahl ist auch das Löschen der Zellen. Und wenn Ihnen ein Fehler passiert, kein Problem: Mit der Rückgängig-Funktion können Sie die letzten Aktionen wieder zurücknehmen.

WISSEN

10

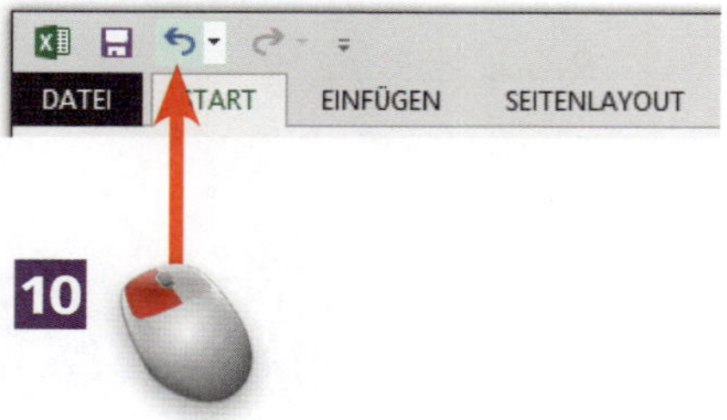

11

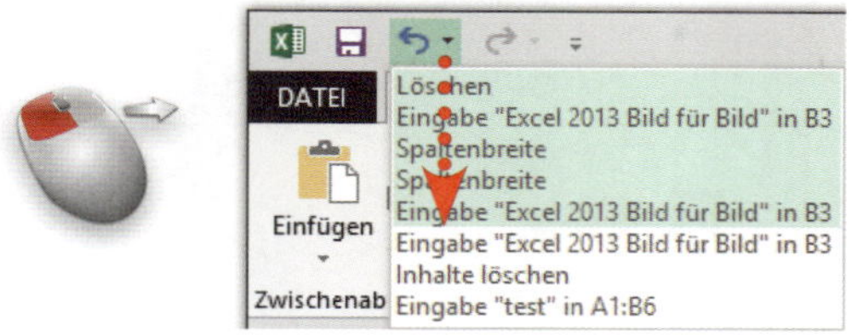

12

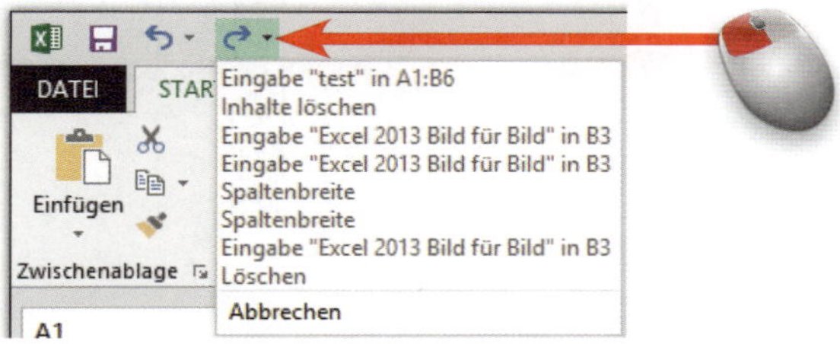

10 Wenn Sie eine Eingabe oder einen Befehl rückgängig machen wollen, klicken Sie auf das Symbol in der Symbolleiste für den Schnellzugriff.

11 Die letzte Änderung wird zurückgenommen. Sie können im Symbolmenü auch mehrere Aktionen markieren und zurücknehmen.

12 Das Wiederholen-Symbol bietet eine Liste der zurückgenommenen Aktionen an.

Ende

HINWEIS

Wenn Sie ganze Zeilen oder Spalten löschen wollen, markieren Sie diese vorher. Drücken Sie Entf, um den Zellinhalt zu löschen, oder Strg+- für ganze Zeilen bzw. Spalten.

HINWEIS

Bis zu 100 Aktionen lassen sich rückgängig machen. Das Wiederholen-Symbol ist erst verfügbar, wenn mindestens eine Aktion zurückgenommen wurde.

TIPP

Tastenkombinationen:
Rückgängig: Alt+⇐
oder Strg+Z
Wiederholen: Strg+Y

Zellen kopieren und verschieben

Start

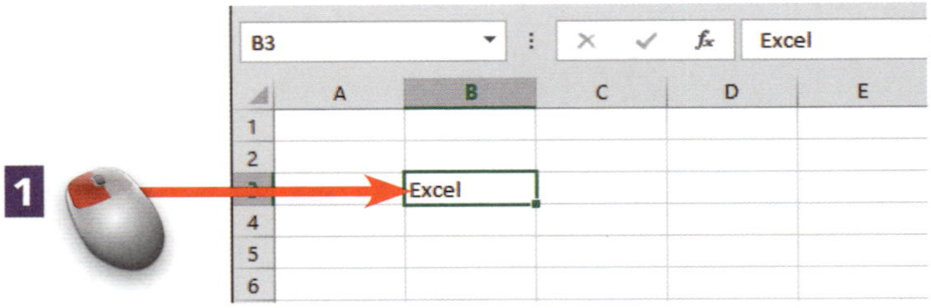

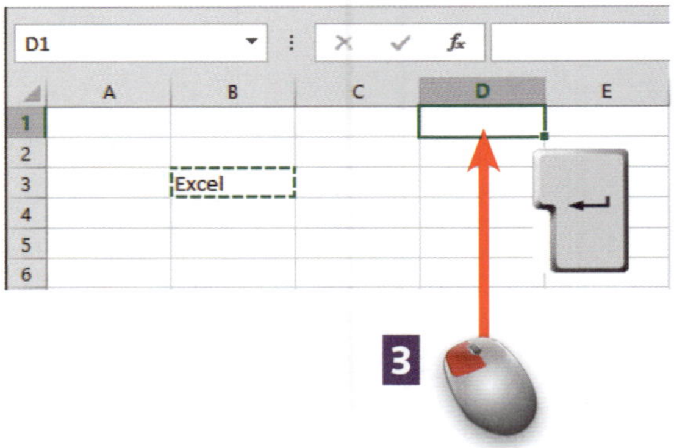

1 Um eine Zelle oder einen Bereich aus mehreren Zellen zu kopieren, markieren Sie diesen zunächst.

2 Klicken Sie auf das Kopiersymbol der Gruppe *Start/Zwischenablage*.

3 Der Kopierbereich wird umrandet, setzen Sie den Zellzeiger in die Zielzelle und drücken Sie [↵].

Um Zellen zu kopieren oder zu verschieben, benutzen Sie die Vier-Stufen-Technik: 1. Markieren, 2. Kopieren (oder Ausschneiden), 3. Ziel markieren, 4. [↵]-Taste zum Abschluss.

WISSEN

4

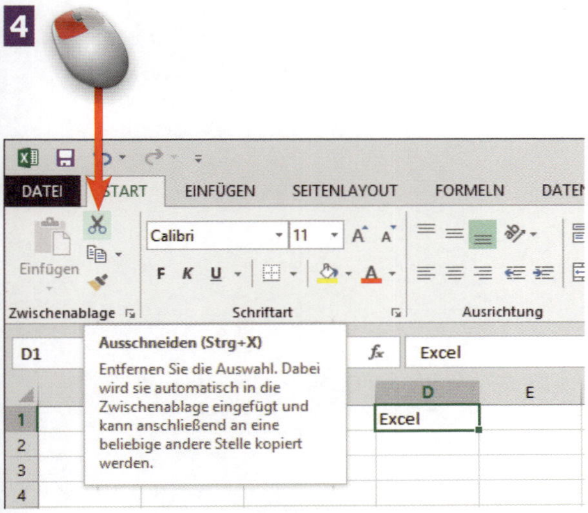

5

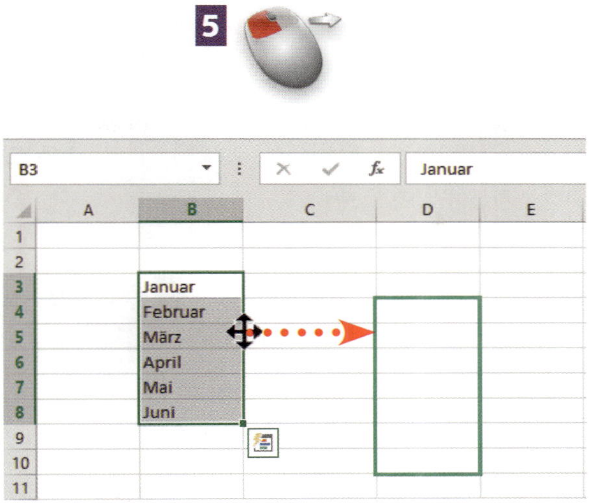

6

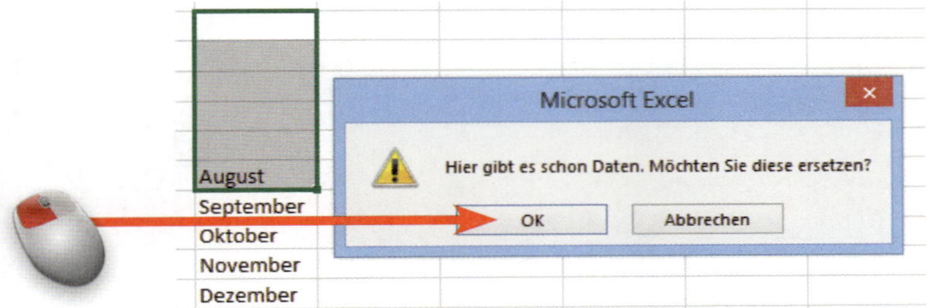

4 Wollen Sie die Markierung ausschneiden, verwenden Sie das Symbol mit der Schere.

5 Um einen Bereich zu verschieben oder zu kopieren, ziehen Sie ihn mit gedrückter Maustaste am Rand. Mit Strg wird eine Kopie daraus.

6 Diese Meldung erhalten Sie, wenn der Zielbereich bereits Daten enthält. Bestätigen Sie mit *OK*, werden diese überschrieben.

Ende

HINWEIS

Wenn Sie nicht mit ↵, sondern mit dem Symbol *Start/Zwischenablage/Einfügen* abschließen, können Sie die Kopie an weiteren Positionen absetzen.

TIPP

Den Kopierrahmen entfernen Sie, wenn er stehen geblieben ist, mit der Taste Esc.

TIPP

Schnelle Tastenkombinationen gelten für alle Office-Programme:
Strg+C: Kopieren
Strg+X: Ausschneiden
Strg+V: Einfügen

Start

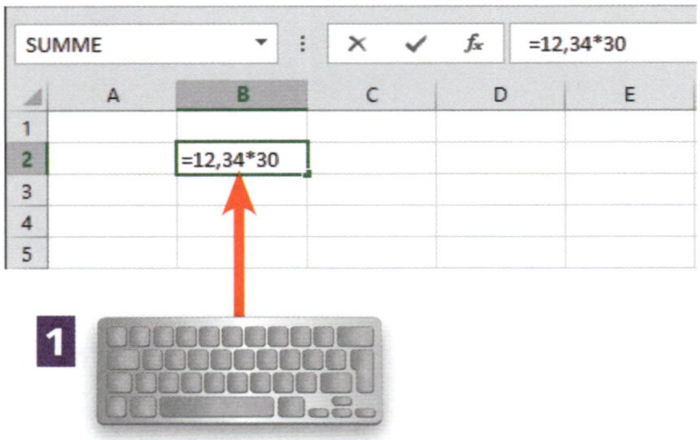

2

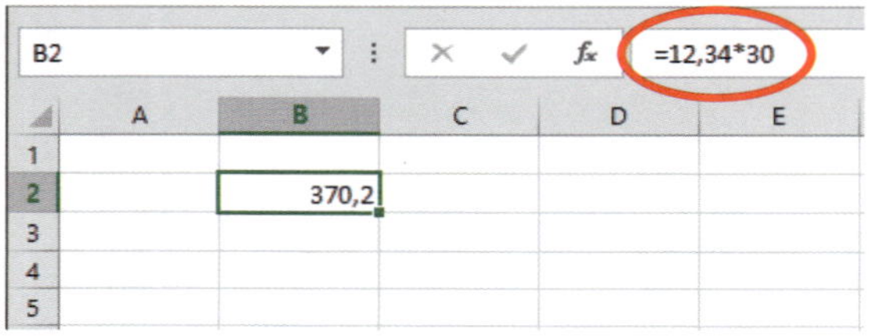

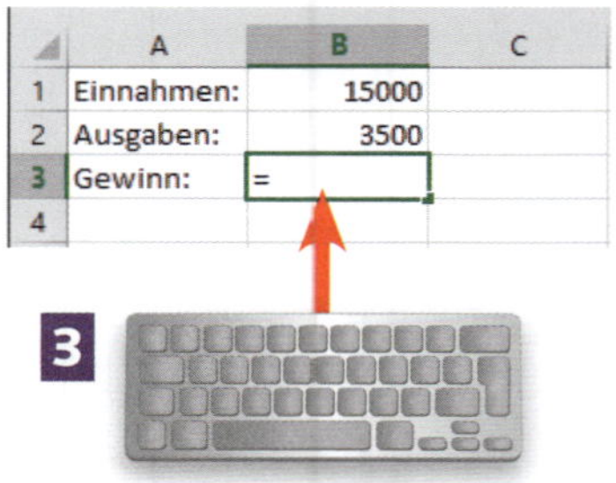

1 Eine Rechenoperation beginnen Sie mit dem =-Zeichen. Addieren Sie zum Beispiel zwei Zahlen.

2 Das Ergebnis wird in der Zelle angezeigt, wenn Sie mit ↵ abschließen. Die Bearbeitungsleiste zeigt die Formel an.

3 In Excel rechnen Sie aber nicht direkt mit Zahlen, sondern mit Zelladressen. Geben Sie zum Beispiel diese Liste ein …

Holen Sie Ihre Mathematik-Grundkenntnisse aus der Schublade, jetzt wird gerechnet. Excel verpackt alles, was zu kalkulieren ist, in Formeln, zum Rechnen werden Zahlen, Zelladressen und die Rechenoperatoren benutzt.

WISSEN

= Add. +
= Subtr. –
= Divid. /
= Multipl. *

4

B3 | fx | =B1-B2

	A	B	C	D	E
1	Einnahmen:	15000			
2	Ausgaben:	3500			
3	Gewinn:	11500			
4					
5					
6					

5

B7 | fx | =B6/B3

	A	B	C	D
1	Artikel:	Trikots für die Fußballmannschaft		
2	Kosten pro Stück:	62		
3	Anzahl Spieler:	26		
4	Zwischensumme:	1612		
5	Zuschuss vom Verein:	500		
6	Kosten gesamt:	1112		
7	Kosten pro Spieler:	42,76923077		
8				

	A	B
1	Artikel:	Trikot… annschaft
2	Kosten pro Stück:	62
3	Anzahl Spieler:	26
4	Zwischensumme:	=B2*B3
5	Zuschuss vom Verein:	500
6	Kosten gesamt:	=B4-B5
7	Kosten pro Spieler:	=B6/B3

6

F4 | fx | =C4^2+E8^2

	A	B	C	D	E	F
1	Der Satz des Pythagoras:					
2	$c^2 = a^2 + b^2$					
3						
4			20			2000
5						
6						
7						
8					40	
9						

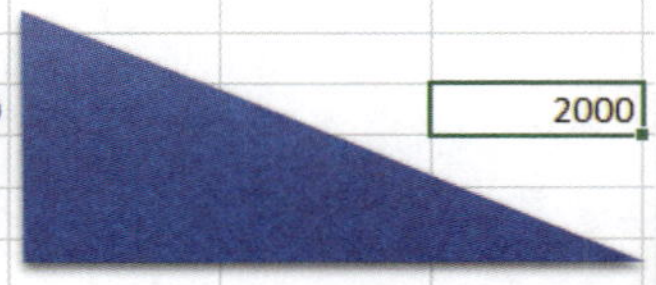

4 ... und berechnen Sie die Differenz zwischen Einnahmen und Ausgaben mit Angabe der Zelladressen in der Formel.

5 Hier ein weiteres Beispiel: Berechnen Sie die Kosten für die Trikots mit den Grundrechenarten Multiplikation (*) und Division (/).

6 Potenziert wird mit dem Potenzzeichen. Berechnen Sie die Länge der Hypotenuse mit dem berühmten Satz des Pythagoras.

HINWEIS

Geben Sie für Eurobeträge die Zahl, ein Leerzeichen und das Eurozeichen ein. Das Potenzzeichen (^) wird erst angezeigt, wenn Sie die nächste Zahl schreiben.

HINWEIS

Wenn Sie Zelladressen in der Formel angeben, können Sie diese eintippen oder mit dem Mauszeiger anklicken.

TIPP

Fehler? Wenn kein Ergebnis oder die Fehlermeldung #WERT! angezeigt wird, stimmt Ihre Formel nicht. Prüfen Sie noch mal alles nach.

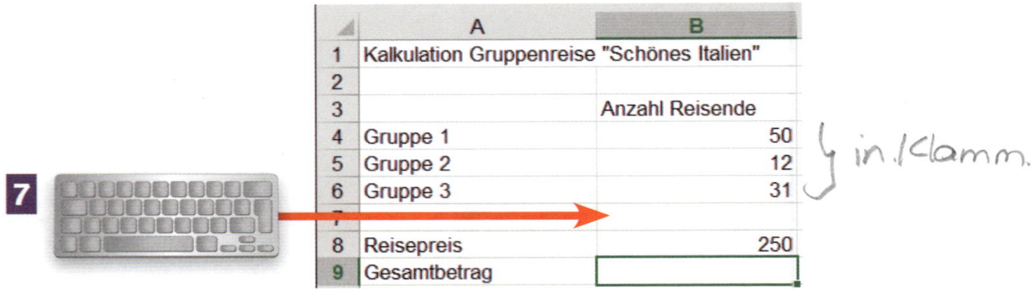

8

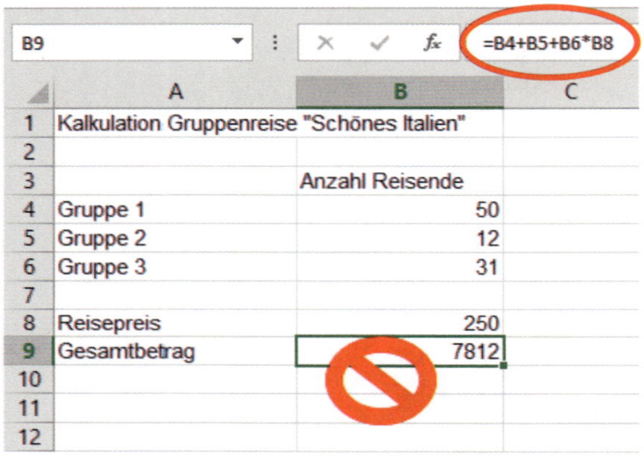

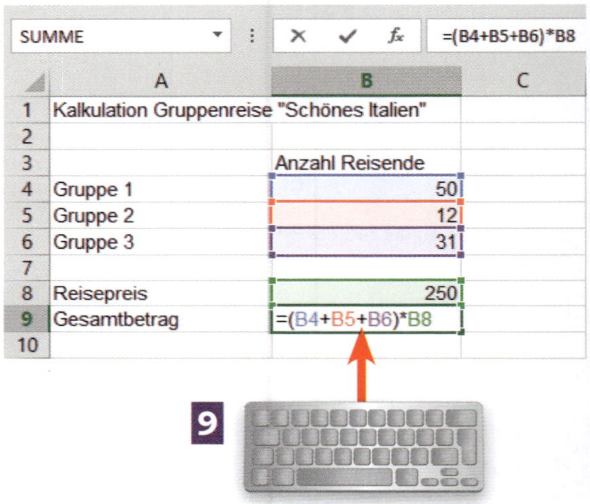

7 In diesem Beispiel berechnen Sie die Einnahmen aus einer Gruppenreise. Tragen Sie die Beschriftungen und die Zahlen ein.

8 Achten Sie auf die Punkt-vor-Strich-Regel: Diese Formel liefert das falsche Ergebnis.

9 Klammern Sie die zu addierenden Zellen ein, damit die Summe als Erstes berechnet wird.

Üben Sie das Rechnen in Tabellen mit zwei Beispielen aus der Praxis: Kalkulieren Sie die Kosten einer Gruppenreise und rechnen Sie mit Prozentwerten in einer Investitionsübersicht.

WISSEN

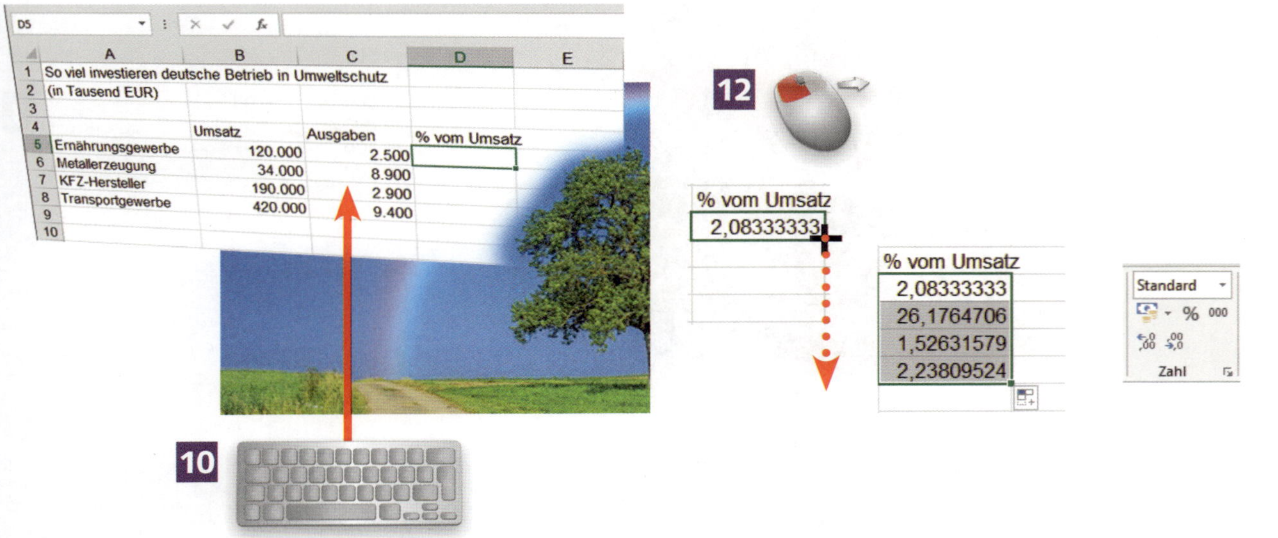

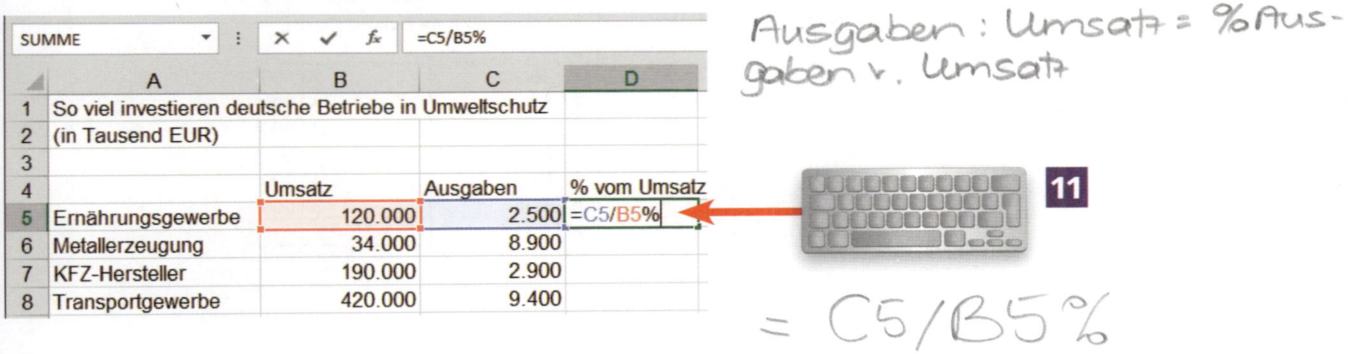

10 Hier eine Investitionsübersicht aus dem Umweltschutzbericht. Geben Sie Zahlen mit Tausenderpunkt ein.

11 Um die Prozentzahl zu berechnen, dividieren Sie den Ausgabenanteil durch den Umsatz. Das Prozentzeichen multipliziert das Ergebnis mit 100.

12 Ziehen Sie das Füllkästchen nach unten, um die Formel zu kopieren. Das Dezimalzeichensymbol reduziert die Anzahl der Nachkommastellen.

Linke Maustaste !

Ende

HINWEIS

Die Punkt-vor-Strich-Regel gilt natürlich auch in Excel-Tabellen: In einer Formel werden zuerst Multiplikationen und Divisionen berechnet, dann Addition und Subtraktion. Setzen Sie einen Ausdruck in eine Klammer, wird dieser zuerst aufgelöst.

HINWEIS

Wie eine Zahl angezeigt wird, bestimmen Sie oft schon durch die Eingabe, zum Beispiel mit dem Tausenderpunkt. Alles Weitere regelt das Zahlenformat der Zelle (siehe Kapitel 4).

Start

1

2

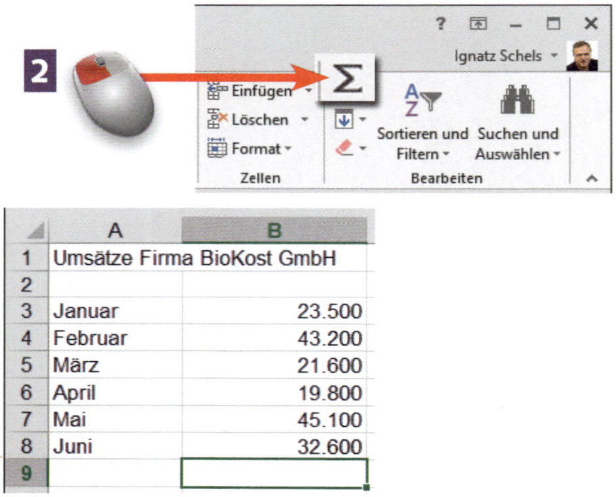

3

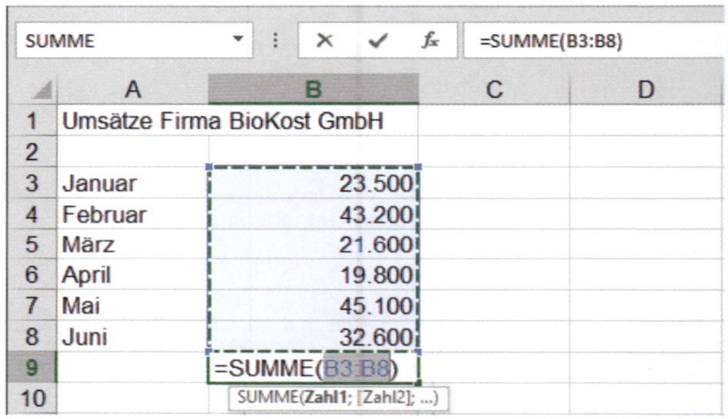

1 Ihre Firma verkauft Biolebensmittel. Geben Sie die Umsatzzahlen für das erste Halbjahr ein.

2 Setzen Sie den Zellzeiger unter die letzte Zahl und klicken Sie in der *Bearbeiten*-Gruppe auf das Summe-Symbol.

3 Der zu summierende Bereich wird vorgeschlagen, bestätigen Sie mit einem weiteren Klick auf das Symbol oder mit [↵].

Längere Zahlenkolonnen müssen Sie natürlich nicht mit Plus und Minus aufaddieren, hier bietet Excel die Funktion SUMME() an, die den zwischen den Klammern eingetragenen Zellbereich summiert.

WISSEN

4

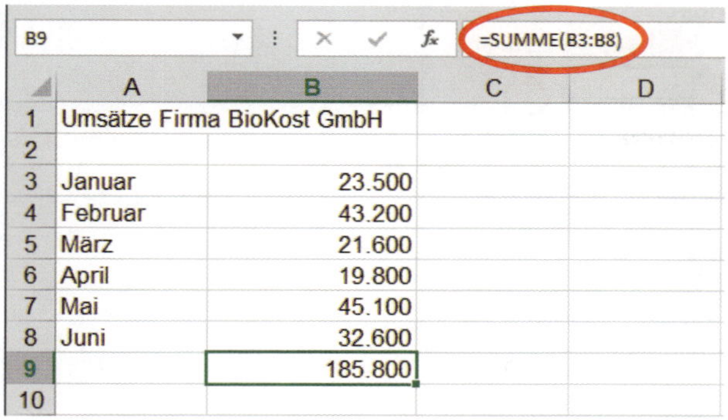

1. : letzte Zeile

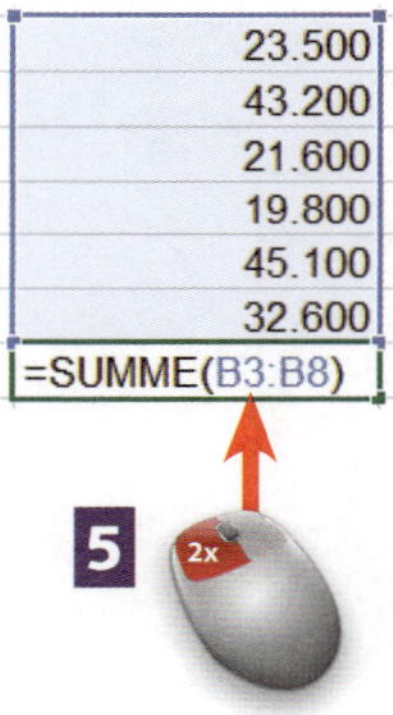

5

6

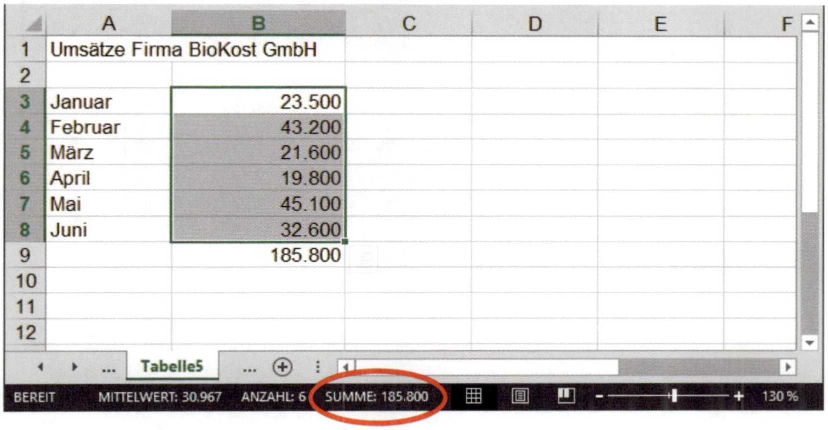

4 Die Funktion wird eingetragen, der Bereich in der Klammer wird mit Doppelpunkt zwischen der ersten und der letzten Zelle angegeben: B3:B8.

5 Öffnen Sie die Zelle mit der Formel noch einmal, kennzeichnet Excel den summierten Bereich mit einem blauen Rand.

6 In der Statuszeile lässt sich die Summe der markierten Zahlen überprüfen und mit dem Ergebnis der Summe vergleichen.

Ende

HINWEIS

Die Statusleiste lässt sich umfangreich konfigurieren. Klicken Sie mit der rechten Maustaste in den Bereich und schalten Sie die Informationen ein, die Sie sehen möchten.

FACHWORT

AutoSumme: Bezeichnung für das Summe-Symbol in der Gruppe *Bearbeiten* der Symbolleiste *Start*.

TIPP

Achten Sie auf die unterschiedlichen Trennzeichen in der Summe-Funktion:
=SUMME(B3:B8) summiert von B3 bis B8.
=SUMME(B3;B8) summiert die Zellen B3 und B8.

Start

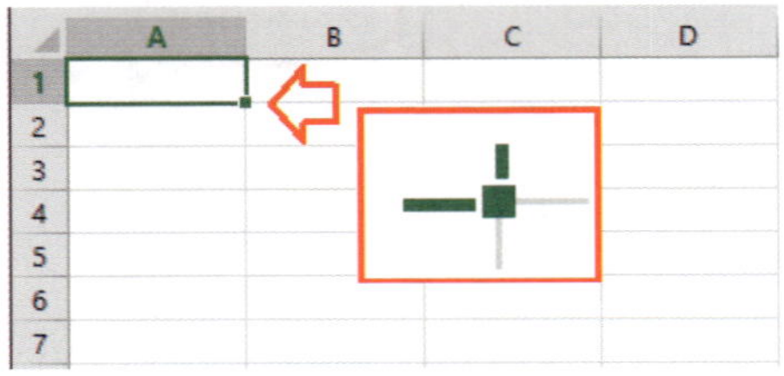

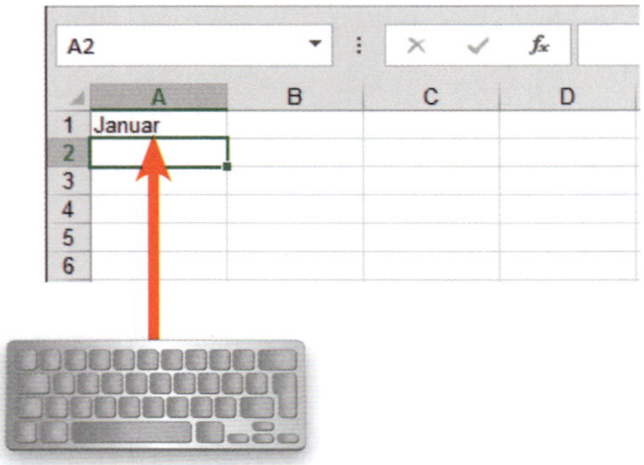

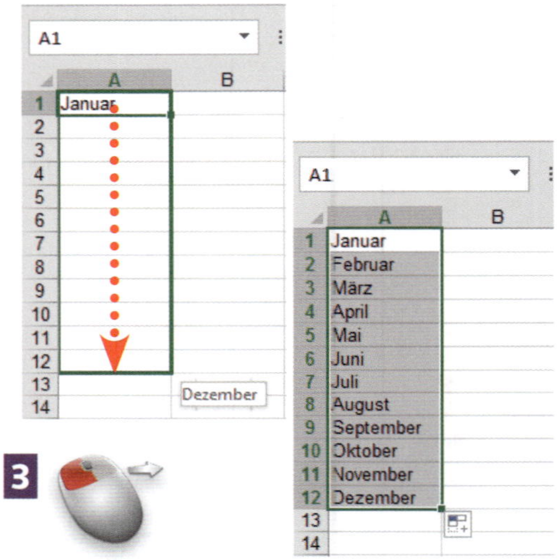

1 Das kleine Kästchen rechts unten am Zellzeiger heißt Ausfüllkästchen.

2 Schreiben Sie das Wort *Januar* in die erste Zelle der aktiven Tabelle und drücken Sie zum Abschluss [↵].

3 Setzen Sie den Zellzeiger wieder in die Zelle und ziehen Sie das Ausfüllkästchen nach unten bis zur Zelle A12.

Ein wichtiges und nützliches Werkzeug, das Sie oft für Text- und Zahlenreihen oder zum Kopieren von Formeln benutzen werden, ist das Füllkästchen. Üben Sie damit und lernen Sie die verschiedenen Fülltechniken kennen.

WISSEN

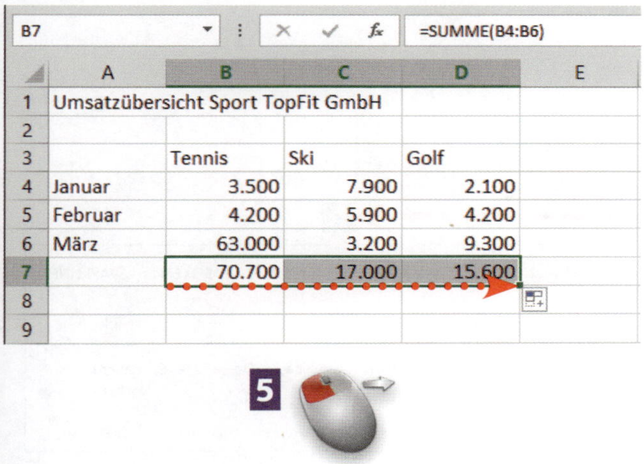

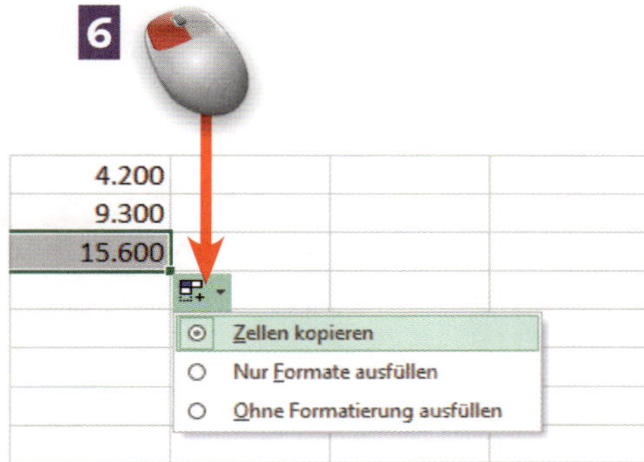

4 Probieren Sie weitere Füllreihen, zum Beispiel abgekürzte Monatsnamen (Jan, Feb, ...), Wochentage oder Datumswerte.

5 Mit dem Füllkästchen können auch Formeln kopiert werden, hier zum Beispiel die Summe der Spalte B auf Spalte C und D.

6 Das kleine Kästchen, das nach dem Ausfüllen rechts unten auftaucht, heißt *AutoAusfülloptionen*. Klicken Sie es an, um die Füllung zu ändern.

Ende

HINWEIS

Monate, Wochentage und Datum liefert das Betriebssystem. In einem englischsprachigen Windows starten Sie mit „January", in Österreich ist es der „Jänner".

HINWEIS

Für fortlaufende Zahlenreihen geben Sie zwei Zahlen ein, markieren diese und ziehen das Füllkästchen an der zweiten Zelle nach unten.

TIPP

In Kapitel 11 finden Sie Tipps zu eigenen Füllreihen für das Füllkästchen.

Start

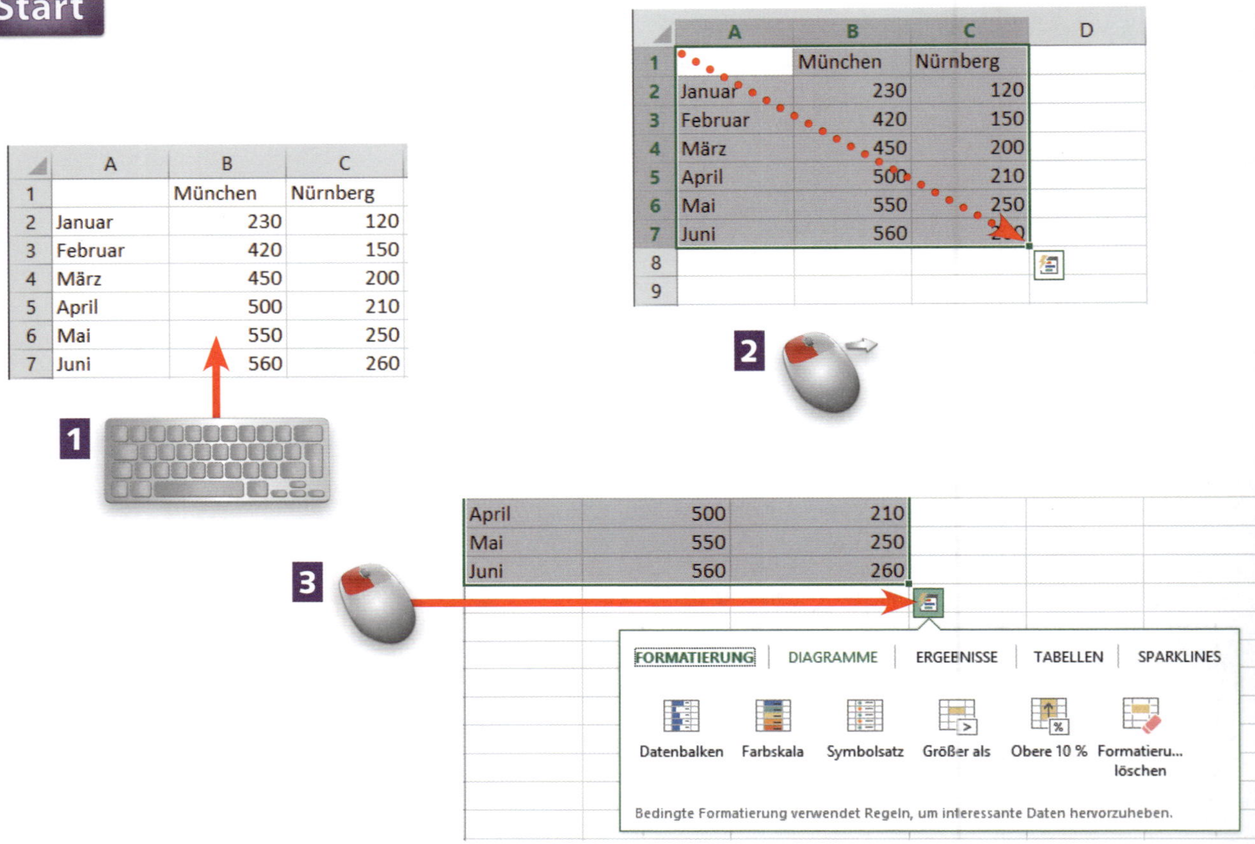

1 Legen Sie eine Liste mit Verkaufszahlen für die Regionen München und Nürnberg für das erste Halbjahr an.

2 Markieren Sie die gesamte Liste mit gedrückter Maustaste, ...

3 ... und klicken Sie auf das Schnellanalyse-Symbol, das rechts unten an der Markierung angezeigt wird.

Mit der Schnellanalyse bietet Excel die wichtigsten Analysewerkzeuge auf einen Blick: bedingte Formate, Diagramme, Zeilen- und Spaltenergebnisse, Tabellen und Sparklines.

WISSEN

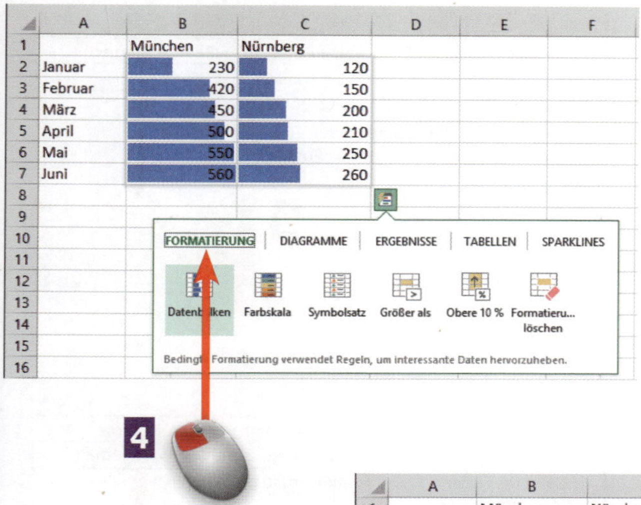

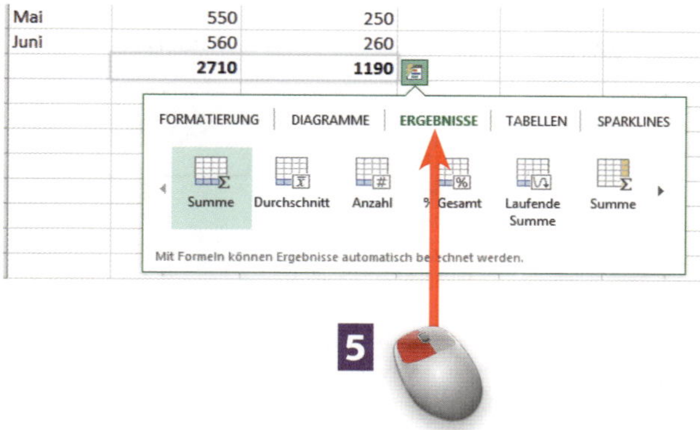

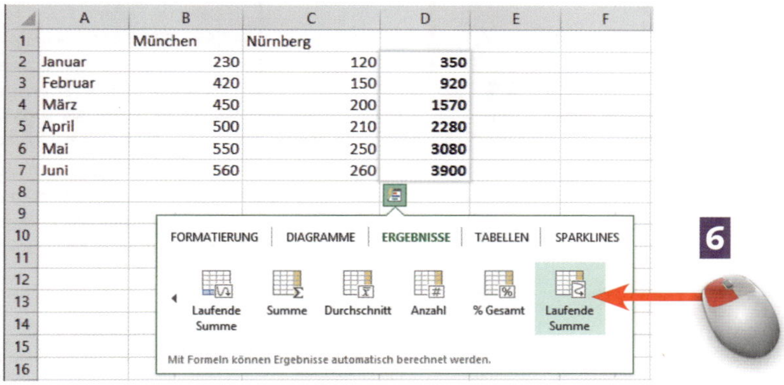

4 Unter *Formatierung* können Zellen nach ihrer Wertigkeit mit bedingten Formaten (Datenbalken, Farben, Symbolen) formatiert werden.

5 Schalten Sie um auf *Ergebnisse* und berechnen Sie automatisch Spaltenergebnisse wie Summe, Durchschnitt oder Anzahl.

6 Blättern Sie nach rechts und berechnen Sie die Zeilenergebnisse, hier zum Beispiel die laufende Summe aus den einzelnen Zeilen.

Ende

HINWEIS

Diagramme werden als Objekte in das Tabellenblatt gezeichnet, sie können mit der Entf-Taste wieder gelöscht werden.

HINWEIS

Tabellen sind spezielle Listenformatierungen, die eine andere Art Formelsprache haben (strukturierte Verweise, siehe Kapitel 7).

TIPP

Achten Sie bei den Ergebnissen auf die Farbe der Balken: Blau = Zeilenergebnis, Orange = Spaltenergebnis.

Start

	A	B
1	Pauline Bremer, 1. FFC Turbine Potsdam	
2	Kathrin Hendrich, Bayer 04 Leverkusen	
3	Jennifer Cramer, 1. FFC Turbine Potsdam	
4	Sara Däbritz, SC Freiburg	
5	Tabea Kemme, 1. FFC Turbine Potsdam	
6	Melanie Leupolz, SC Freiburg	
7	Isabella Linden, Bayer 04 Leverkusen	
8	Leonie Maier, FC Bayern München	
9	Lena Lotzen, FC Bayern München	
10	Almut Schult, VfL Wolfsburg	
11	Luisa Wensing, VfL Wolfsburg	
12	Svenja Huth, 1. FFC Frankfurt	

1

	A	B
1	Pauline Bremer, 1. FFC Turbine Potsdam	Pauline Bremer
2	Kathrin Hendrich, Bayer 04 Leverkusen	
3	Jennifer Cramer, 1. FFC Turbine Potsdam	
4	Sara Däbritz, SC Freiburg	
5	Tabea Kemme, 1. FFC Turbine Potsdam	

2

	A	B
1	Pauline Bremer, 1. FFC Turbine Potsdam	Pauline Bremer
2	Kathrin Hendrich, Bayer 04 Leverkusen	Kathrin Hendrich
3	Jennifer Cramer, 1. FFC Turbine Potsdam	Jennifer Cramer
4	Sara Däbritz, SC Freiburg	Sara Däbritz
5	Tabea Kemme, 1. FFC Turbine Potsdam	Tabea Kemme
6	Melanie Leupolz, SC Freiburg	Melanie Leupolz
7	Isabella Linden, Bayer 04 Leverkusen	Isabella Linden
8	Leonie Maier, FC Bayern München	Leonie Maier
9	Lena Lotzen, FC Bayern München	Lena Lotzen
10	Almut Schult, VfL Wolfsburg	Almut Schult
11	Luisa Wensing, VfL Wolfsburg	Luisa Wensing
12	Svenja Huth, 1. FFC Frankfurt	Svenja Huth

3

1 Die Liste in Spalte A enthält Namen und die Vereine von Fußballnationalspielerinnen. Um diese zu trennen, markieren Sie Zelle B1.

2 Geben Sie den ersten Namen aus Spalte A ein und drücken Sie die ↵-Taste.

3 Tippen Sie den ersten Buchstaben des nächsten Namens, zeigt die Blitzvorschau alle Namen an. Bestätigen Sie mit ↵.

Mit der Blitzvorschau, einem neuen Werkzeug der Excel-Version 2013, können Sie Textdaten bequem und ohne Formeln oder Analysetechniken in Spalten aufteilen.

WISSEN

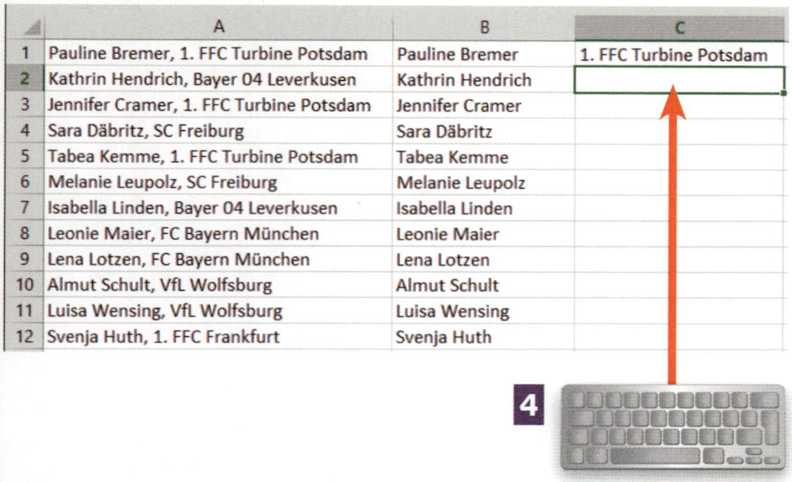

4 In der nächsten Spalte tragen Sie die Vereine ein, geben Sie den Verein der ersten Spielerin ein.

5 Mit dem ersten Buchstaben des Vereins der nächsten Spielerin berechnet die Blitzvorschau wieder alle restlichen Einträge.

6 Über die Vorschläge des Optionsfeldes können Sie die Einträge der Blitzvorschau markieren oder die Aktion rückgängig machen.

Ende

HINWEIS

Teilen Sie mit der Blitzvorschau auch Namen und Vornamen, Postleitzahlen und Ortsnamen oder Telefon-Vorwahlnummern und Telefonnummern.

TIPP

Die Vorschläge werden nur unmittelbar nach der Eingabe angeboten. Geben Sie den ersten Eintrag noch einmal ein, um die Blitzvorschau zu wiederholen.

Tabellenblätter und Arbeitsmappen

3

Start

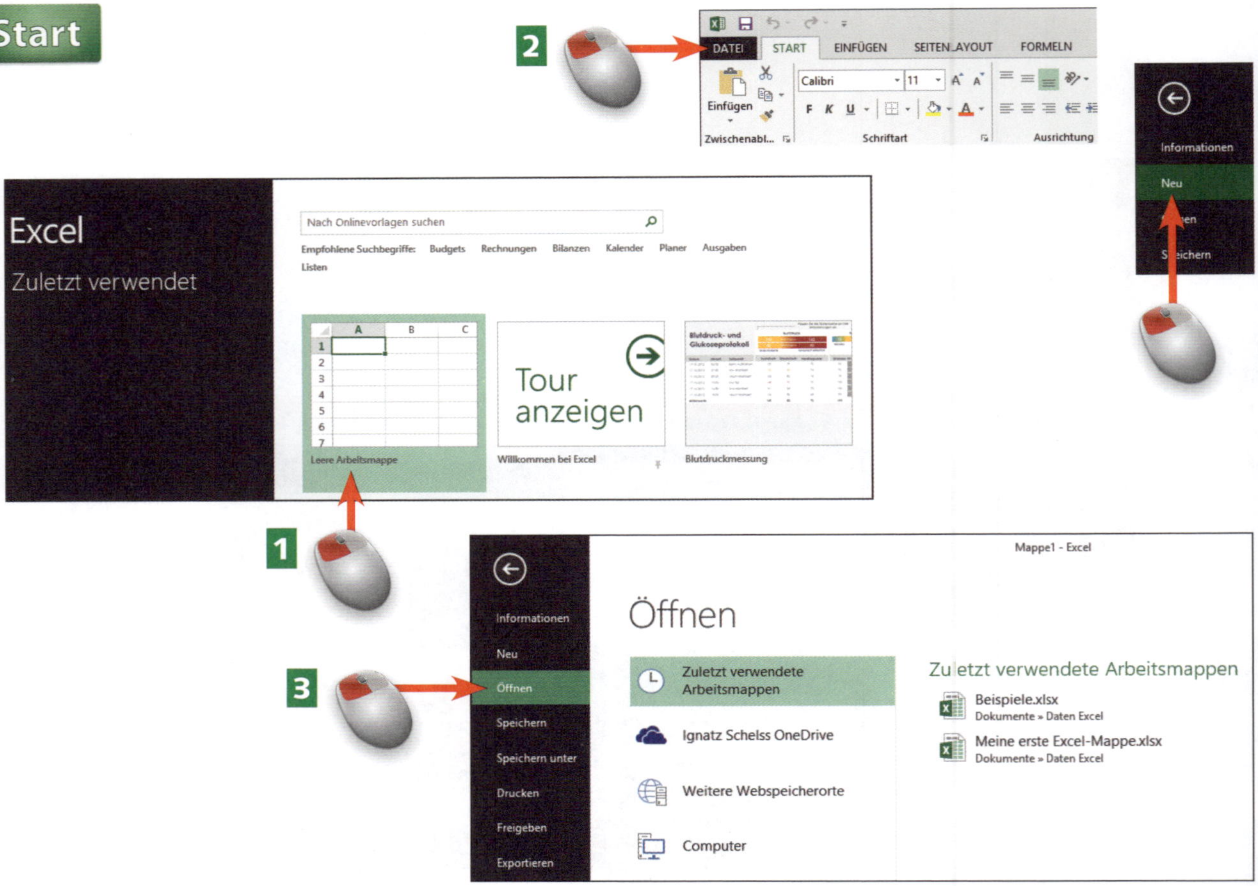

1 Klicken Sie im Backstage auf *Leere Arbeitsmappe*, um eine neue Arbeitsmappe anzulegen, oder laden Sie eine Vorlage.

2 Um eine weitere oder eine andere Mappe anzulegen, wechseln Sie in das *Datei*-Menü und klicken auf *Neu*.

3 Um eine bereits gespeicherte Mappe zu öffnen, wählen Sie *Öffnen* im Backstage und klicken eines der zuletzt verwendeten Dokumente an.

Eine Arbeitsmappe ist eine Sammlung von Tabellen. Wie viele davon aktiv sind, bestimmen Sie selbst. Sie können Ihre Mappen in Excel öffnen oder über Windows direkt aus einem Ordner oder aus der Cloud abholen.

WISSEN

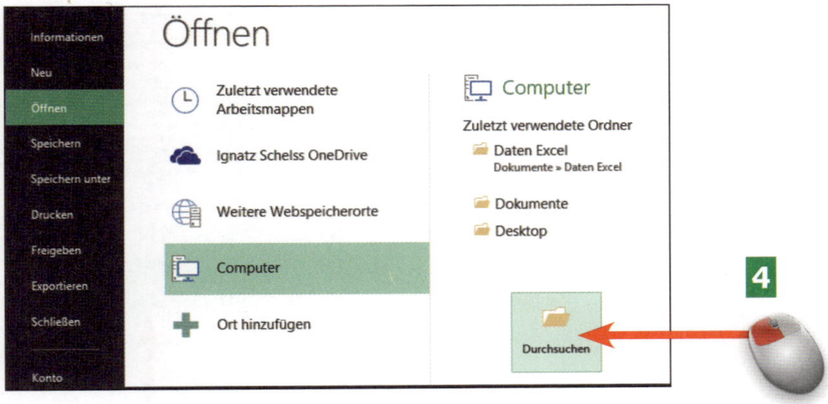

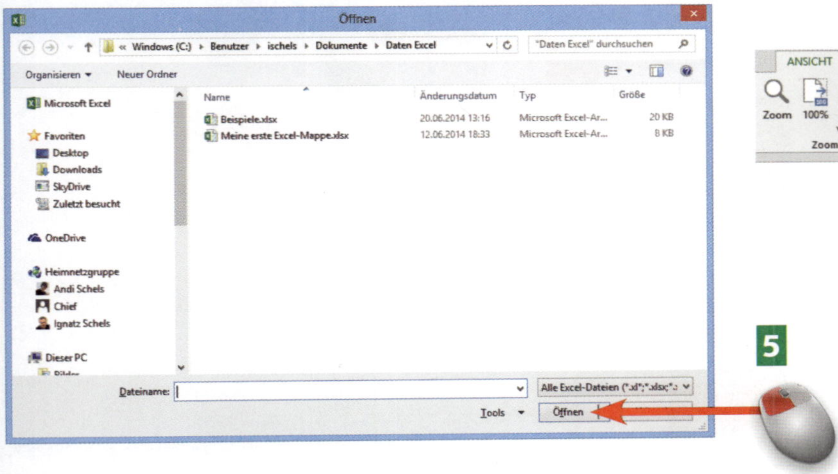

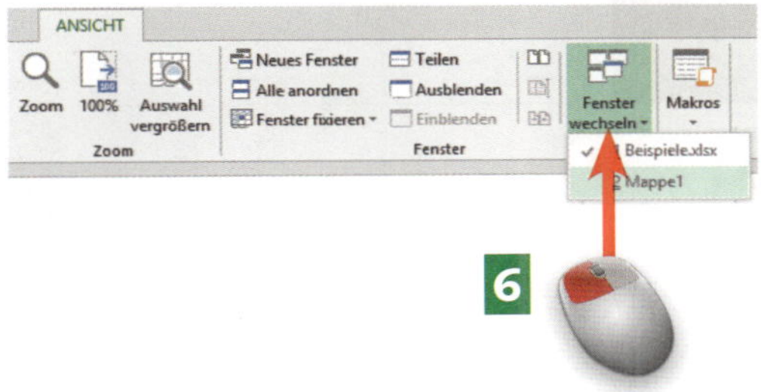

4 Wählen Sie *Durchsuchen*, um die Datei aus einem Ordner oder einem Datenträger zu aktivieren.

5 Suchen Sie die Datei im Explorer-Fenster und klicken Sie auf *Öffnen*.

6 Mit *Ansicht/Fenster wechseln* schalten Sie zwischen den aktiven Arbeitsmappen um.

Ende

Tastenkombinationen:
Windows-Explorer: ⊞+E
Fensterwechsel: F6 (vorwärts)
oder ⇧+F6 (rückwärts)
Neue Arbeitsmappe: Strg+N

TIPP

OneDrive ist der virtuelle Speicherort, der mit einem Microsoft-Konto automatisch zur Verfügung steht. Sie können Ihre Daten direkt in der Cloud speichern oder aus der Cloud abrufen.

FACHWORT

Wenn Sie die Datei im Windows-Explorer-Fenster sehen, genügt ein Doppelklick auf das Symbol, um das Programm zu aktivieren und die Mappe zu öffnen.

HINWEIS

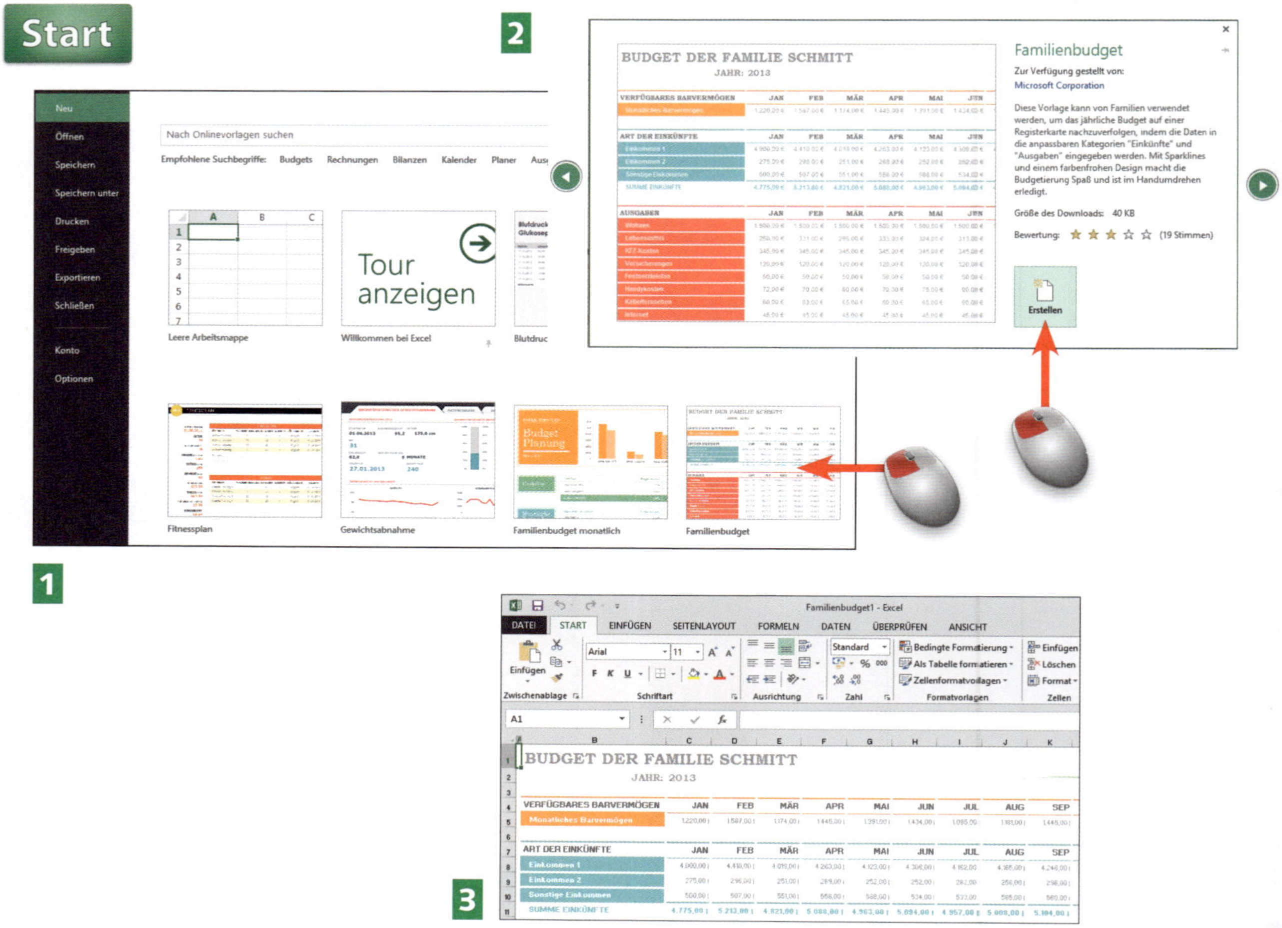

1 Klicken Sie im Backstage auf *Neu* und wählen Sie eine der angebotenen Vorlagen.

2 Die Vorlage wird noch einmal vorgestellt, Sie können mit den Pfeilsymbolen weiterschalten oder eine Mappe aus der Vorlage erstellen.

3 Die Mappe wird als Kopie der Vorlage angelegt, der Titel bekommt den Namen der Vorlage und eine laufende Nummer.

Vorlagen sind Arbeitsmappen mit fertig kalkulierten und formatierten Anwendungen. Nutzen Sie das reichhaltige Angebot an Beispielvorlagen oder surfen Sie auf die Microsoft-Seite und stöbern Sie dort im Vorlagenarchiv.

WISSEN

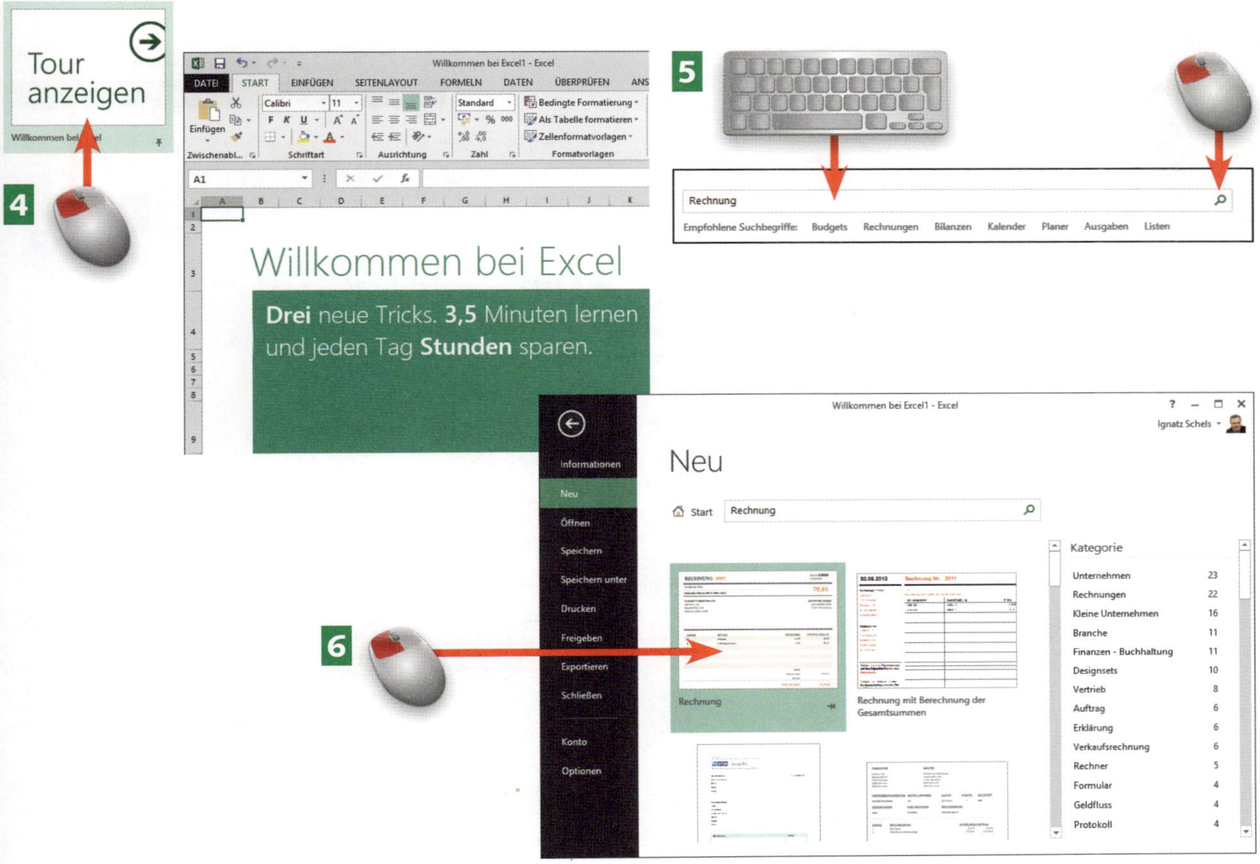

4 *Tour anzeigen* ist keine Vorlage, sondern eine Beispielmappe mit Tricks und neuen Techniken für Excel 2013.

5 Suchen Sie weitere Vorlagen im Onlineangebot, geben Sie dazu einen Suchbegriff in das Suchfenster ein und klicken Sie auf die Lupe.

6 Die Vorlagen aus dem Onlinearchiv werden angeboten, suchen Sie eine passende Vorlage und erstellen Sie eine Arbeitsmappe daraus.

Ende

Um eine eigene Arbeitsmappe als Vorlage zu speichern, wählen Sie *Speichern unter* im Backstage und schalten auf den Dateityp *Excel-Vorlagen* um.

HINWEIS

Die Internetadresse für Office-Vorlagen: *https://store.office.live.com/Templates*.

HINWEIS

Start

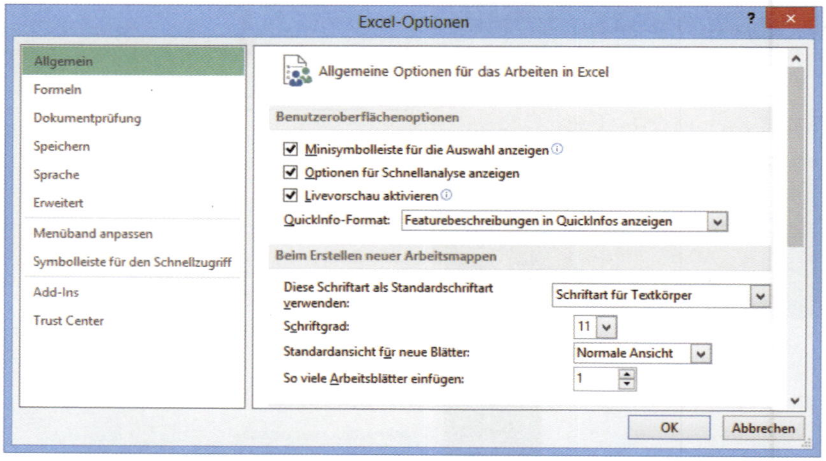

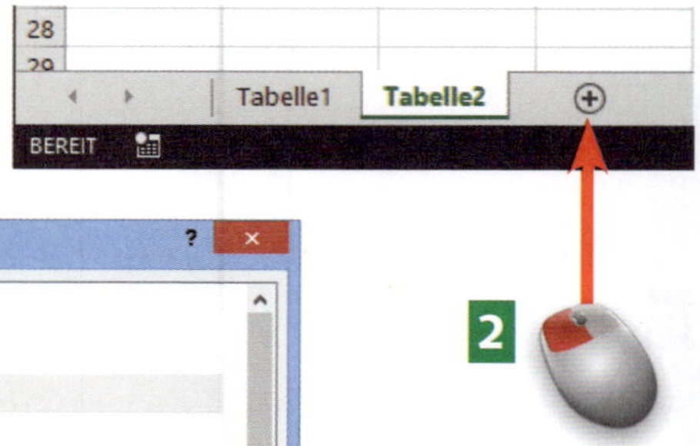

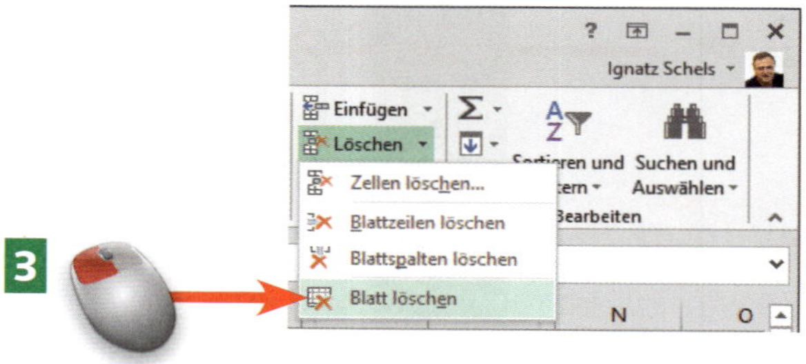

1 Eine neue Mappe enthält ein leeres Tabellenblatt. In den Excel-Optionen (Office-Menü) können Sie diese Voreinstellung ändern.

2 Klicken Sie auf das Symbol rechts in der Registerleiste, um weitere Tabellenblätter einzufügen.

3 Mit *Start/Zellen/Löschen/Blatt löschen* kann das aktive Tabellenblatt wieder entfernt werden.

Packen Sie so viele Tabellenblätter in Ihre Arbeitsmappen, wie Sie wollen. Neue Blätter lassen sich einfach und schnell hinzufügen. In der Registerleiste verwalten Sie Ihre Tabellenblätter.

WISSEN

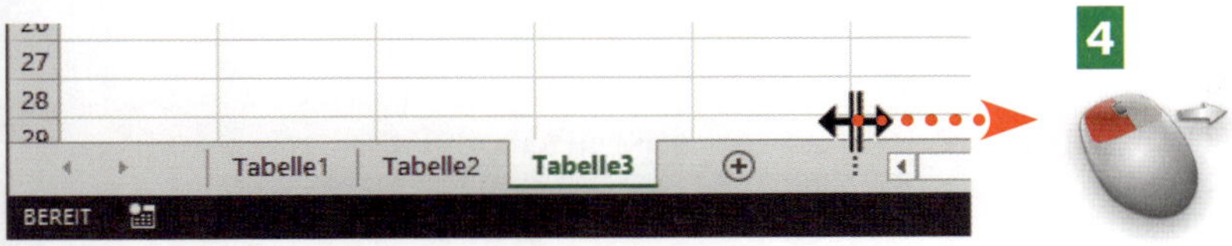

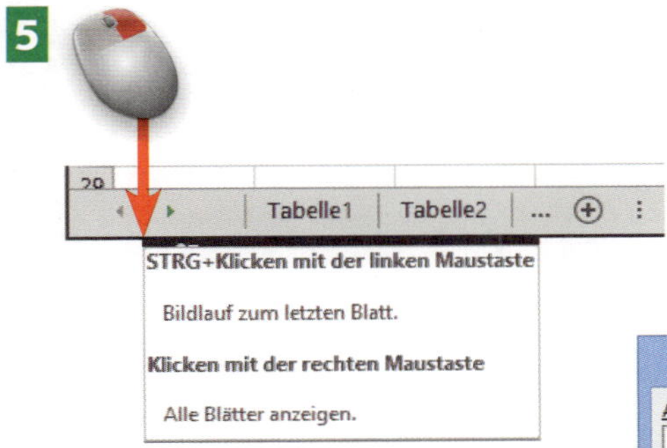

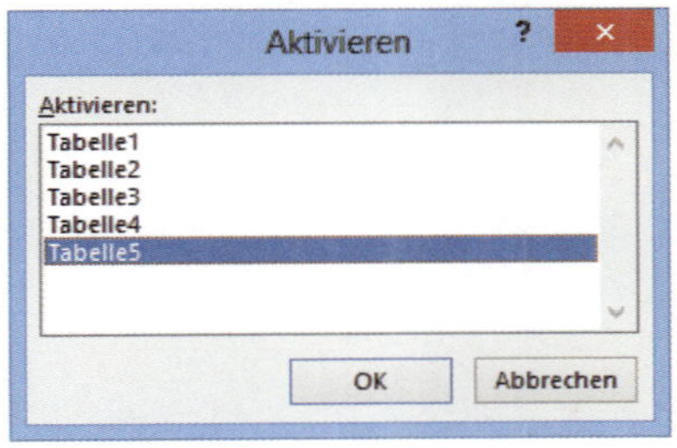

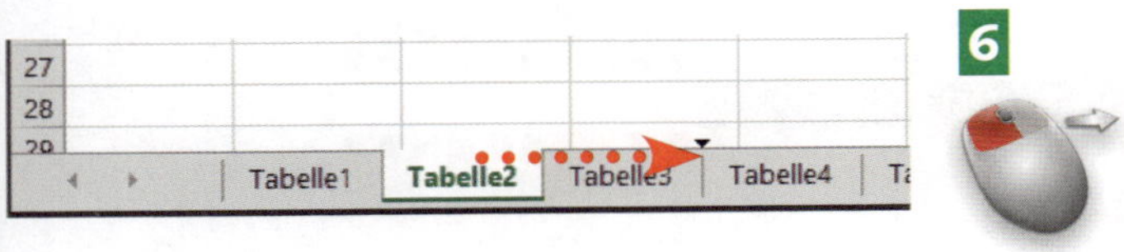

4 Ziehen Sie den Trennbalken zwischen den Blättern und dem horizontalen Rollbalken nach rechts, um den Registerbereich zu vergrößern.

5 Mit den Navigationspfeilen links unten können Sie die Register horizontal scrollen. Ein Rechtsklick öffnet die Liste mit allen Blättern.

6 Um ein Tabellenregister zu verschieben, ziehen Sie es einfach mit gedrückter Maustaste nach rechts oder links. Mit [Strg] wird eine Kopie daraus.

TIPP

Tastenkombinationen:
[⇧]+[F11]: Neues Tabellenblatt
[Strg]+[Bild↓]: Nächstes Tabellenblatt
[Strg]+[Bild↑]: Vorheriges Tabellenblatt

HINWEIS

Die Anzahl Tabellen, die eine Arbeitsmappe enthalten kann, ist nur vom Speicherplatz abhängig, den Ihr Computersystem Excel zur Verfügung stellt.

HINWEIS

Achten Sie beim Verschieben oder Kopieren eines Blattes auf das kleine Dreieck am oberen Registerrand, es zeigt die Einfügeposition an.

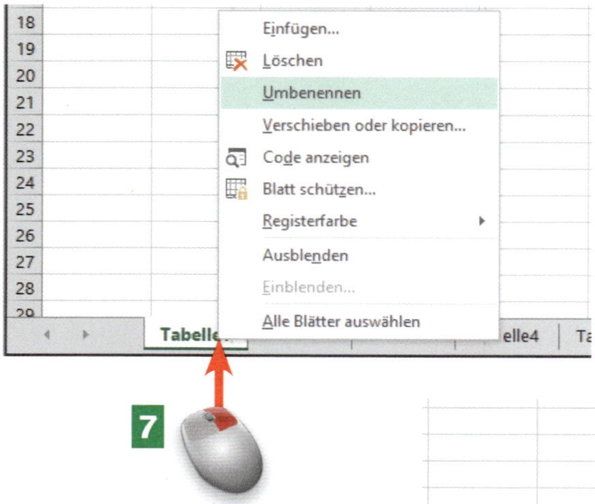

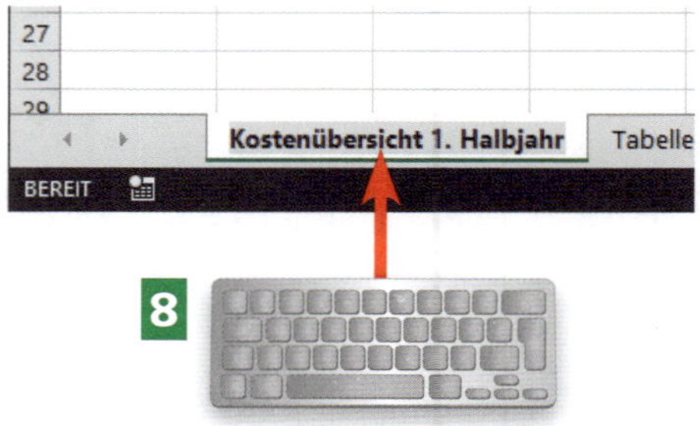

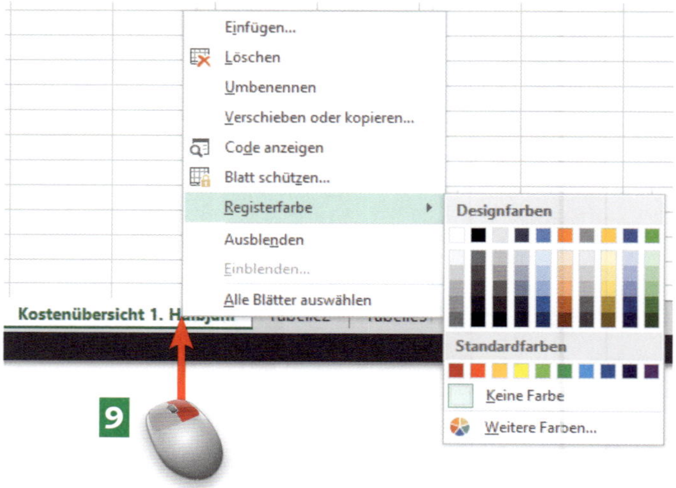

7 Klicken Sie mit der rechten Maustaste in ein Blattregister und wählen Sie *Umbenennen*.

8 Geben Sie den neuen Blattnamen ein und schließen Sie mit [↵] ab.

9 Die Registerfarbe ändern Sie per Klick mit der rechten Maustaste auf das Register.

Geben Sie Ihren Tabellenblättern aussagekräftige Namen und Farben zur besseren Unterscheidung. Sie können einzelne Blätter auch über das Kontextmenü aus- und einblenden.

WISSEN

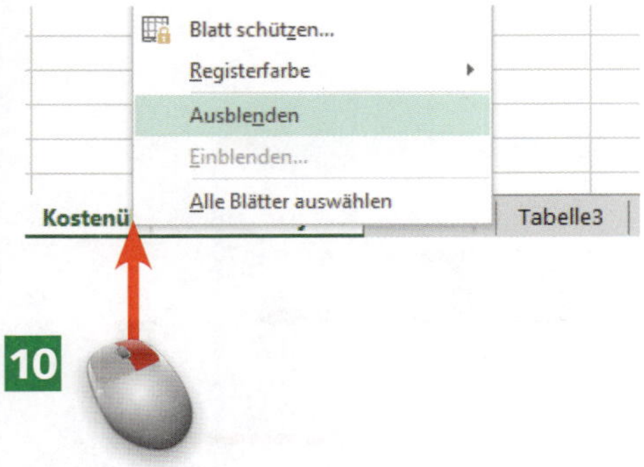

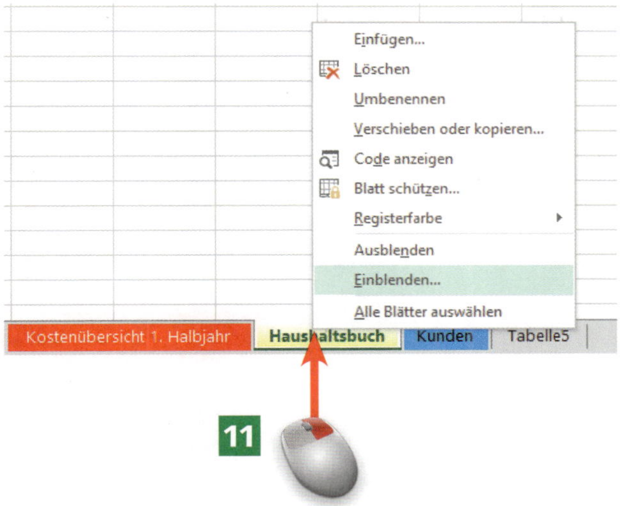

10 Um ein Blatt auszublenden, holen Sie den gleichnamigen Befehl aus dem Kontextmenü des Registers.

11 Wählen Sie ebenfalls im Kontextmenü *Einblenden* und holen Sie ausgeblendete Tabellenblätter wieder zurück in die Arbeitsmappe.

12 Mit *Alle Blätter auswählen* werden alle Tabellenblätter in der Arbeitsmappe markiert.

Ende

TIPP

So benennen Sie ein Register schneller: Klicken Sie doppelt auf den Registernamen und tragen Sie den neuen Tabellennamen ein.

HINWEIS

Wenn Sie den Registernamen ändern, dürfen Sie auch die Cursortasten (Pfeile, Pos 1, Ende) nutzen und mit gedrückter Strg-Taste wortweise springen.

TIPP

Diese Sonderzeichen sind im Tabellenregister nicht erlaubt, Excel nimmt sie bei der Eingabe gar nicht an:
[,], \, *, :

Start

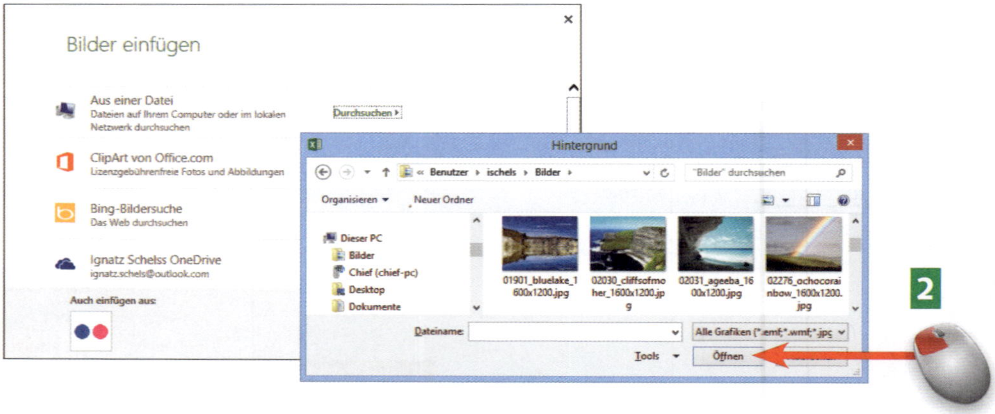

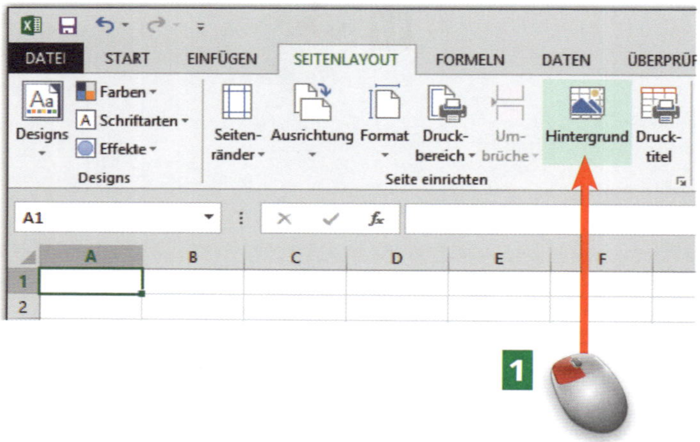

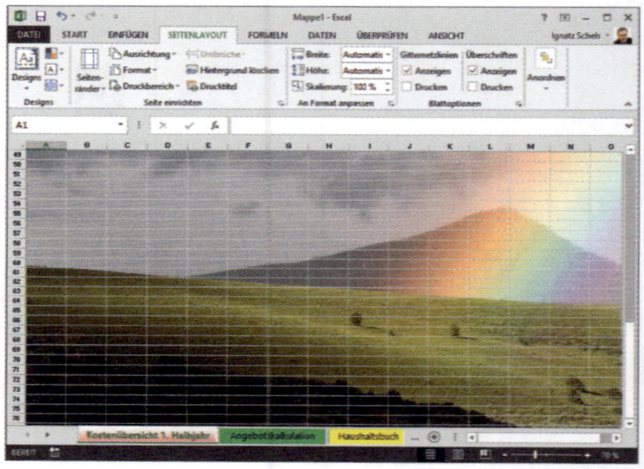

1 Mit dem Symbol *Hintergrund* aus dem *Seitenlayout*-Register lässt sich der Hintergrund der Tabelle mit einer Grafik schmücken.

2 Wählen Sie die Grafik, am besten eine Datei im JPEG-Format, aus dem *Bilder*-Ordner oder einem anderen Ordner Ihrer Festplatte.

3 Die Grafik wird im Hintergrund angezeigt, Sie können die einzelnen Zellen wie gewohnt beschriften.

Gitternetze, Zeilen- und Spaltenköpfe können Sie bei Bedarf ein- und ausblenden, und ein schönes Hintergrundbild macht Ihre Tabelle zum Schmuckstück.

WISSEN

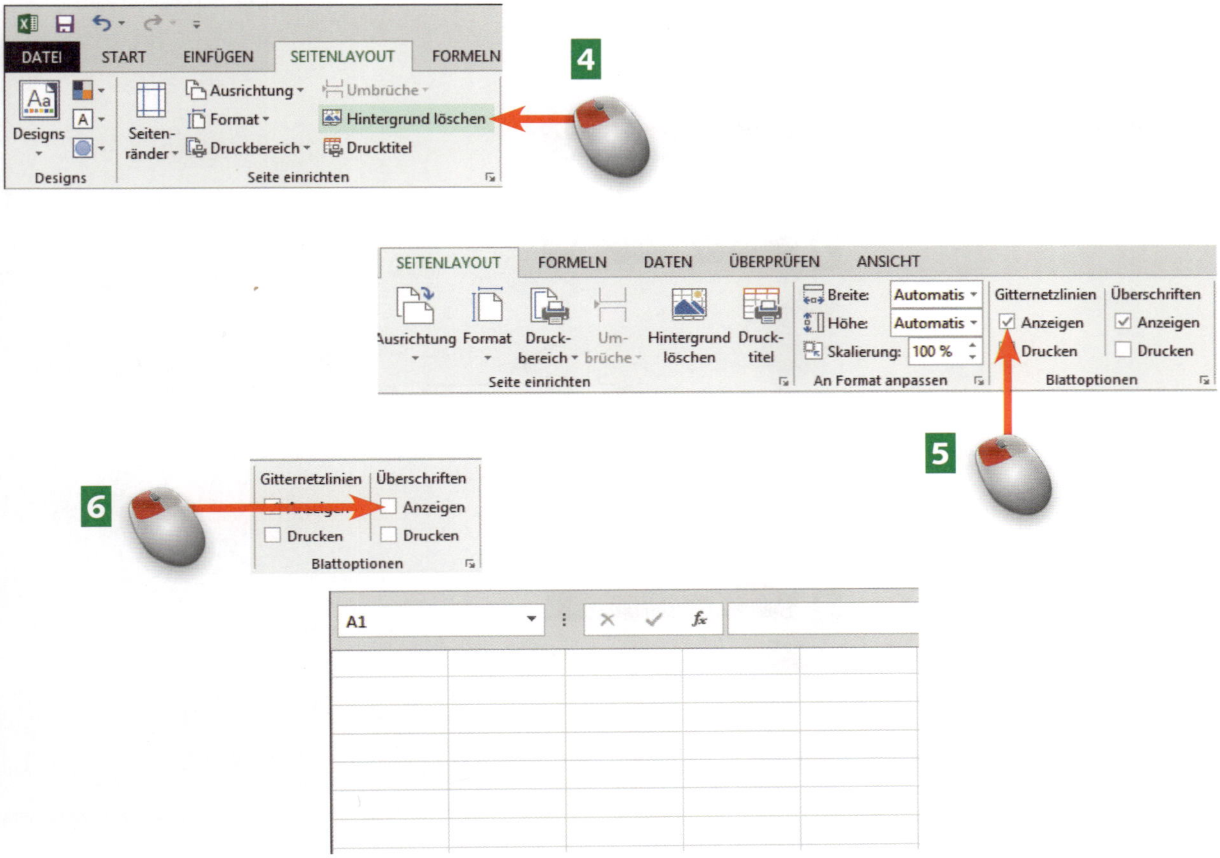

4 Mit einem Klick auf *Hintergrund löschen* entfernen Sie die Hintergrundgrafik wieder.

5 Die auf der Tabelle automatisch angezeigten Gitternetzlinien blenden Sie mit der Option *Blattoptionen/Ansicht* im Seitenlayout ein oder aus.

6 Wenn Sie die Option *Anzeige* für die Überschriften deaktivieren, werden die Zeilennummern und die Spaltenbuchstaben ausgeblendet.

Ende

Das Hintergrundbild sollte mindestens Bildschirmgröße (800 x 600 oder 1.280 x 768 Punkte) haben, damit es nicht „gekachelt" werden muss.

TIPP

Das Hintergrundbild wird in die Mappe integriert, die Dateigröße nimmt entsprechend der Bildgröße zu. Achten Sie darauf, dass das Bild nicht zu groß ist.

HINWEIS

Start

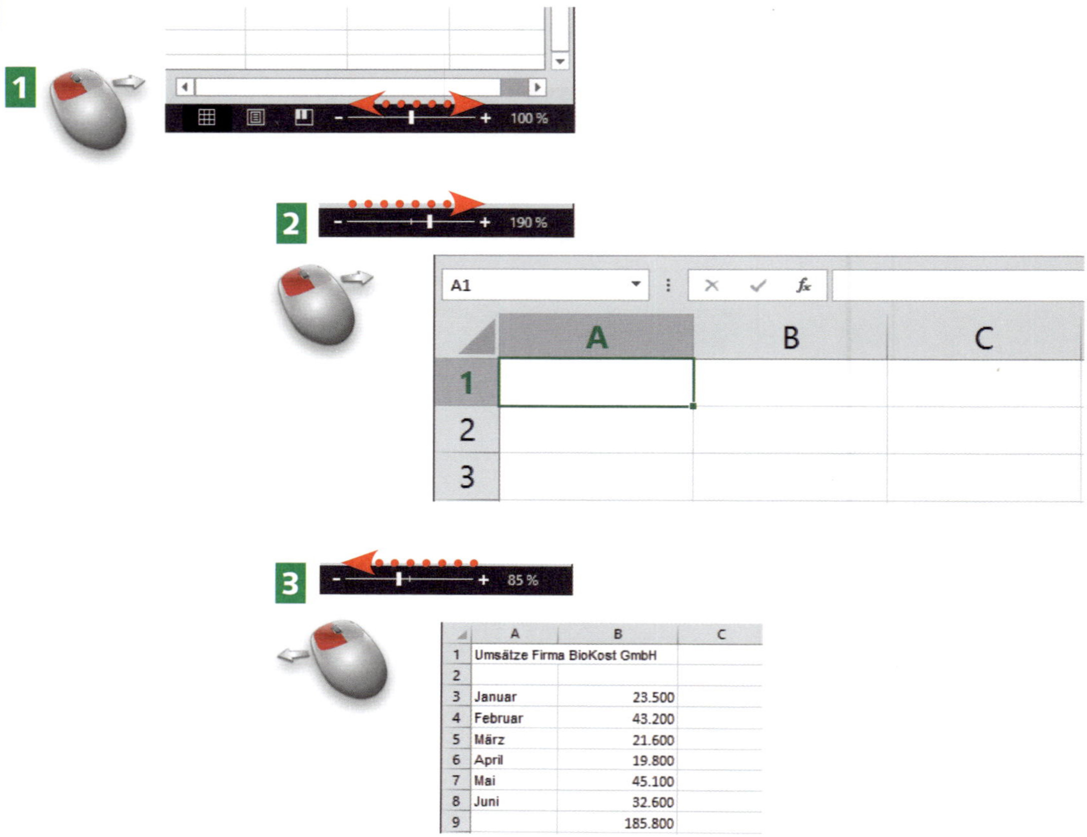

1 Mit dem Schieberegler rechts unten zoomen Sie Ihre Tabelle in eine passende Ansichtsgröße. Ziehen Sie ihn mit gedrückter Maustaste.

2 Ziehen Sie den Regler nach rechts, wird die Tabelle größer. Auch die Zeilen- und Spaltenüberschriften vergrößern sich.

3 Ziehen Sie den Regler nach links, nimmt der Zoomfaktor ab und die Tabelle samt Inhalt wird kleiner.

In großen Tabellen ist der Zoom ein wichtiges Werkzeug. Stellen Sie den richtigen Zoomfaktor für ein angenehmes Arbeiten ein und drehen Sie die Ansicht zurück, um Zellbereiche schneller ansteuern zu können.

WISSEN

4

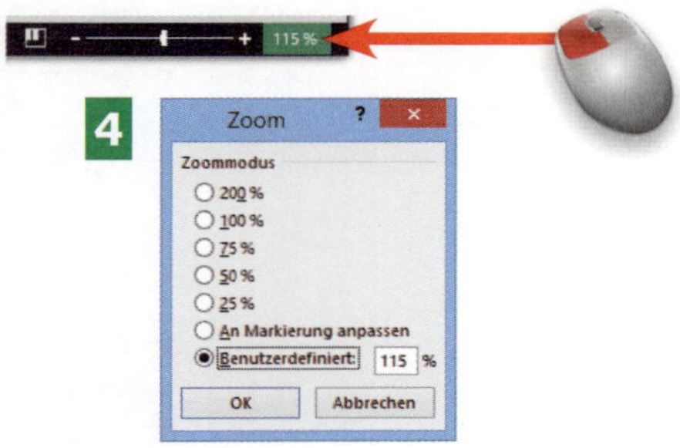

6

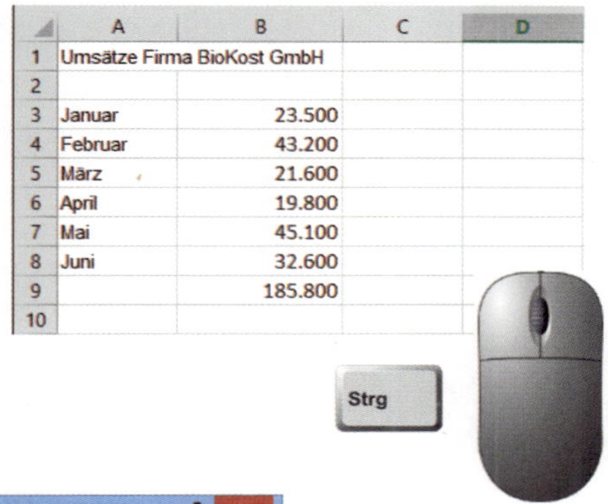

5

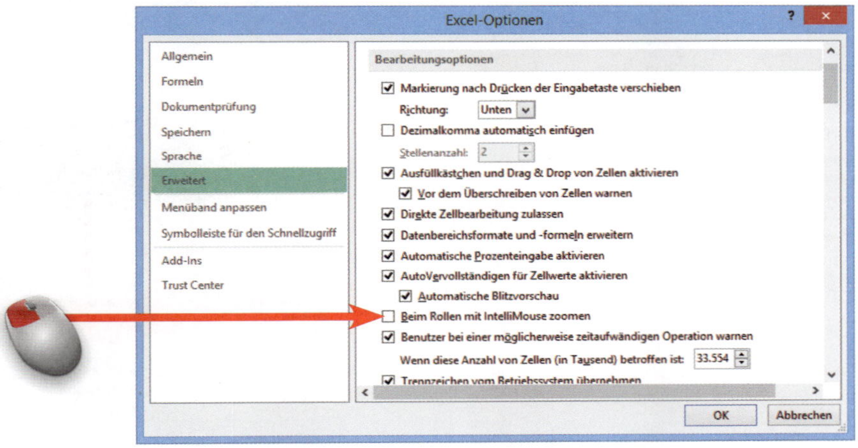

4 Klicken Sie auf den angezeigten Zoomfaktor und stellen Sie den Zoom über ein Dialogfenster ein.

5 Im *Datei*-Menü finden Sie unter *Optionen* eine Option, die den Zoom über das Mausrad ermöglicht.

6 Sie können ohne diese Option auch per Maus zoomen: Drücken Sie die Strg-Taste und drehen Sie am Mausrad.

Ende

Mit dem Zoom auf das Tabellenblatt werden auch die Zeilennummern und Spaltenköpfe entsprechend vergrößert oder verkleinert.

TIPP

Bis zu 400 % lässt sich der Zoom vergrößern, der kleinste Zoomfaktor ist 10 %. Der Zellzeiger oder der markierte Bereich bleibt immer auf dem Bildschirm sichtbar, egal, welchen Zoomfaktor Sie einstellen.

HINWEIS

Start

1 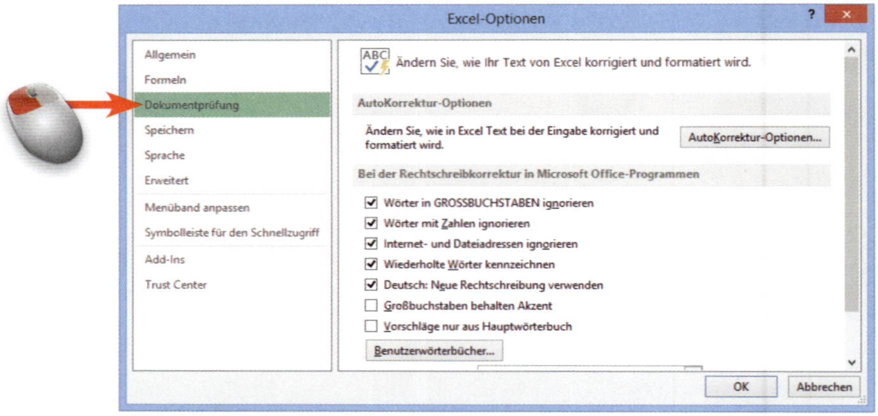

2 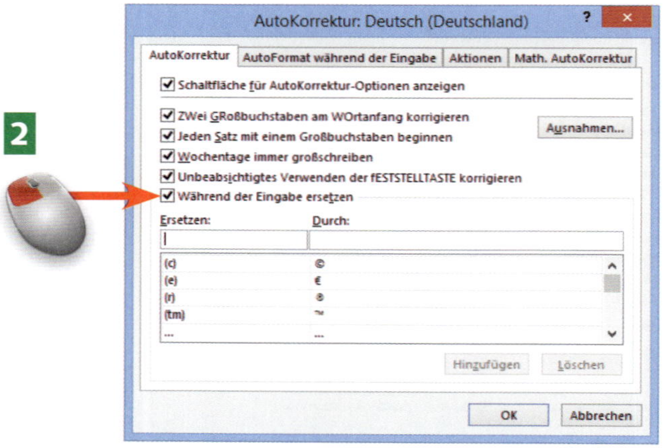

3 

1 Öffnen Sie die Excel-Optionen aus dem *Datei*-Menü und wählen Sie *Dokumentprüfung*.

2 Klicken Sie auf *AutoKorrektur-Optionen* und kreuzen Sie die Option *Während der Eingabe ersetzen* an.

3 Um einen neuen Eintrag aufzunehmen, tragen Sie den falschen Begriff in das linke Feld ein und den richtigen daneben. Klicken Sie auf *Hinzufügen*.

Excel korrigiert häufig vorkommende Tippfehler schon bei der Eingabe. Nehmen Sie Ihre Lieblingstippfehler dazu und definieren Sie nützliche Textbausteine.

WISSEN

4

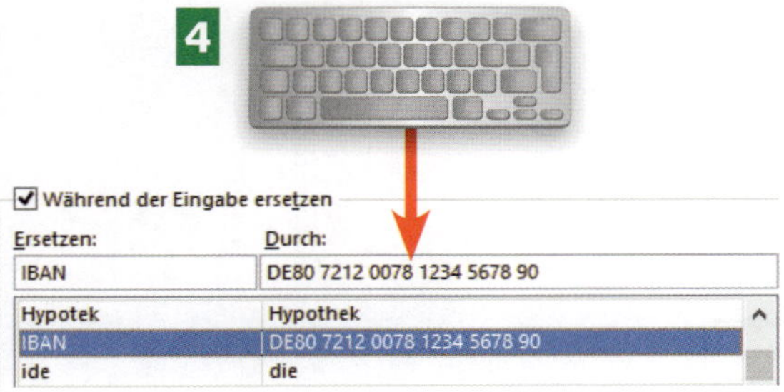

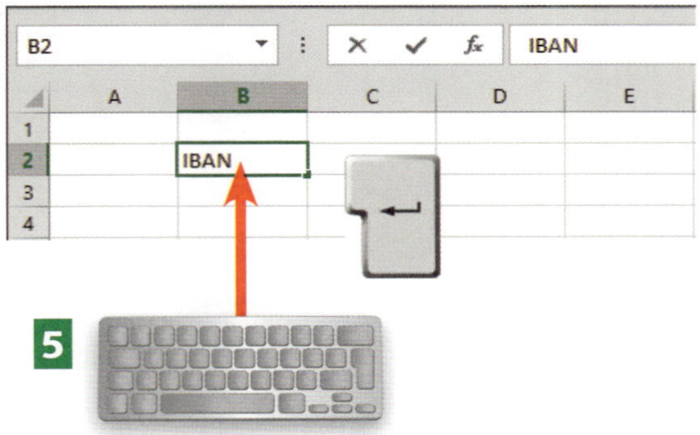

5

6

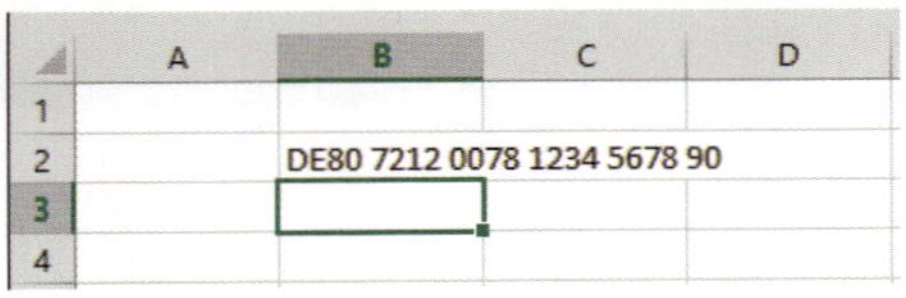

4 Speichern Sie sich so kleine und häufig benötigte Textbausteine, wie beispielsweise die IBAN.

5 Wenn Sie die IBAN in einer Zelle brauchen, geben Sie den Namen des Bausteins ein und drücken die [↵]-Taste.

6 Excel ersetzt die Eingabe durch den gespeicherten Korrekturtext.

Ende

Um eine definierte AutoKorrektur wieder zu löschen, markieren Sie den Eintrag in der Liste und klicken auf *Löschen*.

HINWEIS

Autokorrekturen und Textbausteine werden global gespeichert und stehen für alle Arbeitsmappen und Tabellenblätter zur Verfügung.

HINWEIS

Start

1

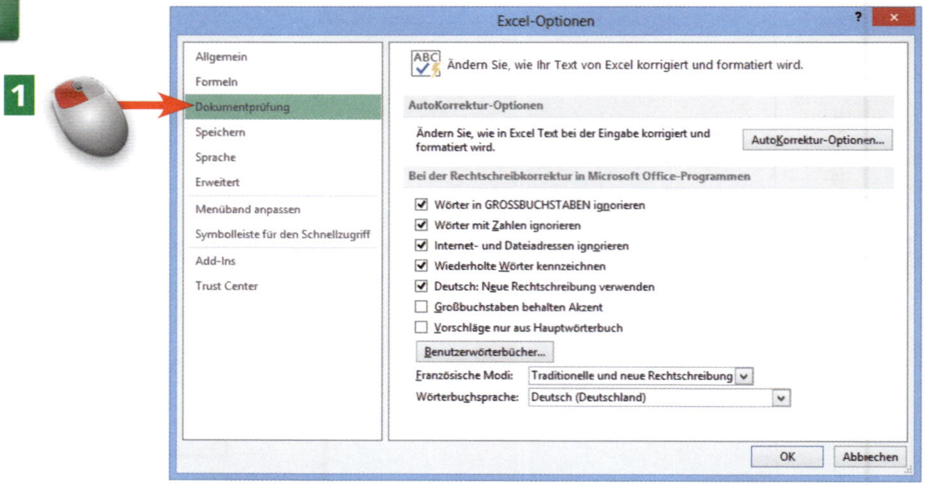

2

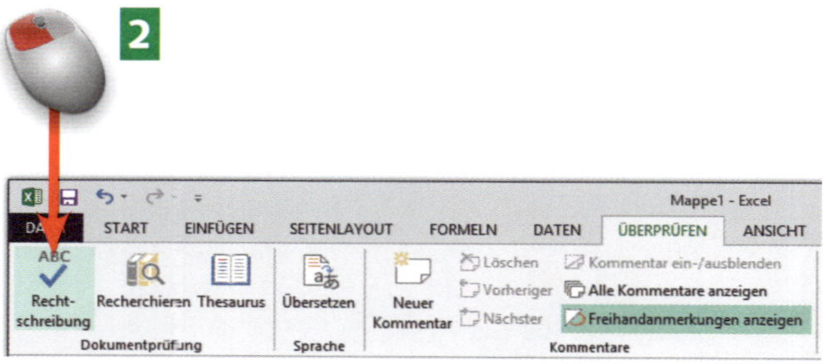

3

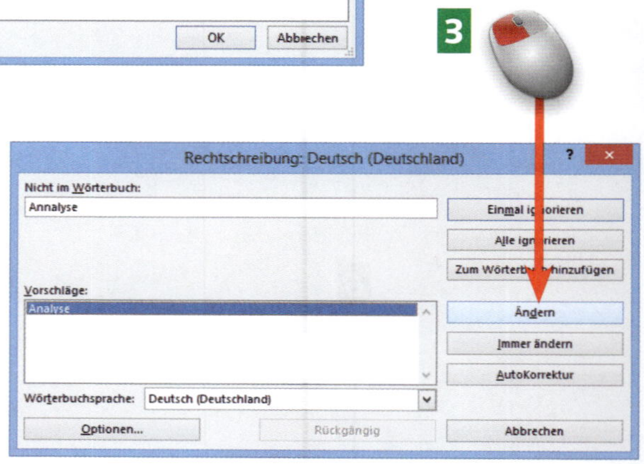

1 Überprüfen Sie im *Backstage* in den Excel-Optionen, ob alle Einstellungen für die Rechtschreibprüfung gesetzt sind.

2 Schalten Sie um auf das Register *Überprüfen* und klicken Sie auf *Rechtschreibung*.

3 Das erste falsch geschriebene Wort wird angezeigt, klicken Sie auf *Ändern*, um den Vorschlag aus dem Wörterbuch zu übernehmen.

Mit der Rechtschreibprüfung finden Sie Tippfehler und fehlerhafte Texte im Tabellenblatt oder im markierten Bereich. Excel vergleicht alles mit einem integrierten Wörterbuch, fehlende Einträge können Sie einfach einfügen.

WISSEN

4

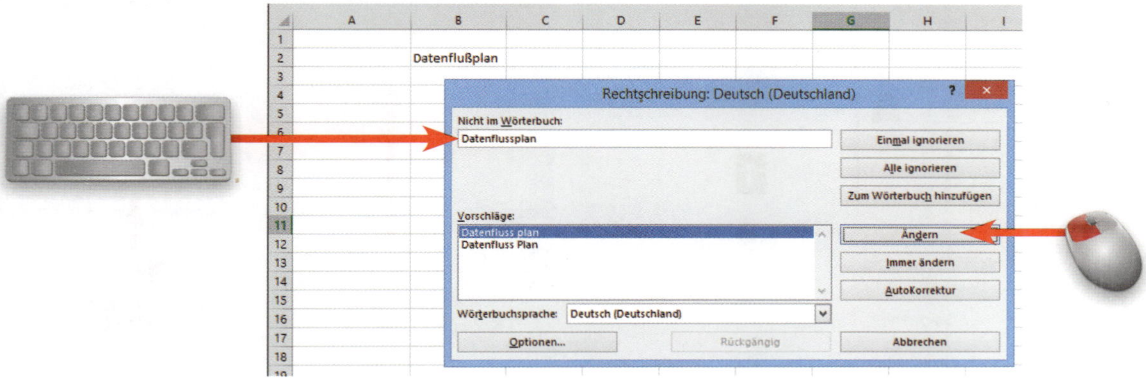

5

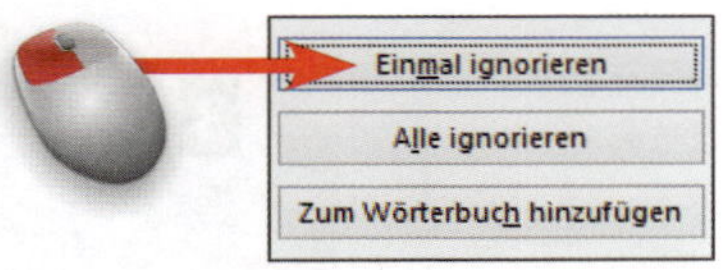

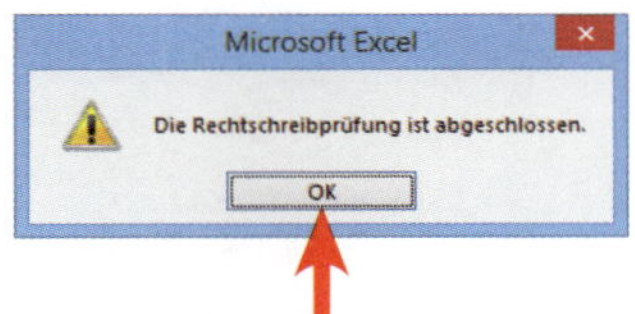

6

4 Wenn das Wort nicht im Wörterbuch steht, nehmen Sie selbst die Änderung vor und klicken auf *Ändern*.

5 *Einmal ignorieren* lässt den angezeigten Begriff unverändert, mit *Alle ignorieren* wird er nicht mehr als falsch geschrieben angemahnt.

6 Nach Überprüfung der Tabelle erscheint eine abschließende Meldung, klicken Sie auf *OK*, um die Rechtschreibprüfung zu beenden.

Ende

Klicken Sie auf *AutoKorrektur*, wenn Sie ein korrigiertes Wort in die Liste der AutoKorrekturen aufnehmen wollen.

HINWEIS

Das Benutzerwörterbuch ist eine Datei mit der Bezeichnung CUSTOM.DIC, es gilt für alle Office-Programme (Word, PowerPoint etc.).

HINWEIS

Start

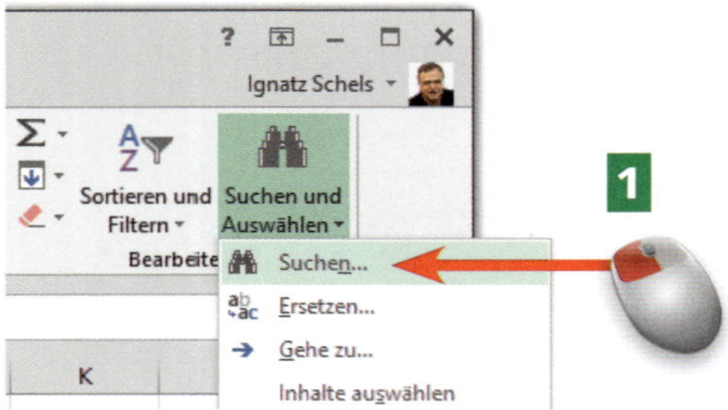

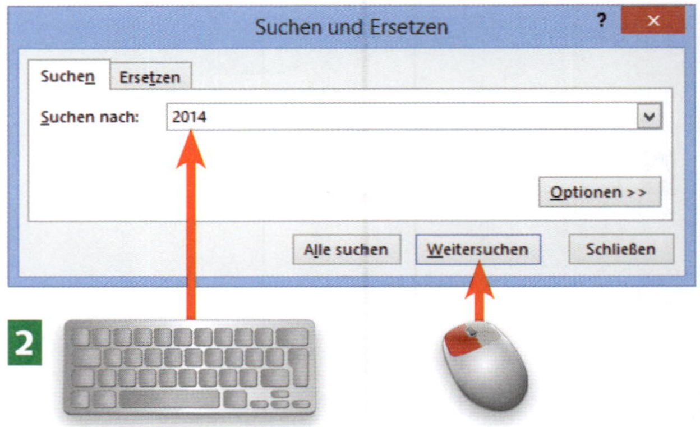

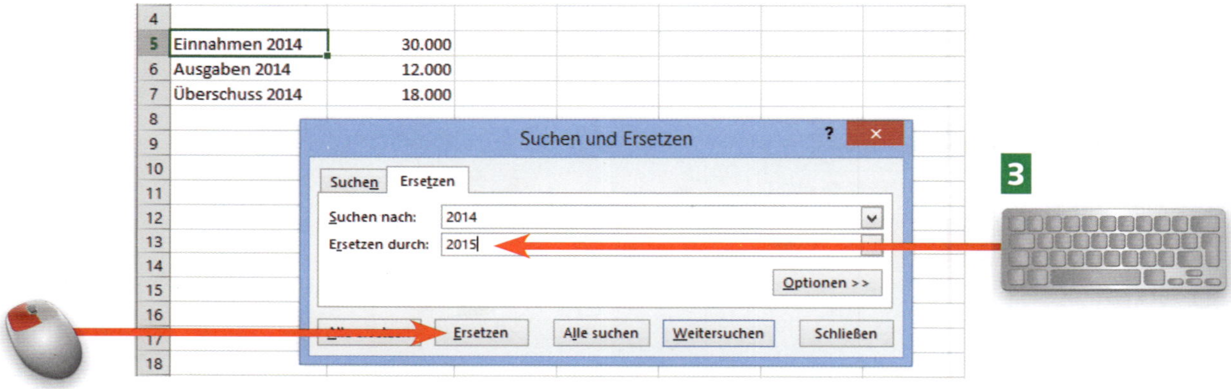

1 Setzen Sie den Zellzeiger in die erste Zelle der Tabelle und wählen Sie *Start/Suchen und Auswählen/Suchen*.

2 Geben Sie den Suchbegriff in das Eingabefeld ein und klicken Sie auf *Weitersuchen*.

3 Schalten Sie um auf *Ersetzen* und tragen Sie einen Ersatzbegriff ein. Mit einem Klick auf *Ersetzen* wird der nächste Begriff ersetzt.

Wenn Sie alte Tabellendaten auffrischen müssen, werden Sie die Suchen/Ersetzen-Funktion brauchen. Geben Sie den Suchbegriff ein und ersetzen Sie automatisch alle Fundstellen. Die Auswählen-Funktion bietet die Möglichkeit, Zellen direkt anzusteuern oder gezielt Texte und Zahlen, Formeln oder Formate zu markieren.

WISSEN

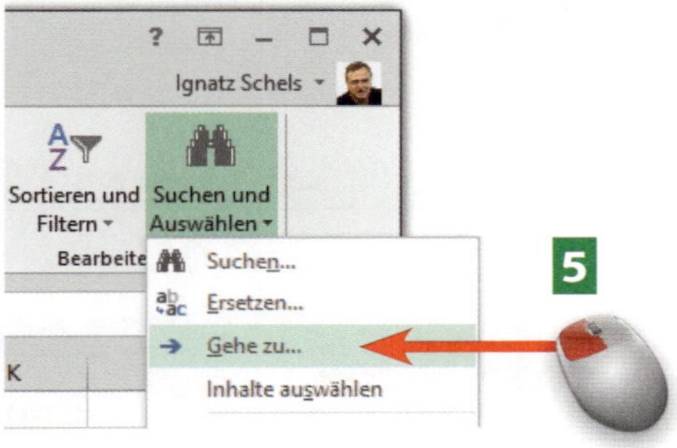

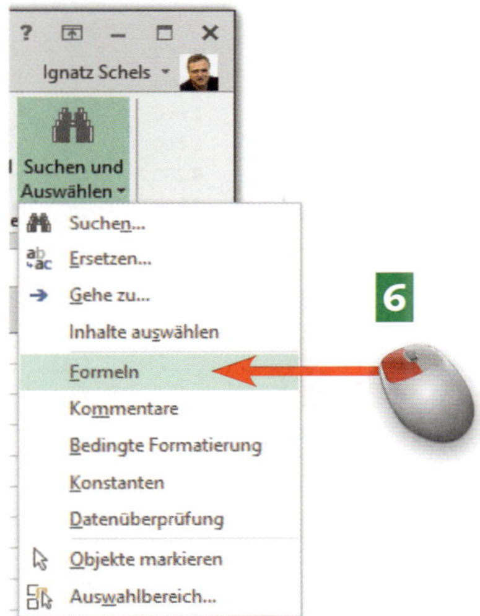

4 *Alle Ersetzen* tauscht alle Fundstellen gegen den Ersatzbegriff aus. Zum Abschluss erscheint eine Meldung.

5 Wählen Sie *Suchen und Auswählen/Gehe zu* und tragen Sie eine Zelladresse oder einen Bezug ein.

6 Unter *Suchen und Auswählen* lässt sich auch gezielt nach Formeln, Konstanten (Text und Zahl), Kommentaren oder Bedingungsformaten suchen.

Ende

Markieren Sie nur dann Zellbereiche, wenn Sie in diesen suchen und ersetzen wollen. Setzen Sie den Zellzeiger nach A1, wenn Sie die ganze Tabelle meinen.

HINWEIS

Mit der Schaltfläche *Optionen* können Sie auch Formatierungen suchen und ersetzen oder den Suchbegriff für die ganze Zelle bestimmen. Kreuzen Sie *Groß-/Kleinschreibung beachten* an, um die Schreibweise zu berücksichtigen.

HINWEIS

Start

1

B15 | =SUMME(B3:B14)

	A	B	C	D	E
1	Umsätze 2014				
2					
3	Januar	2.300			
4	Februar	3.400			
5	März	3.500			
6	April	4.200			
7	Mai	3.200			
8	Juni	1.500			
9	Juli	1.800			
10	August	2.600			
11	September	4.200			
12	Oktober	4.500			
13	November	6.200			
14	Dezember	8.200			
15		45.600			
16					
17					

Archiv

2

	A	B	C	D
1	Umsatzanalyse			
2		Umsatz 2015	Umsatz 2014	
3	Januar	3.200		
4	Februar	4.200		
5	März	3.900		
6	April	4.200		
7	Mai	2.500		
8	Juni	3.000		
9	Juli			
10	August			
11	September			
12	Oktober			
13	November			
14	Dezember			
15				
16				
17				

Archiv | Umsatz 2015

3

	A	B	C
1	Umsatzanalyse		
2		Umsatz 2015	Umsatz 2014
3	Januar	3.200	=
4	Februar	4.200	
5	März	3.900	

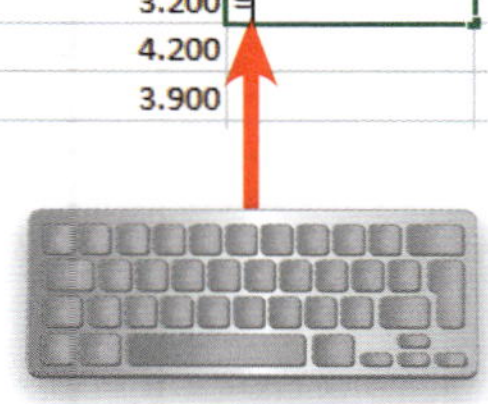

1 In der Tabelle *Archiv* sind die Umsätze des Vorjahres gespeichert, die Gesamtsumme steht in Zelle B15.

2 Die aktuellen Umsätze befinden sich in der Tabelle *Verkaufsübersicht*. Zum Vergleich brauchen Sie den Vorjahresumsatz aus dem Archiv.

3 Markieren Sie die Zelle, in der die Verknüpfung stehen soll, und geben Sie ein =-Zeichen ein.

In der Praxis sind die Daten häufig auf verschiedene Tabellenblätter verteilt. Holen Sie Zellinhalte aus externen Zellen einfach mit einer Verknüpfung in die Tabelle.

WISSEN

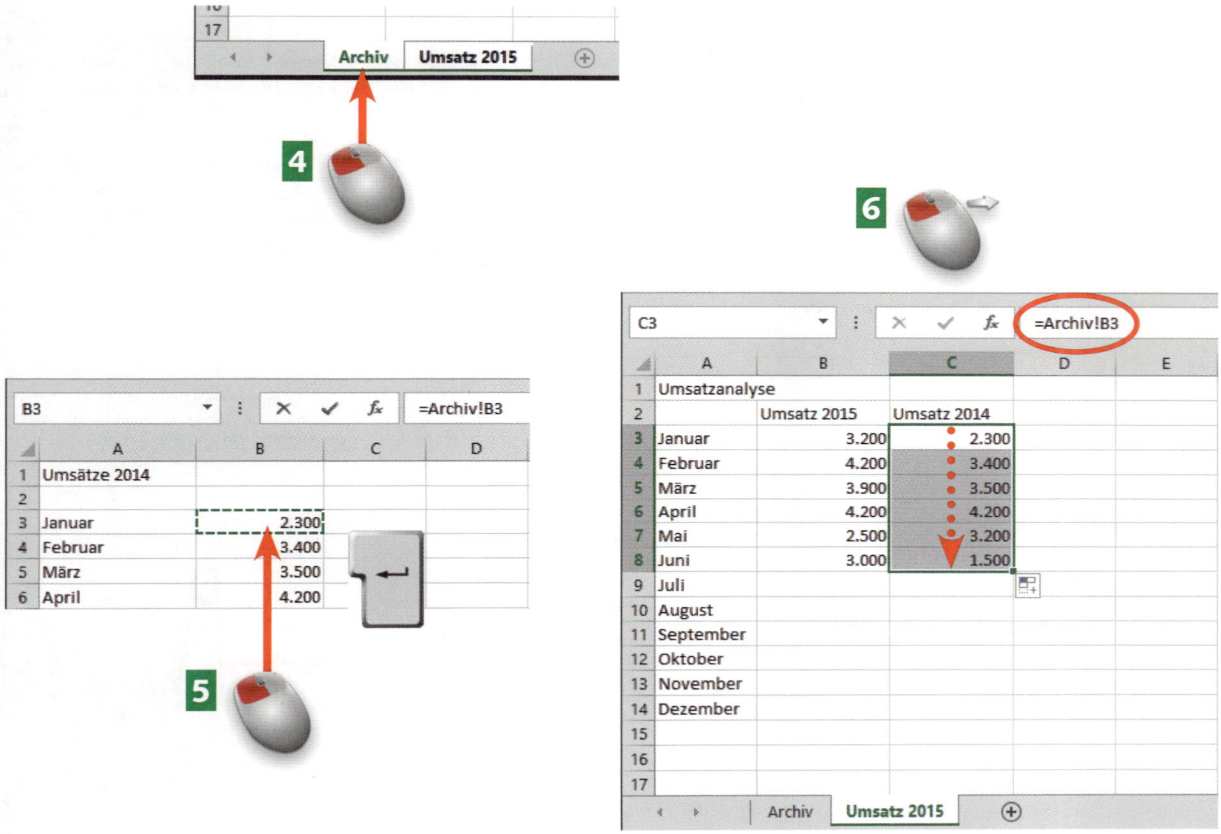

4 Schalten Sie um auf das Tabellenregister *Archiv* ...

5 ... und klicken Sie auf den ersten Vorjahresumsatz. Schließen Sie mit der [↵]-Taste ab.

6 Die Verknüpfungsformel wird erstellt, Sie können die Formel mit dem relativen Bezug nach unten auf das andere Tabellenblatt kopieren.

Eine Verknüpfung ist ein Zellbezug mit Angabe der Tabelle. Das Ausrufezeichen verbindet Tabelle und Zelle: =Tabelle!Zelle

HINWEIS

Ihre Verknüpfungen werden automatisch angepasst, wenn Tabellen umbenannt werden, auch wenn Sie Zellen verschieben oder Zeilen und Spalten einfügen.

HINWEIS

7

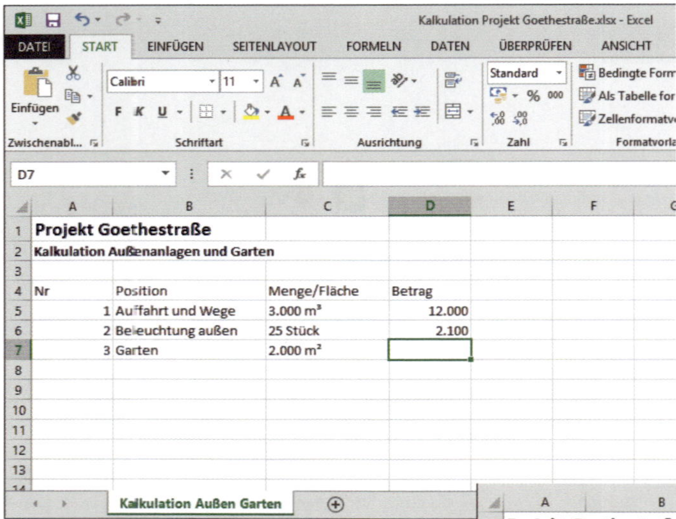

8

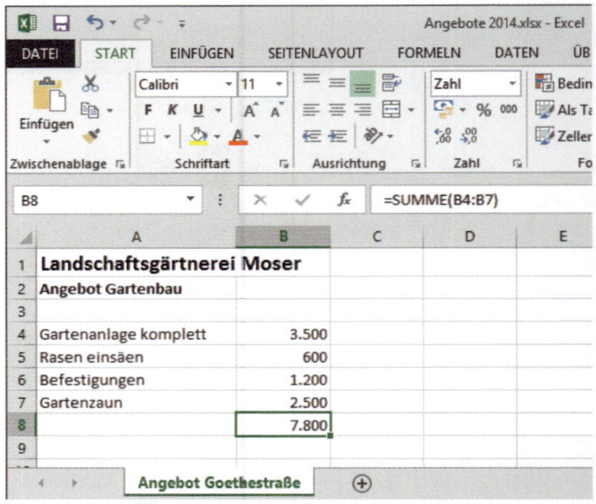

9

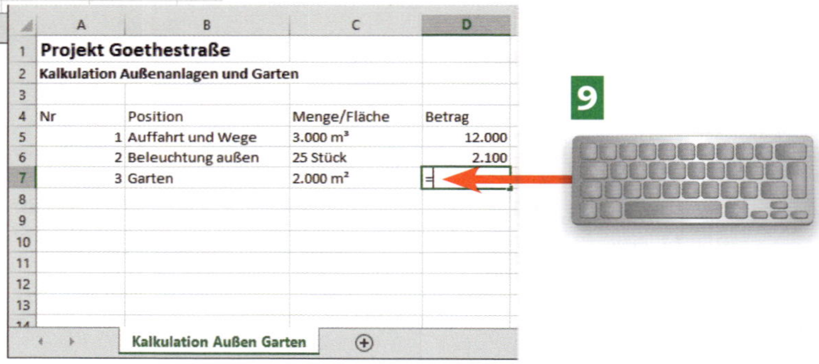

7 In dieser Kalkulation sind die ersten beiden Beträge eingetragen, der dritte sollte aus einer anderen Arbeitsmappe geholt werden.

8 Das ist die zweite Arbeitsmappe, in der die Positionssumme steht. Aktivieren Sie beide Mappen.

9 Starten Sie die Verknüpfung in der ersten Mappe wieder mit einem =-Zeichen in der Zielzelle.

Verknüpfungen zwischen Arbeitsmappen sind etwas aufwendiger herzustellen. Öffnen Sie die beteiligten Mappen und konstruieren Sie die Formel über die Fenster hinweg.

WISSEN

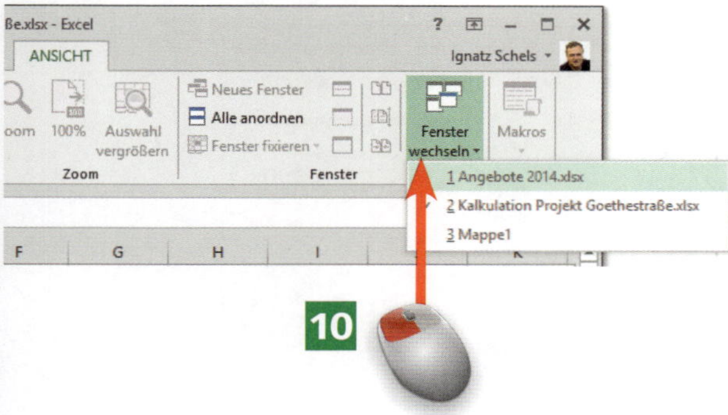

11

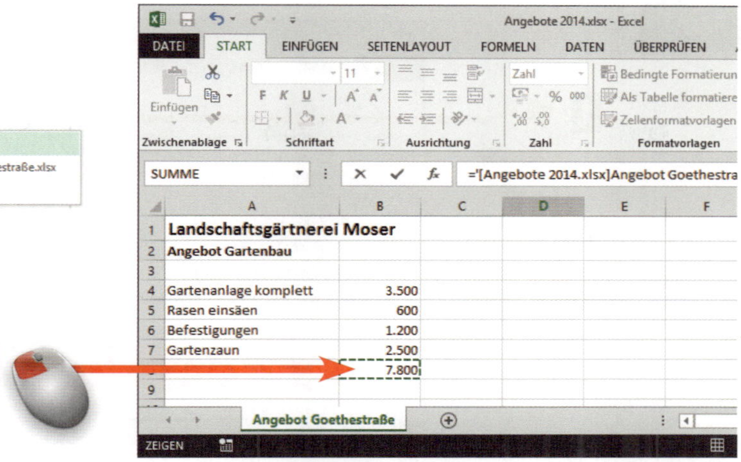

12

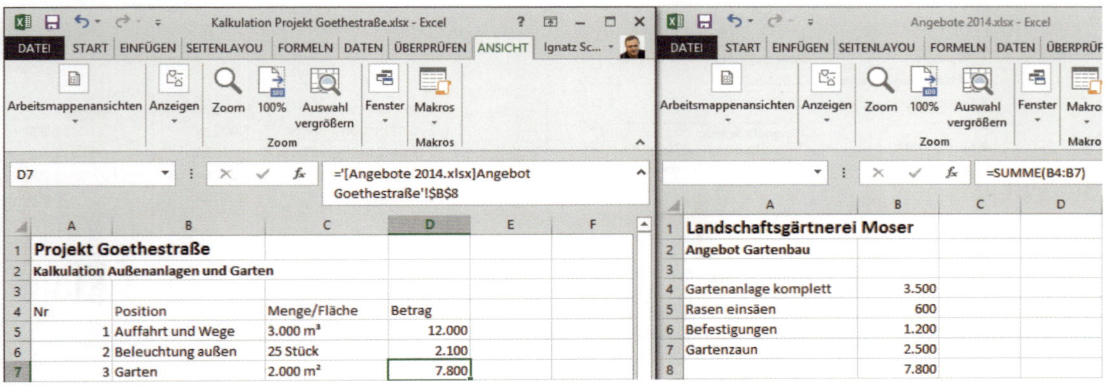

10 Wechseln Sie über *Ansicht/Fenster wechseln* zur zweiten Arbeitsmappe ...

11 ... und markieren Sie die gewünschte Zelle. Mit der [Enter]-Taste schließen Sie die Aktion ab.

12 Die Verknüpfung enthält den Namen der Mappe, der Tabelle und den Bezug auf die Zielzelle.

Ende

Stellen Sie die Fenster mit *Ansicht/Fenster* und *Alle anordnen* nebeneinander, dann können Sie die Verknüpfung besser per Mausklick herstellen.

TIPP

Das Ergebnis der Verknüpfung bleibt erhalten, wenn die Zielmappe geschlossen wird. Excel speichert den gesamten Pfad (Laufwerk und Ordner) in der Verknüpfungsformel.

HINWEIS

Tastenkombination für Fensterwechsel: [Strg]+[F6] und [Strg]+[⇧]+[F6]

TIPP

Start

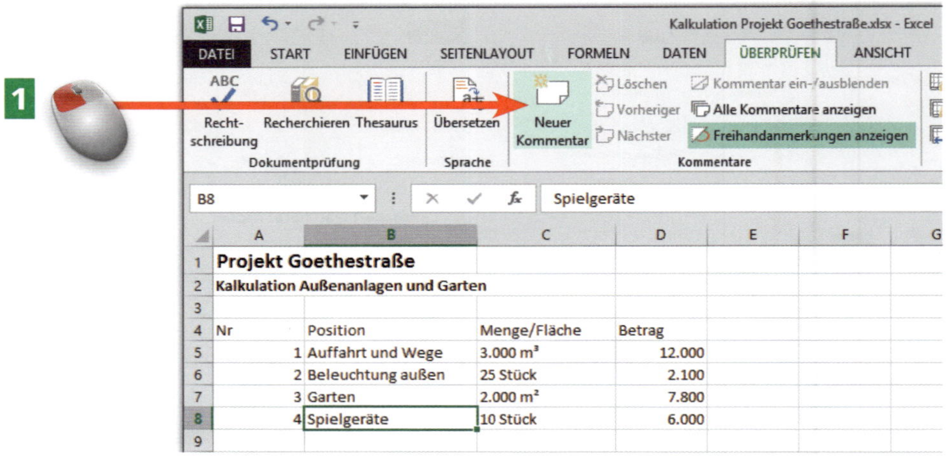

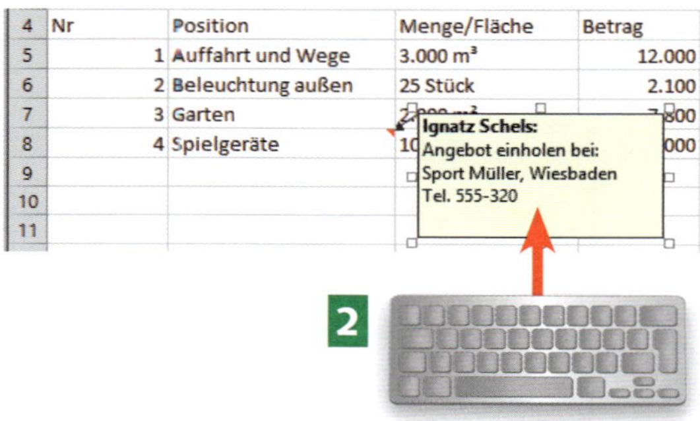

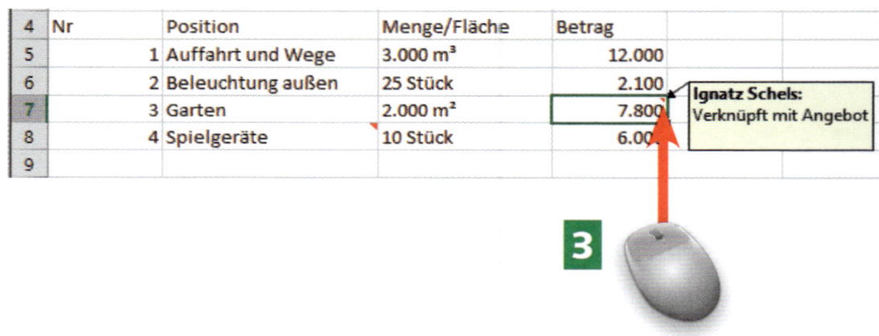

1 Markieren Sie die Zelle, die Sie mit einem Kommentar versehen wollen, und klicken Sie im Register *Überprüfen* auf *Kommentare/Neuer Kommentar*.

2 Geben Sie den Kommentar in das Kommentarfeld ein. Klicken Sie auf eine beliebige Zelle, um die Eingabe abzuschließen.

3 Kommentare werden sichtbar, wenn der Mauszeiger auf die Zelle mit dem Indikator (rotes Dreieck) zeigt.

Anmerkungen, Hinweise und wichtige Infos zu einzelnen Zellen schreiben Sie am besten in Kommentare. Ein kleines rotes Dreieck zeigt an, wo ein Kommentar steht, mit dem Mauszeiger auf der Zelle wird der Kommentartext eingeblendet.

WISSEN

4

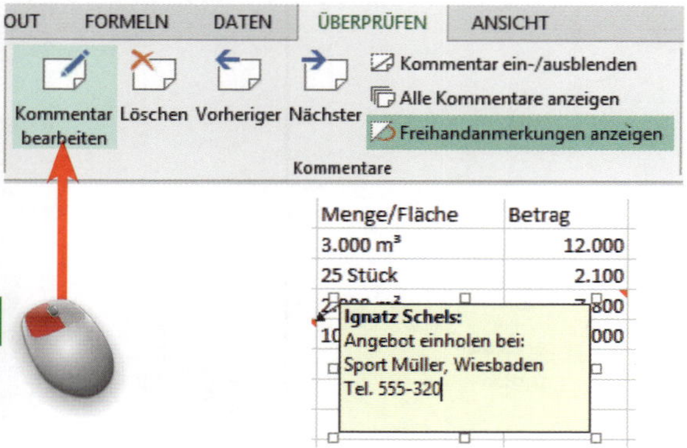

5

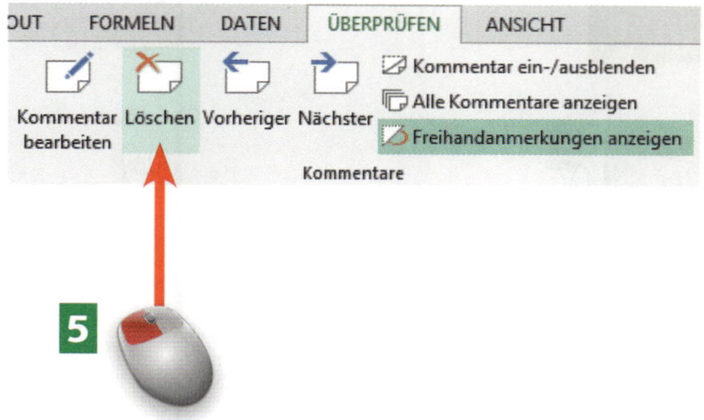

6

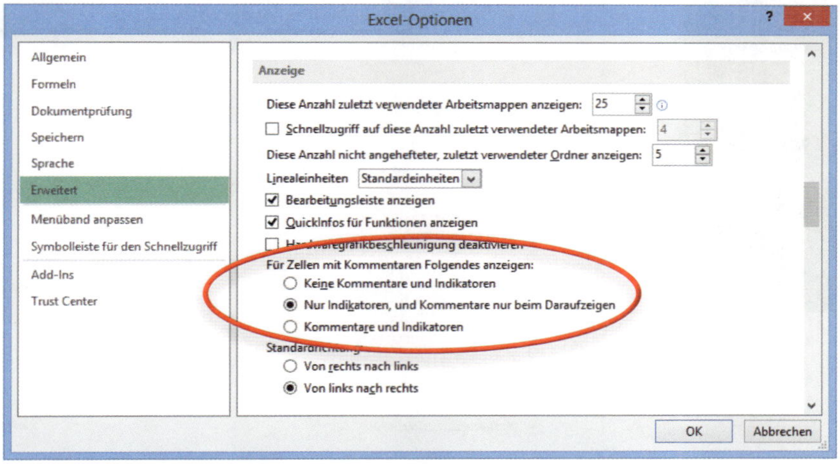

4 Um einen Kommentar zu bearbeiten, klicken Sie auf das erste Symbol unter *Überprüfen/ Kommentare*.

5 Löschen Sie einen Kommentar mit dem Löschen-Symbol aus der Kommentar-Gruppe oder einfach mit der Entf-Taste. Markieren Sie ihn dazu per Klick auf die Randlinie.

6 In den Optionen (*Datei/Optionen*) finden Sie in der Kategorie *Erweitert* die Einstellungen für die Anzeige von Kommentaren.

Ende

In der ersten Zeile des Kommentarfeldes steht automatisch Ihr Benutzername. Sie finden ihn in den Optionen, Kategorie *allgemein*.

HINWEIS

Um die Kommentare zu drucken, lassen Sie sich alle anzeigen. Im Dialogfeld unter *Seitenlayout/Seite einrichten* können Sie einstellen, wo die Kommentare gedruckt werden.

HINWEIS

Start

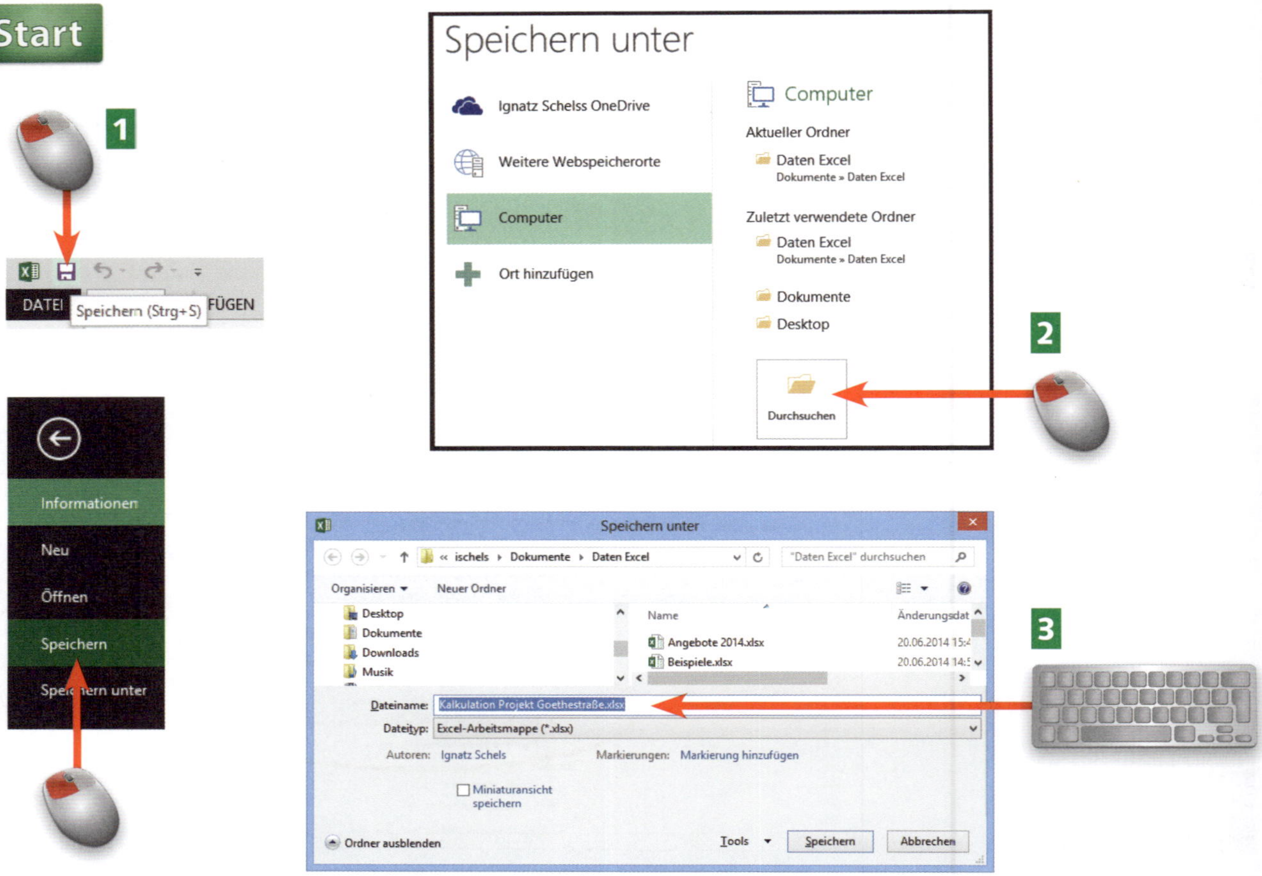

1 Zum Speichern der Arbeitsmappe wählen Sie *Datei/Speichern* oder klicken auf das Diskettensymbol in der kleinen Symbolleiste.

2 Markieren Sie den passenden Ordner oder klicken Sie auf *Durchsuchen*, um den Ordner zu wechseln.

3 Geben Sie den Dateinamen ein. Der Dateityp *Excel Arbeitsmappe* wird automatisch vorgeschlagen.

Vergessen Sie nicht, Ihre Arbeit zu speichern. Bisher haben Sie nur im Arbeitsspeicher Daten gesammelt, mit dem Speichern der Mappe werden diese auf der Festplatte oder in der Cloud gesichert.

WISSEN

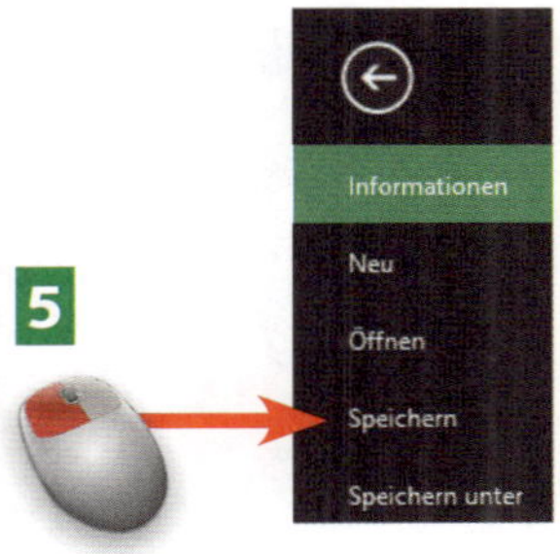

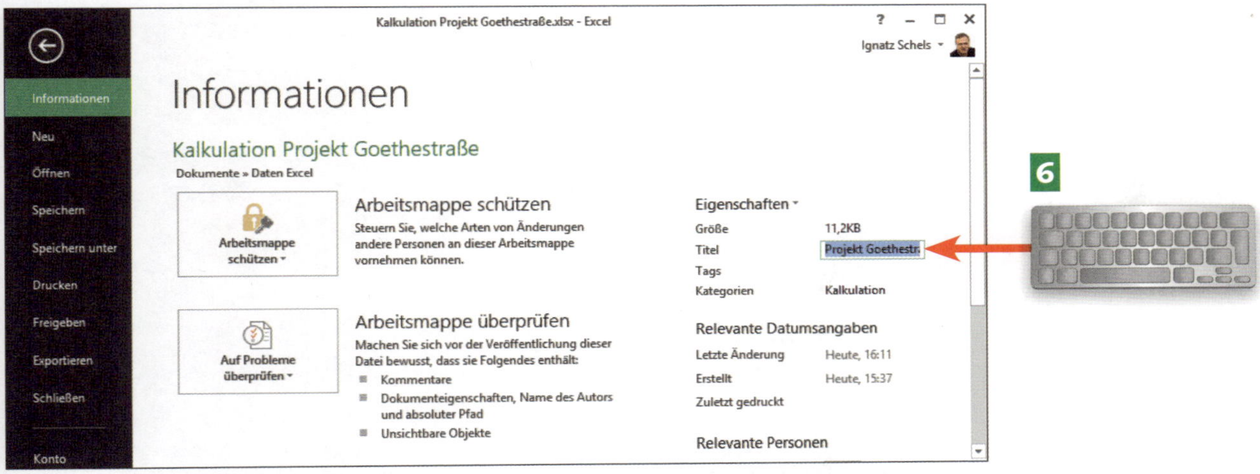

4 Schalten Sie auf OneDrive, wenn Sie die Datei in der Cloud speichern wollen. Auch hier finden Sie eine Auswahl an Ordnern.

5 Mit *Speichern* wird eine bereits benannte Datei ohne Rückfrage neu gespeichert, *Speichern unter* fordert den Dateinamen wieder an.

6 Im Backstage sehen Sie alle Informationen über die gespeicherte Datei. Geben Sie einen Titel, Schlüsselwörter (Tags) und eine Kategorie ein.

Ende

In den Optionen ist unter *Speichern* festgelegt, welches Dateiformat beim Speichern vorgeschlagen wird.

HINWEIS

Der Dateiname wird nur beim ersten Speichervorgang über die Diskette angefordert. *Speichern unter* fordert immer einen Dateinamen an.

TIPP

Dateinamenerweiterungen sind nur sichtbar, wenn Sie diese im Windows-Explorer eingeschaltet haben:
Für Arbeitsmappen ab Excel 2007: XLSX
Für Arbeitsmappen bis Excel 97/2003: XLS

HINWEIS

Start

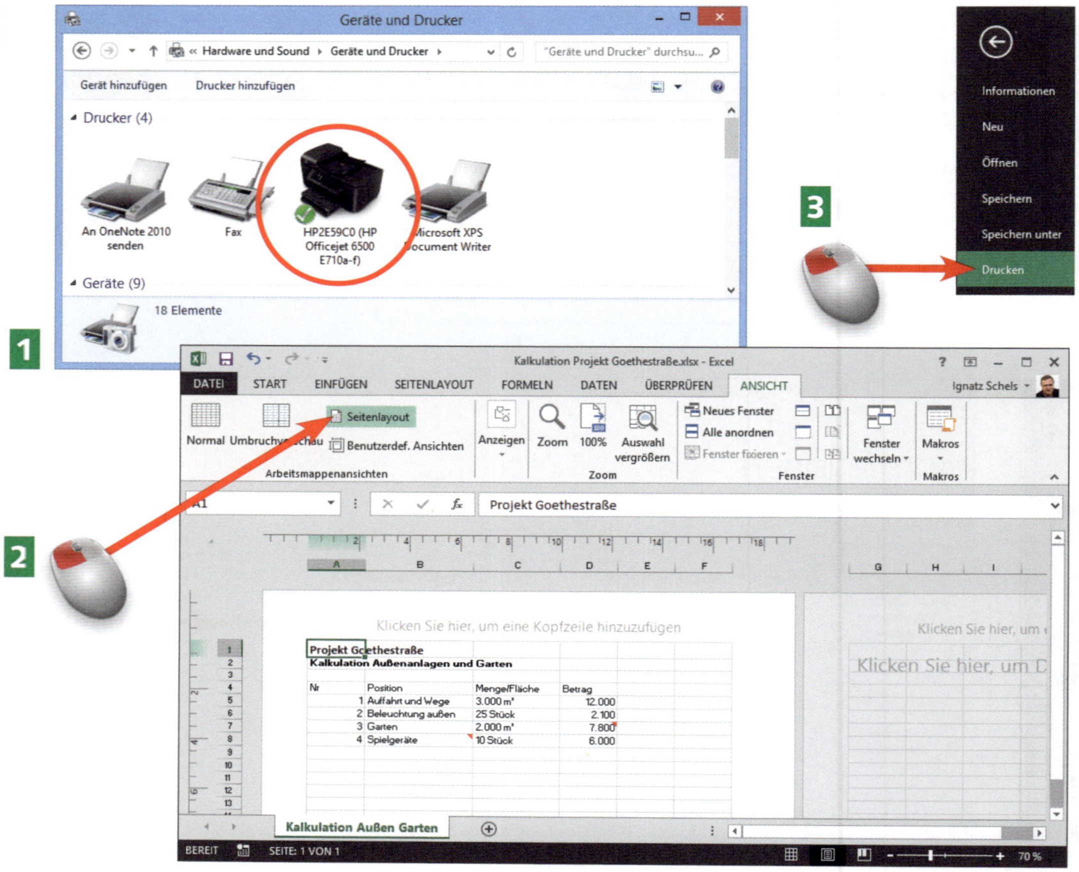

1 Für den Ausdruck der Tabelle muss ein Drucker installiert sein. Sehen Sie in der Systemsteuerung nach, ob das Gerät bereit ist.

2 Klicken Sie im Register *Ansicht* auf die Ansicht *Seitenlayout*, um den Ausdruck in dieser Ansicht zu überprüfen.

3 Wählen Sie *Drucken* im Backstage des *Datei*-Menüs, um den Druck in der Druckvorschau anzuzeigen.

Drucken Sie Ihre fertigen Kalkulationen aus, bringen Sie Tabellen, Rechnungen, Angebote u. a. über den Windows-Standarddrucker zu Papier. Vorher können Sie das Ergebnis im Seitenlayout und in der Druckvorschau betrachten.

WISSEN

4
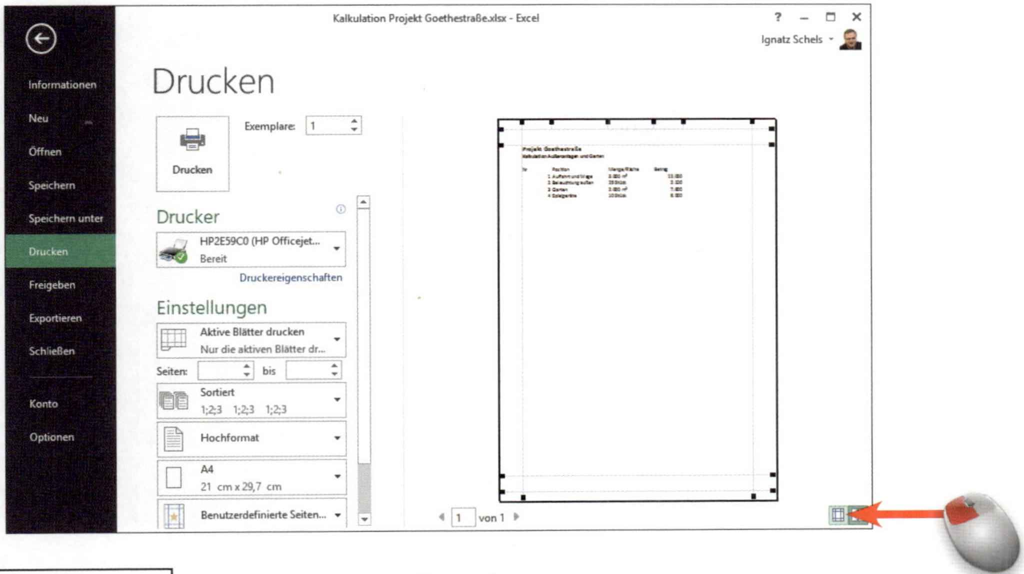

5

6
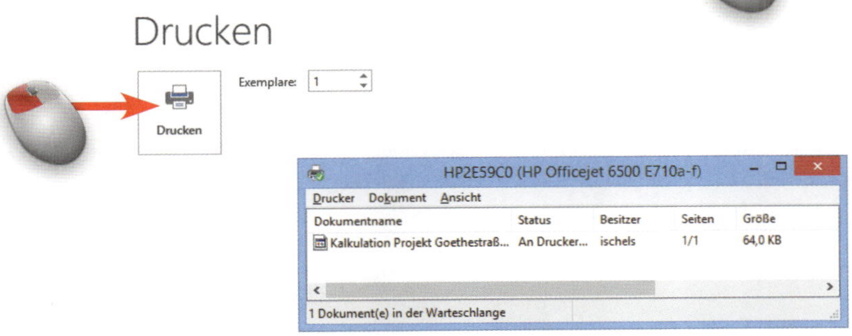

4 Schalten Sie die Ränder und die Spaltenlinien ein. Sie lassen sich mit dem Mauszeiger in der Druckvorschau korrigieren.

5 Wählen Sie den passenden Drucker, die Einstellungen und die Anzahl zu druckender Exemplare.

6 Starten Sie den Druck mit Klick auf *Drucken*. Die Druckaufträge können über das Druckersymbol im Infobereich der Taskleiste überprüft und verwaltet werden.

Ende

Die Druckvorschau lässt sich nur aktivieren, wenn ein Drucker installiert ist.

HINWEIS

Die Umbruchvorschau ist eine weitere Druckansicht für größere Tabellen. Sie zeigt die Seitenumbrüche an, die Randlinien können Sie mit dem Mauszeiger neu positionieren.

TIPP

Der Standarddrucker ist im Fenster der Systemsteuerung mit einem Häkchen am Symbol gekennzeichnet.

HINWEIS

Schrift, Farben und Muster – Tabellen formatieren

4

Start

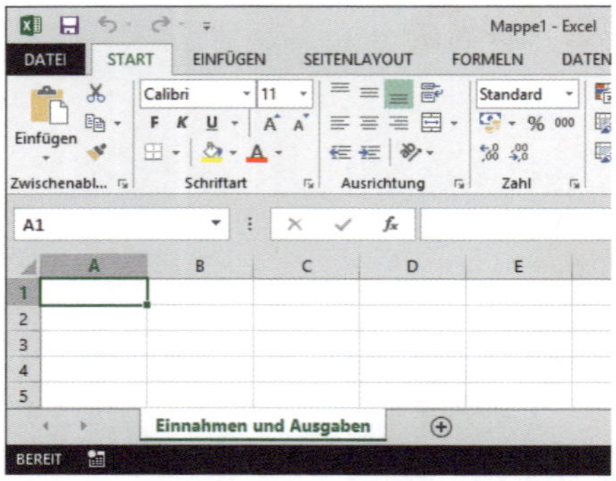

1

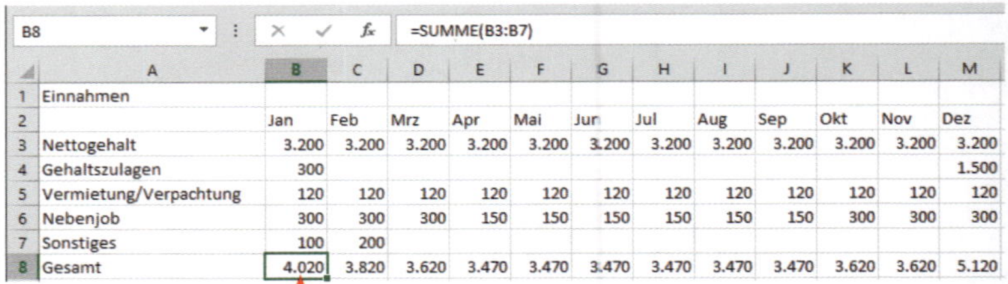

B8 =SUMME(B3:B7)

	A	B	C	D	E	F	G	H	I	J	K	L	M
1	Einnahmen												
2		Jan	Feb	Mrz	Apr	Mai	Jun	Jul	Aug	Sep	Okt	Nov	Dez
3	Nettogehalt	3.200	3.200	3.200	3.200	3.200	3.200	3.200	3.200	3.200	3.200	3.200	3.200
4	Gehaltszulagen	300											1.500
5	Vermietung/Verpachtung	120	120	120	120	120	120	120	120	120	120	120	120
6	Nebenjob	300	300	300	150	150	150	150	150	150	300	300	300
7	Sonstiges	100	200										
8	Gesamt	4.020	3.820	3.620	3.470	3.470	3.470	3.470	3.470	3.470	3.620	3.620	5.120

2

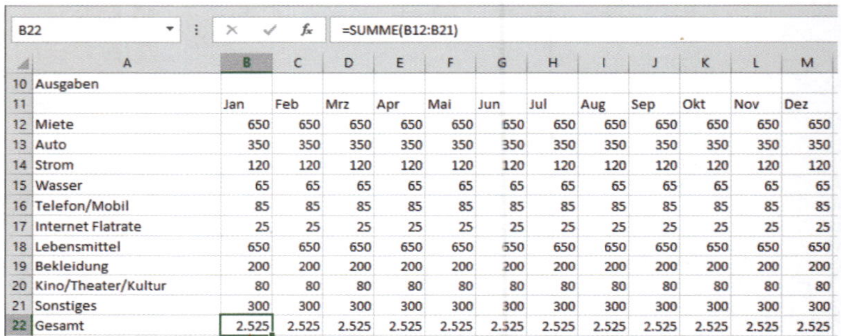

B22 =SUMME(B12:B21)

	A	B	C	D	E	F	G	H	I	J	K	L	M
10	Ausgaben												
11		Jan	Feb	Mrz	Apr	Mai	Jun	Jul	Aug	Sep	Okt	Nov	Dez
12	Miete	650	650	650	650	650	650	650	650	650	650	650	650
13	Auto	350	350	350	350	350	350	350	350	350	350	350	350
14	Strom	120	120	120	120	120	120	120	120	120	120	120	120
15	Wasser	65	65	65	65	65	65	65	65	65	65	65	65
16	Telefon/Mobil	85	85	85	85	85	85	85	85	85	85	85	85
17	Internet Flatrate	25	25	25	25	25	25	25	25	25	25	25	25
18	Lebensmittel	650	650	650	650	650	650	650	650	650	650	650	650
19	Bekleidung	200	200	200	200	200	200	200	200	200	200	200	200
20	Kino/Theater/Kultur	80	80	80	80	80	80	80	80	80	80	80	80
21	Sonstiges	300	300	300	300	300	300	300	300	300	300	300	300
22	Gesamt	2.525	2.525	2.525	2.525	2.525	2.525	2.525	2.525	2.525	2.525	2.525	2.525

3

1. Legen Sie mit Strg+N eine neue Arbeitsmappe an. Die erste Tabelle erhält den Namen *Einnahmen und Ausgaben*.
2. Erstellen Sie ab Zelle A3 eine monatliche Einnahmenübersicht und summieren Sie die Einnahmen mit der Funktion SUMME().
3. Schreiben Sie ab Zelle A11 eine Ausgabenübersicht, ebenfalls mit einer Monatsreihe, und summieren Sie auch diese mit der Summe-Funktion.

A

In diesem Praxisbeispiel können Sie testen, was Sie bisher gelernt haben. Erstellen Sie eine Tabelle zur Berechnung der monatlichen Einnahmen und Ausgaben in Ihrem Haushalt. Dieses Haushaltsbuch stellt die Einnahmen den Kosten gegenüber und berechnet, was übrig bleibt.

WISSEN

4

24	Jahreseinkommen:	44.640	=SUMME(B8:M8)
25	Ausgaben gesamt:	30.300	=SUMME(B22:M22)
26	Jahresüberschuss:	14.340	=B24-B25

5

	A	B	C
28	Ausgabenstatistik		
29			
30		Ausgaben/Jahr	%/Jahr
31	Miete	7800	17,47
32	Auto	4200	9,41
33	Strom	1440	3,23
34	Wasser	780	1,75
35	Telefon/Mobil	1020	2,28
36	Internet Flatrate	300	0,67
37	Lebensmittel	7800	17,47
38	Bekleidung	2400	5,38
39	Kino/Theater/Kultur	960	2,15
40	Sonstiges	3600	8,06

	B	C
30	Ausgaben/Jahr	%/Jahr
31	=SUMME(B12:M12)	=B31/$B$24%
32	=SUMME(B13:M13)	=B32/$B$24%
33	=SUMME(B14:M14)	=B33/$B$24%
34	=SUMME(B15:M15)	=B34/$B$24%
35	=SUMME(B16:M16)	=B35/$B$24%
36	=SUMME(B17:M17)	=B36/$B$24%
37	=SUMME(B18:M18)	=B37/$B$24%
38	=SUMME(B19:M19)	=B38/$B$24%
39	=SUMME(B20:M20)	=B39/$B$24%
40	=SUMME(B21:M21)	=B40/$B$24%

6

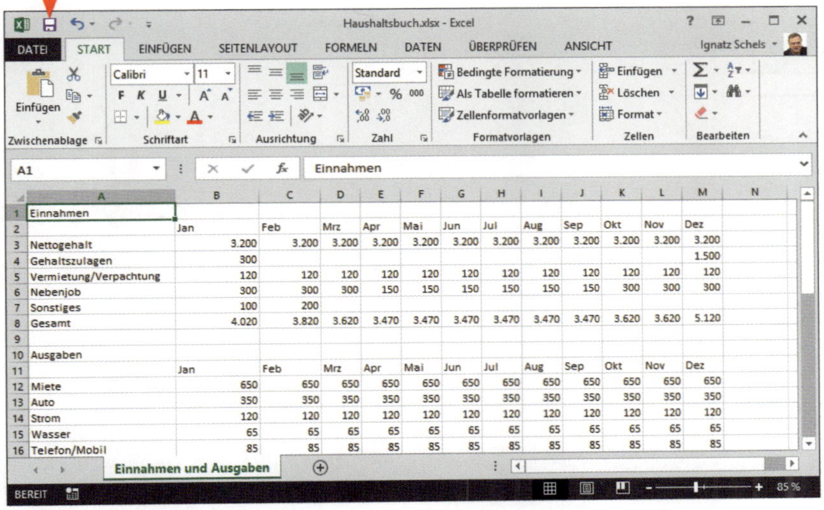

	A	B	C	D	E	F	G	H	I	J	K	L	M
1	Einnahmen												
2		Jan	Feb	Mrz	Apr	Mai	Jun	Jul	Aug	Sep	Okt	Nov	Dez
3	Nettogehalt	3.200	3.200	3.200	3.200	3.200	3.200	3.200	3.200	3.200	3.200	3.200	3.200
4	Gehaltszulagen	300											1.500
5	Vermietung/Verpachtung	120	120	120	120	120	120	120	120	120	120	120	120
6	Nebenjob	300	300	300	150	150	150	150	150	150	300	300	300
7	Sonstiges	100	200										
8	Gesamt	4.020	3.820	3.620	3.470	3.470	3.470	3.470	3.470	3.470	3.620	3.620	5.120
9													
10	Ausgaben												
11		Jan	Feb	Mrz	Apr	Mai	Jun	Jul	Aug	Sep	Okt	Nov	Dez
12	Miete	650	650	650	650	650	650	650	650	650	650	650	650
13	Auto	350	350	350	350	350	350	350	350	350	350	350	350
14	Strom	120	120	120	120	120	120	120	120	120	120	120	120
15	Wasser	65	65	65	65	65	65	65	65	65	65	65	65
16	Telefon/Mobil	85	85	85	85	85	85	85	85	85	85	85	85

4 Berechnen Sie ab Zelle A24 das Jahreseinkommen, die jährlichen Ausgaben und die Differenz zwischen Einnahmen und Ausgaben.

5 Erstellen Sie ab Zelle A28 eine Ausgabenstatistik, die Ihnen die prozentualen Anteile der einzelnen Kosten an den Gesamtkosten zeigt.

6 Speichern Sie Ihre Arbeitsmappe mit einem Klick auf das Diskettensymbol in der Symbolleiste für den Schnellzugriff, nennen Sie sie *Haushaltsbuch.xlsx*.

Ende

Für die Monatsreihe schreiben Sie den ersten Monat und ziehen das Füllkästchen. Auch die Summenformeln lassen sich damit kopieren.

HINWEIS

Die Prozentwerte können Sie auf zwei Dezimalstellen runden. Verwenden Sie das Symbol aus *Start/Zahl* oder diese Funktion: =RUNDEN(B31/$B$24%;2)

HINWEIS

Start

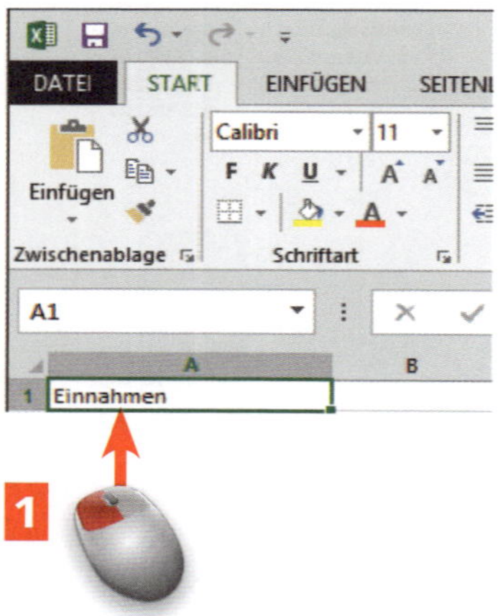

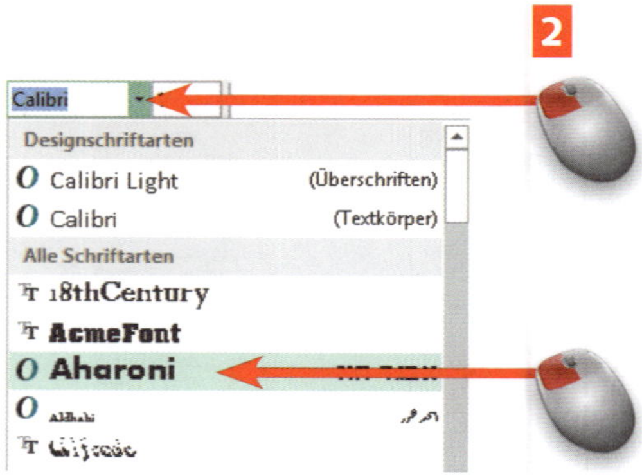

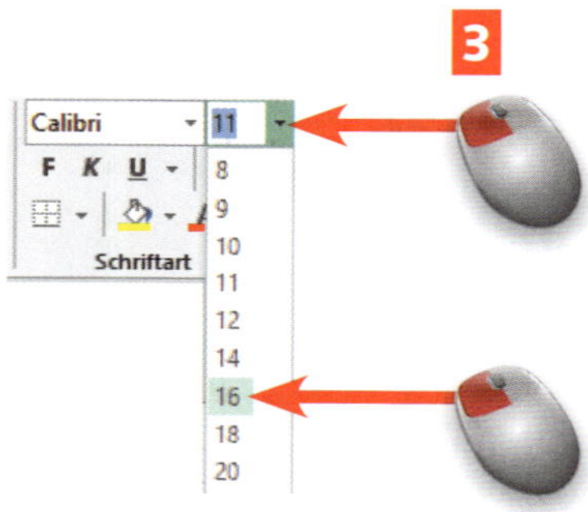

1 Markieren Sie die erste Zelle mit der Überschrift *Einnahmen*. Wie alle Zellen der Tabelle ist sie in der Schrift Calibri, Größe 11, formatiert.

2 Wechseln Sie unter *Start/Schriftart* auf eine andere Schriftart.

3 Holen Sie aus der Schriftgrößenliste eine größere Zahl, formatieren Sie die Zelle mit der Schriftgröße 16 Punkt.

A

Calibri heißt die Standardschrift im Office-Paket, die Schriftartenliste bietet aber noch viele weitere „Fonts". Verleihen Sie Ihren Tabellen mit unterschiedlichen Schriftarten und Schriftgrößen eine ansprechende Optik. Aber Vorsicht: Nicht zu viele verschiedene Schriften verwenden („Zirkusplakat" ...).

WISSEN

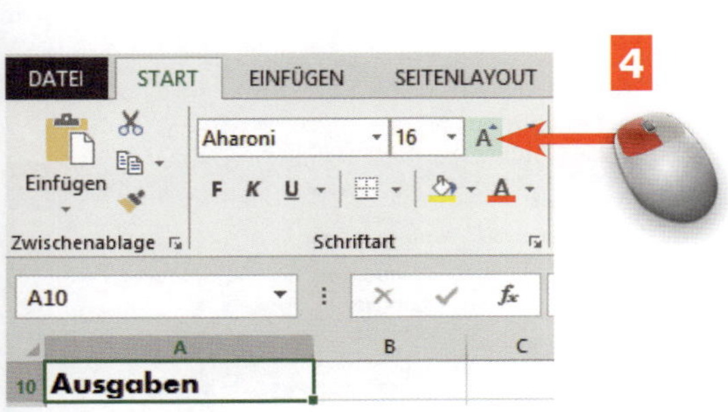

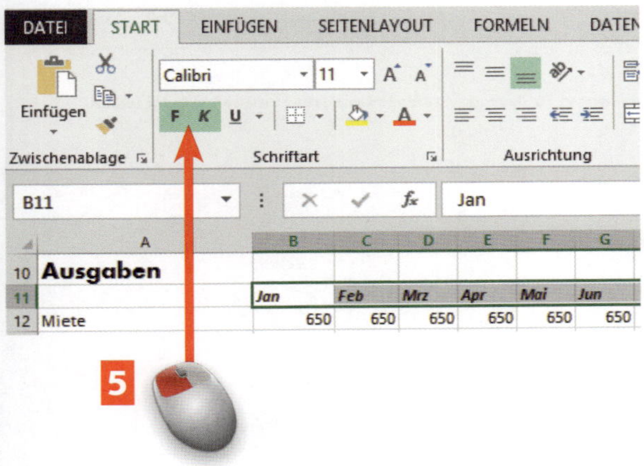

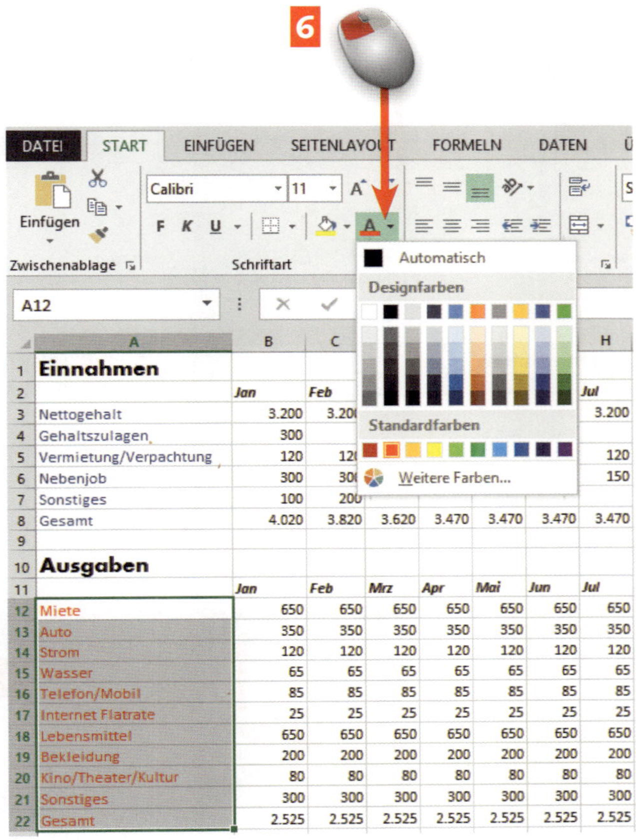

4 Klicken Sie auf die Schriftgrößensymbole, um die Schrift schrittweise um jeweils 2 Punkt zu vergrößern oder zu verkleinern (hier für Zelle A10).

5 Mit den Symbolen für Fett und Kursiv zeichnen Sie die Monatsnamen der Einnahmen und Ausgaben aus.

6 Die Beschriftungen der Einnahmen und Ausgaben erhalten zur Unterscheidung eine andere Schriftfarbe. Holen Sie diese aus dem Schriftfarbensymbol.

In den Excel-Optionen stellen Sie unter *Häufig verwendet* die Standardschrift und -schriftgröße ein.

HINWEIS

Die Schriftgröße wird im typografischen Maß „Punkt" gemessen: 1 Punkt = 0,352 mm

HINWEIS

Eine mit Doppel-T gekennzeichnete Schrift ist eine TrueType-Schrift. Diese Schriften sind druckerunabhängig, und das Schriftbild auf dem Bildschirm ist identisch mit dem Druckbild.

HINWEIS

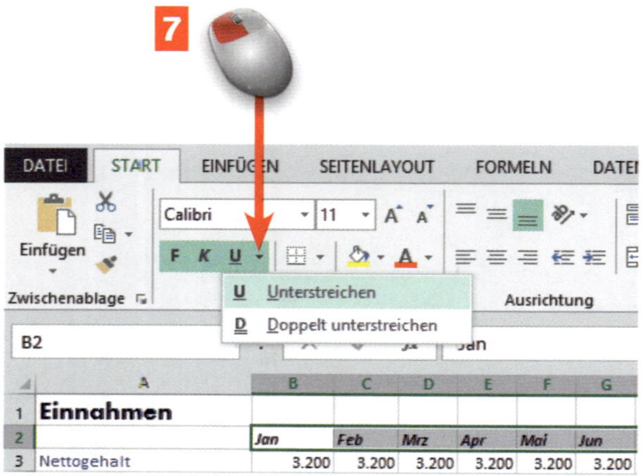

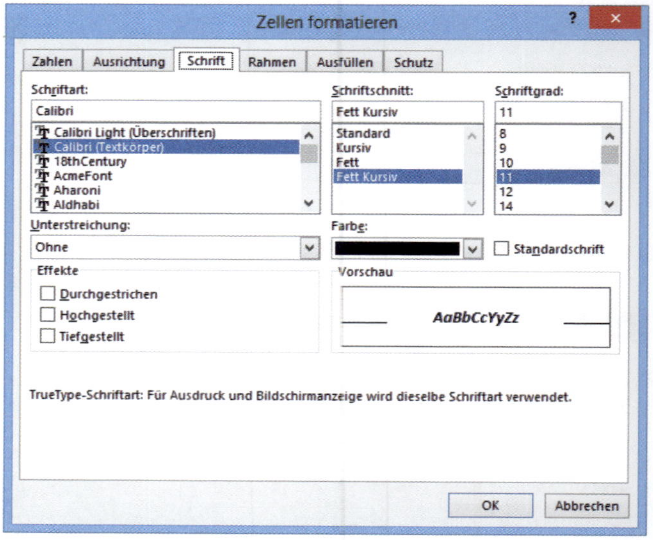

9

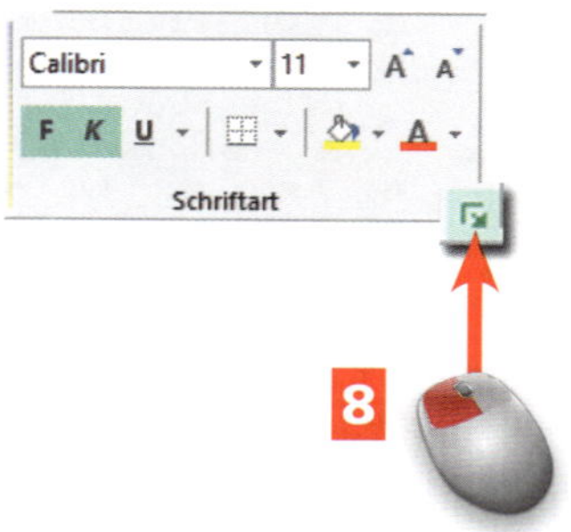

7 Unterstreichen Sie die Monatsnamen noch mit dem Unterstreichen-Symbol.

8 Im Dialogfeld der Gruppe sind alle Befehle zusammengefasst. Klicken Sie auf das Dialogsymbol.

9 Die Formate *Durchgestrichen*, *Hochgestellt* und *Tiefgestellt* werden nur im Dialog angeboten.

A

Weitere Schriftformatierungen wie Unterstreichungen und Hoch-/Tiefstellen bietet Excel ebenfalls an, dazu brauchen Sie aber das Dialogfenster. Und Schriftelemente, die nicht auf der Tastatur zu finden sind, holen Sie aus der Symbolauswahl.

WISSEN

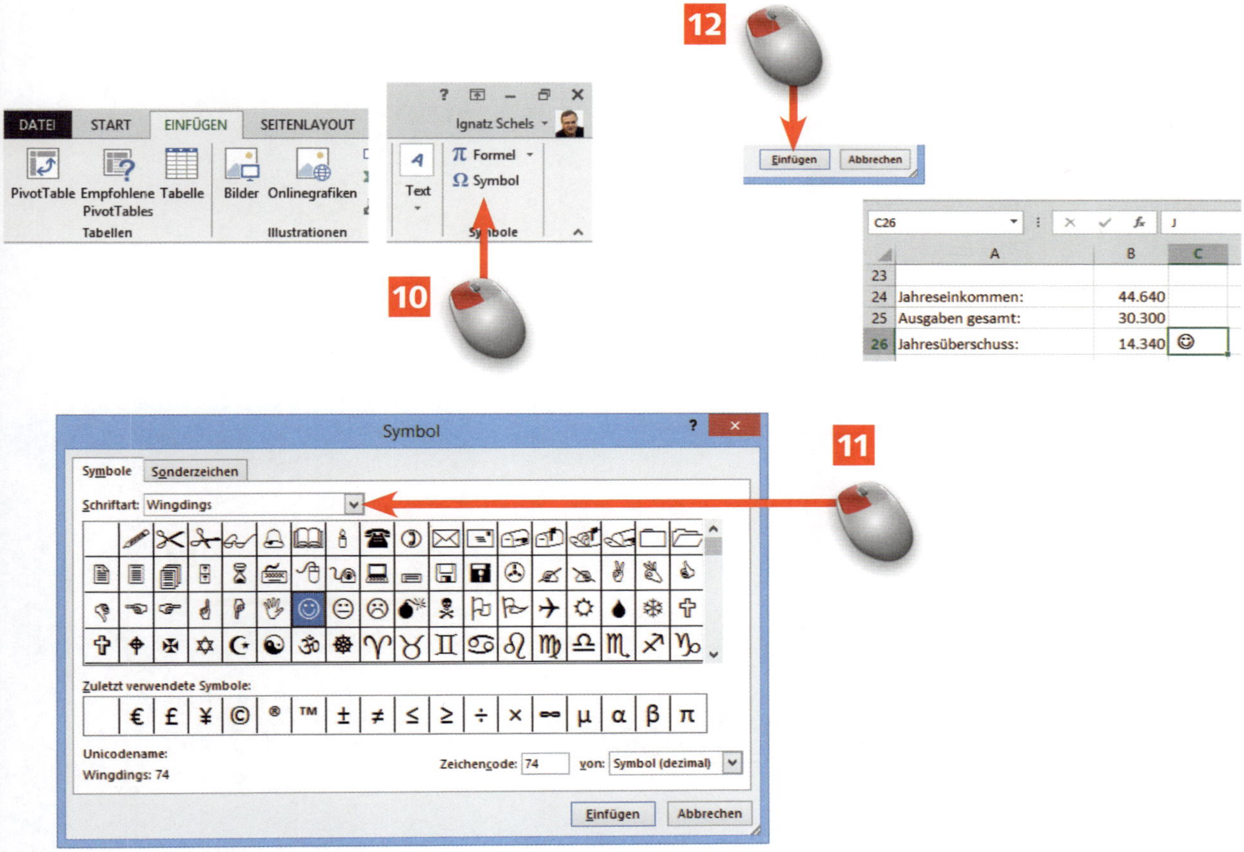

10 Alle Zeichen, die nicht auf der Tastatur zu finden sind, holen Sie als Symbole in das Tabellenblatt. Wählen Sie *Einfügen/Symbol*.

11 Schalten Sie auf die passende Schriftart um oder suchen Sie einen Zeichensatz (hier WingDings) mit Sonderzeichen.

12 Markieren Sie das Symbol und klicken Sie auf *Einfügen*, um es an der Zellzeigerposition in die Tabelle zu holen.

Ende

TIPP

Die hochgestellten Zahlen 2 und 3 produzieren Sie mit [AltGr]+[2] bzw. [AltGr]+[3].

FACHWORT

Font: Englisch für Schriftart.

HINWEIS

Das Angebot an Schriftarten und Zeichentabellen wird unter Windows verwaltet. Sehen Sie in der Systemsteuerung unter *Darstellung und Anpassung/Schriftarten* nach.

Start

1

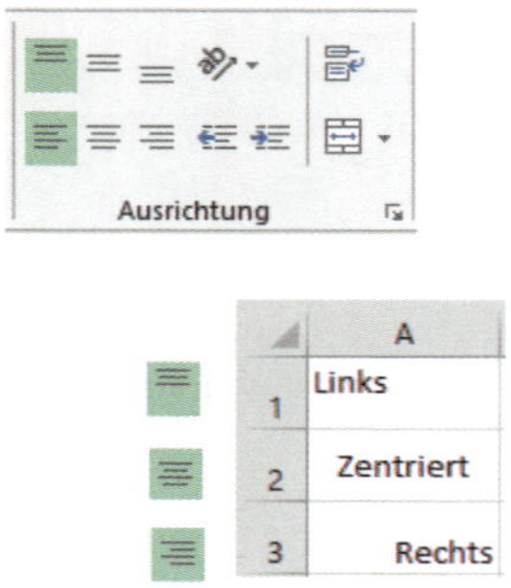

2

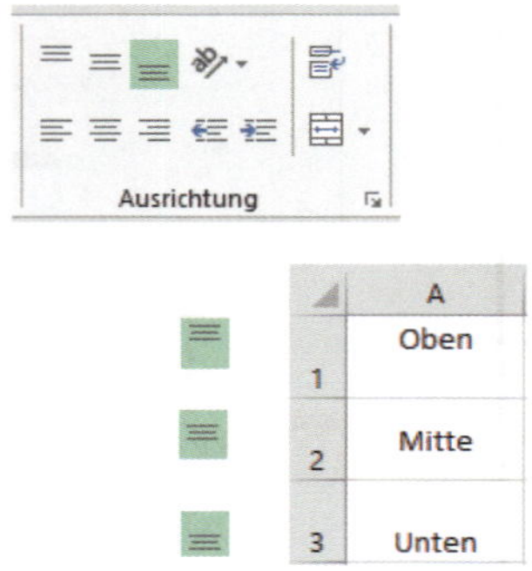

3

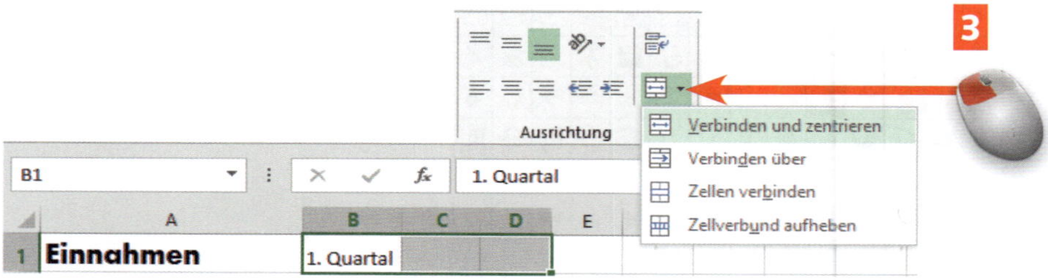

1 Mit diesen Symbolen ändern Sie die Ausrichtung des Zellinhalts oder den Einzug (Abstand vom linken Zellenrand).

2 Diese Symbole regeln die vertikale Ausrichtung bei größeren Zeilen. Ziehen Sie die untere Zeilenlinie nach unten, um die Zeile zu vergrößern.

3 Mit diesem Symbol verbinden Sie mehrere markierte Zellen zu einer Zelle.

A

In der Excel-Tabelle steht Text standardmäßig linksbündig, Zahlen stehen immer rechtsbündig in der Zelle. Sie können diese Automatik aufheben und jede Zelle so ausrichten, wie es Ihnen gefällt. Stellen Sie Texte schräg oder senkrecht, wenn Sie Platz sparen wollen oder einfach mehr Abwechslung in der Tabellenoptik haben möchten.

WISSEN

4

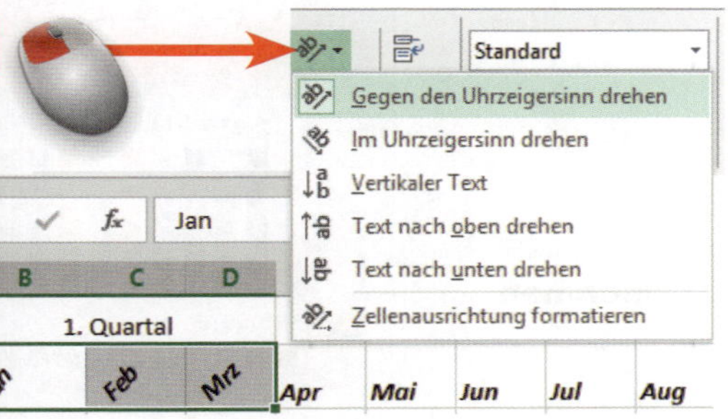

6

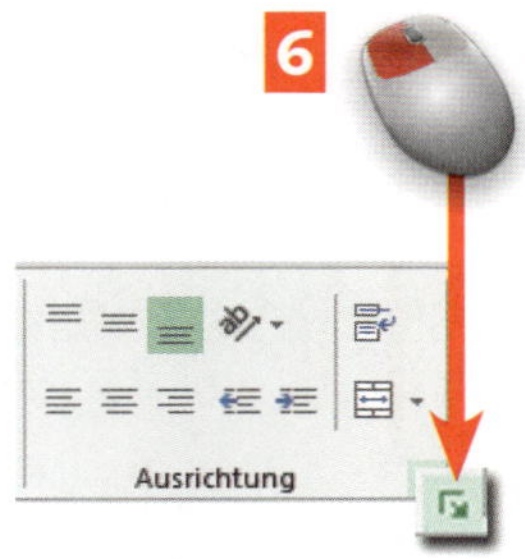

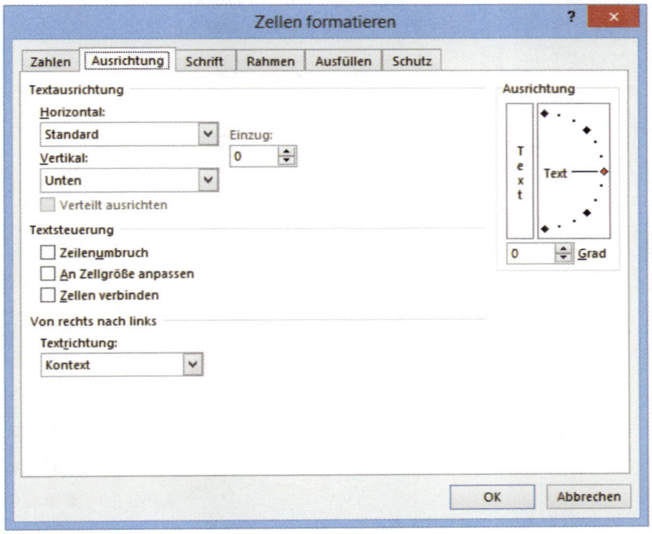

5

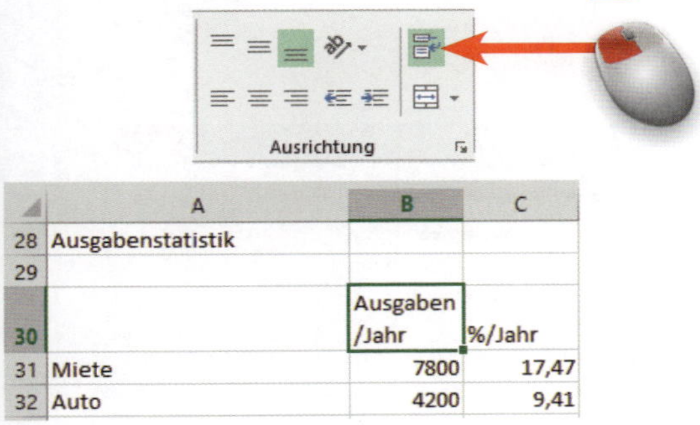

4 Stellen Sie mit diesem Symbol den Zellinhalt schräg oder senkrecht.

5 Der Zeilenumbruch sorgt dafür, dass der Text horizontal umbrochen wird. Dazu wird die Zeilenhöhe automatisch angepasst.

6 Klicken Sie auf das Dialogsymbol der Gruppe *Ausrichtung* und lassen Sie sich alle Ausrichtungsoptionen im Dialog anzeigen.

Ende

TIPP

Ein gezielter Zeilenumbruch an der Cursorposition im Text wird mit Alt+↵ eingefügt.

HINWEIS

Die Option *An Zellgröße anpassen* sorgt dafür, dass der Inhalt so weit verkleinert wird, bis er vollständig in die Zelle passt.

TIPP

Heben Sie Zellverbindungen wieder auf, indem Sie die ganze Zeile markieren und die Option *Zellen verbinden* entfernen.

Start

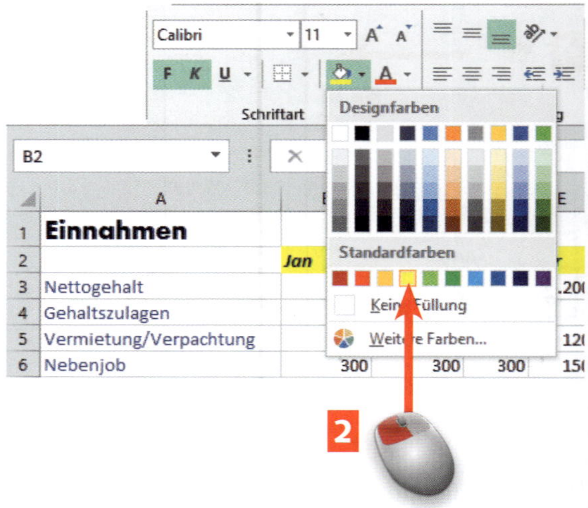

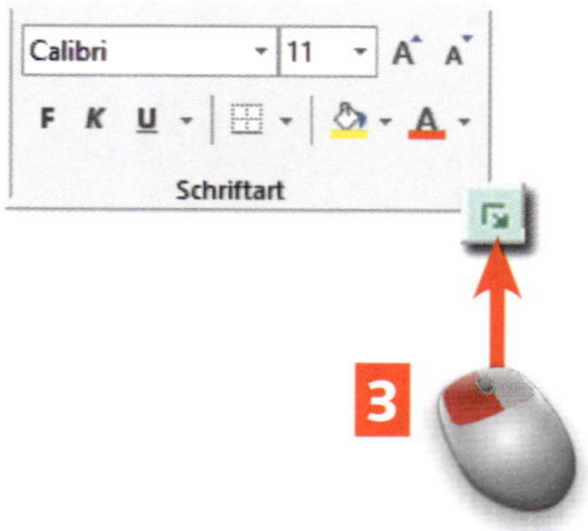

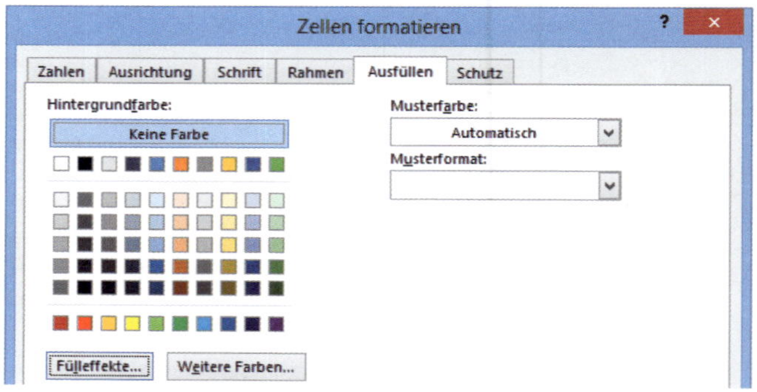

1 Um die markierten Zellen einzufärben, öffnen Sie das Füllkannensymbol in der Gruppe *Schriftart*.

2 Zeigen Sie auf die gewünschte Farbe, sie wird im Hintergrund sofort zugewiesen. Mit einem Klick auf das Farbfeld weisen Sie die Farbe zu.

3 Klicken Sie auf das Dialogfeldsymbol. Auf der Registerkarte *Ausfüllen* finden Sie weitere Fülleffekte wie Farbverläufe und Muster.

A

Jetzt kommt Farbe ins Spiel. Zellmuster, Rahmenlinien und Schraffuren machen – richtig dosiert – Tabellen besser lesbar und heben Wichtiges hervor. Aber auch hier gilt: Weniger ist mehr ...

WISSEN

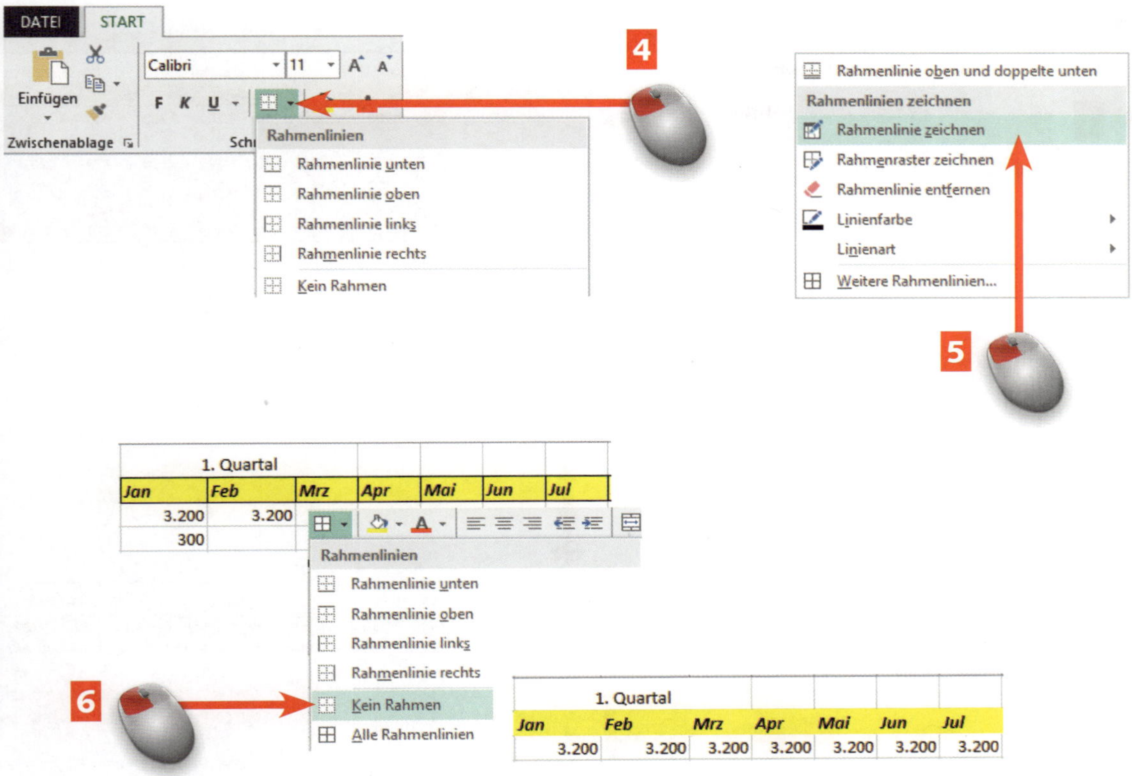

4 Mit dem Rahmenlinien-Symbol weisen Sie den markierten Zellen Linien oder Rahmen zu. Zeigen Sie auf die gewünschte Linie und klicken Sie die Auswahl an.

5 Mit *Rahmenlinien zeichnen* schaltet der Mauszeiger auf einen Stift um, zeichnen Sie Ihre Rahmen damit direkt. Drücken Sie Esc, um ihn abzuschalten.

6 Mit *Rahmenlinien entfernen* radieren Sie einzelne Linien. Um alle Rahmen zu löschen, klicken Sie auf *Kein Rahmen*.

Ende

Die unter *Rahmenlinie zeichnen* eingestellte Linienfarbe gilt auch für die Rahmen, die per Symbol zugewiesen werden.

TIPP

Gitternetzlinien sind keine Rahmen, sondern Layoutelemente. Schalten Sie sie ein oder aus über *Seitenlayout/ Blattoptionen*.

HINWEIS

Im Dialogfeld finden Sie alle Funktionen zum Rahmenzeichnen auf einer Registerkarte. Klicken Sie auf das Symbol rechts unten am Gruppenfeld.

HINWEIS

Start

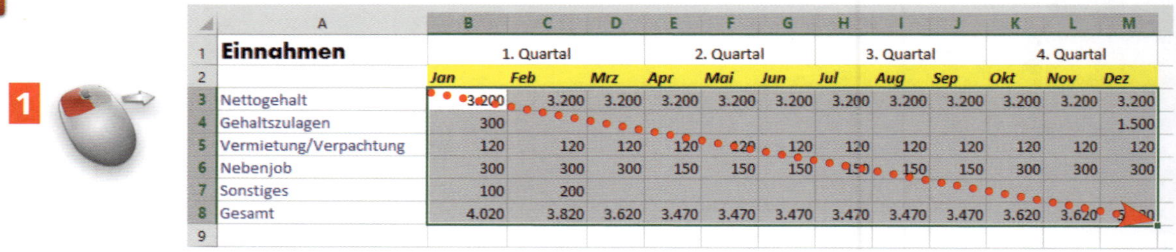

	A	B	C	D	E	F	G	H	I	J	K	L	M
1	Einnahmen	1. Quartal			2. Quartal			3. Quartal			4. Quartal		
2		Jan	Feb	Mrz	Apr	Mai	Jun	Jul	Aug	Sep	Okt	Nov	Dez
3	Nettogehalt	3.200	3.200	3.200	3.200	3.200	3.200	3.200	3.200	3.200	3.200	3.200	3.200
4	Gehaltszulagen	300											1.500
5	Vermietung/Verpachtung	120	120	120	120	120	120	120	120	120	120	120	120
6	Nebenjob	300	300	300	150	150	150	150	150	150	300	300	300
7	Sonstiges	100	200										
8	Gesamt	4.020	3.820	3.620	3.470	3.470	3.470	3.470	3.470	3.470	3.620	3.620	[illegible]
9													

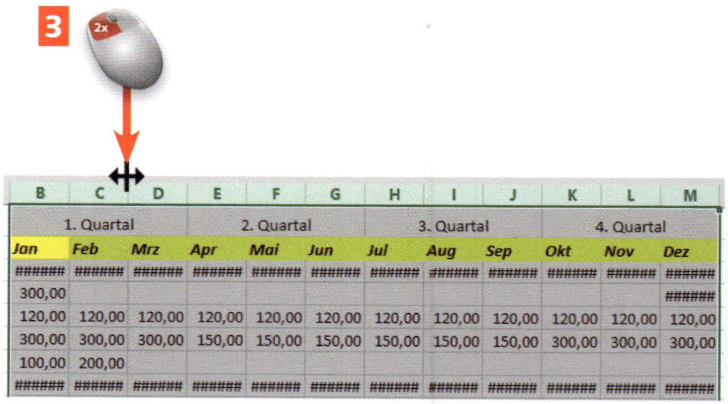

B	C	D	E	F	G	H	I	J	K	L	M
1. Quartal			2. Quartal			3. Quartal			4. Quartal		
Jan	Feb	Mrz	Apr	Mai	Jun	Jul	Aug	Sep	Okt	Nov	Dez
######	######	######	######	######	######	######	######	######	######	######	######
300,00											######
120,00	120,00	120,00	120,00	120,00	120,00	120,00	120,00	120,00	120,00	120,00	120,00
300,00	300,00	300,00	150,00	150,00	150,00	150,00	150,00	150,00	300,00	300,00	300,00
100,00	200,00										
######	######	######	######	######	######	######	######	######	######	######	######

1 Markieren Sie die Zahlen, die Sie als Dezimalzahlen formatieren wollen.

2 Öffnen Sie unter *Start/Zahl* die Liste der Zahlenformate und wählen Sie das Format *Zahl* für Dezimalzahlen mit zwei Nachkommastellen.

3 Wenn die Spalte zu klein ist für die neu formatierte Zahl, vergrößern Sie alle Spaltenbreiten mit einem Doppelklick auf eine der Spaltenlinien.

A

Zahlen werden standardmäßig ohne führende und folgende Nullen und mit der eingegebenen Anzahl an Dezimalstellen nach dem Komma angezeigt. Das Zahlenformat zwingt sie in eine andere, optisch bessere Darstellung, der Wert selbst wird nicht verändert.

WISSEN

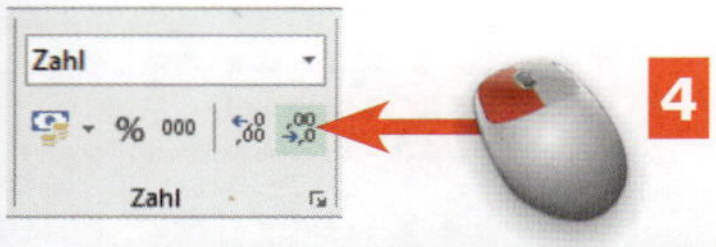

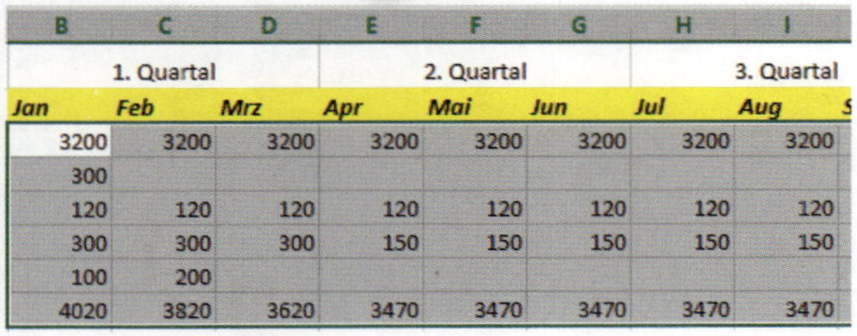

B	C	D	E	F	G	H	I
1. Quartal			2. Quartal			3. Quartal	
Jan	Feb	Mrz	Apr	Mai	Jun	Jul	Aug
3200	3200	3200	3200	3200	3200	3200	3200
300							
120	120	120	120	120	120	120	120
300	300	300	150	150	150	150	150
100	200						
4020	3820	3620	3470	3470	3470	3470	3470

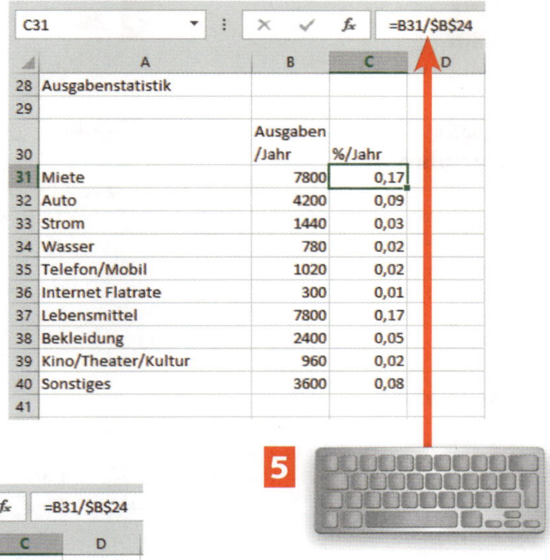

	A	B	C	D
28	Ausgabenstatistik			
29				
30		Ausgaben /Jahr	%/Jahr	
31	Miete	7800	0,17	
32	Auto	4200	0,09	
33	Strom	1440	0,03	
34	Wasser	780	0,02	
35	Telefon/Mobil	1020	0,02	
36	Internet Flatrate	300	0,01	
37	Lebensmittel	7800	0,17	
38	Bekleidung	2400	0,05	
39	Kino/Theater/Kultur	960	0,02	
40	Sonstiges	3600	0,08	
41				

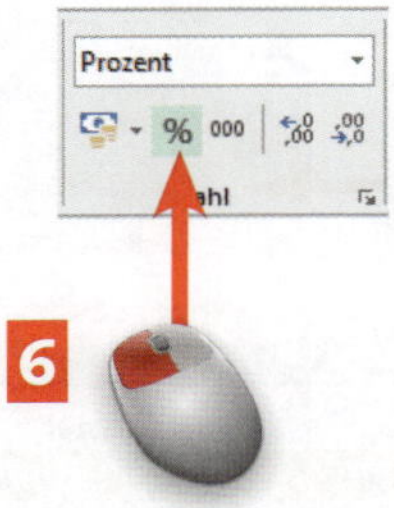

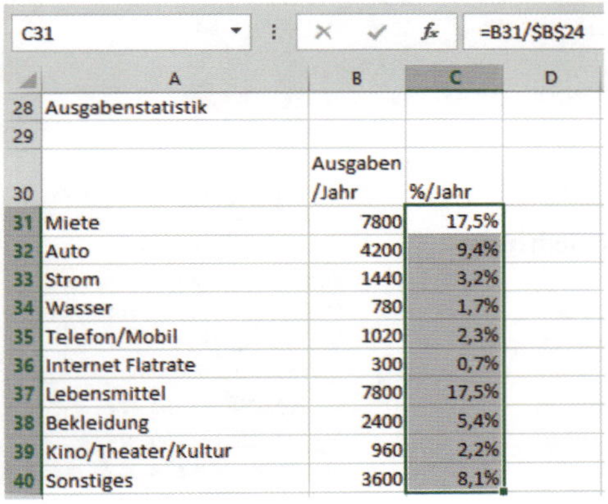

	A	B	C	D
28	Ausgabenstatistik			
29				
30		Ausgaben /Jahr	%/Jahr	
31	Miete	7800	17,5%	
32	Auto	4200	9,4%	
33	Strom	1440	3,2%	
34	Wasser	780	1,7%	
35	Telefon/Mobil	1020	2,3%	
36	Internet Flatrate	300	0,7%	
37	Lebensmittel	7800	17,5%	
38	Bekleidung	2400	5,4%	
39	Kino/Theater/Kultur	960	2,2%	
40	Sonstiges	3600	8,1%	

4 Die Anzahl der angezeigten Nachkommastellen legen Sie mit diesen Symbolen fest.

5 Um Prozentzahlen als solche auszuweisen, schreiben Sie die Formel ohne Prozentzeichen.

6 Klicken Sie auf das Symbol, um das Prozentformat zuzuweisen, und passen Sie die Nachkommastellen an.

Ende

TIPP

Tastenkombination für *Zahlenformate:* Strg+1

HINWEIS

Der Unterschied zwischen Prozent und Prozentformat in Formeln: Das Format multipliziert den Wert mit 100. Das Prozentzeichen in der Formel dividiert das Ergebnis durch 100.

HINWEIS

Wenn das Zahlenformat die Nachkommastellen verkürzt, wird kaufmännisch gerundet (bis 5 abwärts, ab 5 aufwärts). Der Zellwert wird weiter mit maximal 14 Nachkommastellen berechnet.

Start

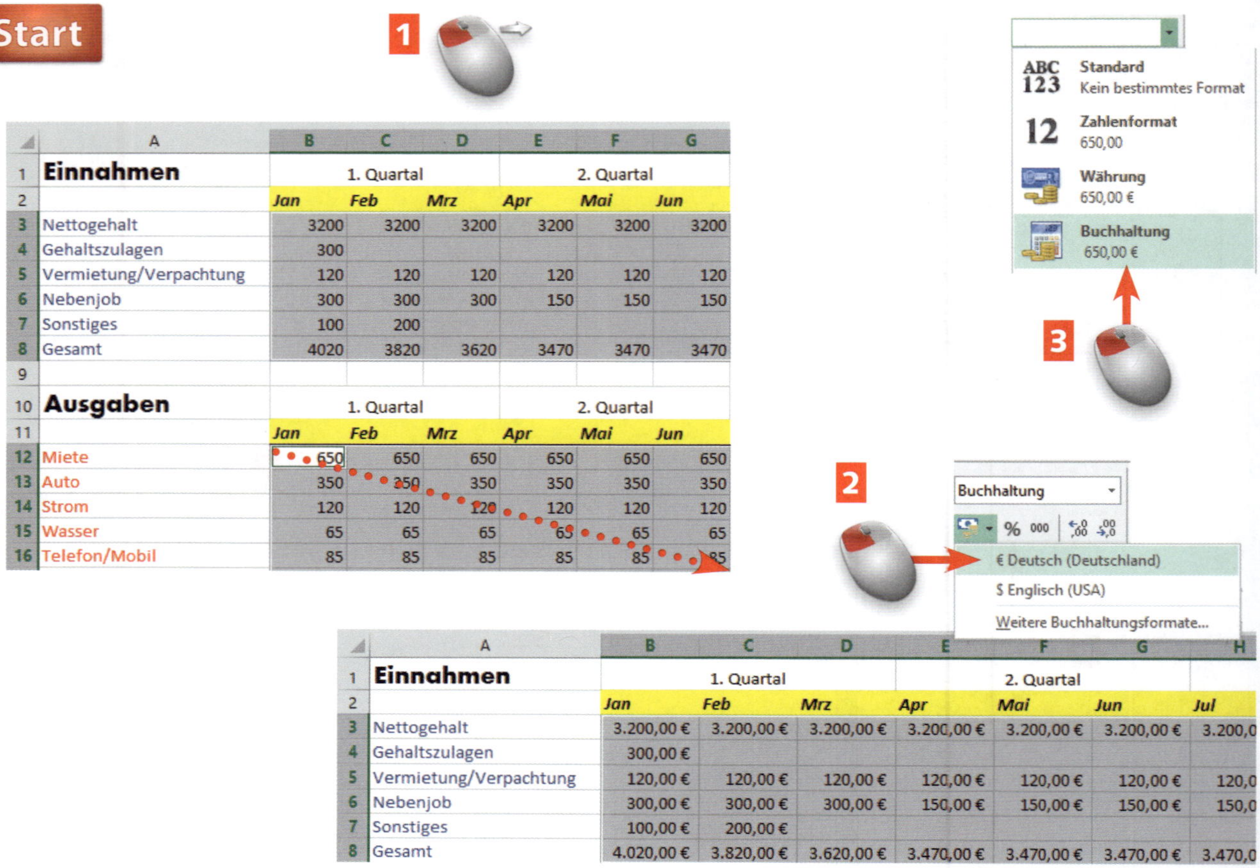

	A	B	C	D	E	F	G
1	**Einnahmen**	1. Quartal			2. Quartal		
2		Jan	Feb	Mrz	Apr	Mai	Jun
3	Nettogehalt	3200	3200	3200	3200	3200	3200
4	Gehaltszulagen	300					
5	Vermietung/Verpachtung	120	120	120	120	120	120
6	Nebenjob	300	300	300	150	150	150
7	Sonstiges	100	200				
8	Gesamt	4020	3820	3620	3470	3470	3470
9							
10	**Ausgaben**	1. Quartal			2. Quartal		
11		Jan	Feb	Mrz	Apr	Mai	Jun
12	Miete	650	650	650	650	650	650
13	Auto	350	350	350	350	350	350
14	Strom	120	120	120	120	120	120
15	Wasser	65	65	65	65	65	65
16	Telefon/Mobil	85	85	85	85	85	85

	A	B	C	D	E	F	G	H
1	**Einnahmen**	1. Quartal			2. Quartal			
2		Jan	Feb	Mrz	Apr	Mai	Jun	Jul
3	Nettogehalt	3.200,00 €	3.200,00 €	3.200,00 €	3.200,00 €	3.200,00 €	3.200,00 €	3.200,0
4	Gehaltszulagen	300,00 €						
5	Vermietung/Verpachtung	120,00 €	120,00 €	120,00 €	120,00 €	120,00 €	120,00 €	120,0
6	Nebenjob	300,00 €	300,00 €	300,00 €	150,00 €	150,00 €	150,00 €	150,0
7	Sonstiges	100,00 €	200,00 €					
8	Gesamt	4.020,00 €	3.820,00 €	3.620,00 €	3.470,00 €	3.470,00 €	3.470,00 €	3.470,0

1 Markieren Sie die Zellen mit den Eingaben- und Ausgabenbeträgen.

2 Holen Sie das Währungsformat unter *Start/Zahl* aus der Zahlenformatliste.

3 Das Buchhaltungsformat ist auch ein Währungsformat, es richtet Zahlen mit und ohne Währungszeichen gleichmäßig in einer Spalte aus.

A

Wenn Sie Ihre Zahlen als Eurobeträge ausweisen wollen, schreiben Sie das €-Zeichen neben die Zahl oder formatieren die Zellen nachträglich mit dem Währungssymbol. Für die Anzeige und die Auswahl an Symbolen ist Windows zuständig.

WISSEN

4

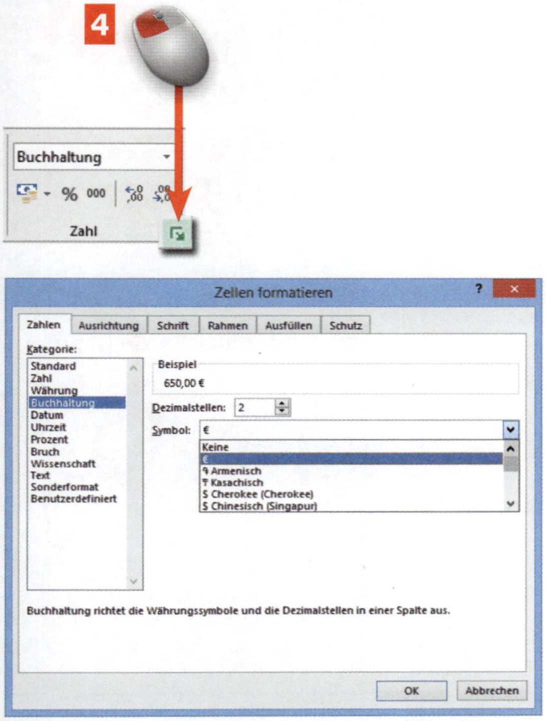

5

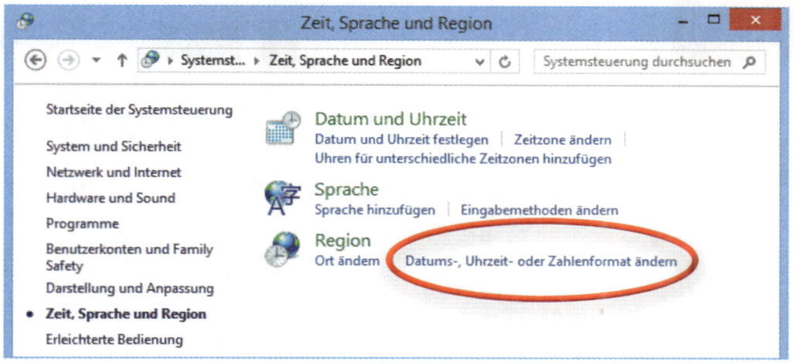

6

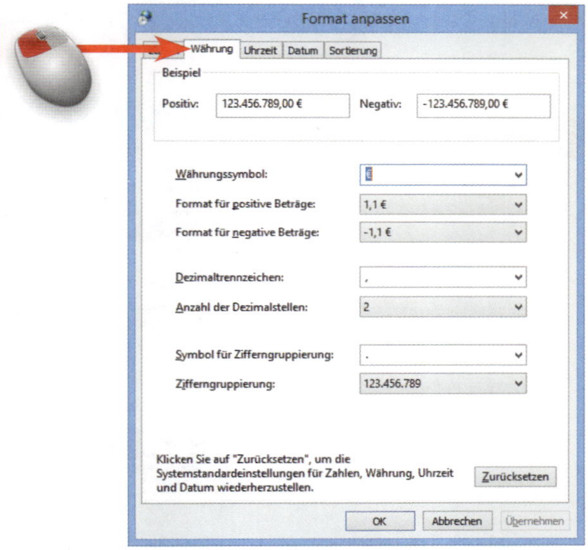

4 Öffnen Sie das Dialogfenster und sehen Sie sich das Währungsformat an. Hier können Sie auch das Symbol ändern, zum Beispiel in EUR (ISO-Norm).

5 Für die Anzeige der Währung ist Windows verantwortlich. In der Systemsteuerung finden Sie die landesspezifischen Einstellungen.

6 Überprüfen Sie die regionalen Einstellungen auf der Registerkarte *Format anpassen/Währung*.

Ende

TIPP

Schreiben Sie das Währungszeichen neben die Zahl, weist Excel automatisch das Währungsformat zu.

HINWEIS

Fremdwährungen geben Sie am besten als benutzerdefiniertes Zahlenformat ein. Setzen Sie das Währungszeichen in Hochkommas: 0,00" £", 0,00" CHF"

HINWEIS

Währungsformate stellen sicher, dass die Zahl korrekt formatiert bleibt, wenn die Tabelle in einer anderen Währungsumgebung geöffnet wird.

Start

2

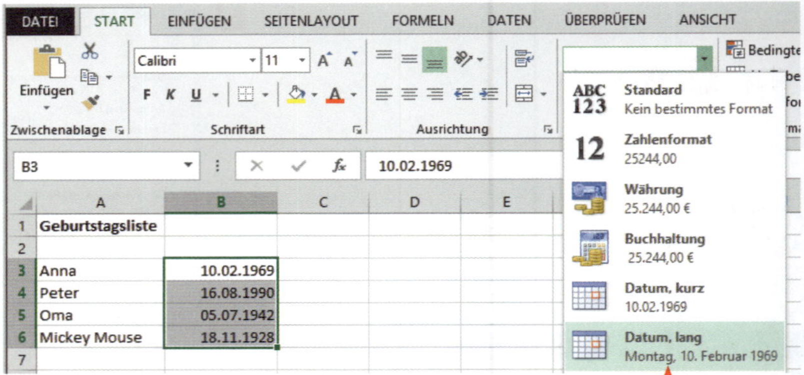

1

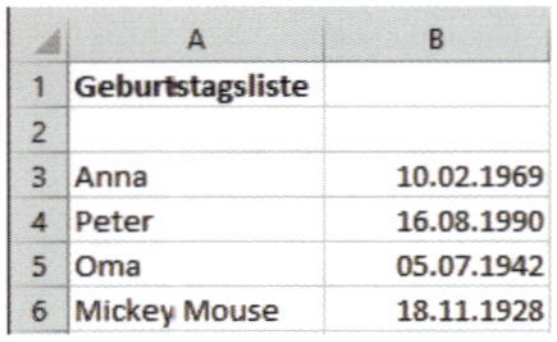

3

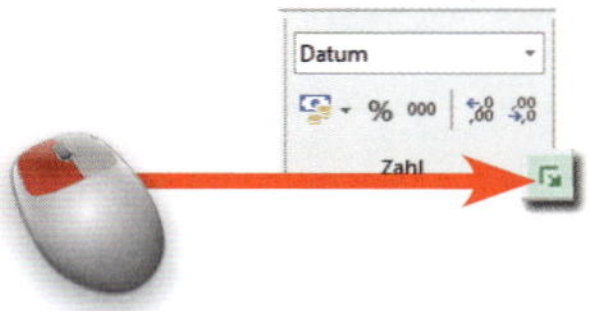

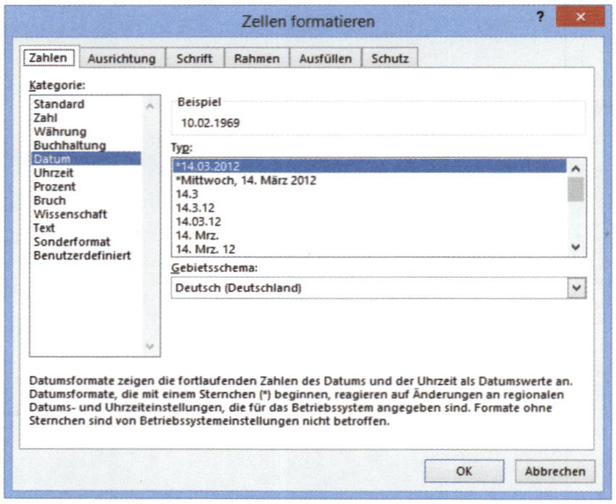

1 Geben Sie ein gültiges Datum in eine Zelle ein, weist Excel automatisch das Zahlenformat *Datum* zu.

2 Wählen Sie ein Datumsformat aus der Gruppe *Zahlen*. Das lange Datumsformat zeigt den Wochentag an.

3 Im Dialogfenster der Zahlengruppe finden Sie weitere Datumsformate.

A

Für Datumswerte hat Excel einen internen Kalender. Schaltjahre werden natürlich richtig erkannt. Datums- und Zeitwerte werden automatisch formatiert, wenn sie in der Form TT.MM.JJ oder hh:mm:ss eingegeben werden.

WISSEN

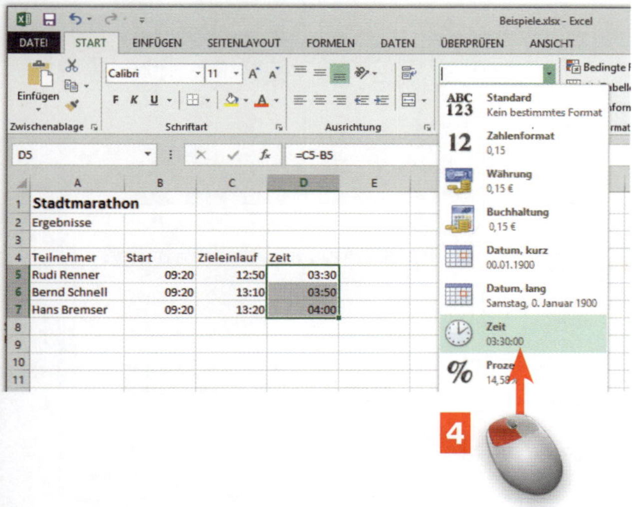

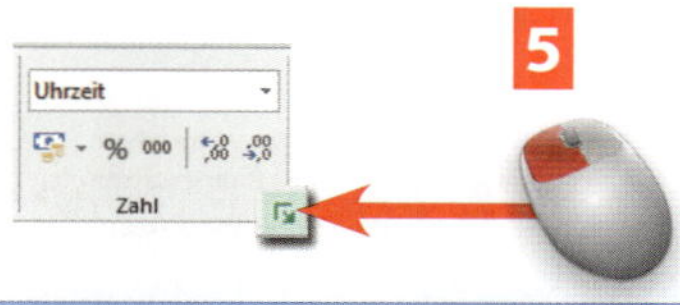

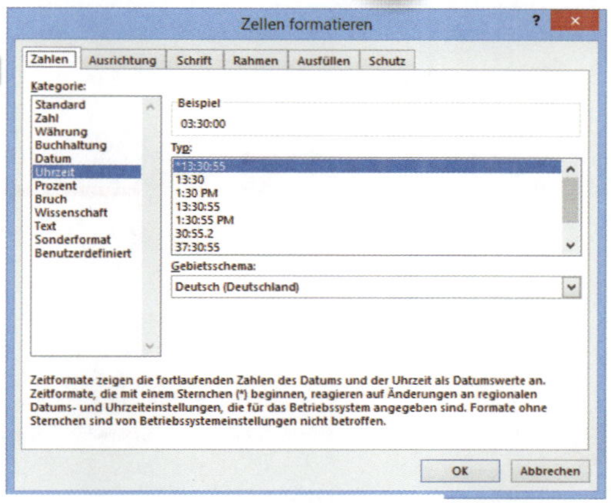

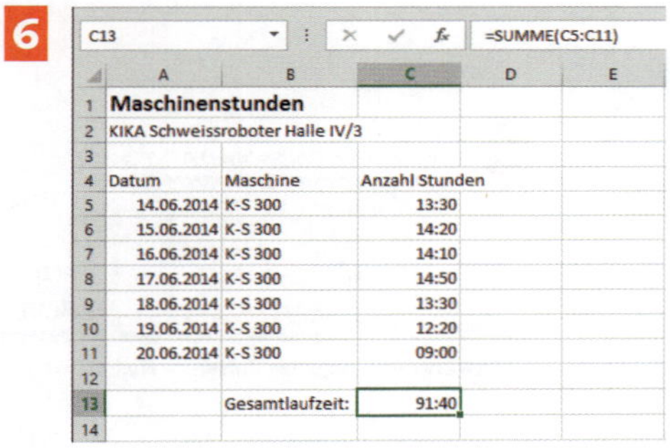

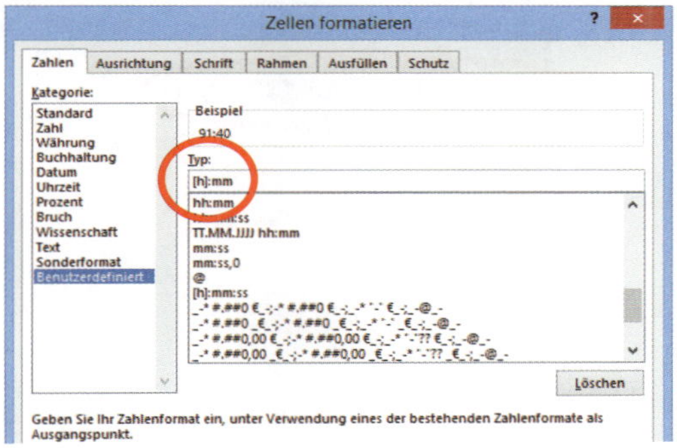

4 Für Zeitwerte finden Sie ebenfalls ein passendes Format in der Liste der Zahlenformate. Formatieren Sie diese Zeiten im Format hh:mm:ss.

5 Aktivieren Sie das Dialogfenster der Zahlengruppe für alternative Zeitformate.

6 In diesem Beispiel überschreitet die Zeitsumme die Datumsgrenze, formatieren Sie die Zelle mit [hh]:mm, um die richtige Summe anzuzeigen.

Ende

Datumswerte können Sie mit diesen Trennzeichen eingeben:
31.12.14
31-12-14
31/12/14

TIPP

Ein Zeitwert ist eine Zahl zwischen 0 und 1, also der Bruchteil eines einzelnen Tages (genauer gesagt des 1.1.1900, des ersten Kalendertages).

HINWEIS

Der Excel-Kalender beginnt am 1.1.1900 und endet am 31.12.9999. Ein ungültiges Datum (z. B. 30.2.2014) behandelt Excel als Text.

HINWEIS

Start

1

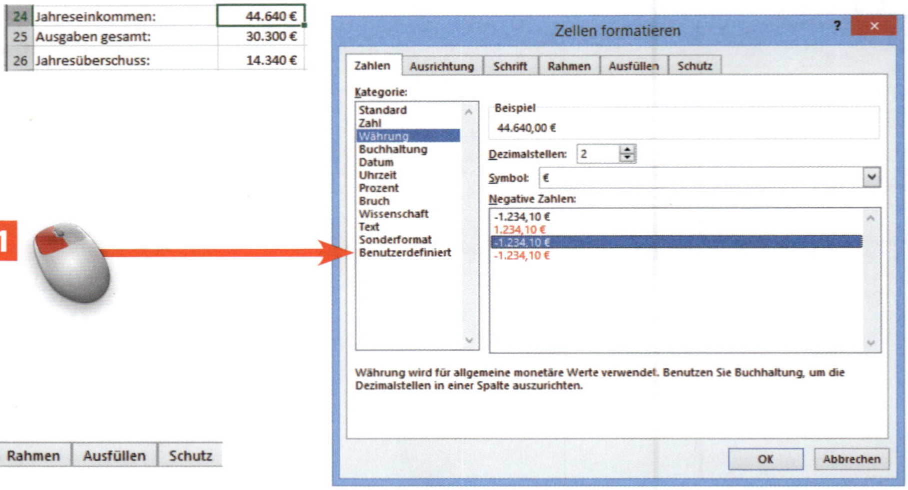

2

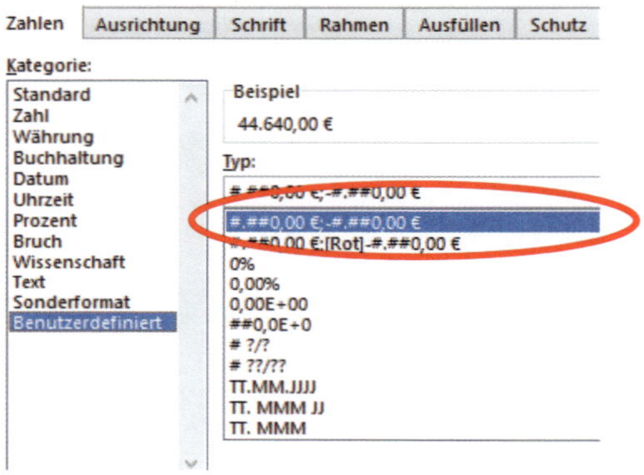

3

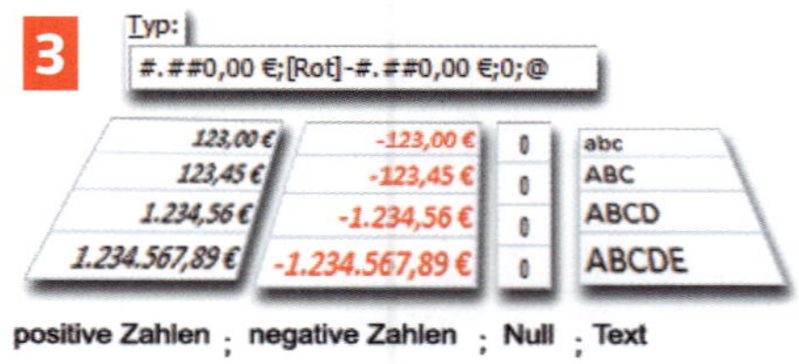

1 Zahlenformate sind im Dialogfenster in Kategorien unterteilt. Schalten Sie um auf die Kategorie *Benutzerdefiniert*, ...

2 ... sehen Sie den Aufbau des aktuellen Zahlenformats mit den Platzhalterzeichen # und 0.

3 Jedes Zahlenformat kann vier verschiedene Zellwerte formatieren: positive Zahlen, negative Zahlen, Null und Text.

Zahlenformate sind Codes, die aus Platzhalterzeichen zusammengesetzt sind. Sehen Sie sich die Standardformate an und bauen Sie sich Ihre eigenen Zahlenformate für ganz spezifische Formatierungen.

A

WISSEN

4

	A	B	C	D
1	**KNOBI Baumarkt**			20.06.2014
2	*Bestellung*			
3				
4	Nr.	Position	Menge	Preis pro Einheit
5	1	Wandfarbe Alpina Weiß	12	3
6	2	Malerpinsel 12 Zoll	3	1,89
7	3	Trockengips	5	4,2
8	4	Raufasertapete	120	3,99

5

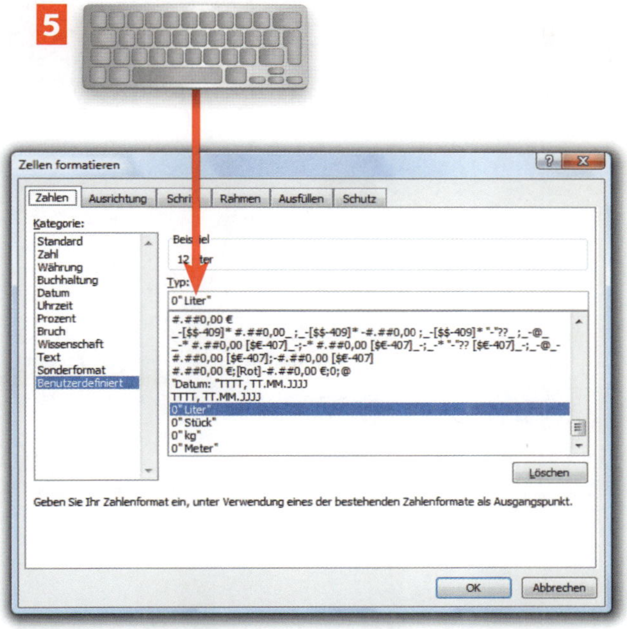

6

TTTT, TT.MM.JJJJ

	A	B	C	D
1	***KNOBI Baumarkt***			Mittwoch, 20.06.2014
2	*Bestellung*			
3				
4	Nr.	Position	Menge	Preis pro Einheit
5	1	Wandfarbe Weiß Alpina	12 Liter	3,99 €
6	2	Malerpinsel 12 Zoll	3 Stück	1,89 €
7	3	Trockengips	5 kg	4,20 €
8	4	Raufasertapete	120 Meter	3,99 €

0" Liter"
0" Stück"
0" kg"
0" Meter"
#.##0,00 €

Benutzerdefiniert 0"liter" etc.

4 Ein Beispiel aus der Praxis: Die Bestellung enthält in der Mengenspalte Zahlen, für die es kein Zahlenformat gibt.

5 Tragen Sie für jede einzelne Position ein Zahlenformat in die *Benutzerdefiniert*-Liste ein.

6 So sieht das Ergebnis aus: Alle Zahlenwerte sind individuell formatiert.

Ende

Benutzerdefinierte Zahlenformate gelten nur für die aktuelle Tabelle. Kopieren Sie einfach die formatierten Zelle(n) in die neue Tabelle, um das Zahlenformat zu übertragen.

TIPP

Die Platzhalter im Zahlenformat:
- # nicht gedruckte Zeichen (für die Position des Tausenderpunkts)
- 0 die Zahl links vom Komma
- ,0 die erste Kommastelle, ,00 zwei Kommastellen usw.
- @ Text wird abgebildet (nur in der Textsektion)
- "" Zellinhalt wird gelöscht

HINWEIS

Start

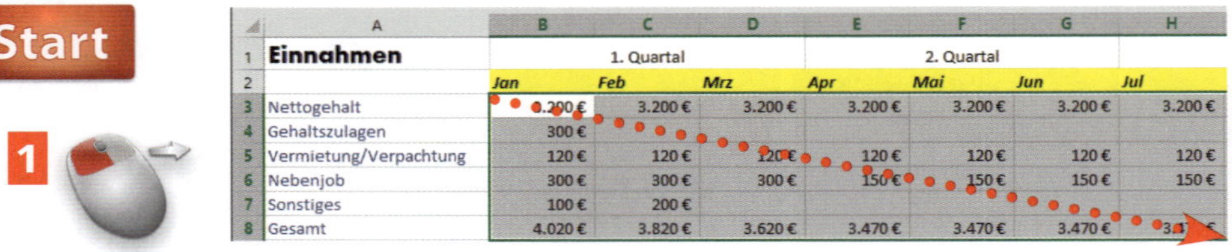

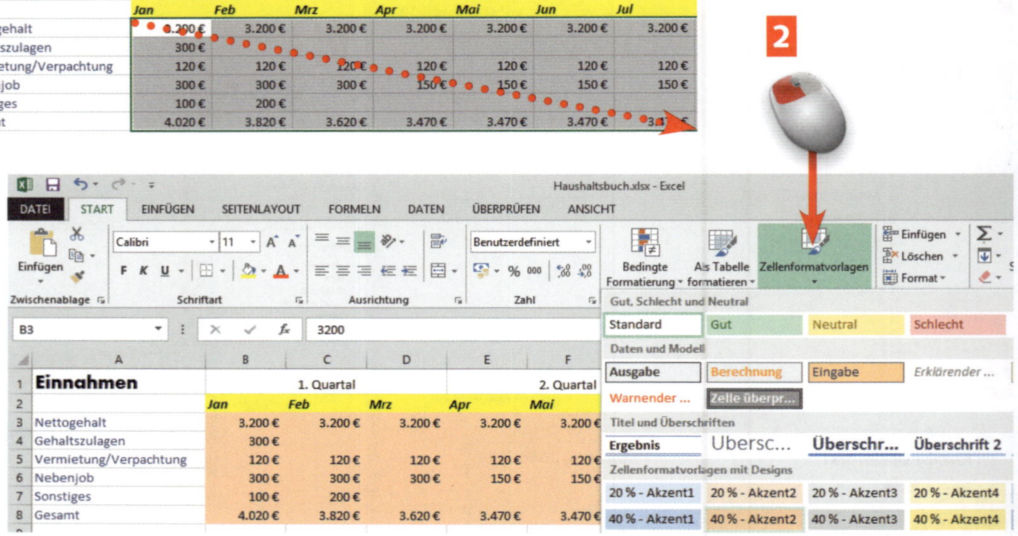

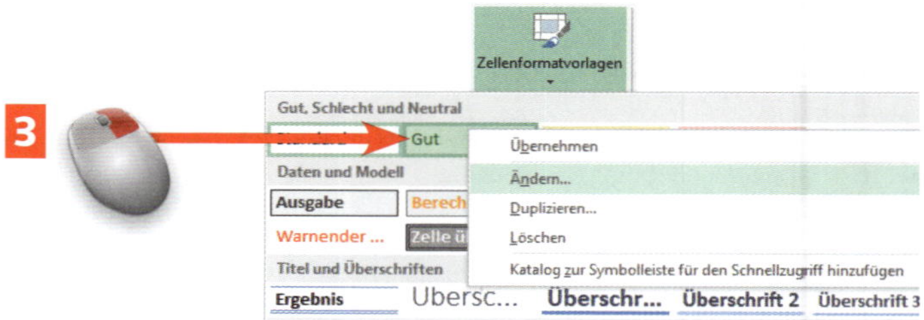

1 Bevor Sie eine Zellenformatvorlage zuweisen, markieren Sie den Bereich in der Tabelle.

2 Wählen Sie *Start/Formatvorlagen/Zellenformatvorlagen* und zeigen Sie auf eine Vorlage. Der Effekt wird angezeigt, ein Klick weist die Vorlage zu.

3 Klicken Sie mit der rechten Maustaste in das Symbol und wählen Sie *Ändern*, um die Zellenformatvorlage anzupassen.

A

Formatvorlagen sind Gruppen von Formatzuweisungen und eine bequeme Möglichkeit, Tabellen gleich mit mehreren Formatierungen zu versehen. Und sollte die Vorlagenliste gar keinen passenden „Stil" haben, gestalten Sie einfach Ihre eigene Vorlage.

WISSEN

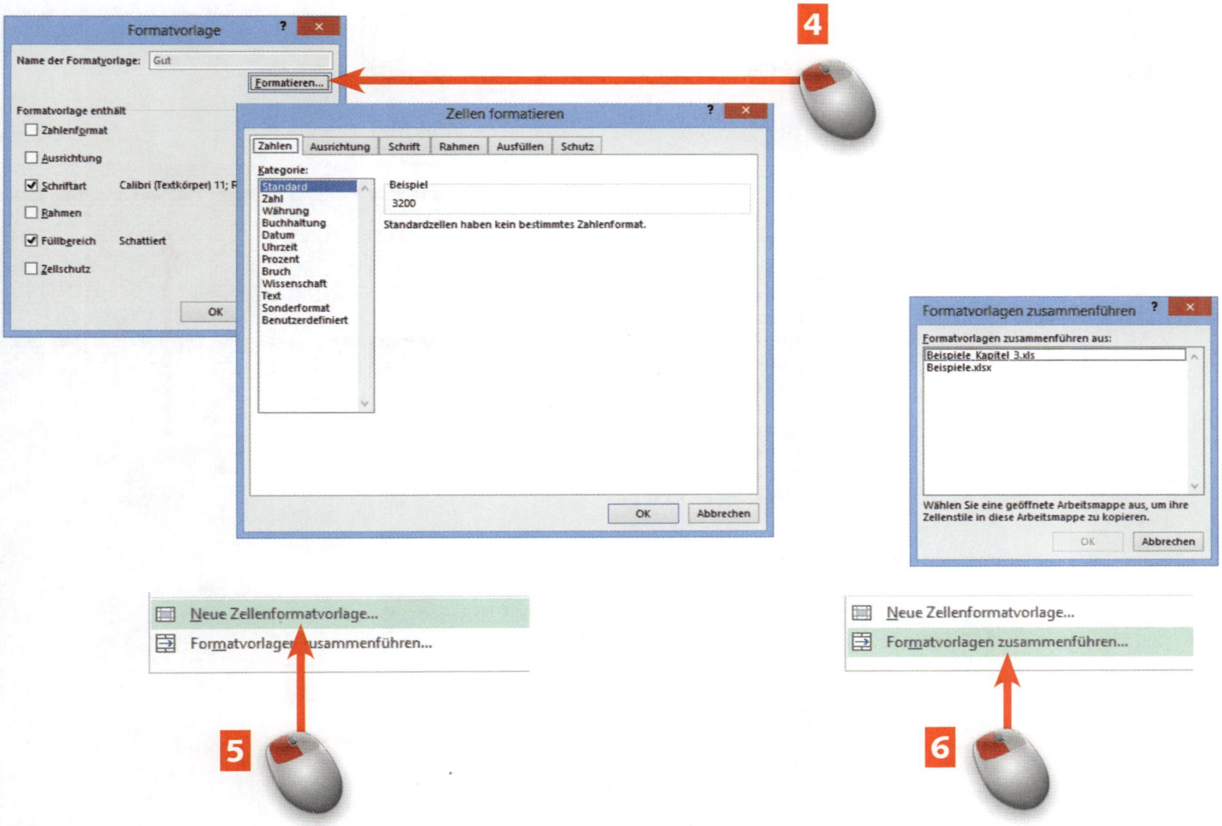

4 Hier können Sie die einzelnen Teilbereiche der Vorlage ändern, beispielsweise das Zahlenformat oder die Schriftart.

5 Erstellen Sie eine neue Zellenformatvorlage, wenn Sie Ihre eigenen Formatierungen als Vorlage für weitere Tabellen speichern wollen.

6 Mit *Formatvorlagen zusammenführen* holen Sie Vorlagen aus anderen geöffneten Arbeitsmappen in die aktive Mappe.

Ende

Mit Zuweisung der ersten Vorlage *Standard* löschen Sie alle Formatierungen.

TIPP

Jede Zellenformatvorlage hat je ein Zahlen- und Währungsformat ohne Nachkommastellen und mit zwei Nachkommastellen.

HINWEIS

Wenn Sie mit dem Mauszeiger auf eine Vorlage zeigen, sehen Sie das Ergebnis schon im Hintergrund. Diese *Live-Vorschau* kann in den Excel-Optionen ein- oder ausgeschaltet werden.

HINWEIS

Start

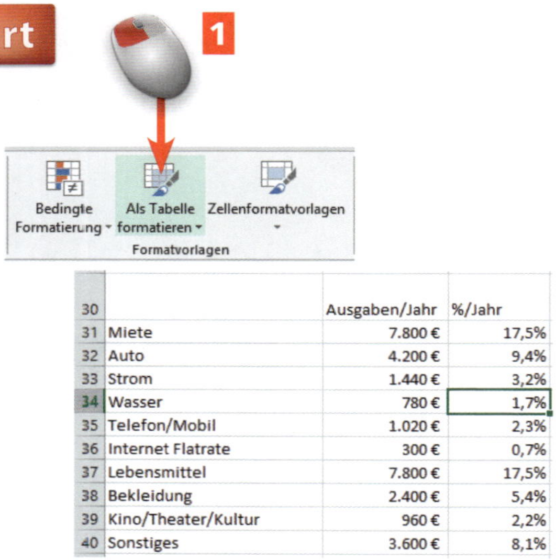

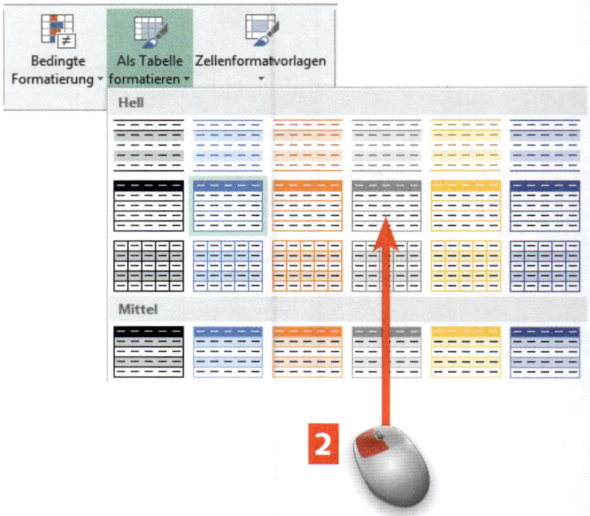

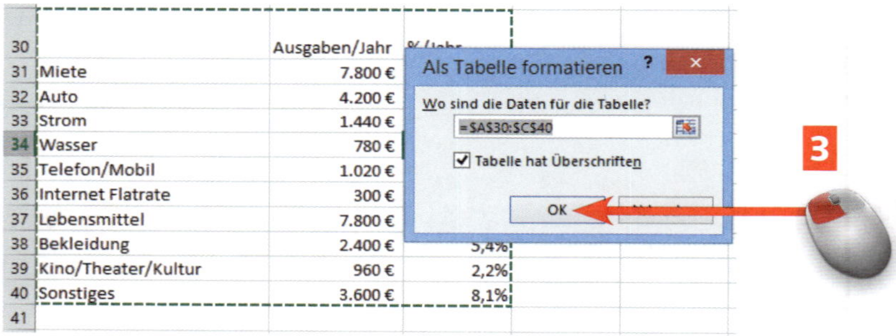

1 Klicken Sie unter *Start/Formatvorlagen* auf *Als Tabelle formatieren*, um eine Tabellenvorlage zuzuweisen.

2 Wählen Sie eine der angebotenen Vorlagen. Die Formatierung wird bereits angezeigt, wenn der Mauszeiger auf das Symbol zeigt.

3 Bestätigen Sie die Abfrage nach dem Tabellenbereich oder markieren Sie diesen im Hintergrund neu.

A

Tabellenformatvorlagen sind automatische Formatzuweisungen für Tabellen. Mit Tabelle ist in diesem Zusammenhang nicht das Tabellenblatt gemeint, sondern eine Sonderform von Listen, die automatisch Filter und Ergebniszeilen enthalten (siehe Kapitel 7).

WISSEN

4

	Spalte1	Ausgaben/Jahr	%/Jahr
30	Spalte1	Ausgaben/Jahr	%/Jahr
31	Miete	7.800 €	17,5%
32	Auto	4.200 €	9,4%
33	Strom	1.440 €	3,2%
34	Wasser	780 €	1,7%
35	Telefon/Mobil	1.020 €	2,3%
36	Internet Flatrate	300 €	0,7%
37	Lebensmittel	7.800 €	17,5%
38	Bekleidung	2.400 €	5,4%
39	Kino/Theater/Kultur	960 €	2,2%
40	Sonstiges	3.600 €	8,1%

5

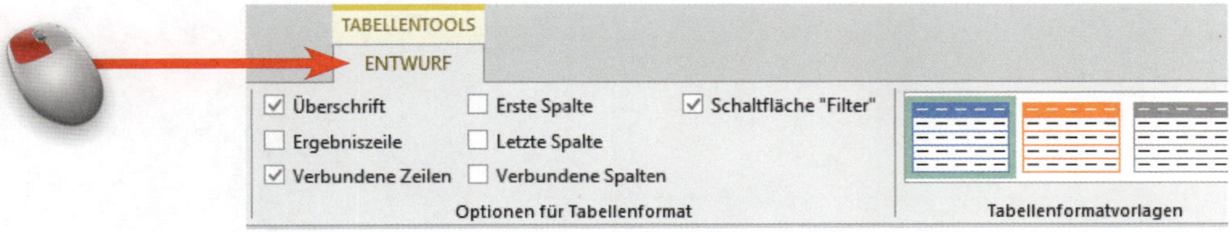

6

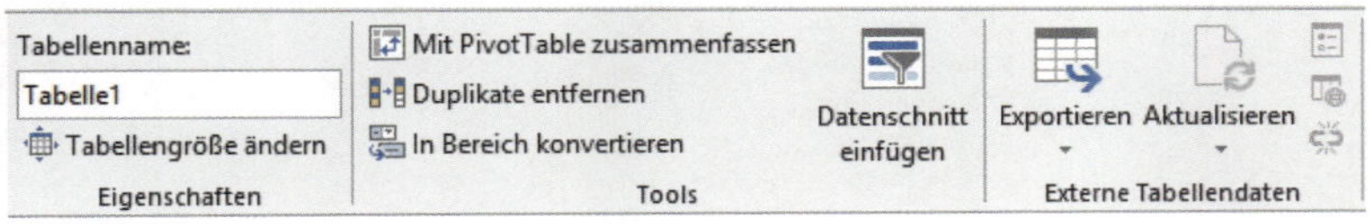

4 Die markierte Liste wird formatiert und in eine Tabelle umgewandelt.

5 Das Menüband bietet jetzt ein neues Register *Tabellentools/Entwurf* mit einer Liste von Tabellenvorlagen.

6 Hier können Sie die Eigenschaften der Tabelle ändern und Datenschnitte hinzufügen.

Ende

Wenn der markierte Bereich bereits eine Formatierung über eine Zellenformatvorlage hat, bleibt diese erhalten, wenn Sie ein Tabellenformat zuweisen. Im Kontextmenü der Tabellenvorlage finden Sie *Übernehmen und Formate löschen*.

HINWEIS

Das neue Register *Tabellentools* wird nur angeboten, solange der Zellzeiger in der Tabelle steht.

HINWEIS

Seitenlayout und Druck

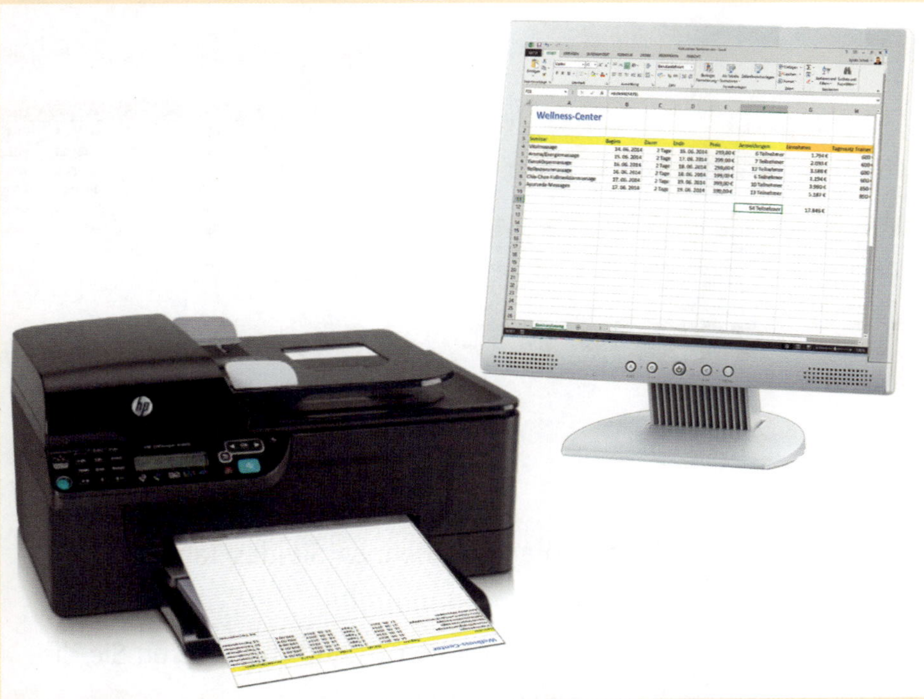

5

Start

1

D4 =B4+C4

	A	B	C	D	E	F
1	**Wellness-Seminare**					
2						
3	Seminar	Beginn	Dauer	Ende	Preis	Anmeldungen
4	Vitalmassage	14. 06. 2014	2	16. 06. 2014	299	6
5	Aroma/Energiemassage	15. 06. 2014	2	17. 06. 2014	299	7
6	Ganzkörpermassage	16. 06. 2014	2	18. 06. 2014	299	12
7	Reflexzonenmassage	16. 06. 2014	2	18. 06. 2014	199	6
8	Chiu-Chan-Fußmeridianmassage	17. 06. 2014	2	19. 06. 2014	399	10
9	Ayurveda-Massagen	17. 06. 2014	2	19. 06. 2014	399	13
10						
11						

Seminarplanung

2

Typ: 0" Tage"

Typ: #.##0,00 €

Typ: 0" Teilnehmer"

	A	B	C	D	E	F
1	**Wellness-Seminare**					
2						
3	Seminar	Beginn	Dauer	Ende	Preis	Anmeldungen
4	Vitalmassage	14. 06. 2014	2 Tage	16. 06. 2014	299,00 €	6 Teilnehmer
5	Aroma/Energiemassage	15. 06. 2014	2 Tage	17. 06. 2014	299,00 €	7 Teilnehmer
6	Ganzkörpermassage	16. 06. 2014	2 Tage	18. 06. 2014	299,00 €	12 Teilnehmer
7	Reflexzonenmassage	16. 06. 2014	2 Tage	18. 06. 2014	199,00 €	6 Teilnehmer
8	Chiu-Chan-Fußmeridianmassage	17. 06. 2014	2 Tage	19. 06. 2014	399,00 €	10 Teilnehmer
9	Ayurveda-Massagen	17. 06. 2014	2 Tage	19. 06. 2014	399,00 €	13 Teilnehmer

3

	G	H	I	J
1				
2				
3	Einnahmen	Tagessatz Trainer	Ausgaben	Deckungsbeitrag
4	=E4*F4	600	=H4*C4	=G4-I4
5	=E5*F5	600	=H5*C5	=G5-I5
6	=E6*F6	600	=H6*C6	=G6-I6
7	=E7*F7	600	=H7*C7	=G7-I7
8	=E8*F8	850	=H8*C8	=G8-I8
9	=E9*F9	850	=H9*C9	=G9-I9

	G	H	I	J
1				
2				
3	Einnahmen	Tagessatz Trainer	Ausgaben	Deckungsbeitrag
4	1.794 €	600 €	1.200 €	594 €
5	2.093 €	600 €	1.200 €	893 €
6	3.588 €	600 €	1.200 €	2.388 €
7	1.194 €	600 €	1.200 €	- 6 €
8	3.990 €	850 €	1.700 €	2.290 €
9	5.187 €	850 €	1.700 €	3.487 €

1 Legen Sie eine Liste mit Seminarterminen an und nennen Sie das Tabellenblatt *Seminarplanung*.

2 Weisen Sie passende Schrift- und Zellformatierungen zu und formatieren Sie die Zahlenspalten mit benutzerdefinierten Zahlenformaten.

3 Geben Sie die Trainerhonorare ein und berechnen Sie Einnahmen, Ausgaben und Deckungsbeiträge für die einzelnen Kurse.

Als Layout bezeichnet man die Kombination aus Text und Bild, und damit diese stimmt, bietet Excel eine Reihe von Seitenlayout-Funktionen. Üben Sie diese am Beispiel einer Seminarliste, testen Sie gleich Ihre Kenntnisse über Formate und Formeln.

WISSEN

=E4*F4 =G4-I4

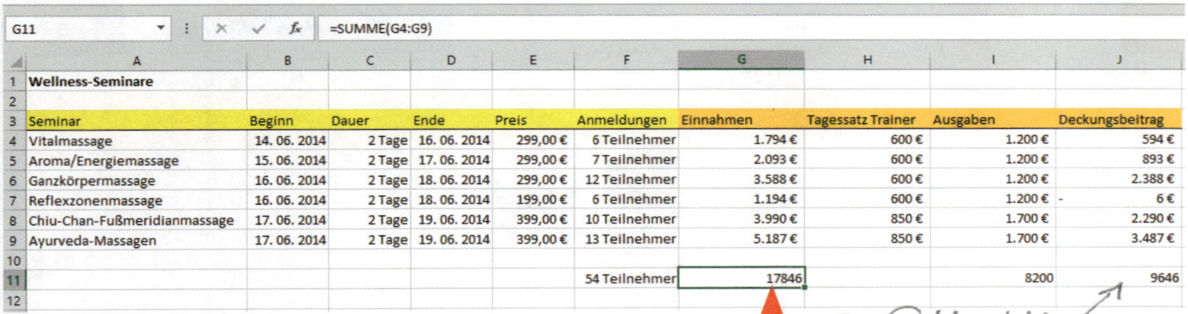

G11 =SUMME(G4:G9)

	A	B	C	D	E	F	G	H	I	J
1	**Wellness-Seminare**									
2										
3	Seminar	Beginn	Dauer	Ende	Preis	Anmeldungen	Einnahmen	Tagessatz Trainer	Ausgaben	Deckungsbeitrag
4	Vitalmassage	14. 06. 2014	2 Tage	16. 06. 2014	299,00 €	6 Teilnehmer	1.794 €	600 €	1.200 €	594 €
5	Aroma/Energiemassage	15. 06. 2014	2 Tage	17. 06. 2014	299,00 €	7 Teilnehmer	2.093 €	600 €	1.200 €	893 €
6	Ganzkörpermassage	16. 06. 2014	2 Tage	18. 06. 2014	299,00 €	12 Teilnehmer	3.588 €	600 €	1.200 €	2.388 €
7	Reflexzonenmassage	16. 06. 2014	2 Tage	18. 06. 2014	199,00 €	6 Teilnehmer	1.194 €	600 €	1.200 €	- 6 €
8	Chiu-Chan-Fußmeridianmassage	17. 06. 2014	2 Tage	19. 06. 2014	399,00 €	10 Teilnehmer	3.990 €	850 €	1.700 €	2.290 €
9	Ayurveda-Massagen	17. 06. 2014	2 Tage	19. 06. 2014	399,00 €	13 Teilnehmer	5.187 €	850 €	1.700 €	3.487 €
10										
11						54 Teilnehmer	17846		8200	9646
12										

=G11-I11

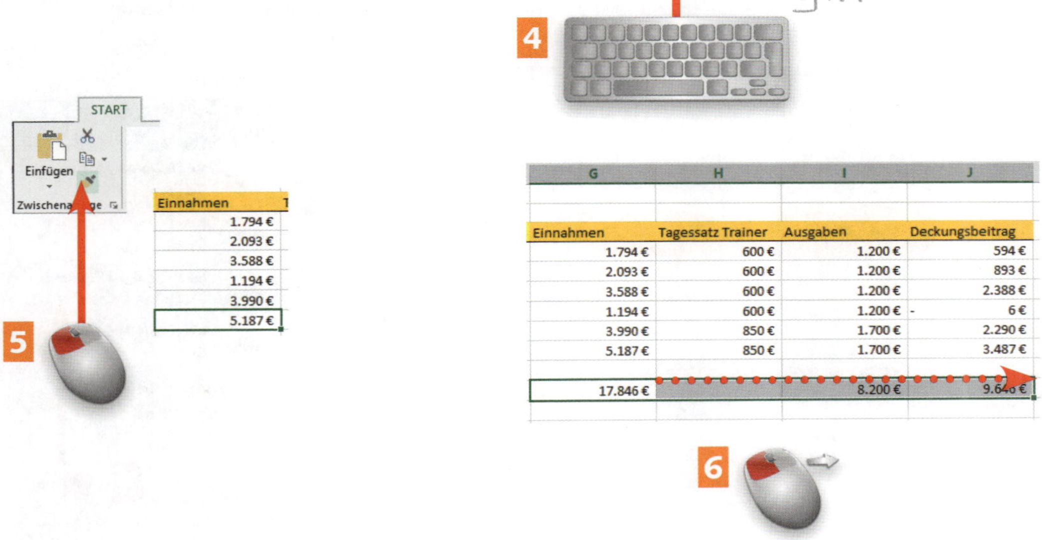

4 Berechnen Sie die Gesamtsummen unterhalb der Liste.

5 Um eine Zellformatierung zu kopieren, markieren Sie die Ausgangszelle. Klicken Sie auf das Symbol *Format übertragen*.

6 Markieren Sie die Zielzellen, und alle Formatierungen werden übertragen.

Ende

TIPP

Optimale Spaltenbreiten erhalten Sie, wenn Sie doppelt auf die Spaltenlinien zwischen zwei Buchstaben klicken.

HINWEIS

Für die Spalten *Dauer* und *Anmeldungen* verwenden Sie selbst erstellte Zahlenformate. Aktivieren Sie das Dialogfenster für Zahlenformate und schalten Sie um auf *Benutzerdefiniert*.

Start

1

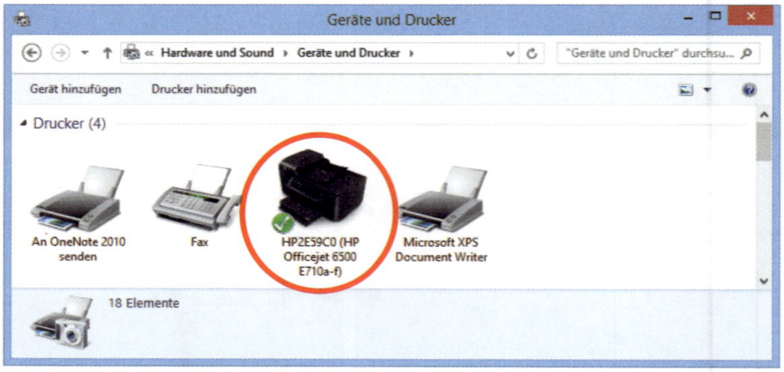

2

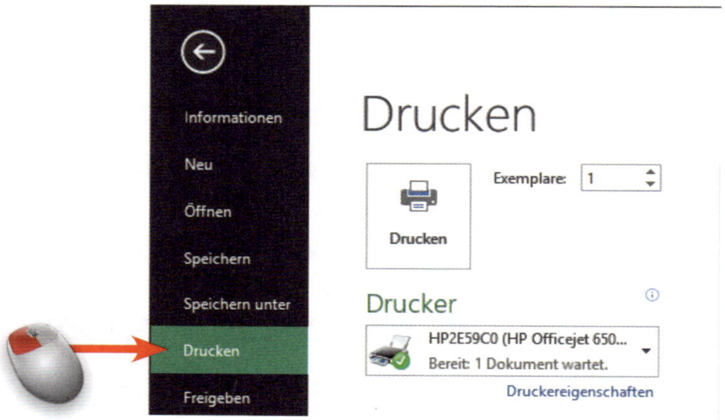

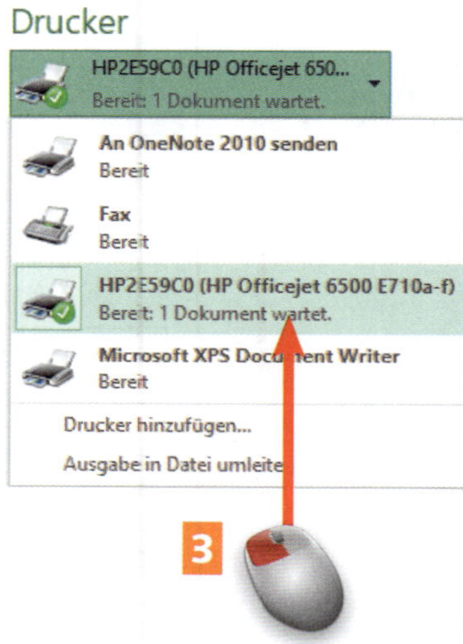

3

1 Überprüfen Sie über die Systemsteuerung von Windows, ob der angeschlossene Drucker richtig konfiguriert ist.

2 Wählen Sie *Drucken/Drucker* aus dem *Datei*-Menü.

3 Suchen Sie unter *Drucker* das Gerät, auf dem Sie drucken wollen.

Ohne Drucker kein Seitenlayout: Der unter Windows installierte Drucker ist wichtig für die Layouteinstellungen, er bestimmt, in welcher Form und Farbe gedruckt werden kann. Richten Sie zuerst Ihren Drucker ein.

WISSEN

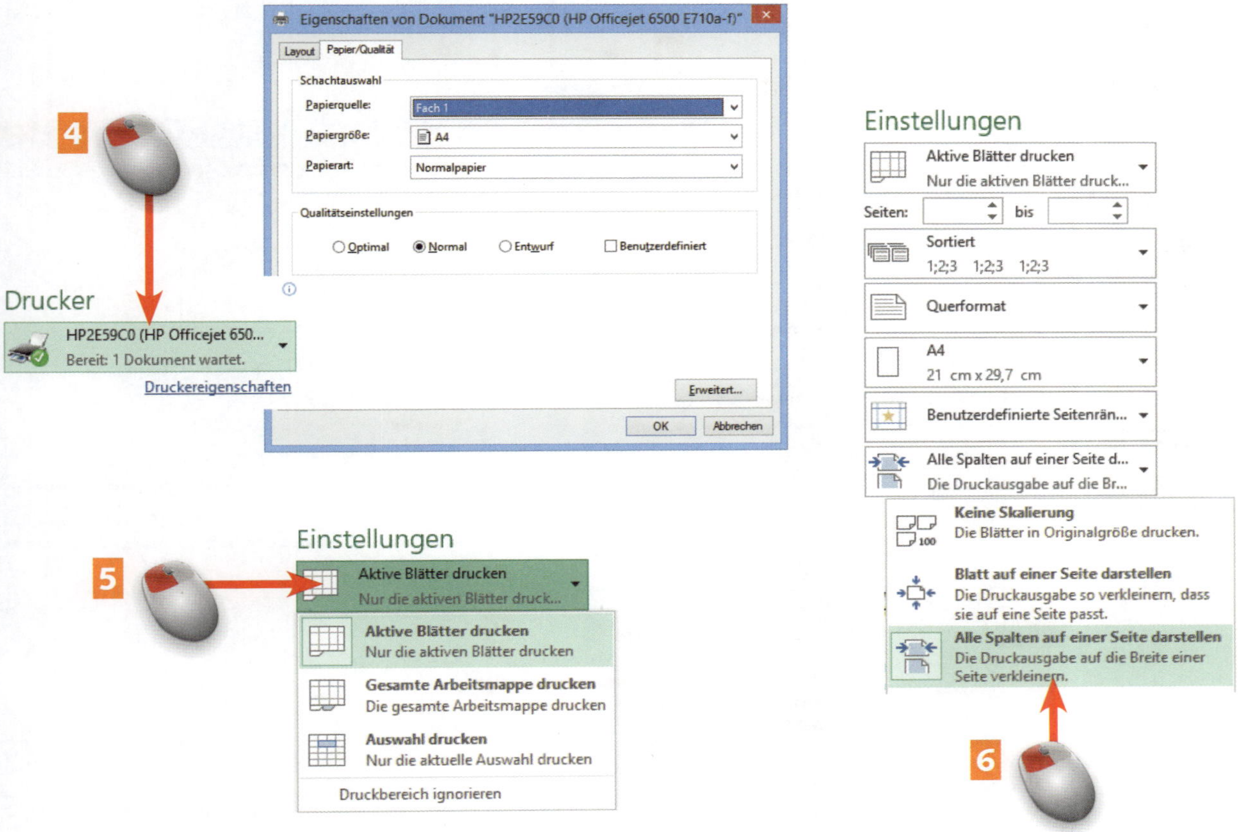

4 Mit Klick auf *Druckereigenschaften* können Sie alle druckerspezifischen Eigenschaften wie Papierformat, Einzug, Farbe u. a. einstellen.

5 Entscheiden Sie unter *Einstellungen*, ob Sie das Tabellenblatt, die Mappe oder die markierten Zellen drucken wollen.

6 Schalten Sie auf das passende Format um. Die Seitenansicht zeigt immer aktuell das Druckergebnis.

Ende

TIPP

Stellen Sie die Druckqualität auf *Entwurf*, wenn Sie keine Grafiken oder Fotos drucken, das spart Druckzeit und Toner oder Tinte.

HINWEIS

Leere Tabellen werden nicht gedruckt, Excel bringt eine Fehlermeldung, wenn keine Daten vorliegen.

HINWEIS

Jeder Drucker hat andere Eigenschaften, und entsprechend anders sieht die Eigenschaften-Dialogbox bei anderen Geräten aus.

Start

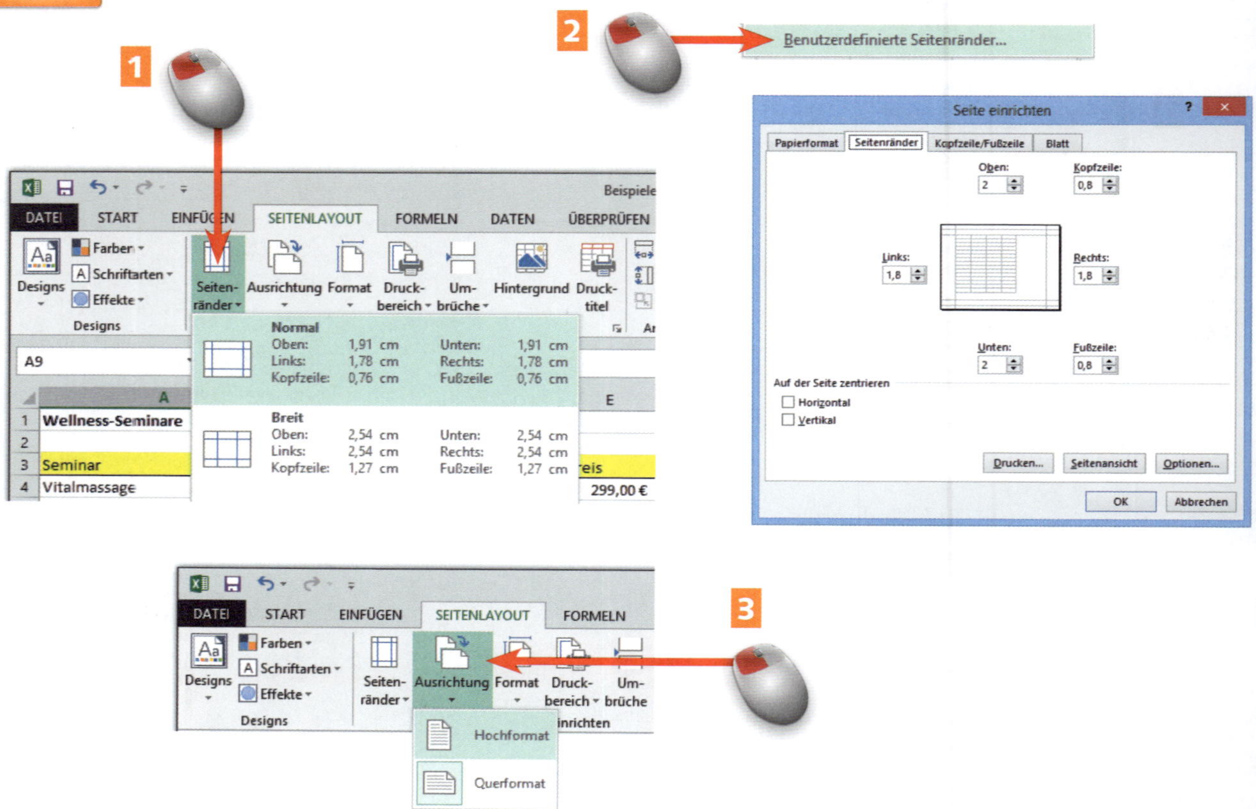

1 Schalten Sie auf die Registerkarte *Seitenlayout* und bestimmen Sie die Seitenränder, die nicht bedruckt werden.

2 Unter *Benutzerdefinierte Seitenränder* können Sie die Ränder manuell einstellen und den Ausdruck auf der Seite zentrieren.

3 Die Schaltfläche *Ausrichtung* bietet Hochformat oder Querformat an.

Wenn der Drucker eingerichtet ist, bereiten Sie Ihr Tabellenlayout für den Ausdruck auf. Bestimmen Sie Papierformat, Druckränder und Skalierung, falls die Tabelle für den Druck verkleinert werden muss.

WISSEN

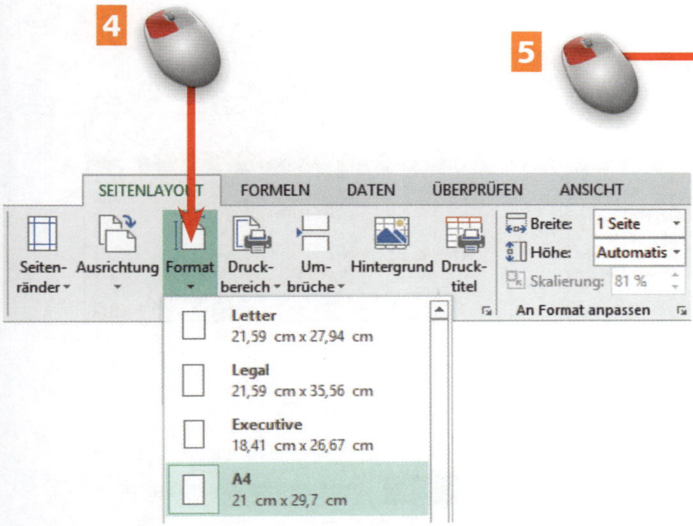

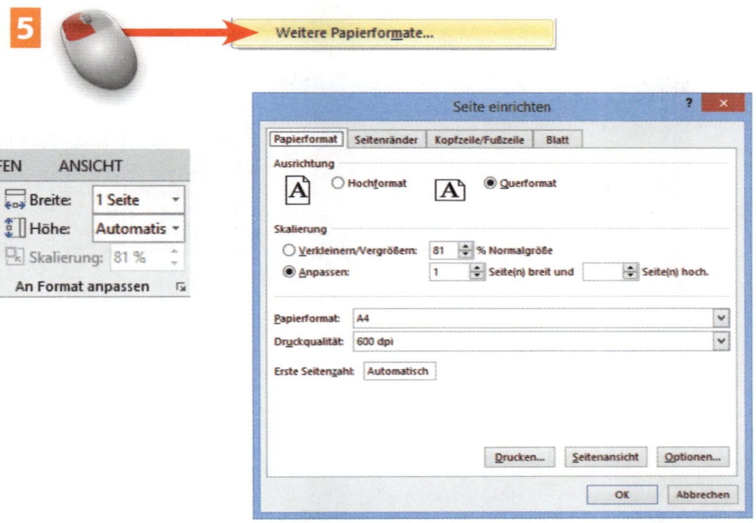

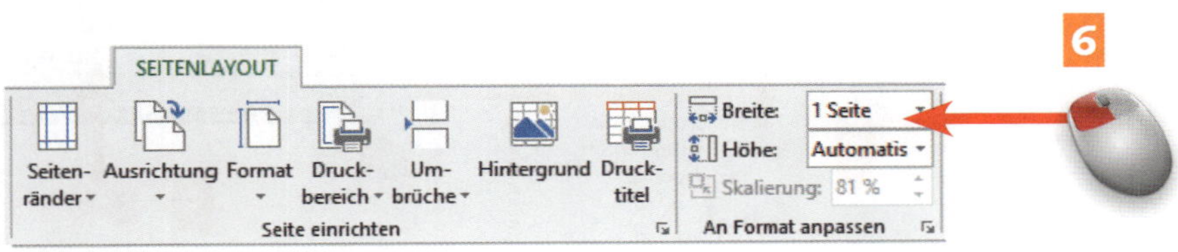

4 Wählen Sie das passende Papierformat (meist A4) aus der Liste unter *Format*.

5 Unter *Weitere Papierformate* können Sie weitere Ausgabegrößen und die Druckqualität einstellen.

6 Wählen Sie *Seitenlayout/An Format anpassen* und ändern Sie die Skalierung der Tabelle, wenn diese für den Ausdruck zu groß ist.

Ende

TIPP

Die Druckränder können Sie auch manuell unter *Ansicht/Seitenlayout* einstellen.

HINWEIS

Achten Sie darauf, dass Sie nur Papierformate wählen, die der Drucker auch „kann“. Wählen Sie das (amerikanische) Letter-Format für ein Gerät mit A4-Papier, wird Windows die Druckausgabe blockieren.

HINWEIS

Definieren Sie die Skalierung unter *Seitenlayout/An Format anpassen* auf eine Anzahl Seiten, stellt Excel automatisch in der Option *Verkleinern/Vergrößern* auf die passende Prozentzahl.

Start

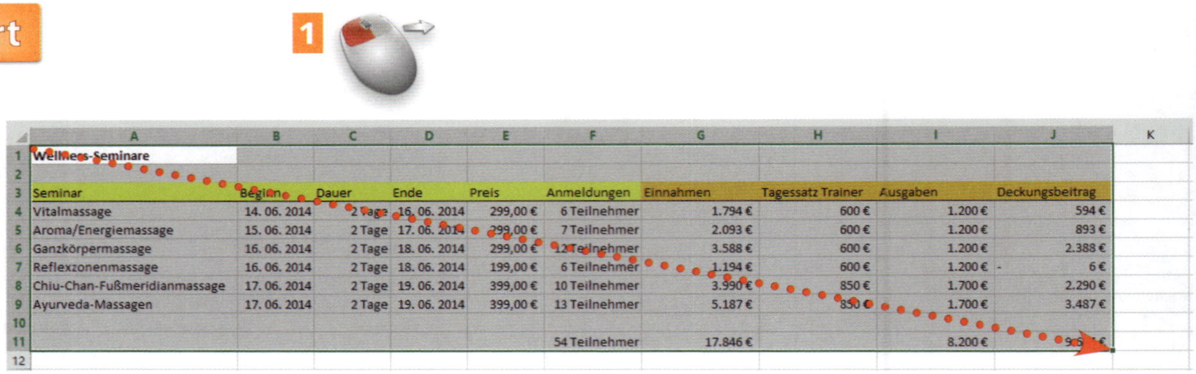

	A	B	C	D	E	F	G	H	I	J
1	Wellness-Seminare									
2										
3	Seminar	Beginn	Dauer	Ende	Preis	Anmeldungen	Einnahmen	Tagessatz Trainer	Ausgaben	Deckungsbeitrag
4	Vitalmassage	14. 06. 2014	2 Tage	16. 06. 2014	299,00 €	6 Teilnehmer	1.794 €	600 €	1.200 €	594 €
5	Aroma/Energiemassage	15. 06. 2014	2 Tage	17. 06. 2014	299,00 €	7 Teilnehmer	2.093 €	600 €	1.200 €	893 €
6	Ganzkörpermassage	16. 06. 2014	2 Tage	18. 06. 2014	299,00 €	12 Teilnehmer	3.588 €	600 €	1.200 €	2.388 €
7	Reflexzonenmassage	16. 06. 2014	2 Tage	18. 06. 2014	199,00 €	6 Teilnehmer	1.194 €	600 €	1.200 €	- 6 €
8	Chiu-Chan-Fußmeridianmassage	17. 06. 2014	2 Tage	19. 06. 2014	399,00 €	10 Teilnehmer	3.990 €	850 €	1.700 €	2.290 €
9	Ayurveda-Massagen	17. 06. 2014	2 Tage	19. 06. 2014	399,00 €	13 Teilnehmer	5.187 €	850 €	1.700 €	3.487 €
10										
11						54 Teilnehmer	17.846 €		8.200 €	[illegible]
12										

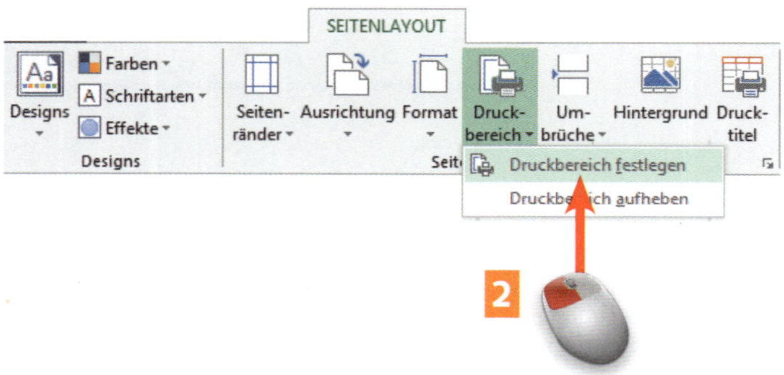

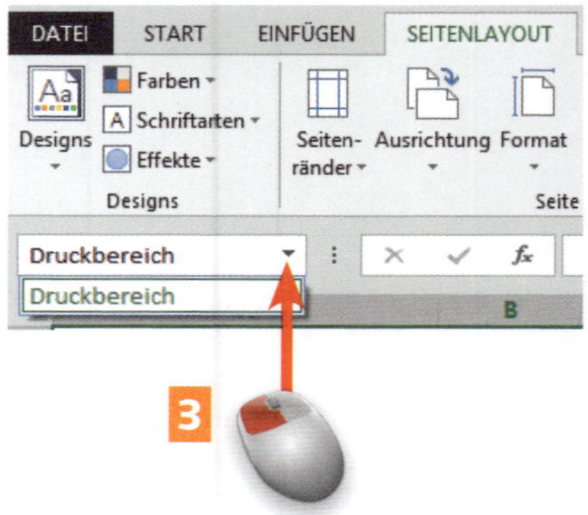

1 Markieren Sie den Bereich der Tabelle, den Sie zum Druckbereich erklären wollen.

2 Wählen Sie *Seitenlayout/Druckbereich/Druckbereich festlegen*.

3 Der Druckbereich wird fixiert, im Namensfeld links oben können Sie ihn als Bereichsname abholen und markieren.

In größeren Tabellen ist es besser, einen Druckbereich zu fixieren, als zu viel Papier zu produzieren. Wenn die Tabelle mehrere Seiten lang ist, bestimmen Sie einen Drucktitel, der auch mehrere Zeilen groß sein kann.

WISSEN

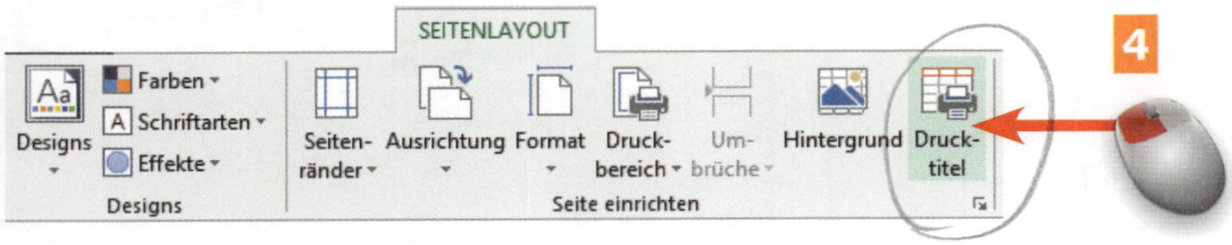

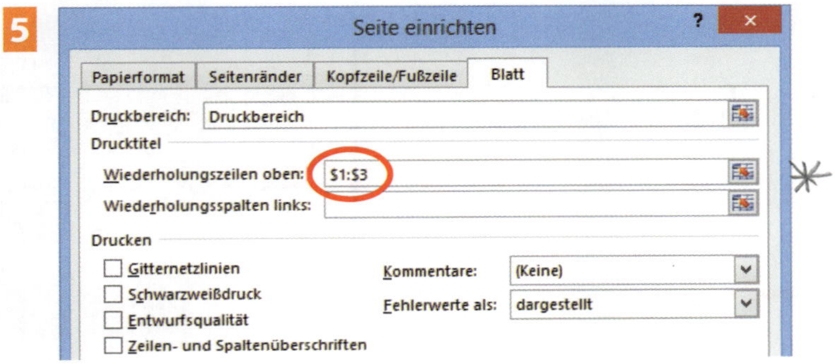

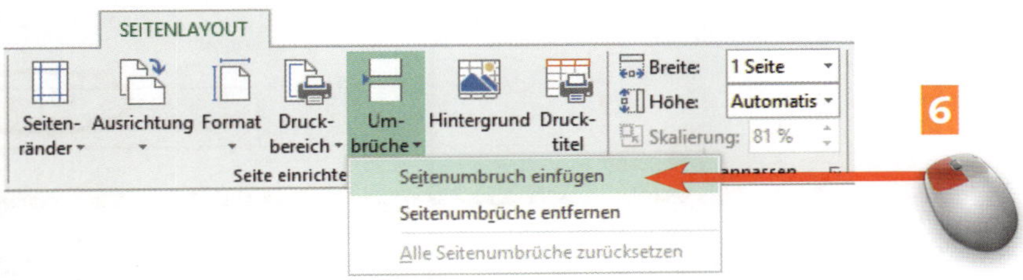

4 Damit die Überschrift und die Kopfzeile auf allen gedruckten Seiten erscheinen, fixieren Sie sie als Drucktitel. Klicken Sie auf das gleichnamige Symbol.

5 Klicken Sie unter *Drucktitel* auf *Wiederholungszeilen* und markieren Sie im Hintergrund die ersten drei Zeilennummern.

6 Für einen Seitenumbruch markieren Sie die Zeile, die als Erste auf der nächsten Seite stehen soll, und wählen *Seitenlayout/Umbrüche/Seitenumbruch einfügen*.

Ende

TIPP

Bereichsnamen verwalten Sie im Namens-Manager. Drücken Sie Strg+F3.

HINWEIS

Die auf jeder Seite wiederholten Drucktitel sehen Sie nicht in der Normalansicht, schalten Sie dazu um auf *Ansicht/Arbeitsmappenansichten/Seitenlayout*.

HINWEIS

Druckbereich und Drucktitel sind Bereichsnamen, die Sie im Namensfeld abholen können. Die beiden Bereichsnamen gelten nur für die jeweils aktive Tabelle, es sind „lokale" Bereichsnamen (siehe Kapitel 6).

Start

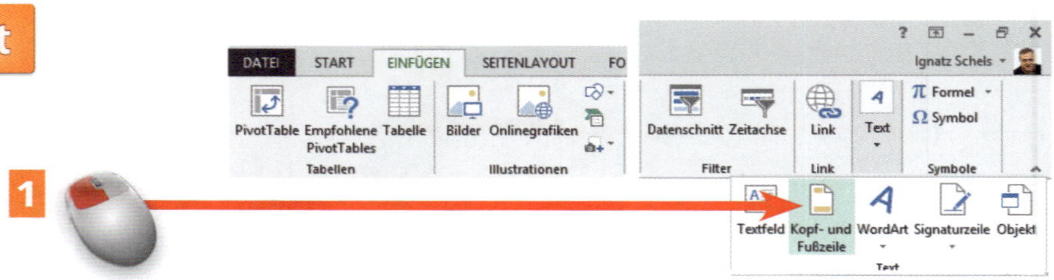

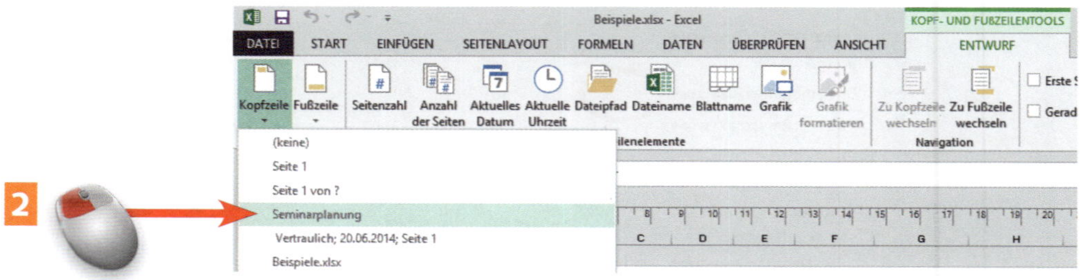

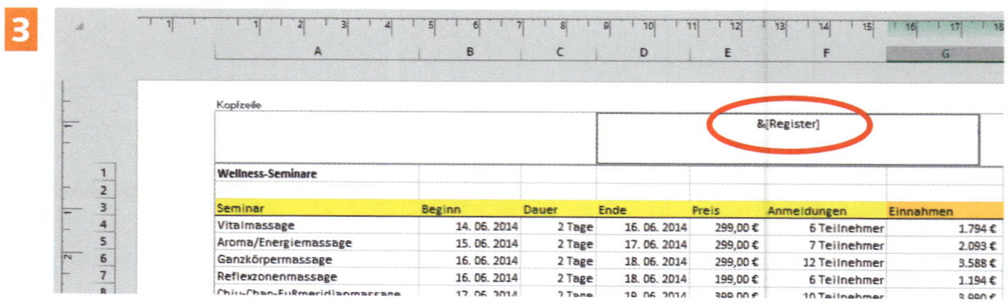

1 Um die Kopf- oder Fußzeilen der Tabellen zu beschriften, schalten Sie im Register *Einfügen* auf *Text/Kopf- und Fußzeilen*.

2 Excel schaltet zur Ansicht *Seitenlayout* um, wählen Sie einen vordefinierten Eintrag.

3 Für berechnete Elemente wird ein Code eingetragen, hier *&[Register]* für den Namen des Tabellenblattes.

Nutzen Sie Kopf- und Fußzeilen, um Ihr Firmenlogo auf allen Seiten zu drucken oder automatische Informationen wie Seitenzahlen, Druckdatum oder Name und Dateipfad der Arbeitsmappe auszugeben. Excel arbeitet hier mit Formatcodes, die über Symbole zugewiesen werden.

WISSEN

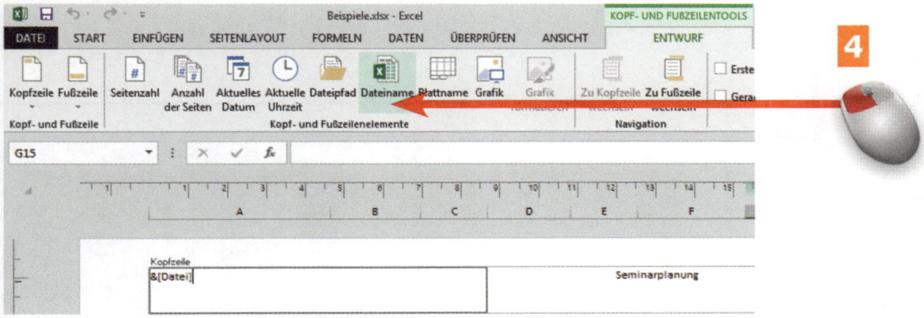

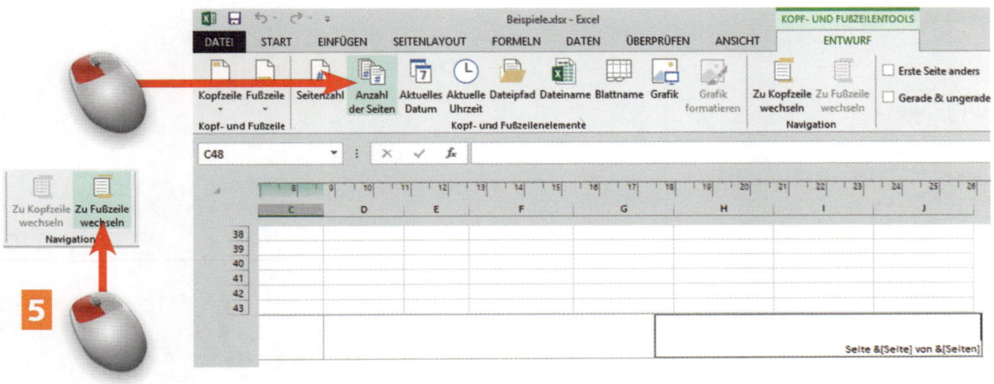

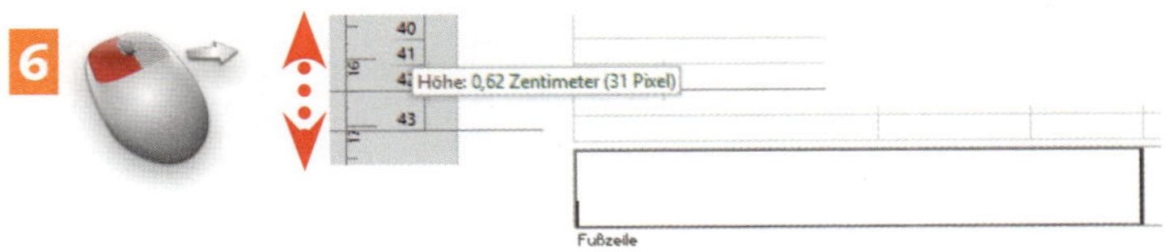

4 Holen Sie weitere Codes aus dem Register *Kopf- und Fußzeilentools*. Klicken Sie in die Tabelle, wird das Ergebnis der Codes angezeigt.

5 Wechseln Sie zur Fußzeile und tragen Sie auch für diese Codes ein, hier zum Beispiel die Seitennummer und die Anzahl der Seiten.

6 Um die Größe des Kopf-/Fußzeilenbereichs zu ändern, ziehen Sie die Randlinie im Lineal mit gedrückter Maustaste.

Ende

TIPP

Mit der [Tab]-Taste schalten Sie auf den nächsten Bereich in der Kopf-/Fußzeile, [Umschalt]+[Tab] schaltet zurück.

HINWEIS

Die Formatcodes werden in der Seitenlayout-Ansicht und im Ausdruck durch ihre Inhalte ersetzt. Sie können sie auch händisch in die Kopf-/Fußzeilen eintragen.

HINWEIS

Der Kopf-/Fußzeilenentwurf aktiviert automatisch die Ansicht *Seitenlayout*. Schalten Sie unter *Ansicht/Arbeitsmappenansichten* wieder in die Normalansicht zurück.

Start

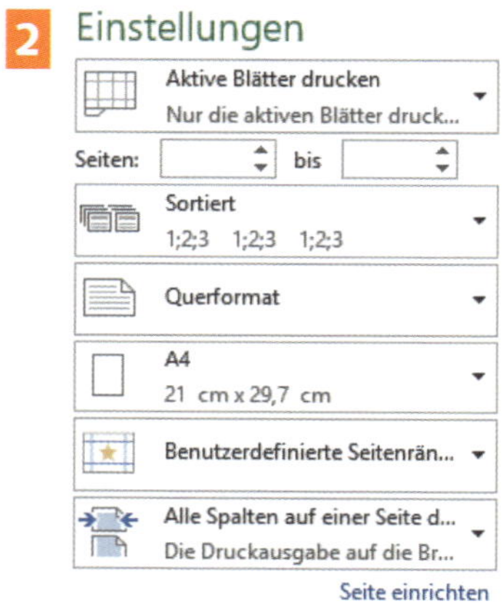

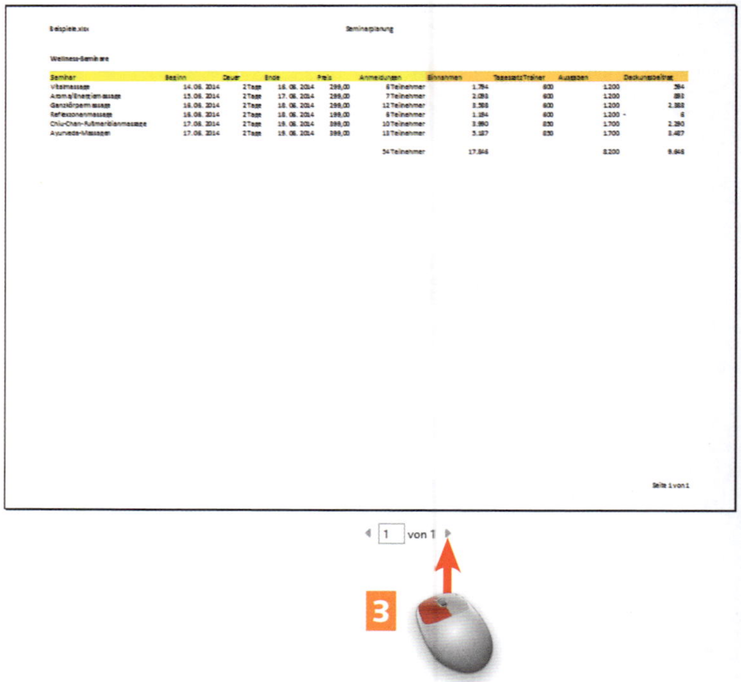

1 Schalten Sie im *Datei*-Menü auf *Drucken*, um das Tabellenblatt in der Seitenansicht zu sehen.

2 Unter *Einstellungen* können Sie hier ebenfalls alle wichtigen Layouteinstellungen vornehmen.

3 Klicken Sie auf die Pfeilsymbole, um bei mehrseitigen Drucken einzelne Seiten vor- und zurückzublättern.

In der Seitenansicht sehen Sie Ihre Tabelle so, wie sie ausgedruckt wird. Nutzen Sie diese Ansicht, um Randeinstellungen zu ändern und Spaltenbreiten so zu setzen, dass alles im Ausdruck zu sehen ist, was die Tabelle enthält.

WISSEN

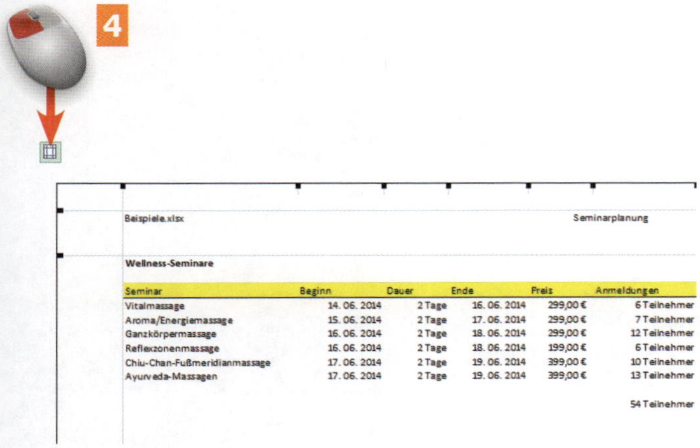

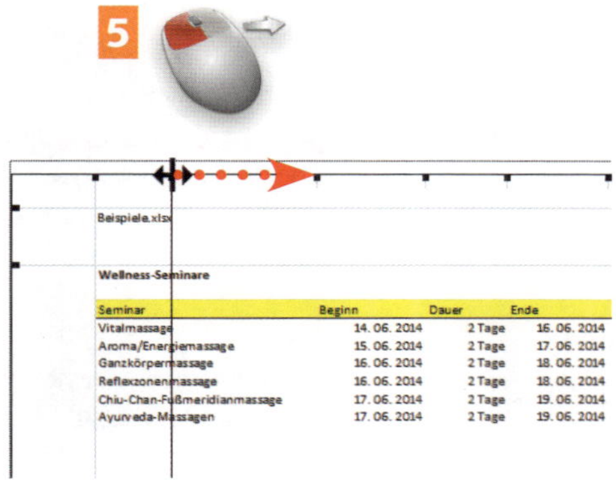

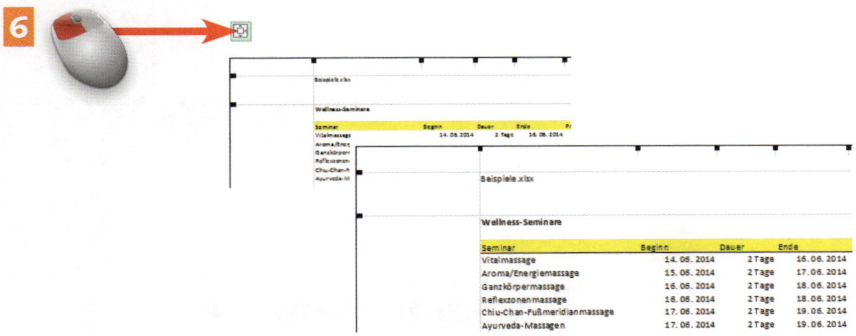

4 Mit diesem Symbol schalten Sie die Seitenränder und Spaltenlinien ein und wieder aus.

5 Ziehen Sie die Linien mit gedrückter Maustaste, um die Ränder oder Spaltenbreiten in der Seitenansicht anzupassen.

6 Klicken Sie auf dieses Symbol, um die Ansicht zu vergrößern oder auf eine ganze Seite zu zoomen.

Ende

TIPP

Schnelle Tasten für die nächste bzw. vorherige Seite in der Seitenansicht: Bild↓/Bild↑

HINWEIS

Klicken Sie auf den Link *Seite einrichten*, erhalten Sie alle Layouteinstellungen im Dialogfenster.

HINWEIS

Mit der Skalierung in den Druckeinstellungen können Sie das Layout so einstellen, dass die Seite automatisch auf eine Druckseite passt (Blatt auf einer Seite darstellen).

Start

1

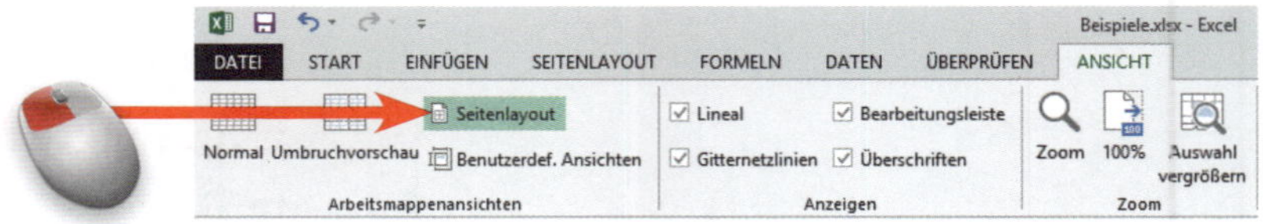

2

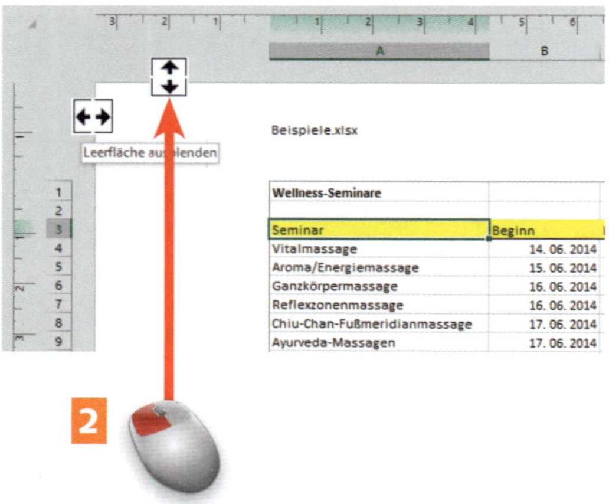

3

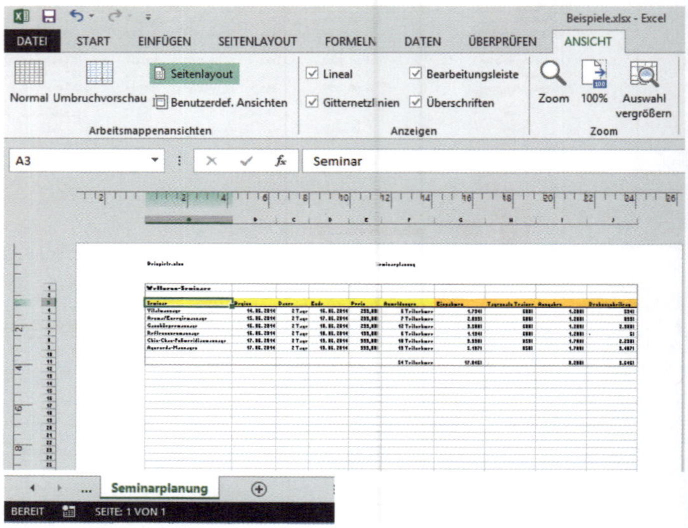

1 Wählen Sie *Ansicht/Arbeitsmappenansichten/Seitenlayout*, um die Tabelle in der Druckansicht bearbeiten zu können.

2 Die Leerflächen mit den Kopf- und Fußzeilen können Sie per Mausklick aus- oder einschalten.

3 In dieser Ansicht sehen Sie alle Druckseiten der Tabelle, zoomen Sie die Ansicht herunter und kontrollieren Sie den Seitenzähler in der Statusleiste.

Die Ansicht *Seitenlayout* präsentiert Ihre Tabelle so, wie sie gedruckt wird, mit Kopf-/Fußzeilen und Seitenaufteilung. Im Unterschied zur Seitenansicht können Sie hier ganz normal arbeiten. Verwenden Sie die Seitenumbruchvorschau, wenn Sie in großen Tabellen die Seitenumbrüche gezielt setzen müssen.

WISSEN

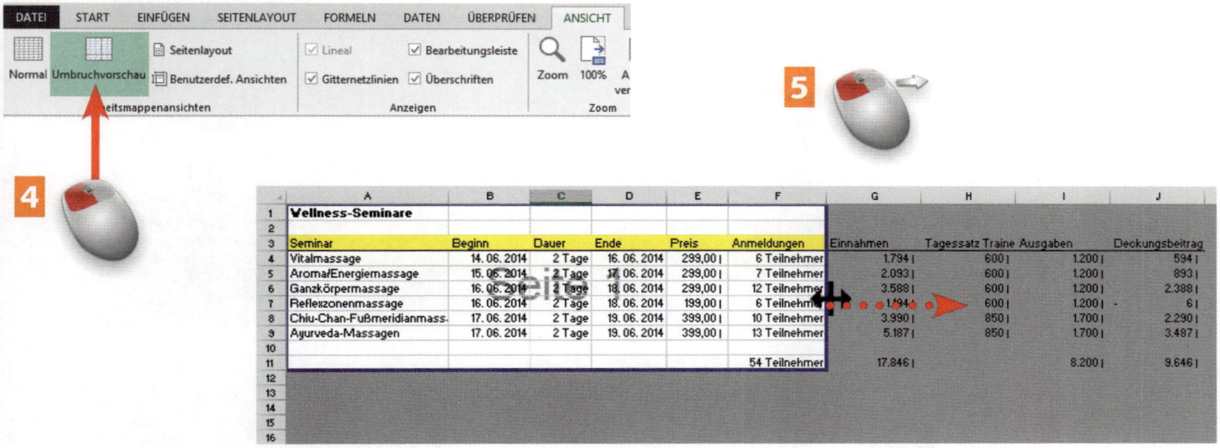

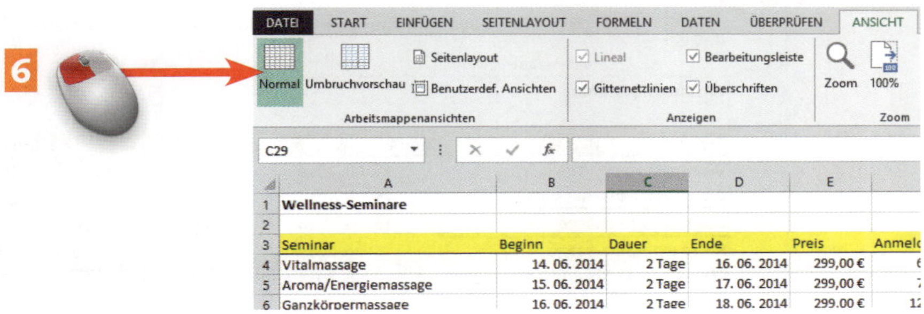

4 Wählen Sie *Ansicht/Arbeitsmappenansichten/Umbruchvorschau*, wenn Sie die Seitenumbrüche kontrollieren und anpassen wollen.

5 Um mehr oder weniger Zellen in den Ausdruck zu bringen, ziehen Sie die blauen Randlinien mit gedrückter Maustaste.

6 Schalten Sie mit *Ansicht/Arbeitsmappenansichten/Normal* zurück zur Normalansicht. In der Statusleiste finden Sie drei Symbole für alle Ansichten.

Ende

Seitenumbrüche fügen Sie über *Seitenlayout/Umbrüche* ein. Markieren Sie vorher die erste Zeile, die auf der nächsten Seite stehen soll.

TIPP

In der Seitenumbruchvorschau zeigt eine gestrichelte Linie den natürlichen Seitenumbruch. Wenn Sie den Seitenbereich vergrößern, wird das Seitenlayout automatisch skaliert. Sehen Sie unter *Seitenlayout/Größe/Weitere Papierformate* nach, um welchen Faktor.

HINWEIS

Start

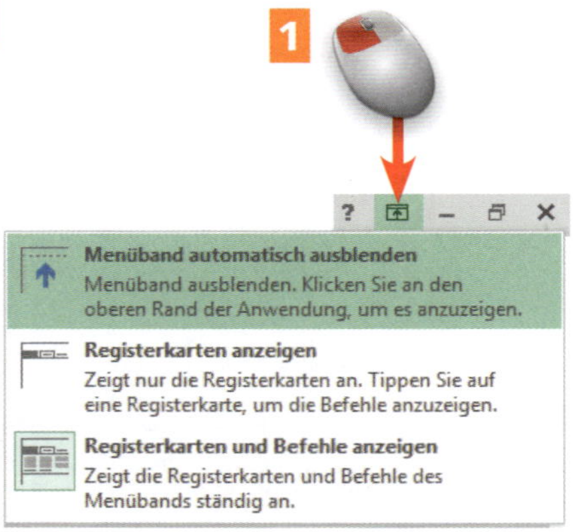

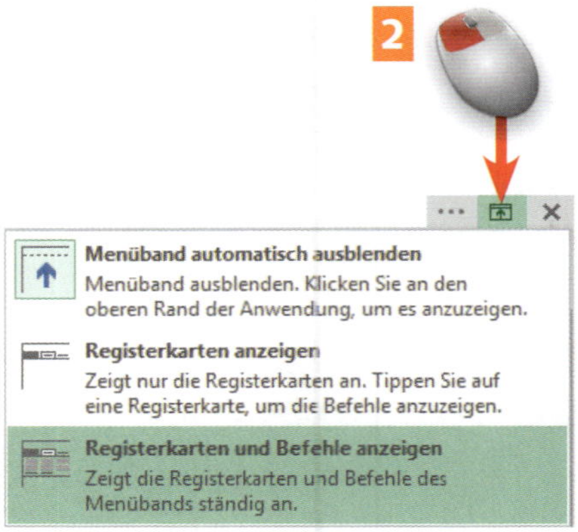

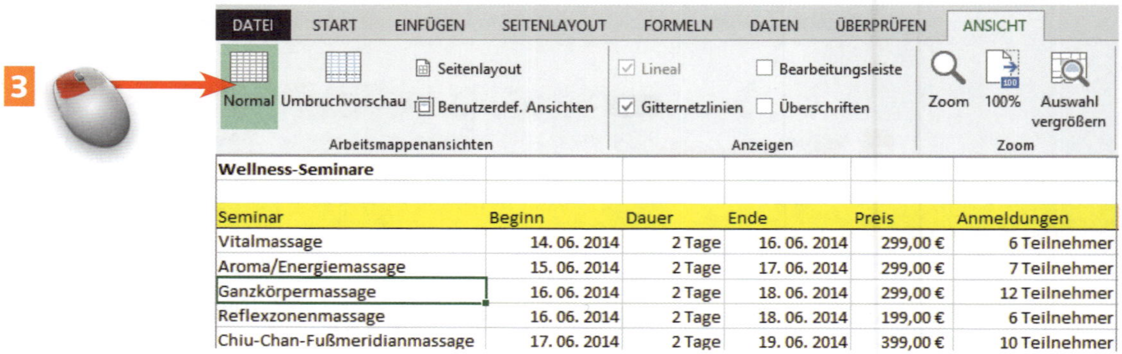

1 Um den ganzen Bildschirm ohne Menüband anzuzeigen, schalten Sie dieses mit dem Symbol rechts oben aus.

2 Um das Menüband wieder anzuzeigen, klicken Sie oben auf den Bildschirmrand oder schalten es in diesem Menü wieder ein.

3 Schalten Sie die Bearbeitungsleiste und die Überschriften (Spaltenbuchstaben und Zeilennummern) aus, wenn Sie mehr Platz brauchen.

Oft werden Sie für die Bearbeitung von Tabellen einfach mehr Platz brauchen. Blenden Sie störende Elemente wie den Kopfbereich mit Menüband und die Zeilen-/Spaltenköpfe aus und schalten Sie für Druck oder Bildschirm auch die Gitternetze ab.

WISSEN

4

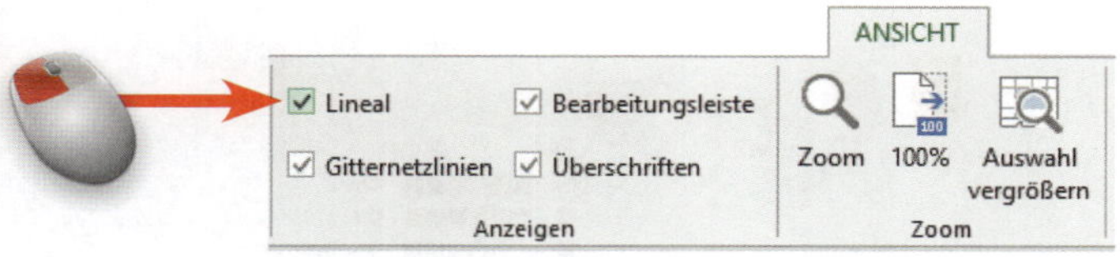

5

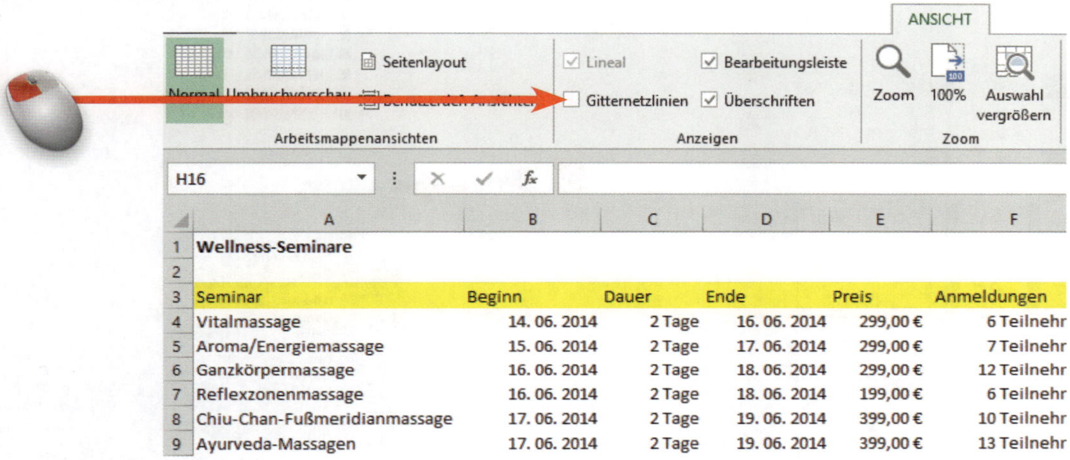

	A	B	C	D	E	F
1	Wellness-Seminare					
2						
3	Seminar	Beginn	Dauer	Ende	Preis	Anmeldungen
4	Vitalmassage	14. 06. 2014	2 Tage	16. 06. 2014	299,00 €	6 Teilnehr
5	Aroma/Energiemassage	15. 06. 2014	2 Tage	17. 06. 2014	299,00 €	7 Teilnehr
6	Ganzkörpermassage	16. 06. 2014	2 Tage	18. 06. 2014	299,00 €	12 Teilnehr
7	Reflexzonenmassage	16. 06. 2014	2 Tage	18. 06. 2014	199,00 €	6 Teilnehr
8	Chiu-Chan-Fußmeridianmassage	17. 06. 2014	2 Tage	19. 06. 2014	399,00 €	10 Teilnehr
9	Ayurveda-Massagen	17. 06. 2014	2 Tage	19. 06. 2014	399,00 €	13 Teilnehr

6

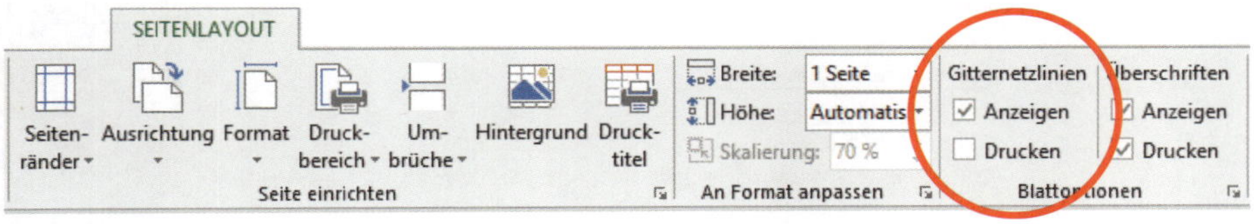

4 Die Lineale am oberen und linken Rand lassen sich nur in der Seitenlayout-Ansicht anzeigen und ausschalten.

5 Blenden Sie die Gitternetze für die Bildschirmansicht aus ...

6 ... oder schalten Sie um auf das Register *Seitenlayout* und schalten Sie die Gitternetze für Bildschirm und Ausdruck ein oder aus.

Ende

In den Optionen (*Datei*-Menü) stellen Sie unter *Erweitert* die Anzeige einzelner Elemente wie Gitternetze oder Lineale für den Start der Arbeitsmappen ein.

HINWEIS

Gitternetzlinien für Tabellen werden getrennt für Ansicht und Druck verwaltet. Schalten Sie die gedruckten Linien aus, können Sie als Alternative Rahmenlinien nutzen (*Start/Schriftart*).

HINWEIS

Start

1

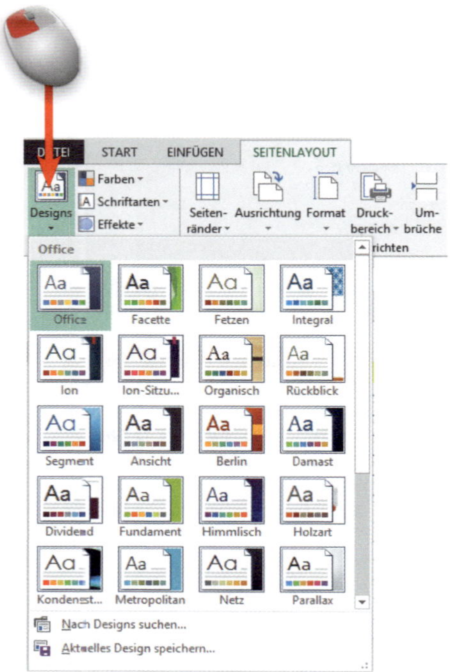

2

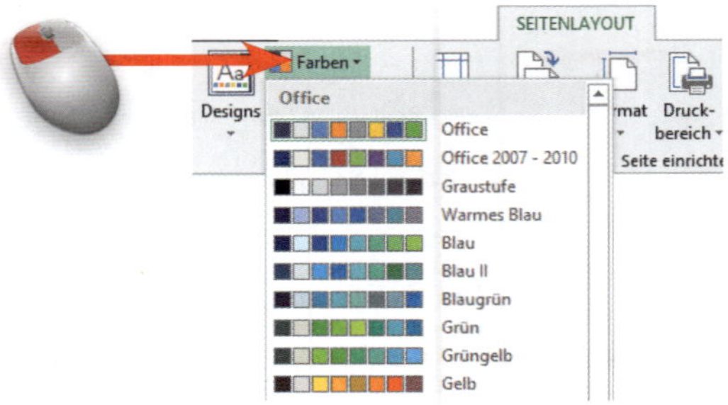

3

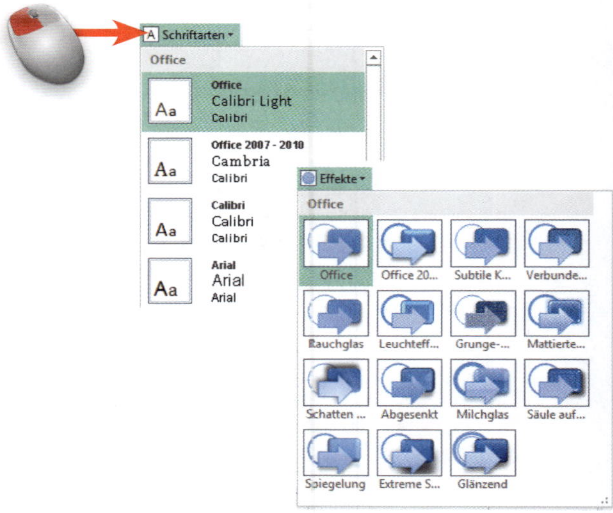

1 Auf der Registerkarte *Seitenlayout* finden Sie eine Auswahl von Designs. Das aktuelle Design ist gekennzeichnet.

2 Ändern Sie die Farben des eingestellten Designs mit einer Auswahl aus der Farbpalette.

3 Schriftarten und Effekte für Objekte in der Tabelle können Sie ebenfalls neu wählen oder anpassen.

Designs sind Formatvorlagen, die für Excel, Word und PowerPoint gelten. Verwenden Sie das gleiche Design für Ihre Tabellenblätter, das Sie auch der PowerPoint-Präsentation oder dem Word-Text zugewiesen haben, dann stellen Sie ein einheitliches Erscheinungsbild sicher.

WISSEN

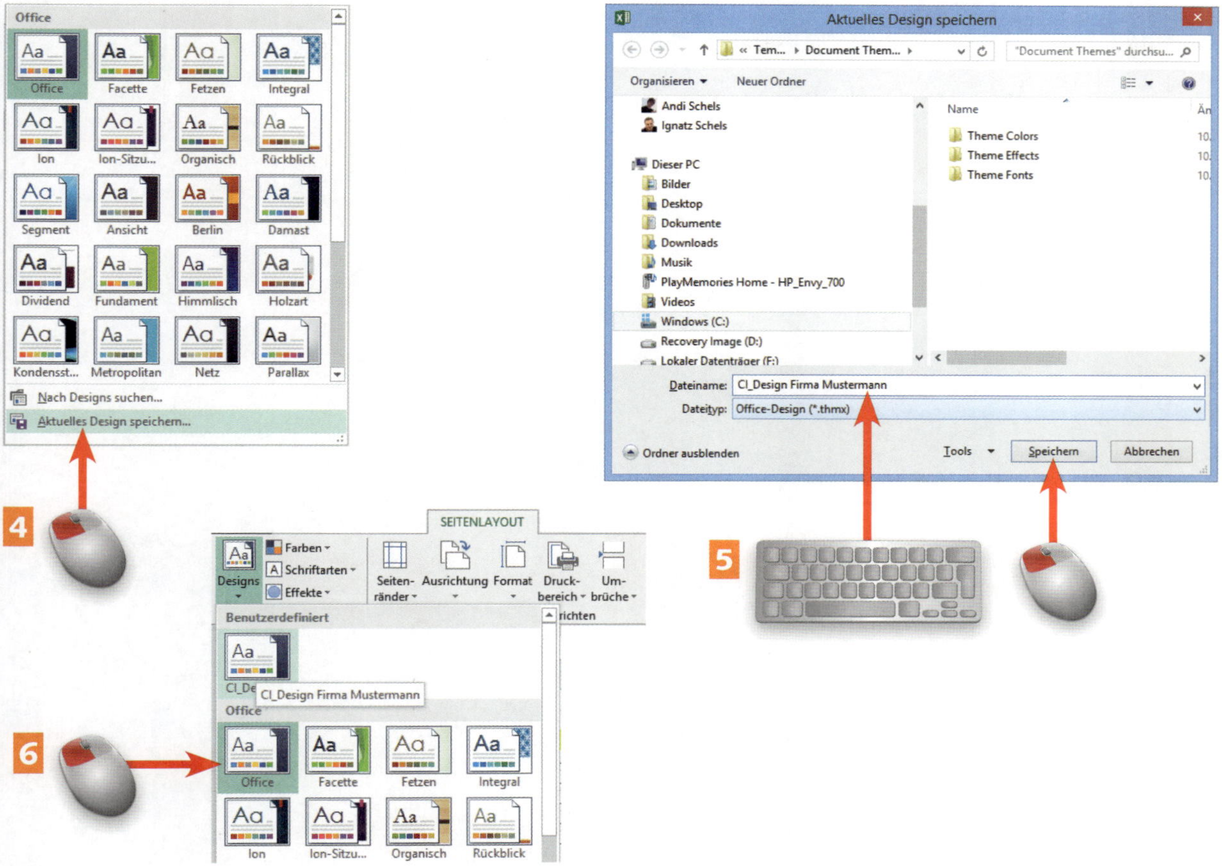

4 Mit *Aktuelles Design speichern* sichern Sie Ihre Änderungen.

5 Tragen Sie einen Namen für das neue Design ein und klicken Sie auf *Speichern*.

6 Das neue Design steht ab sofort in der Guppe *Benutzerdefiniert* zur Auswahl. Klicken Sie es an, um der Tabelle alle Designeinstellungen zuzuweisen.

Ende

In einem Design sind Farben, Schriften und Objekteffekte harmonisch aufeinander abgestimmt.

HINWEIS

Designs werden mit der Dateiendung *thmx* im Benutzerordner abgespeichert. Unter dieser Dateiendung finden Sie auch Designdateien, zum Beispiel im Internet.

HINWEIS

Formeln und Funktionen

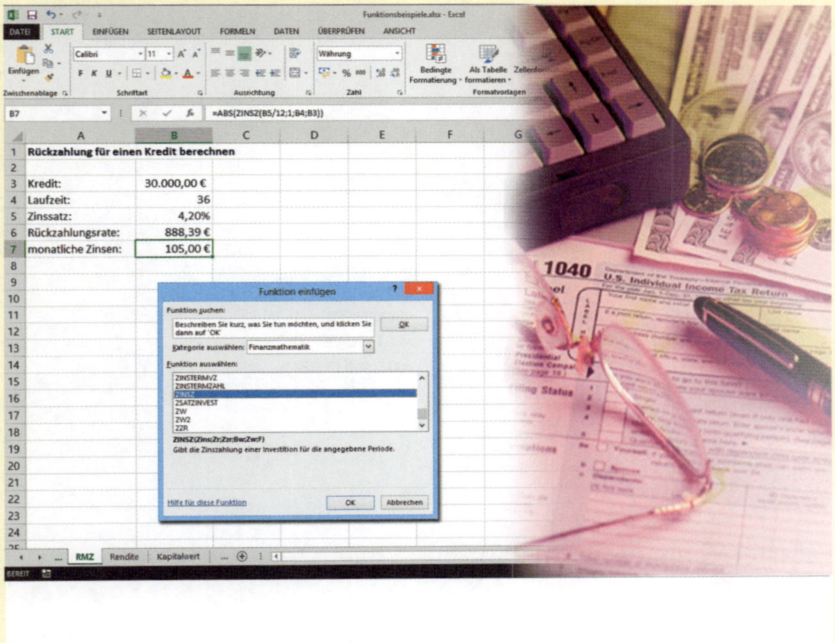

6

Start

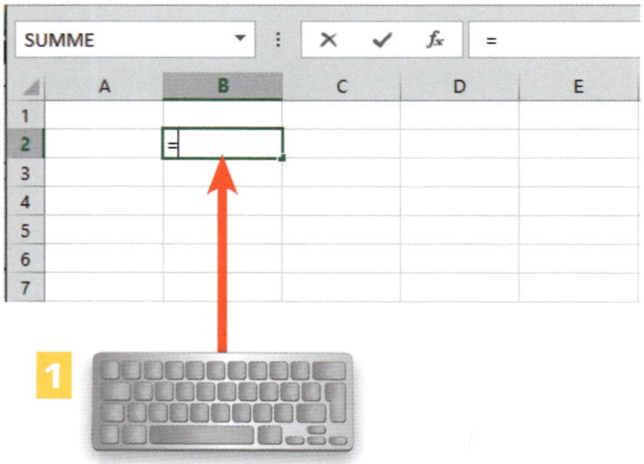

1

2

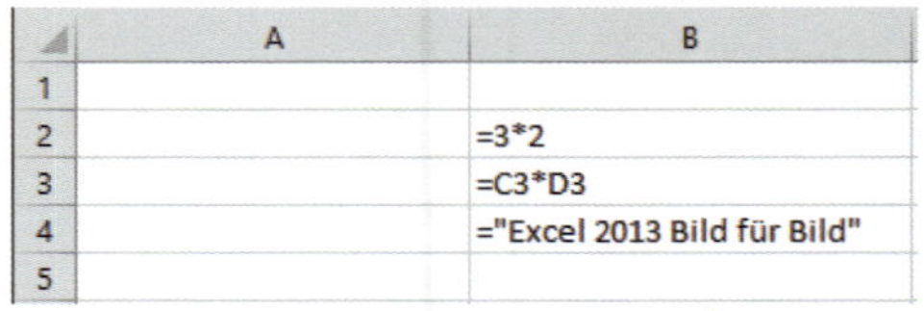

	A	B
1		
2		=3*2
3		=C3*D3
4		="Excel 2013 Bild für Bild"
5		

3

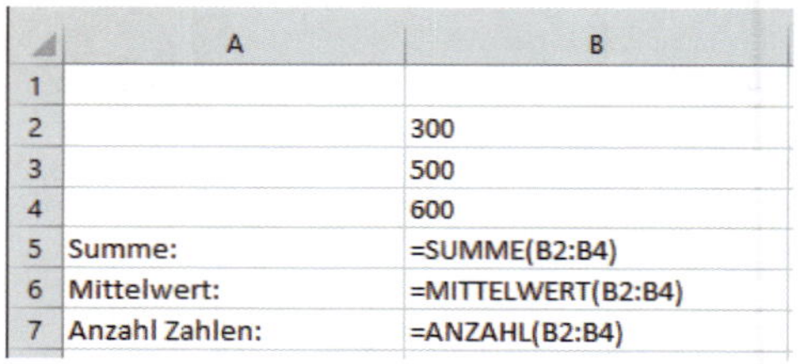

	A	B
1		
2		300
3		500
4		600
5	Summe:	=SUMME(B2:B4)
6	Mittelwert:	=MITTELWERT(B2:B4)
7	Anzahl Zahlen:	=ANZAHL(B2:B4)

1 Mit einem =-Zeichen starten Sie eine Formel in der aktiven Zelle.

2 In die Formel können Sie Zahlen oder Texte einbauen (Texte immer in Anführungszeichen) und Verknüpfungen auf Zellen (Bezüge) verwenden.

3 Für komplexere Berechnungen enthalten Formeln Funktionen, wie hier die SUMME-Funktion.

Die Formel ist das Herz der Kalkulation, sie rechnet arithmetisch und geometrisch, baut logische Bedingungen, vergleicht und verknüpft Zellbezüge. Nehmen Sie sich die Zeit und üben Sie das Konstruieren von Formeln.

WISSEN

4

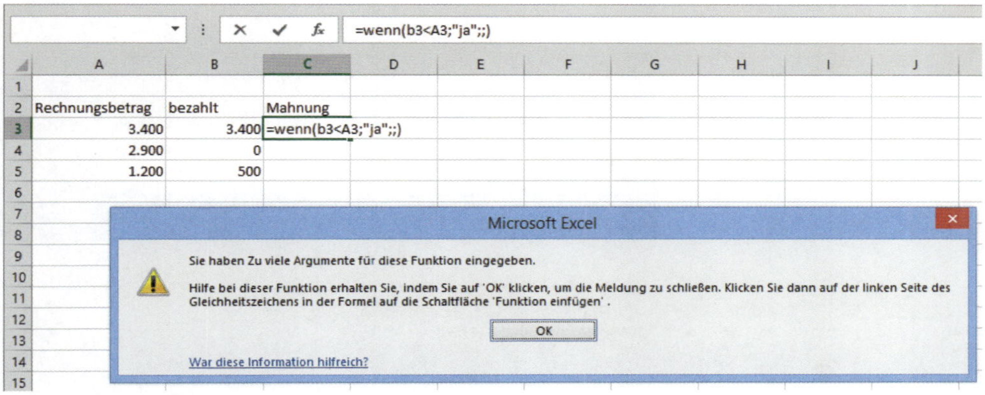

5

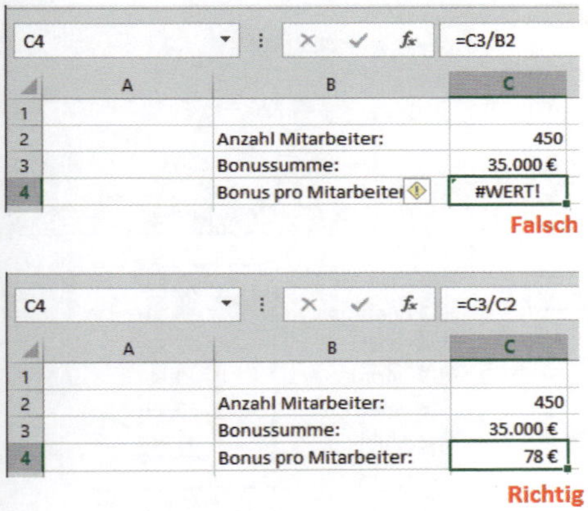

6

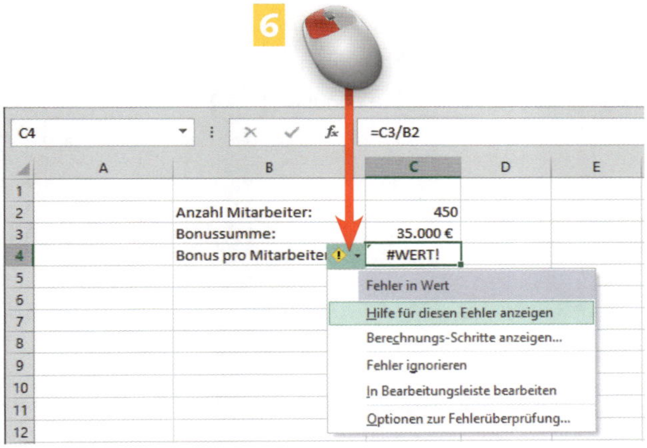

4 Wenn die Formel nicht korrekt ist, erhalten Sie eine Fehlermeldung unmittelbar nach der Eingabe. Richtige Formel: =WENN(B3<A3;"ja";"nein").

5 Ist die Formel mathematisch oder logisch falsch, zeigt die Zelle eine Fehlermeldung an. Das gilt auch für falsche Bezüge und falsch geschriebene Formeln.

6 Achten Sie auf das Symbol am Zellzeiger. Der Fehlerindikator zeigt den Grund für den Fehler an.

Ende

Ohne =-Zeichen behandelt Excel die Formel als einfachen Text. Wenn Sie die Fehlermeldung nicht wegbekommen, schreiben Sie vorläufig ein Leerzeichen vor das =-Zeichen und suchen dann den Fehler.

TIPP

Alle Formelergebnisse in der Tabelle werden automatisch berechnet, wenn eine Zelle geändert wird. Diese automatische Berechnung lässt sich in den Excel-Optionen ausschalten.

HINWEIS

Eine Übersicht über die Fehlermeldungen finden Sie in Kapitel 7.

HINWEIS

Start

1

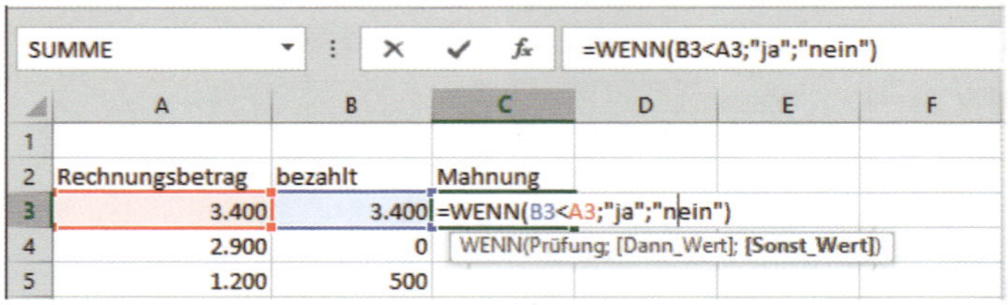

2

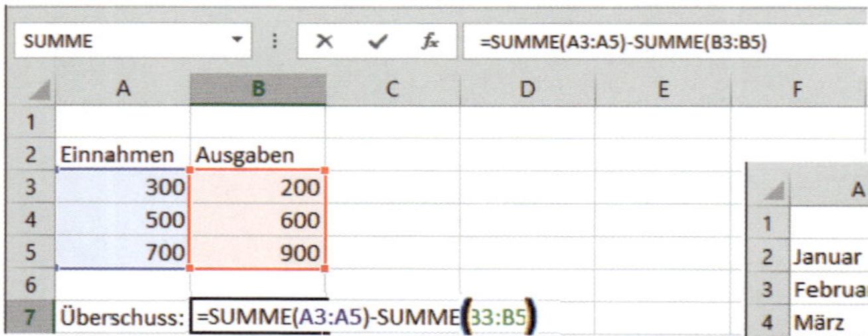

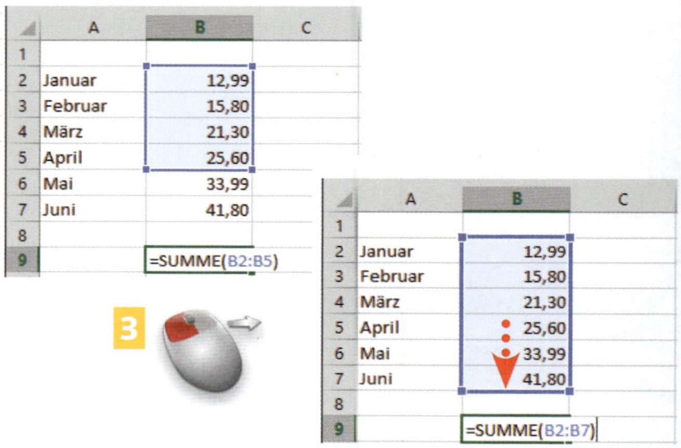

1 Die QuickInfo zeigt bei der Konstruktion von Funktionen die Argumentfolge an. Das fett gedruckte Argument ist an der Cursorposition erforderlich.

2 Achten Sie auf die Klammerpaar-Hilfe: Zusammengehörende Klammern werden fett angezeigt, wenn der Cursor über eine Klammer bewegt wird.

3 Zellbezüge in Formeln markiert Excel mit Farben. Ziehen Sie mit dem Mauszeiger am Füllkästchen, wenn der Bezug nicht passt.

Excel lässt Sie nicht allein bei der Konstruktion von Formeln und bei der unvermeidbaren Fehlersuche. Die QuickInfo am Zellzeiger, die Farbmarkierungen und die vielen Korrekturhilfen auf der Registerkarte *Formeln* sind wichtige Werkzeuge für Formelbastler.

WISSEN

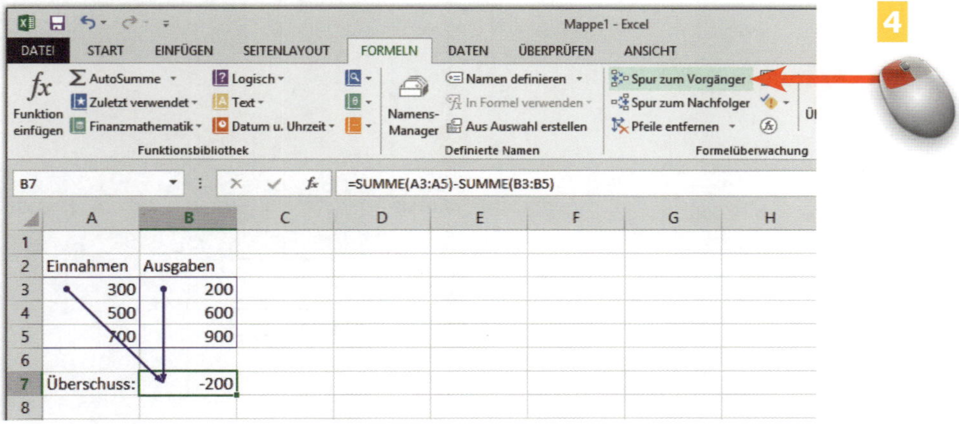

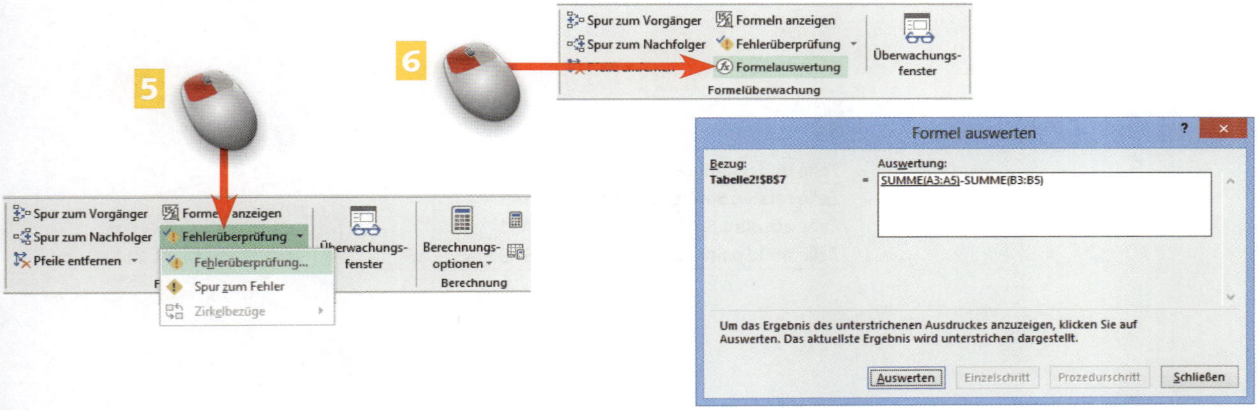

4 Auf der Registerkarte *Formeln* finden Sie Optionen zur Kennzeichnung der Bezüge. Ziehen Sie Pfeile zum Vorgänger oder Nachfolger ein.

5 Die Fehlerüberprüfung lässt sich wahlweise für die gesamte Tabelle oder für einen einzelnen Fehlerwert starten.

6 Mit der Formelauswertung können Sie komplexe, geschachtelte Formeln in ihre Bestandteile zerlegen und einzeln auswerten.

Ende

In den Optionen (Kategorie *Erweitert*) lässt sich die QuickInfo ein- und ausschalten.

HINWEIS

Mit der Option *Formeln anzeigen* schalten Sie das ganze Tabellenblatt in die Formelansicht. Tastenkombination: Alt+M+F

TIPP

Die Formelauswertung ändert keine Formel, sie rechnet diese nur von innen nach außen durch und präsentiert jeweils die Teilergebnisse.

HINWEIS

Start

1

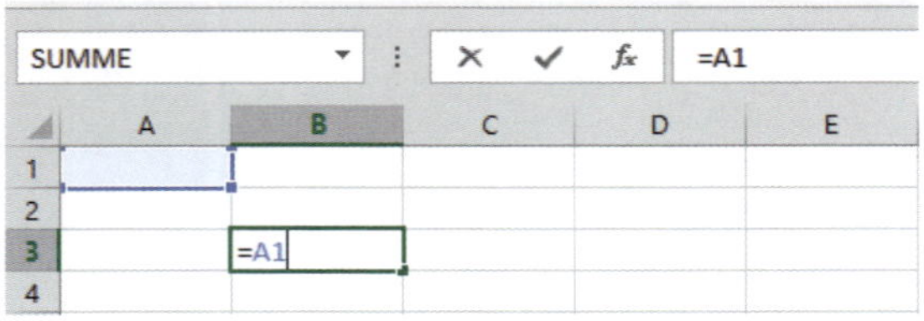

2

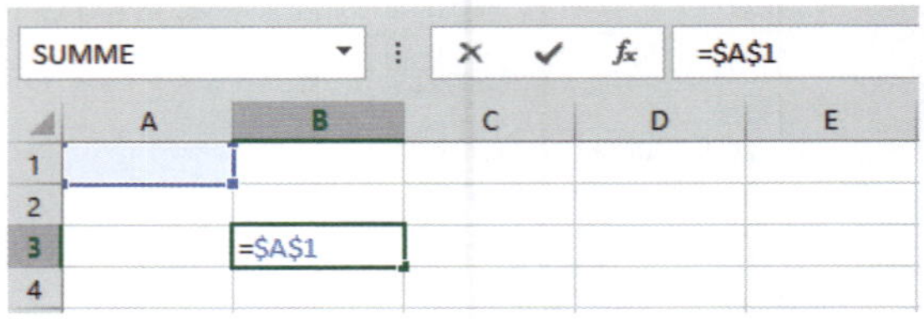

3

Zeile und Spalte relativ	=A1
Zeile relativ, Spalte absolut	=$A1
Zeile absolut, Spalte relativ	=A$1
Zeile und Spalte absolut	=$A$1

1 Im relativen Bezug werden Zeilennummer und Spaltenbuchstabe ohne Zusätze angegeben.

2 Der absolute Bezug verweist auf die Zelle mit je einem $-Zeichen vor der Zeilennummer und dem Spaltenbuchstaben.

3 In der gemischten Adressierung sind nur Zeilen oder Spalten relativ bzw. absolut.

Die Relativitätstheorie ist bei Excel einfacher als bei Einstein: Relative Bezüge passen sich an, wenn sie kopiert werden, absolute behalten ihre Adresse. Da diese Adressierungsformeln sehr wichtig in der Praxis sind, sollten Sie sie an diesem Beispiel mit der Mehrwertsteuer üben.

WISSEN

4

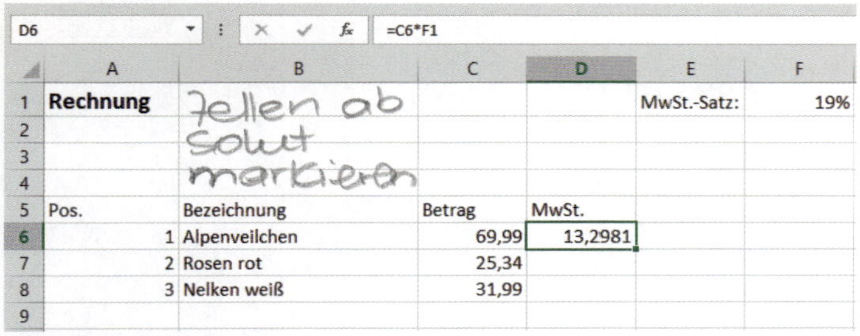

5

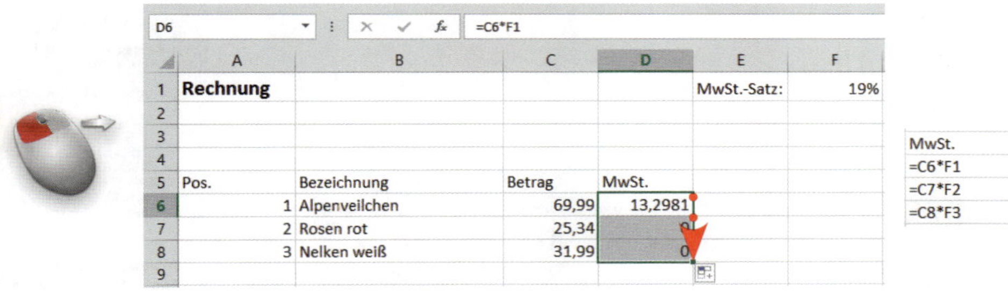

6

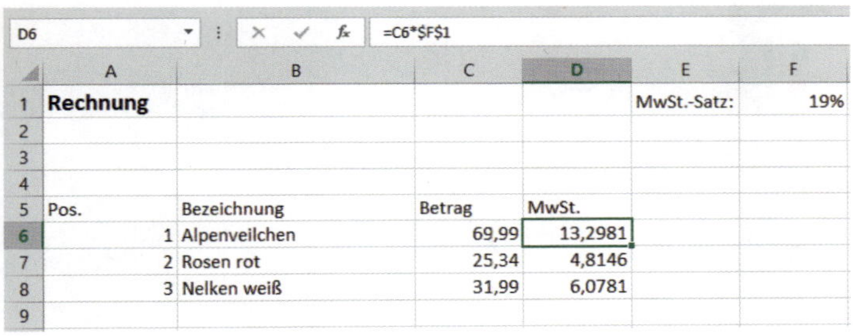

4 Ein Beispiel: Multiplizieren Sie die Rechnungsbeträge in C6:C8 mit dem Mehrwertsteuersatz in Zelle F1.

5 Wird die Formel aus D6 mit dem Füllkästchen kopiert, sind die Ergebnisse falsch, da der relative Bezug auf F1 angepasst wird.

6 Mit dem absoluten Bezug auf die Zelle mit dem Mehrwertsteuersatz kann die Formel sicher kopiert werden. Die Adresse ändert sich nicht.

Ende

TIPP

Mit der Funktionstaste F4 adressieren Sie einen relativen Bezug absolut und umgekehrt. Drücken Sie F4, nachdem die Adresse in die Bearbeitungsleiste eingetragen oder in dieser markiert wurde.

HINWEIS

Die Kopierrichtung ist entscheidend: Relative Zeilennummern passen sich an, wenn die Formel nach unten oder oben kopiert wird, relative Spaltenbuchstaben beim Kopieren nach links oder rechts.

Start

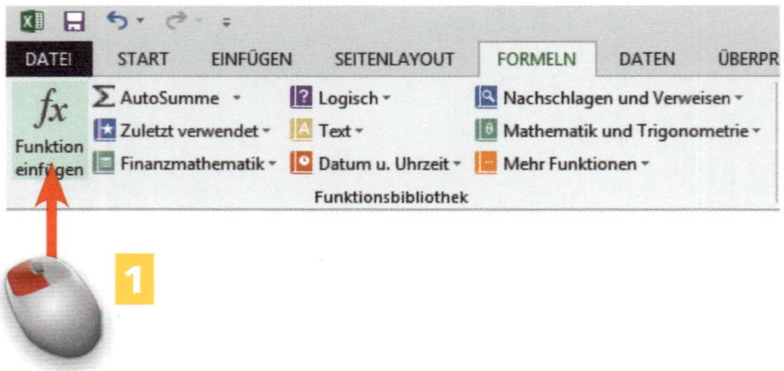

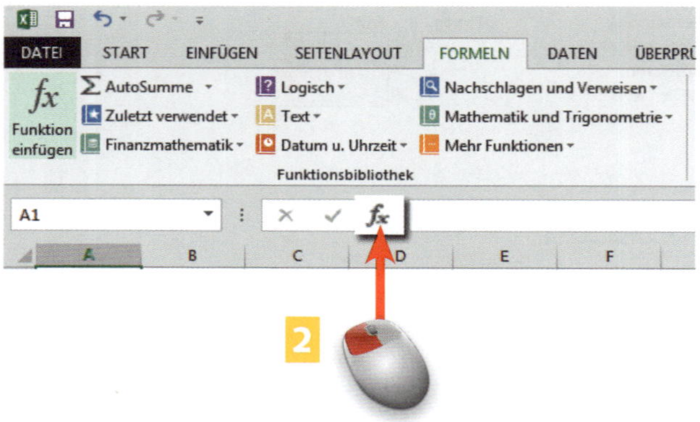

3

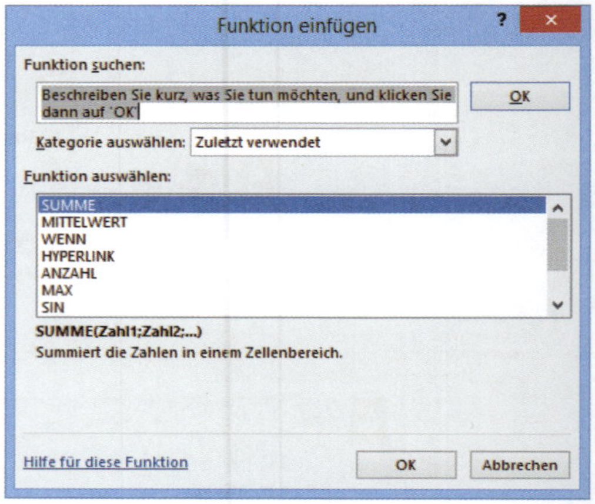

1 Schalten Sie auf die Registerkarte *Formeln* um, finden Sie ein Symbol für den Funktionsassistenten.

2 Der Funktionsassistent wird auch per Klick auf das Symbol links an der Bearbeitungsleiste aktiviert.

3 Der Funktionsassistent präsentiert ein Suchfenster, eine Kategorienliste und eine Auswahl an Funktionen.

Der Funktionsassistent hilft Ihnen, die einzelnen Funktionen kennenzulernen und den Überblick über alle zu bewahren. Aktivieren Sie ihn, wenn Sie gezielt nach einer Funktion suchen oder um komplexe Funktionen zu konstruieren.

WISSEN

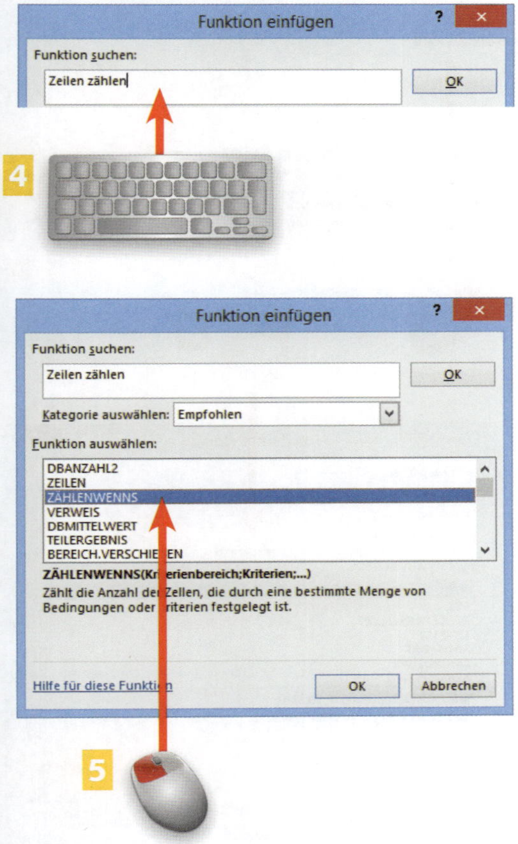

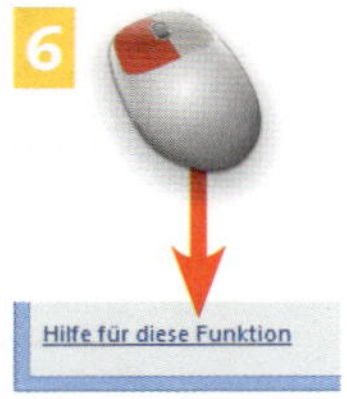

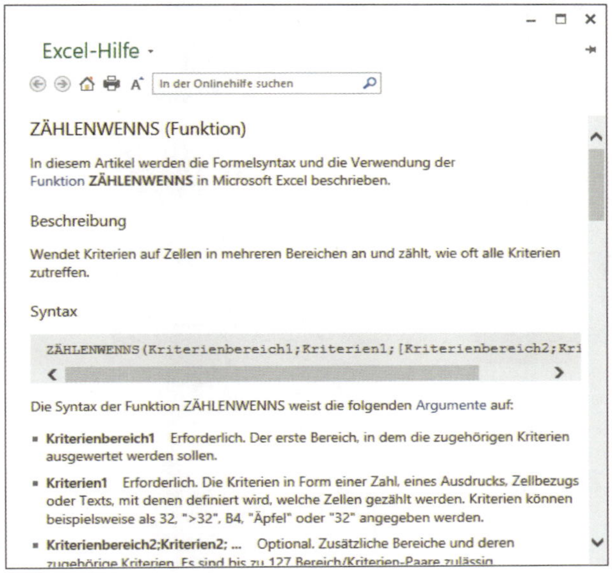

4 Geben Sie einen Suchbegriff ein und klicken Sie auf *OK*, sucht der Assistent die passenden Funktionen.

5 Markieren Sie eine der angebotenen Funktionen und achten Sie auf den Beschreibungstext.

6 Ein Klick auf *Hilfe zu dieser Funktion* blendet die Excel-Hilfe mit einer genauen Beschreibung zur markierten Funktion ein.

Tastenkombinationen:
Funktionsassistent: ⇧+F3
SUMME-Funktion: Alt+⇧+=

TIPP

Wenn der Zellzeiger bereits auf eine Funktion zeigt, aktiviert der Funktionsassistent nicht die Funktionsliste, sondern die Argumenteauswahl für die aktive Funktion.

HINWEIS

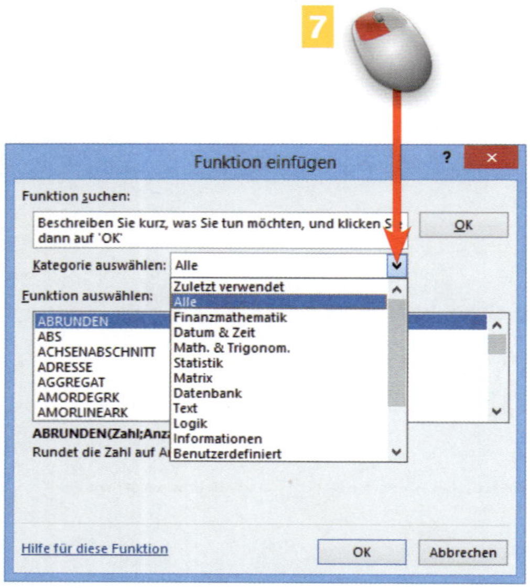

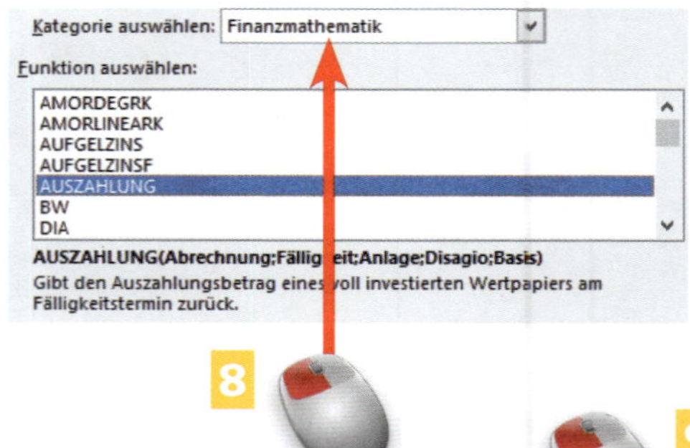

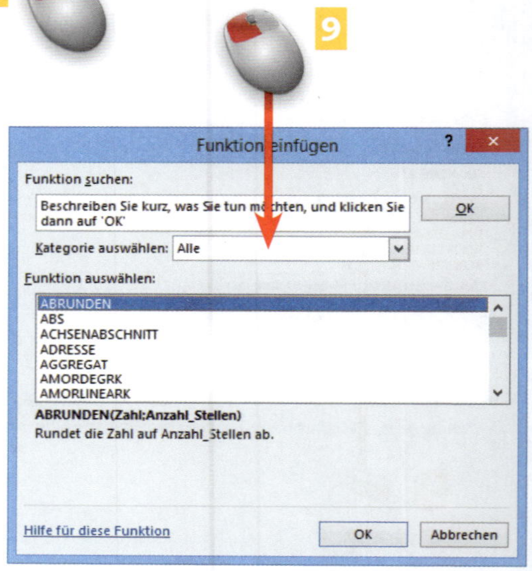

7 Wählen Sie eine Kategorie aus der Kategorienliste des Funktionsassistenten.

8 Die Funktionsliste zeigt jetzt die Funktionen aus dieser Kategorie an.

9 Ein Klick auf *Alle* präsentiert die komplette Liste mit allen Funktionen, alphabetisch aufsteigend sortiert.

Alle Excel-Funktionen sind in Kategorien unterteilt, was die Suche nach der richtigen Funktion etwas einfacher macht. Sehen Sie sich an, was die Funktionsauswahl zu bieten hat, und probieren Sie die ersten Funktionen an einfachen Beispielen aus.

WISSEN

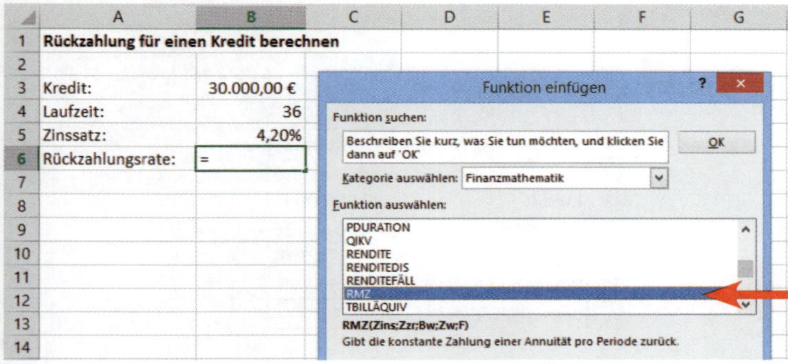

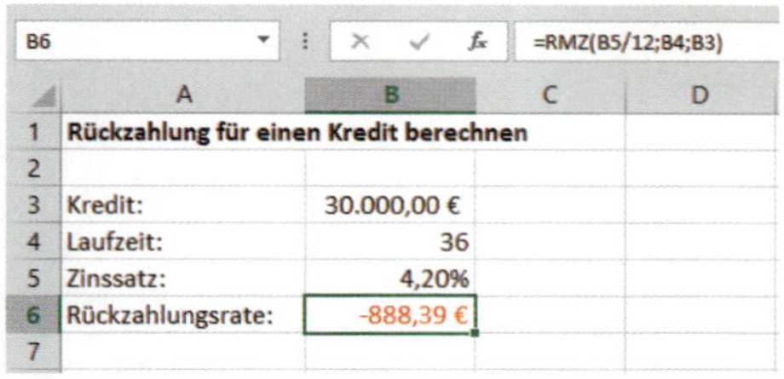

= RMZ(B5/12; B4; B3) = RMZ(Zinssatz/AnzahlMonate; Laufzeit; Kredit)

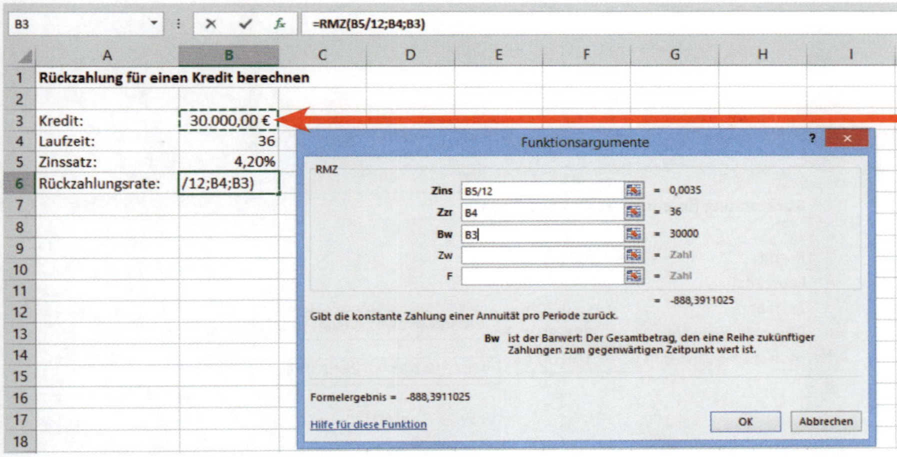

10 Hier ein Beispiel aus der Finanzmathematik: Berechnen Sie mit der Funktion *RMZ* die Rückzahlungsrate für einen Kredit.

11 Tragen Sie die Funktionsargumente in die einzelnen Felder ein. Zellbezüge können Sie im Hintergrund mit dem Mauszeiger markieren.

12 Bestätigen Sie die Funktion mit einem Klick auf *OK*, die Formel wird abgeschlossen und in die Zelle eingetragen.

Ende

Klicken Sie in die Funktionsliste und tippen Sie den ersten Buchstaben ein, um eine gesuchte Funktion schneller zu finden.

TIPP

Achten Sie auf die Ergebnisrechnung in der Argumenteliste, sie zeigt gleich nach dem Eintrag eines Zellbezugs dessen Inhalt, und auch das (Teil-)Ergebnis wird sofort berechnet.

TIPP

Start

1

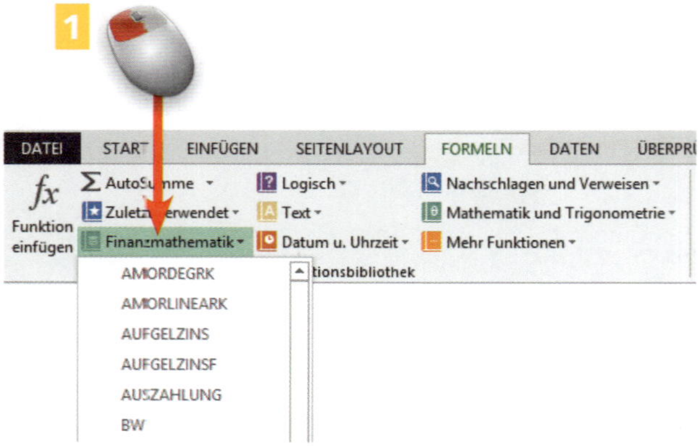

2

B7 =ZINSZ(B5/12;1;B4;B3)

	A	B	C	D
1	**Rückzahlung für einen Kredit berechnen**			
2				
3	Kredit:	30.000,00 €		
4	Laufzeit:	36		
5	Zinssatz:	4,20%		
6	Rückzahlungsrate:	-888,39 €		
7	monatliche Zinsen:	-105,00 €		

3

	A	B	C	D
1	**Rückzahlung für einen Kredit berechnen**			
2				
3	Kredit:	30.000,00 €		
4	Laufzeit:	36		
5	Zinssatz:	4,20%		
6	Rückzahlungsrate:	888,39 €	=ABS(RMZ(B5/12;B4;B3))	
7	monatliche Zinsen:	105,00 €	=ABS(ZINSZ(B5/12;1;B4;B3))	
8				

ABS RMZ
ABS ZinsZ

1 Auf der Registerkarte *Formeln* finden Sie die Kategorie *Finanzmathematik*. Holen Sie Funktionen nach einem Klick auf das Symbol aus der Liste.

2 Neben der Rückzahlungsrate mit RMZ können Sie mit ZINSZ auch die monatlichen Zinsen für ein Darlehen berechnen.

3 Schachteln Sie die Berechnungen in eine ABS-Funktion (Absolut), wird das Ergebnis positiv.

Zins und Tilgung, Rückzahlung von Darlehen und Renditen von Wertpapieren – rechnen Sie mit Excel, was Ihr Geld kostet und Ihre Anlagen wert sind. Die finanzmathematischen Funktionen bieten Rechenalgorithmen für Annuitäten, Abschreibungen und Aktienkurse.

WISSEN

B8 =DIA($B$3;$B$4;$B$5;A8)

	A	B	C	D
1	**Degressive Abschreibung**			
2				
3	Anschaffungswert:	50.000 €		
4	Restwert:	10.000 €		
5	Nutzungsdauer:	10 Jahre		
6				
7	**Jahr**	**Abschreibung**		
8	1	7.272,73 €		
9	2	6.545,45 €		
10	3	5.818,18 €		
11	4	5.090,91 €		
12	5	4.363,64 €		
13	6	3.636,36 €		
14	7	2.909,09 €		
15	8	2.181,82 €		
16	9	1.454,55 €		
17	10	727,27 €		

4

5

B9 =RENDITE(B3;B4;B5;B6;B7;B8)

	A	B	C	D	E
1	**Rendite**				
2					
3	Abrechnungstermin	15.02.2014			
4	Fällig am	15.11.2019			
5	Kuponzinssatz	5,75%			
6	Preis	85,345			
7	Rückzahlungswert	100 €			
8	Zahlungshäufigkeit	2			
9	Rendite	9,07%			

6

B4 =XKAPITALWERT(B3;$B$7:$B$11;$A$7:$A$11)

	A	B	C	D	E
1	**Kapitalwert**				
2					
3	effektiver Jahreszins:	6,00%			
4	Kapitalwert bei nicht periodischen Zahlungen:	3.134,98			
5					
6	Datum	Zahlungen			
7	01.01.2014	0,00 €			
8	12.03.2014	500,00 €			
9	15.04.2014	700,00 €			
10	21.05.2014	1200,00 €			
11	20.06.2014	800,00 €			

4 Die Funktion DIA() liefert die degressive Abschreibung für ein Wirtschaftsgut über eine bestimmte Nutzungsdauer.

5 Berechnen Sie mit der gleichnamigen Funktion die Rendite eines Wertpapiers, das periodisch Zinsen auszahlt.

6 Mit der Funktion XKAPITALWERT berechnen Sie die Abzinsungen von Zahlungen bzw. den Kapitalwert einer Reihe nicht periodischer Zahlungen.

Ende

Die Funktion DIA liefert die arithmetisch-degressive Abschreibung, mit LIA berechnen Sie die lineare Abschreibung.

HINWEIS

Weitere Darlehensfunktionen: ZZR berechnet die Anzahl der Zahlungsperioden. ZW berechnet den Barwert des Darlehens, wenn Zins und Rückzahlung bekannt sind.

HINWEIS

Start

1

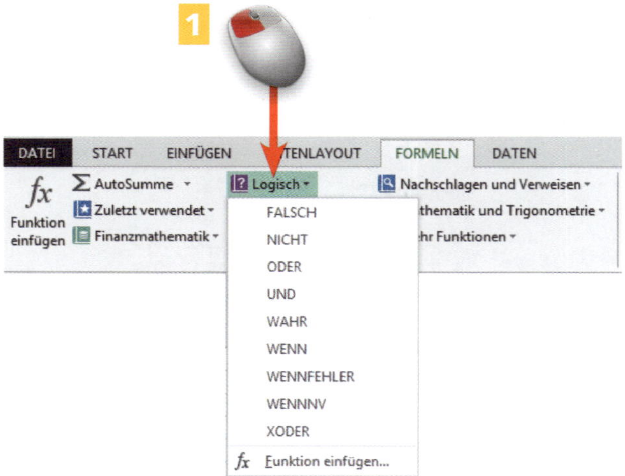

3

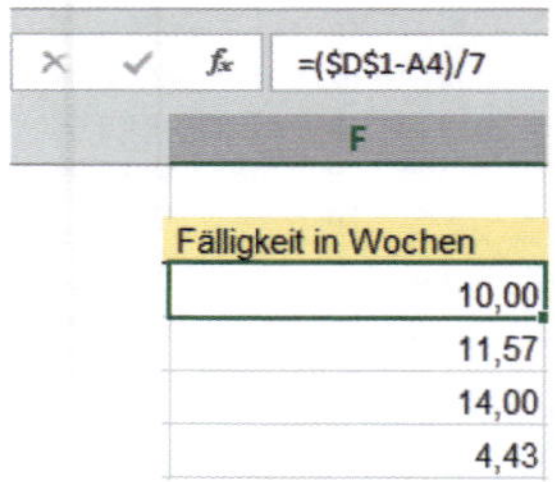

2

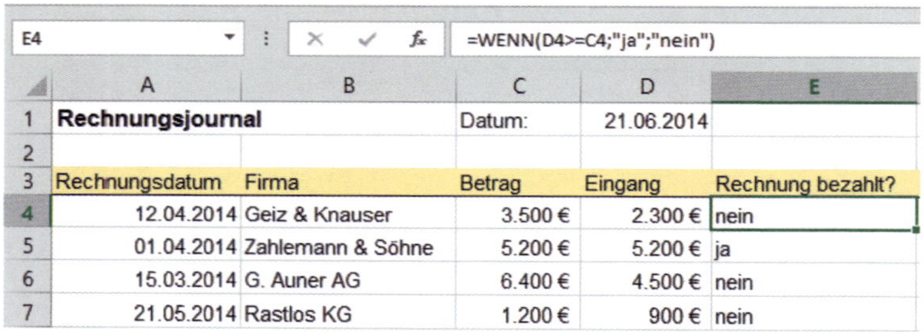

	A	B	C	D	E
1	**Rechnungsjournal**		Datum:	21.06.2014	
2					
3	Rechnungsdatum	Firma	Betrag	Eingang	Rechnung bezahlt?
4	12.04.2014	Geiz & Knauser	3.500 €	2.300 €	nein
5	01.04.2014	Zahlemann & Söhne	5.200 €	5.200 €	ja
6	15.03.2014	G. Auner AG	6.400 €	4.500 €	nein
7	21.05.2014	Rastlos KG	1.200 €	900 €	nein

1 Die Funktionskategorie *Logisch* bietet Funktionen zur Herstellung von Wahrheitswerten.

2 Das Rechnungsjournal enthält offene Posten und Zahlungseingänge. Mit WENN wird berechnet, wer vollständig bezahlt hat.

3 Berechnen Sie in der nächsten Spalte die Fälligkeit der Zahlungen in Wochen. In Zelle D1 steht das Tagesdatum, Funktion =HEUTE().

Logik ist eine natürliche Begabung von Computerprogrammen, und die logischen Funktionen von Excel folgen den Gesetzen der „booleschen Algebra“. Stellen Sie mit WENN Bedingungen auf und arbeiten Sie mit UND, ODER und WENNFEHLER.

WISSEN

4

G4 | =WENN(UND(F4>3;E4="nein");C4-D4;"")

	A	B	C	D	E	F	G
1	**Rechnungsjournal**		Datum:	21.06.2014			
2							
3	Rechnungsdatum	Firma	Betrag	Eingang	Rechnung bezahlt?	Fälligkeit in Wochen	Mahnbetrag
4	12.04.2014	Geiz & Knauser	3.500 €	2.300 €	nein	10,00	1200
5	01.04.2014	Zahlemann & Söhne	5.200 €	5.200 €	ja	11,57	
6	15.03.2014	G. Auner AG	6.400 €	4.500 €	nein	14,00	1900
7	21.05.2014	Rastlos KG	1.200 €	900 €	nein	4,43	300

5

C2 | =WENN(B2<20;"Jugend";WENN(B2<30;"Junioren";WENN(B2<50;"Mannschaft";"Senioren")))

	A	B	C	D	E	F	G	H	I
1	Name	Alter	Altersgruppe						
2	Hugo Schnell	25	Junioren						
3	Fritz Renner	45	Mannschaft						
4	Bernd Eilig	20	Junioren						
5	Franz Läufer	16	Jugend						
6	Dieter Raser	62	Senioren						
7	Bruno Zehnkampf	41	Mannschaft						

einzelne Klamm. offen lassen, am Ende alle schließen

6

B3 | =WENNFEHLER(SVERWEIS(A3;$E$2:$F$16;2;FALSCH);"")

	A	B	C	D	E	F	G
1	2015				Feiertage 2015		
2	Januar	Termin			01.01.2015	Neujahrstag	
3	01 Do	Neujahrstag			06.01.2015	Hl. Drei Könige	
4	02 Fr				03.04.2015	Karfreitag	
5	03 Sa				05.04.2015	Ostersonntag	
6	04 So				06.04.2015	Ostermontag	
7	05 Mo				01.05.2015	Tag der Arbeit	
8	06 Di	Hl. Drei Könige			14.05.2015	Christi Himmelfahrt	
9	07 Mi				24.05.2015	Pfingstsonntag	
10	08 Do				25.05.2015	Pfingstmontag	
11	09 Fr				04.06.2015	Fronleichnam	
12	10 Sa				15.06.2015	Mariä Himmelfahrt	
13	11 So				03.10.2015	Tag der D. Einheit	
14	12 Mo				01.11.2015	Allerheiligen	
15	13 Di				25.12.2015	1. Weihnachtsfeiertag	
16	14 Mi				26.12.2015	2. Weihnachtsfeiertag	
17	15 Do						

4 Mit der logischen Funktion UND fassen Sie zwei Bedingungen zusammen. Das Ergebnis ist WAHR, wenn beide Bedingungen wahr sind.

5 Schachteln Sie die WENN-Funktion bis zu 7-mal, hier zum Beispiel, um die Altersgruppen der Vereinsmitglieder zu berechnen.

6 Die Funktion WENNFEHLER liefert einen zweiten (Fehler-)Wert, wenn der Ausdruck im ersten Argument fehlerhaft ist (hier im Verweis auf die Feiertagsliste).

Ende

UND liefert das Ergebnis WAHR, wenn alle Argumente wahr sind, für ODER genügt ein wahres Argument, um den Ausdruck WAHR zu machen. Mit NICHT kehren Sie das Ergebnis um.

HINWEIS

WENNFEHLER liefert das Ergebnis des ersten Arguments, wenn dieses keinen Fehlerwert zum Ergebnis hat. Das zweite Argument wird angezeigt, wenn das erste einen Fehler auslöst.

HINWEIS

Start

1

2

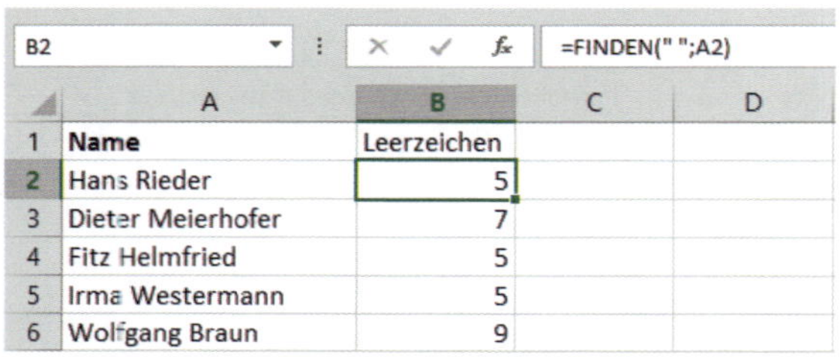
B2 =FINDEN(" ";A2)

	A	B	C	D
1	Name	Leerzeichen		
2	Hans Rieder	5		
3	Dieter Meierhofer	7		
4	Fitz Helmfried	5		
5	Irma Westermann	5		
6	Wolfgang Braun	9		

3

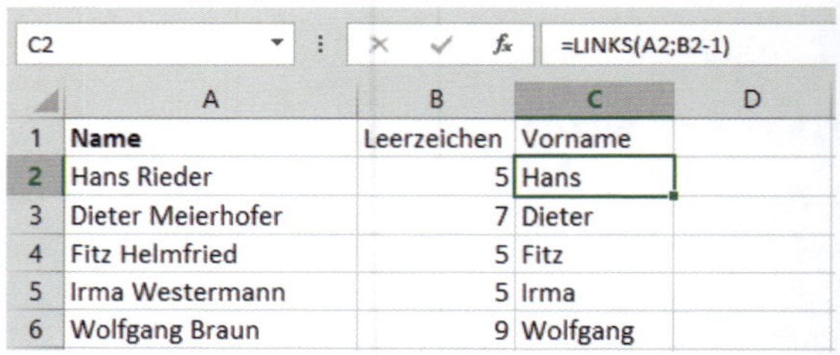
C2 =LINKS(A2;B2-1)

	A	B	C	D
1	Name	Leerzeichen	Vorname	
2	Hans Rieder	5	Hans	
3	Dieter Meierhofer	7	Dieter	
4	Fitz Helmfried	5	Fitz	
5	Irma Westermann	5	Irma	
6	Wolfgang Braun	9	Wolfgang	

1 Die Kategorie *Text* bietet Funktionen an, die zur Bearbeitung von Text in der Tabelle benötigt werden.

2 Mit der Funktion FINDEN ermitteln Sie die Position eines Zeichens in einem Text (hier des Leerzeichens in einem Namen).

3 Um den Vornamen aus dem Text zu löschen, verwenden Sie die Funktion LINKS. Die Länge im zweiten Argument der Funktion wird mit FINDEN berechnet.

Excel rechnet sogar mit Text, zwar nicht algebraisch, aber das Programm kann Buchstabenketten analysieren, schneiden und zusammenfügen. Sehen Sie sich die Textfunktionen an, sie gehören zu den wichtigsten Werkzeugen für Funktionshandwerker.

WISSEN

4

D2 =TEIL(A2;B2+1;LÄNGE(A2)-B2)

	A	B	C	D
1	**Name**	Leerzeichen	Vorname	Nachname
2	Hans Rieder	5	Hans	Rieder
3	Dieter Meierhofer	7	Dieter	Meierhofer
4	Fitz Helmfried	5	Fitz	Helmfried
5	Irma Westermann	5	Irma	Westermann
6	Wolfgang Braun	9	Wolfgang	Braun

5

=VERKETTEN(D2;" ";C2)

E	F
Nachname und Vorname	
Rieder Hans	
Meierhofer Dieter	
Helmfried Fitz	
Westermann Irma	
Braun Wolfgang	

6

B2 =TEXT(B1;"TTTT, TT. MMMM JJJJ")

	A	B	C	D	E
1	Datum:	12.07.2014			
2	Datum als Text:	Samstag, 12. Juli 2014			

4 Mit der Funktion TEIL ermitteln Sie den Teil des Textes, der ab der Leerzeichenposition beginnt, und das ist der Nachname.

5 VERKETTEN dreht das Ganze wieder um und erstellt eine Textkette aus einzelnen Teilen. Alternative: =D2&" "&B2.

6 Nutzen Sie die Funktion TEXT, um Zahlen oder Datumswerte mit Angabe des Zahlenformats in Texte zu verwandeln.

Ende

TIPP

In Kapitel 12 lesen Sie, wie Textdateien eingelesen werden, die nicht im Excel-Format abgespeichert sind.

HINWEIS

Neben LINKS und TEIL gibt es natürlich auch RECHTS, die Funktion berechnet die Textkette von der anderen Seite.

HINWEIS

Weitere Textfunktionen:
KLEIN wandelt Text in Kleinbuchstaben um.
GROSS wandelt Text in Großbuchstaben um.
GLÄTTEN entfernt überflüssige Leerzeichen aus dem Text.

Start

1

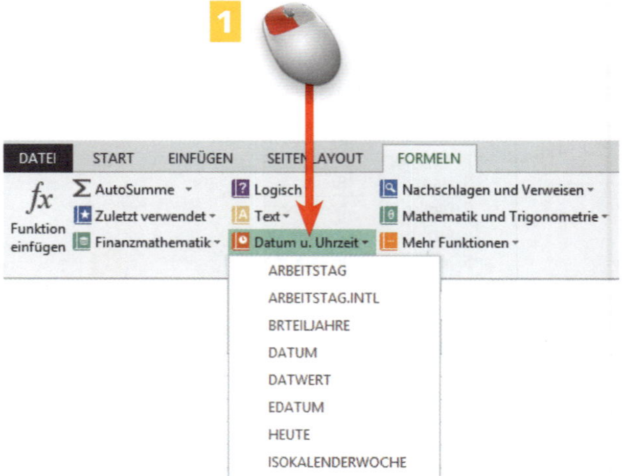

2

	A	B
1	Tagesdatum ohne Zeit:	21.06.2014
2	Tagesdatum mit Zeit:	21.06.2014 13:45

	A	B
1	Tagesdatum ohne Zeit:	=HEUTE()
2	Tagesdatum mit Zeit:	=JETZT()

3

	A	B
1	Jahr:	2014
2	Monat:	5
3	Tag:	17
4		
5	Datum:	17.05.2014
6	3 Monate später:	17.08.2014

5	Datum:	=DATUM(B1;B2;B3)
6	3 Monate später:	=EDATUM(B5;3)

1 Die Datums- und Zeitfunktionen finden Sie unter dem Symbol *Datum und Uhrzeit* in der Funktionsbibliothek.

2 Die Funktionen HEUTE und JETZT geben das aktuelle Systemdatum aus. JETZT liefert auch die Zeit mit.

3 Mit DATUM konstruieren Sie ein Datum aus den Zahlenargumenten Tag, Monat und Jahr, EDATUM berechnet das Datum n Monate davor oder danach.

Das Rechnen mit Datum und Zeit ist eine Spezialität von Excel. In der Kategorie *Datum und Zeit* finden Sie viele Funktionen vom Tagesdatum bis zur Berechnung des Wochentags. Basis aller Operationen ist ein interner Kalender, der mit dem Tag 1 am 1. Januar 1900 beginnt und bis zum 31.12.9999 reicht.

WISSEN

4

B2 =WOCHENTAG(A2)

	A	B	C	D
1	Datum	Wochentag		
2	Sonntag, 11. Mai 2014	1		
3	Montag, 12. Mai 2014	2		
4	Dienstag, 13. Mai 2014	3		
5	Mittwoch, 14. Mai 2014	4		
6	Donnerstag, 15. Mai 2014	5		
7	Freitag, 16. Mai 2014	6		
8	Samstag, 17. Mai 2014	7		

6

E4 =ZEIT(B4;C4;D4)

	A	B	C	D	E
1	**Halbmarathon**				
2					
3	Teilnehmer	Stunden	Minuten	Sekunden	Zeit
4	Schnell	2	12	34	2:12:34
5	Raser	1	34	57	1:34:57
6	Lahmfuß	3	2	12	3:02:12
7	Schneck	3	35	50	3:35:50

Formel: =DATUM(JAHR(HEUTE());MONAT(B5);TAG(B5))
Zahlenformat: TTTT, TT.MM.JJJJ

Formel: =HEUTE()
Zahlenformat: TT.MM.JJJJ

Formel: =B5
Zahlenformat: TTTT

Formel: =WENN(D5>$B$1;D5-$B$1;" bereits gefeiert")
Zahlenformat: 0" Tage"

5

	A	B	C	D	E
1	Tagesdatum:	21.06.2014			
2					
3					
4	Name	Geburtstag	geboren an einem ...	Geburtstag dieses Jahr	Tage bis dahin
5	Birgit	12.08.1989	Samstag	Dienstag, 12. August 2014	52
6	Tanja	15.09.2005	Donnerstag	Montag, 15. September 2014	86
7	Willi	01.05.1994	Sonntag	Donnerstag, 1. Mai 2014	bereits gefeiert
8	Oma	03.02.1945	Samstag	Montag, 3. Februar 2014	bereits gefeiert

4 Die Funktion WOCHENTAG liefert eine Zahl für den Wochentag des Datums (1 = Sonntag, ... 7 = Samstag).

5 Berechnen Sie mit Datumsfunktionen und Zahlenformaten die Geburtstage Ihrer Bekannten und Freunde.

6 Mit der Funktion ZEIT werden Zeitwerte aus den Zahlenwerten für Stunde, Sekunde und Minute gebildet (hier zum Beispiel für eine Wettkampfauswertung).

Ende

Verwenden Sie das zweite Argument von WOCHENTAG, wenn Sie eine andere Zahlenfolge haben wollen.

TIPP

Die Funktion NETTOARBEITSTAGE berechnet die Differenz zwischen zwei Datumswerten ohne Wochentage und Feiertage.

HINWEIS

Die Funktion KALENDERWOCHE rechnet nur so richtig: =KALENDERWOCHE(Datum;21). Verwenden Sie auch ISOKALENDERWOCHE().

TIPP

Start

1

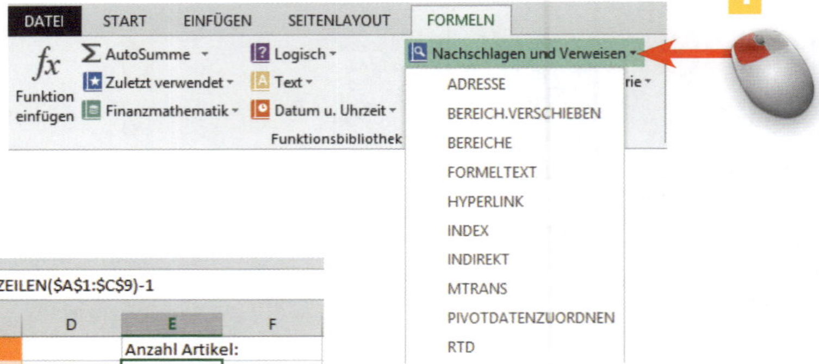

2

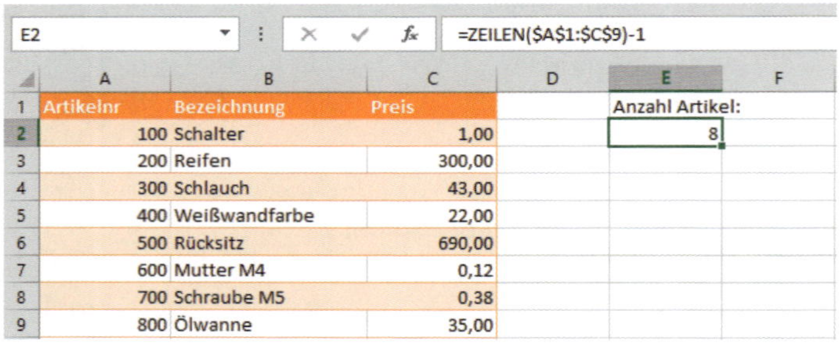

3

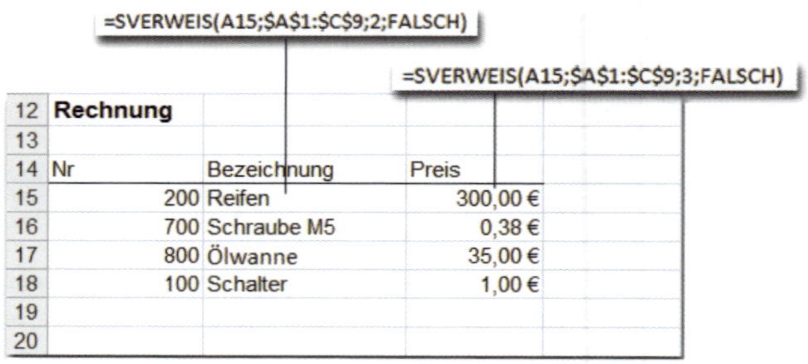

1 *Nachschlagen und Verweisen* heißt die Funktionskategorie, in der Matrixfunktionen angeboten werden.

2 Die Funktion ZEILEN zählt die Anzahl der Zeilen in einem Zellbereich.

3 Mit dem Spaltenverweis SVERWEIS ermitteln Sie den Zeilenwert aus dem Bereich, in dessen erster Spalte ein Suchkriterium (hier die Artikelnummer) gesucht wird.

Zu den wichtigsten und effizientesten Funktionen gehören die Matrixfunktionen mit Nachschlage- und Verweisfunktionen. Lernen Sie die wichtigsten Vertreter dieser Funktionsgattung aus der Funktionsbibliothek kennen.

WISSEN

4

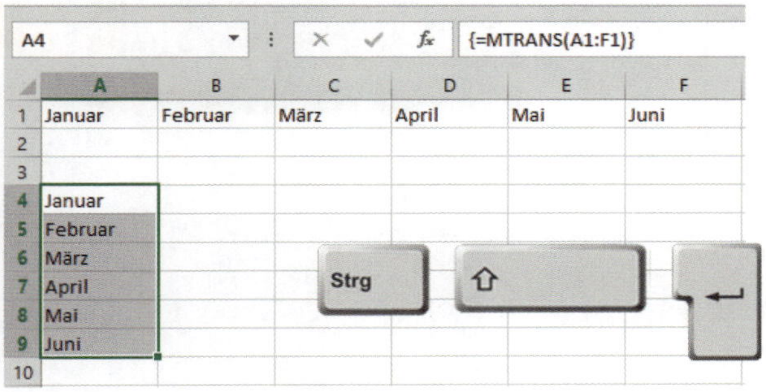

	A	B	C	D	E	F
1	Januar	Februar	März	April	Mai	Juni
2						
3						
4	Januar					
5	Februar					
6	März					
7	April					
8	Mai					
9	Juni					
10						

5

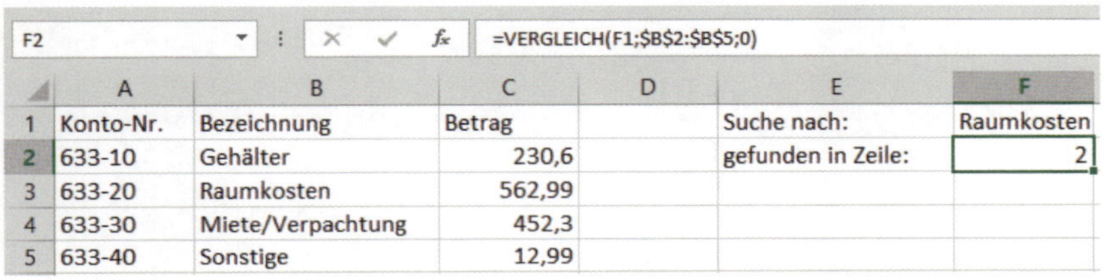

	A	B	C	D	E	F
1	Konto-Nr.	Bezeichnung	Betrag		Suche nach:	Raumkosten
2	633-10	Gehälter	230,6		gefunden in Zeile:	2
3	633-20	Raumkosten	562,99			
4	633-30	Miete/Verpachtung	452,3			
5	633-40	Sonstige	12,99			

6

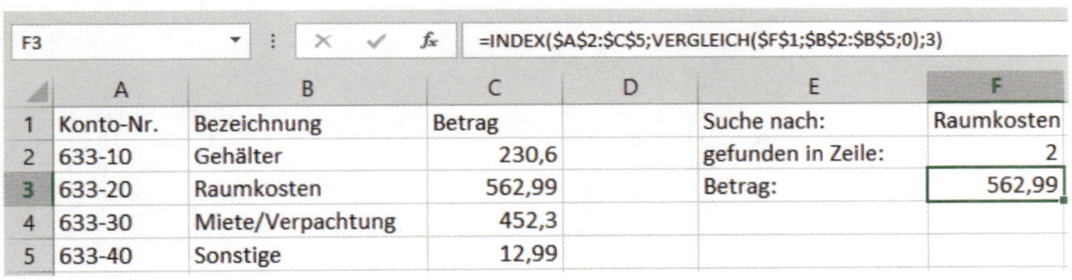

	A	B	C	D	E	F
1	Konto-Nr.	Bezeichnung	Betrag		Suche nach:	Raumkosten
2	633-10	Gehälter	230,6		gefunden in Zeile:	2
3	633-20	Raumkosten	562,99		Betrag:	562,99
4	633-30	Miete/Verpachtung	452,3			
5	633-40	Sonstige	12,99			

4 Verwenden Sie die Matrixfunktion MTRANS, um einen horizontalen Bereich vertikal (oder umgekehrt) abzubilden (mit Strg+⇧+↵ abschließen).

5 Die Funktion VERGLEICH ermittelt die Zeilennummer, in der das Suchkriterium vorkommt, ...

6 ... und dient damit der INDEX-Funktion als Zeilenindex für die Suche nach einem Wert in einer anderen Spalte.

Ende

Eine Alternative zu MTRANS: Wählen Sie *Start/Zwischenablage/Einfügen/Transponieren*, um den kopierten Bereich zu drehen.

TIPP

Array: frühere, ältere Bezeichnung für Matrix, taucht noch oft in Beschreibungen auf.

FACHWORT

Achtung beim SVERWEIS: FALSCH oder 0 im letzten Argument stellt sicher, dass bei der Suche nicht der nächstkleinere Wert akzeptiert wird.

TIPP

Start

1

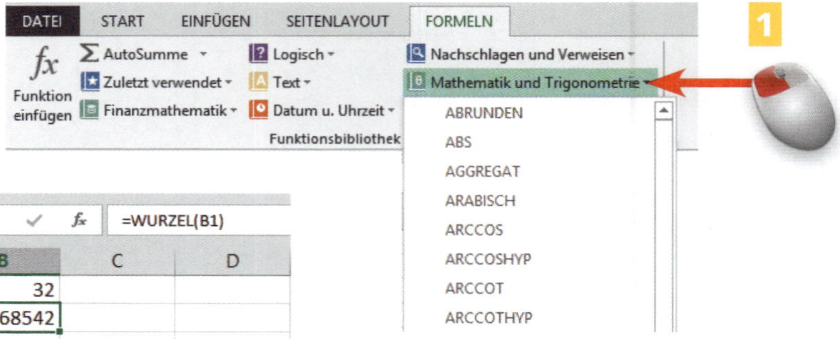

2

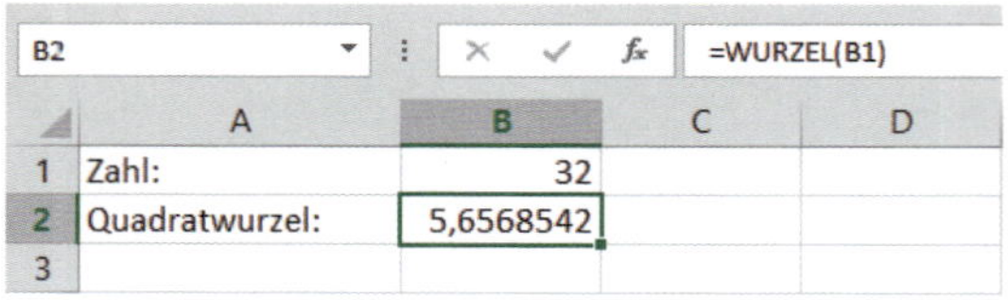

3

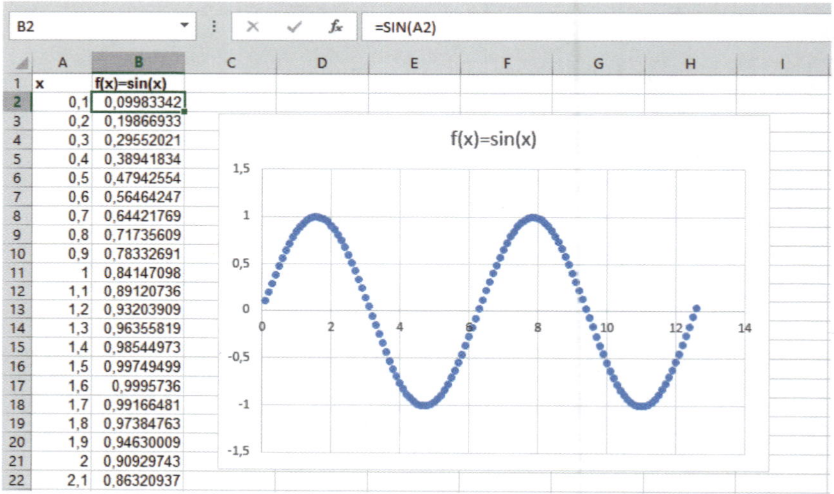

	A	B
1	x	f(x)=sin(x)
2	0,1	0,09983342
3	0,2	0,19866933
4	0,3	0,29552021
5	0,4	0,38941834
6	0,5	0,47942554
7	0,6	0,56464247
8	0,7	0,64421769
9	0,8	0,71735609
10	0,9	0,78332691
11	1	0,84147098
12	1,1	0,89120736
13	1,2	0,93203909
14	1,3	0,96355819
15	1,4	0,98544973
16	1,5	0,99749499
17	1,6	0,9995736
18	1,7	0,99166481
19	1,8	0,97384763
20	1,9	0,94630009
21	2	0,90929743
22	2,1	0,86320937

1 Klicken Sie auf das Symbol *Mathematik und Trigonometrie* in der Funktionsbibliothek für diese Funktionsliste.

2 Mit WURZEL berechnen Sie die Quadratwurzel einer Zahl, hier aus einem Zellbezug.

3 Diese Kategorie bietet alle trigonometrischen Funktionen von Sinus bis zum Kotangens Hyperbolicus (hier eine Funktionskurve mit der Funktion SIN).

Die Funktionskategorie *Mathematik und Trigonometrie* enthält arithmetische, trigonometrische Funktionen und allgemeine Rechenfunktionen. Sogar ein Zufallszahlengenerator ist dabei, berechnen Sie damit Ihre Lottozahlen für die nächste Ziehung.

WISSEN

4

	A	B	C
1	**Die Lottozahlen**		
2			
3	Mit ZUFALLSZAHL():	Mit ZUFALLSBEREICH():	
4			
5	17	4	
6	16	45	
7	45	6	
8	44	6	
9	39	1	
10	25	39	

=GANZZAHL(ZUFALLSZAHL()*49)+1

=ZUFALLSBEREICH(1;49)

5

	A	B	C
1	Zahl	römische Zahl	Arabische Zahl
2	5	V	5
3	10	X	10
4	100	C	100
5	450	CDL	450
6	2000	MM	2000

=RÖMISCH(A6)

=ARABISCH(B6)

6

F3 =SUMMEWENN($B$2:$B$10;$F$2;$C$2:$C$10)

	A	B	C	D	E	F
1	Monat	Mitarbeiter	Arbeitsstunden			
2	Januar	Huber	35		Name:	Müller
3	Januar	Meier	23		Stunden:	130
4	Januar	Müller	40			
5	Februar	Huber	39			
6	Februar	Meier	40			
7	Februar	Müller	42			
8	März	Huber	55			
9	März	Meier	41			
10	März	Müller	48			

4 Mit ZUFALLSZAHL oder ZUFALLSBEREICH (zwischen 0 und 1) berechnen Sie Zufallszahlen, hier zum Beispiel für die Lottozahlen zwischen 1 und 49.

5 Die Funktion RÖMISCH gibt eine ganze Zahl als römische Zahl aus. Mit ARABISCH berechnen Sie die arabische Zahl einer römischen Zahl.

6 SUMMEWENN berechnet eine Summe, die einer Bedingung folgt (hier die Stundensumme für den Namen in F2).

Ende

Die Sinuskurve zeichnen Sie als Punktediagramm über *Einfügen/Diagramme* (siehe Kapitel 9).

TIPP

Weitere Funktionen:
LN, LOG und LOG 10: Logarithmus
KÜRZEN: Zahl ohne Nachkommastellen
RUNDEN: Zahl gerundet
FAKULTÄT: Fakultät einer Zahl
KGV: Kleinstes gemeinsames Vielfaches

HINWEIS

Start

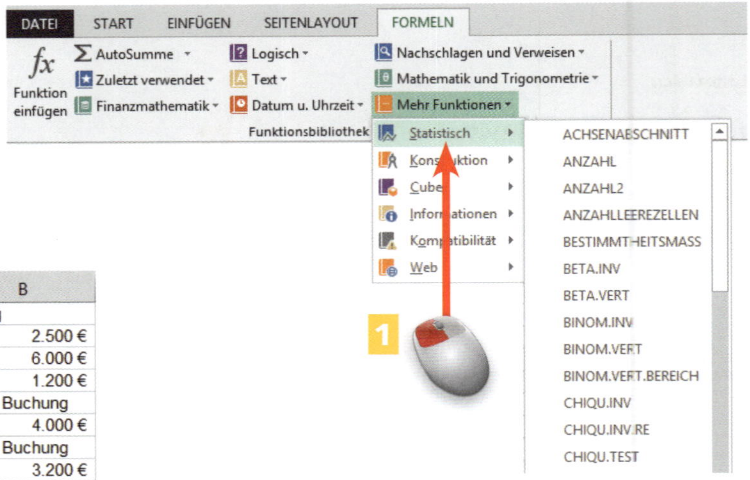

2

	A	B
1	Buchungsnr	Betrag
2	1	2.500 €
3	2	6.000 €
4	3	1.200 €
5	4	keine Buchung
6	5	4.000 €
7	6	keine Buchung
8	7	3.200 €
9		
10	Anzahl:	5
11	Anzahl Einträge:	7

10	Anzahl:	=ANZAHL(B2:B8)
11	Anzahl Einträge:	=ANZAHL2(B2:B8)

3

	A	B
1	**Umsätze regional**	
2		
3	Nord	2.300 €
4	Süd	4.200 €
5	West	5.400 €
6	Ost	2.900 €
7		
8	Der größte Wert:	5.400 €
9	Der kleinste Wert:	2.300 €
10	Der Durchschnitt:	3.700 €

8	Der größte Wert:	=MAX(B3:B6)
9	Der kleinste Wert:	=MIN(B3:B6)
10	Der Durchschnitt:	=MITTELWERT(B3:B6)

1 Aktivieren Sie in der Funktionsbibliothek die Schaltfläche *Mehr Funktionen*, hier finden Sie die Kategorie *Statistik*.

2 Die Funktionen ANZAHL und ANZAHL2 zählen Zahlen bzw. Einträge in Zellbereichen.

3 MAX, MIN und MITTELWERT sind die statistischen Grundfunktionen für die Berechnung von Grenzwerten und Durchschnitt.

Für Statistikspezialisten ist die Funktionsbibliothek eine wahre Fundgrube. Vom einfachen Durchschnitt bis zur Korrelation ist alles im Angebot, was die beschreibende und beurteilende Statistik an Methoden kennt. Lernen Sie Spezialfunktionen, auch mit Matrizenberechnung, kennen.

WISSEN

	A	B	C	D	E
1	**Schützenverein Edelweiss**			**Auswertung**	
2					
3	**Name**	**Ringe**		*Rang*	*Ringe*
4	Franz Schnellschuß	3.266		1	6.390
5	Bernd Schütze	4.971		2	5.223
6	Helmut Knaller	3.103		3	4.971
7	Herta Zielsicher	5.223			
8	Willi Kimme	6.390			
9	Irma Scheibe	4.250		Letzter:	3.103

4

D	E
Auswertung	
Rang	*Ringe*
1	=KGRÖSSTE($B$4:$B$9;D4)
2	=KGRÖSSTE($B$4:$B$9;D5)
3	=KGRÖSSTE($B$4:$B$9;D6)
Letzter:	=KKLEINSTE(B4:B9;1)

5

B12 {=TREND(B4:B11;A4:A11;A12:A19)}

	A	B	C	D	E
1	**Entwicklung der Wohnungsmieten**				
2					
3	**Jahr**	**Durchschnittsmiete**			
4	2007	490 €			
5	2008	520 €			
6	2009	530 €			
7	2010	550 €			
8	2011	560 €			
9	2012	580 €			
10	2013	590 €			
11	2014	620 €			
12	2015	631 €			
13	2016	648 €			
14	2017	665 €			
15	2018	682 €			
16	2019	699 €			
17	2020	716 €			
18	2021	733 €			
19	2022	749 €			

Strg ⇧ ↵

6

F2 {=HÄUFIGKEIT($C$2:$C$19;$E$2:$E$6)}

	A	B	C	D	E	F
1	**Name**	**Vorname**	**Alter**		**Alterstufe**	**Mitarbeiter**
2	Amsel	Rainer	22		30	8
3	Glück	Carsten	25		40	3
4	Gärtner	Brigitte	26		50	2
5	Wüllf	Wolfgang	26		60	4
6	Höchel	Dirk	30		70	1
7	Wolf	Uwe	30			
8	Reisner	Stefan	30			
9	Pfaller	Stefan	30			
10	Hofmann	Josef	34			
11	Siegle	Tanja	38			
12	Ücel	Murat	39			
13	Volkmann	Uli	41			
14	Weizenkeim	Ute	41			
15	Kramm	Monika	55			
16	Bichler	Andrea	55			
17	Kreitmeier	Nico	55			
18	Neubauer	Regina	55			
19	Hebbel	Hans	62			

Strg ⇧ ↵

4 Die Funktion KGRÖSSTE berechnet in diesem Beispiel den größten, zweit- und drittgrößten Wert, KKLEINSTE rechnet den kleinsten Wert heraus.

5 Die TREND-Funktion berechnet eine Trendreihe. Markieren Sie dazu alle Zellen, schreiben Sie die Funktion und schließen Sie mit Strg+⇧+↵ ab.

6 Noch eine Matrix-Statistikfunktion: Mit HÄUFIGKEIT ermitteln Sie die Anzahl der Mitarbeiter pro Altersgruppe (mit Strg+⇧+↵ abschließen).

Ende

TIPP

Geben Sie in Matrixformeln nicht die geschweiften Klammern ein und schließen Sie nach jeder Änderung wieder mit Strg+⇧+↵ ab.

HINWEIS

Für Statistikexperten: Im *Datei*-Menü finden Sie unter *Optionen/Add-Ins/Gehezu* ein Paket mit Analysefunktionen.

HINWEIS

Weitere Funktionen:
RANG: Berechnung von Rangfolgen
MEDIAN: mittlere Zahl
KORREL: Korrelationskoeffizient

Start

1

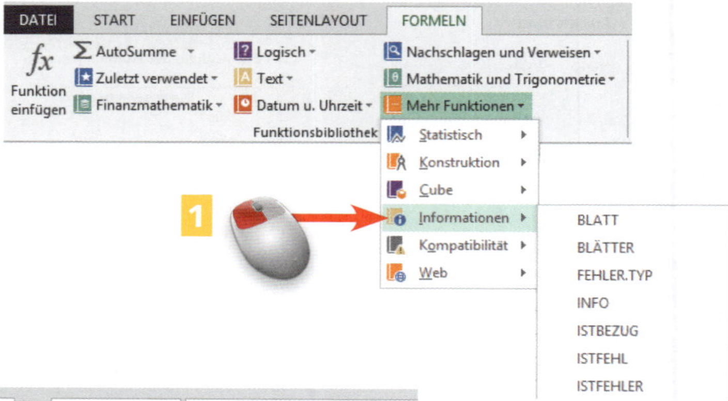

2

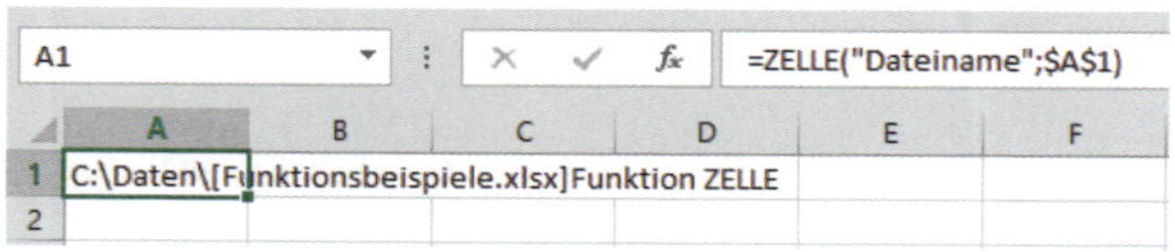

3

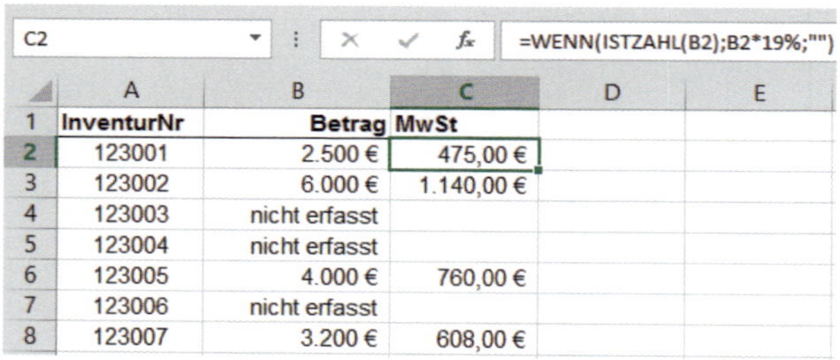

	A	B	C	D	E
1	InventurNr	Betrag	MwSt		
2	123001	2.500 €	475,00 €		
3	123002	6.000 €	1.140,00 €		
4	123003	nicht erfasst			
5	123004	nicht erfasst			
6	123005	4.000 €	760,00 €		
7	123006	nicht erfasst			
8	123007	3.200 €	608,00 €		

1 Die Informationsfunktionen finden Sie in der Liste des Symbols *Mehr Funktionen*.

2 Die Funktion ZELLE liefert mit dem Argument „Dateiname“ den kompletten Pfad (Laufwerk, Ordner und Dateiname) der gespeicherten Arbeitsmappe.

3 Mit ISTZAHL prüfen Sie ab, ob ein Zellwert numerisch ist. Hier im Beispiel liefert die Funktion den Wahrheitswert für die WENN-Funktion.

Bei der Konstruktion von Formeln werden Sie häufig feststellen, dass Rechenoperationen von Informationen abhängig sind oder diese verwerten müssen, beispielsweise die Abfrage nach numerischen Werten oder Textinhalten oder nach Fehlern. Informationsfunktionen leisten hier wertvolle Dienste.

WISSEN

4

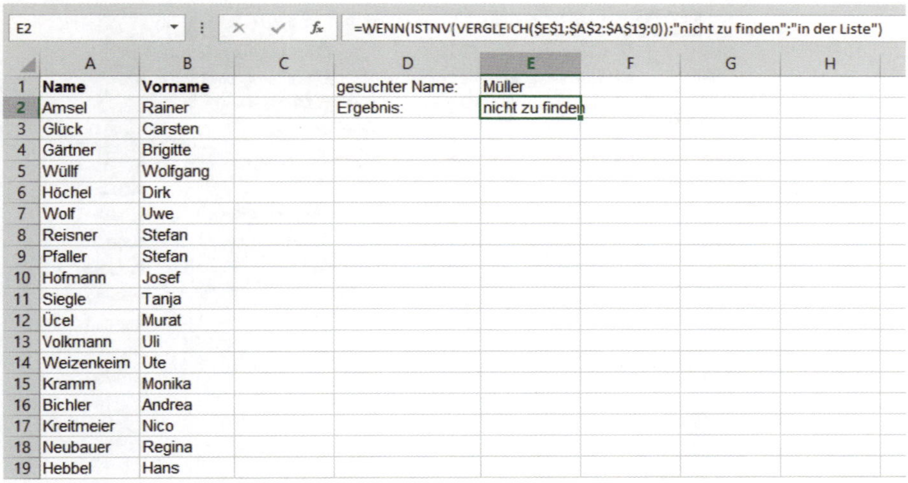

E2 =WENN(ISTNV(VERGLEICH($E$1;$A$2:$A$19;0));"nicht zu finden";"in der Liste")

	A	B	C	D	E
1	**Name**	**Vorname**		gesuchter Name:	Müller
2	Amsel	Rainer		Ergebnis:	nicht zu finden
3	Glück	Carsten			
4	Gärtner	Brigitte			
5	Wüllf	Wolfgang			
6	Höchel	Dirk			
7	Wolf	Uwe			
8	Reisner	Stefan			
9	Pfaller	Stefan			
10	Hofmann	Josef			
11	Siegle	Tanja			
12	Ücel	Murat			
13	Volkmann	Uli			
14	Weizenkeim	Ute			
15	Kramm	Monika			
16	Bichler	Andrea			
17	Kreitmeier	Nico			
18	Neubauer	Regina			
19	Hebbel	Hans			

5

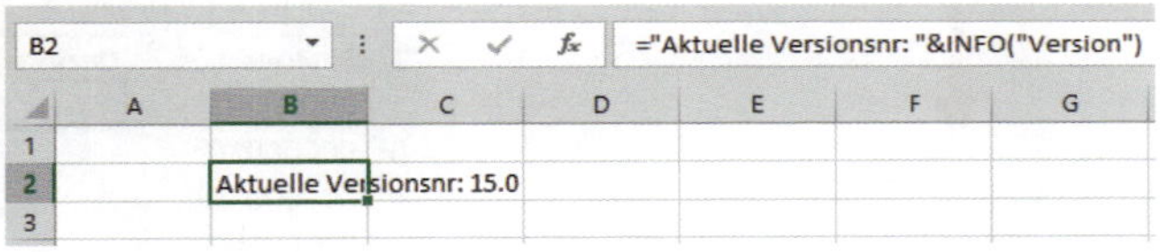

B2 ="Aktuelle Versionsnr: "&INFO("Version")

	A	B
2		Aktuelle Versionsnr: 15.0

6

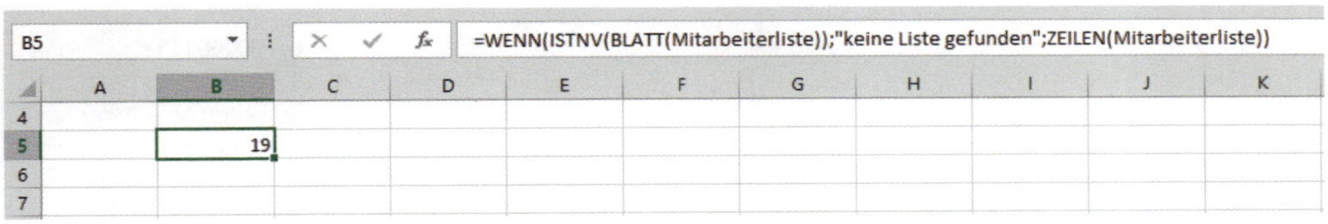

B5 =WENN(ISTNV(BLATT(Mitarbeiterliste));"keine Liste gefunden";ZEILEN(Mitarbeiterliste))

	A	B
5		19

4 ISTNV ergibt WAHR, wenn ein NV-Fehler (nicht verfügbar) vorliegt. Hier wird die Funktion mit einem Vergleich geschachtelt und als Bedingung für WENN benutzt.

5 Mit INFO und dem passenden Info-Argument erhalten Sie Systeminformationen wie beispielsweise die Versionsnummer von Excel.

6 Hier wird ISTNV mit der Funktion BLATT kombiniert, die prüft, in welchem Tabellenblatt eine Tabelle oder ein benannter Bereich vorkommt.

Ende

Die Info-Argumente finden Sie in der Excel-Hilfe zur Funktion INFO.

HINWEIS

Funktionen wie ISTNV werden auch dazu verwendet, Formeln so zu präparieren, dass sie eine unbestimmte Anzahl Zellen nach unten kopieren können, ohne Fehlerwerte auszulösen.

HINWEIS

Start

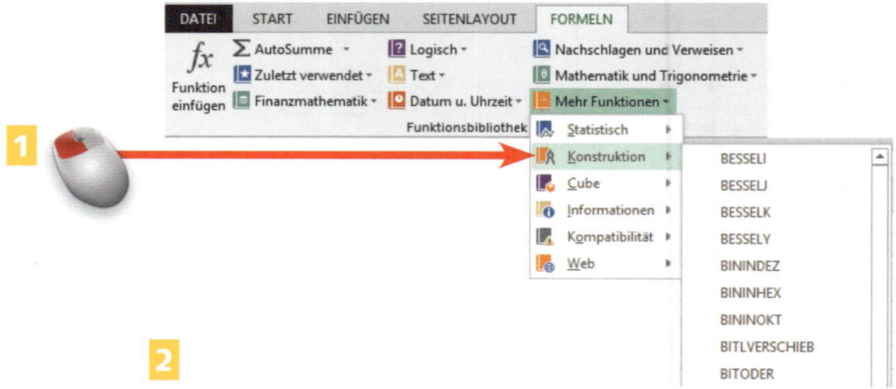

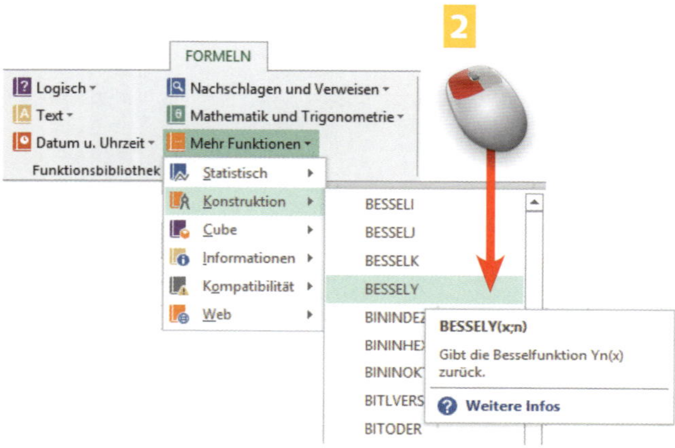

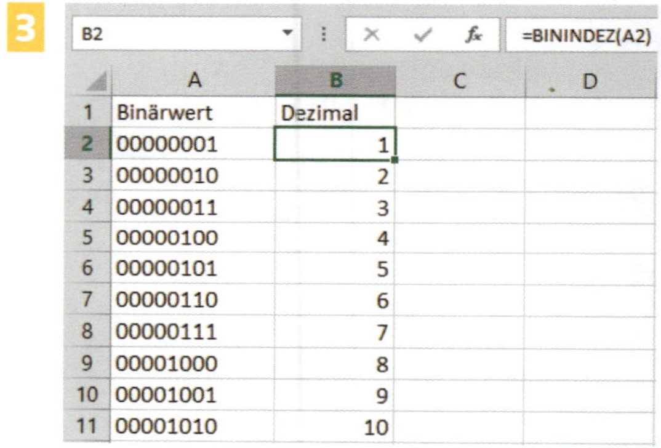

	A	B	C	D
1	Binärwert	Dezimal		
2	00000001	1		
3	00000010	2		
4	00000011	3		
5	00000100	4		
6	00000101	5		
7	00000110	6		
8	00000111	7		
9	00001000	8		
10	00001001	9		
11	00001010	10		

1 Aktivieren Sie in der Funktionsbibliothek die Gruppe der Konstruktionsfunktionen.

2 Die Funktionsbeschreibung am Mauszeiger gibt Auskunft über Zweck und Ausrichtung der Funktion.

3 Eine von vielen Umrechnungsfunktionen: BININDEZ wandelt eine Binärzahl in eine Dezimalzahl um.

Die Konstruktionsfunktionen oder technischen Funktionen sind nicht nur für Matheprofis von Nutzen. Sie können unter anderem Binär-, Hex- und Dezimalzahlen umrechnen und jedes Längenmaß der Welt in ein Äquivalent konvertieren (Yards-Meter, PS-KW, Celsius-Fahrenheit u. v. a.).

WISSEN

4

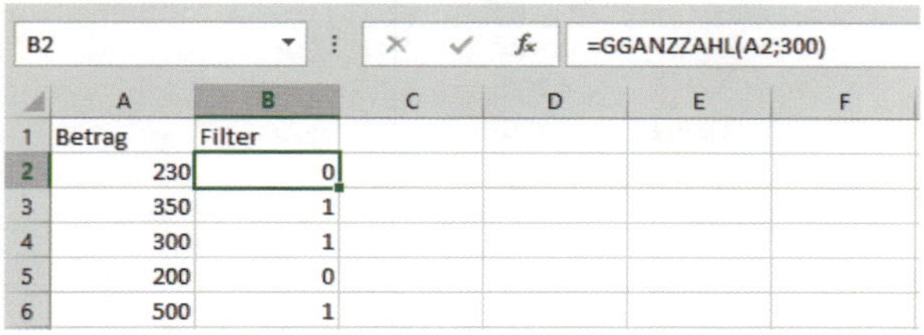

	A	B
1	Betrag	Filter
2	230	0
3	350	1
4	300	1
5	200	0
6	500	1

5

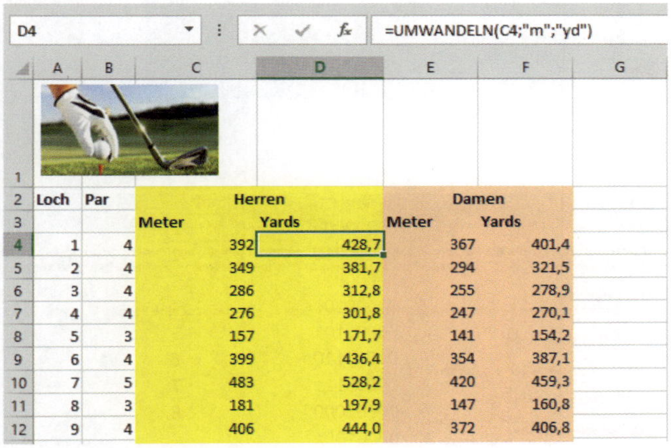

	A	B	C	D	E	F
2	Loch	Par	Herren		Damen	
3			Meter	Yards	Meter	Yards
4	1	4	392	428,7	367	401,4
5	2	4	349	381,7	294	321,5
6	3	4	286	312,8	255	278,9
7	4	4	276	301,8	247	270,1
8	5	3	157	171,7	141	154,2
9	6	4	399	436,4	354	387,1
10	7	5	483	528,2	420	459,3
11	8	3	181	197,9	147	160,8
12	9	4	406	444,0	372	406,8

6

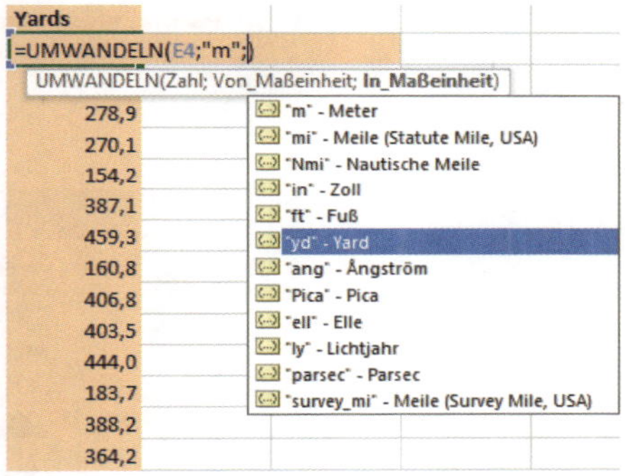

4 Die Funktion GGANZZAHL prüft ab, ob eine Zahl einen Schwellenwert erreicht hat. Sie wird zur Filterung größerer Zahlenkolonnen verwendet.

5 Hier die Längenangaben der Bahnen eines Golfplatzes in Metern. Mit UMWANDELN rechnen Sie die Werte in Yards um.

6 UMWANDELN bietet so ziemlich jede Maßeinheit an, die es gibt. Die Formelhilfe zeigt an, welche Kürzel verwendet werden müssen.

Ende

Setzen Sie vor die Binärzahlenreihe einen Apostroph, damit Excel die Nullen nicht „verschluckt", oder formatieren Sie die Spalte mit dem Zahlenformat „Text".

TIPP

Weitere Funktionen dieser Kategorie:
BESSEL: Besselfunktion
DELTA: prüft, ob zwei Werte gleich sind
IMABS: Absolutbetrag einer komplexen Zahl

HINWEIS

Start

1
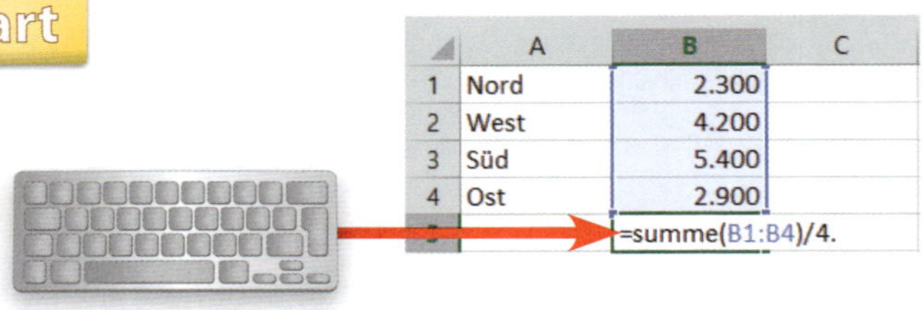

2
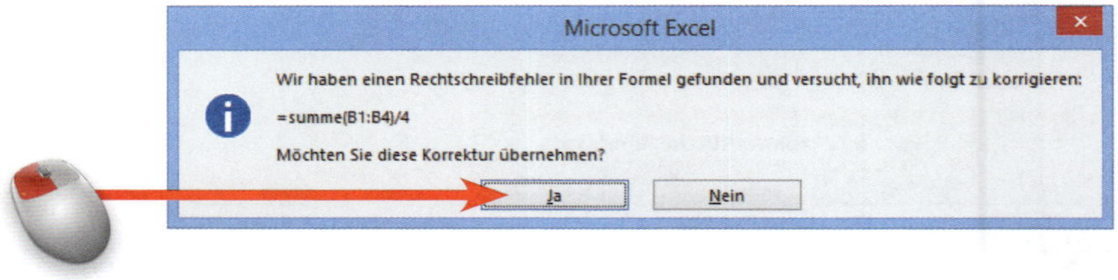

3
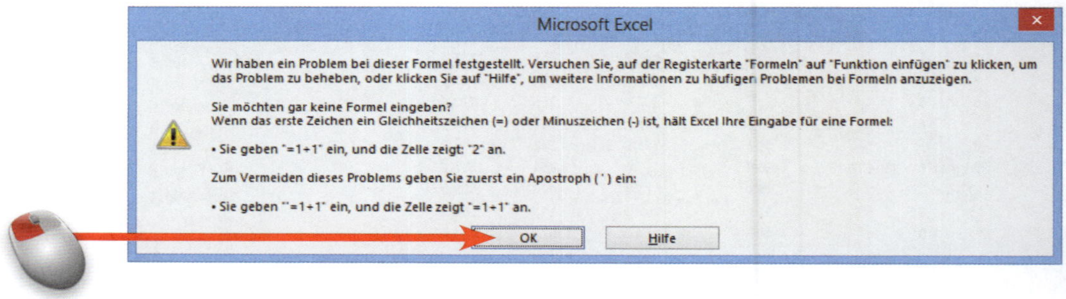

1 Schreiben Sie eine Formel falsch, sodass kein gültiger arithmetischer Ausdruck entsteht, weigert sich Excel, diese anzunehmen.

2 Eine Fehlermeldung erscheint. Enthält diese einen Korrekturvorschlag, können Sie auf *Ja* klicken, und der Fehler wird korrigiert.

3 Kann Excel den Fehler nicht reparieren, müssen Sie ihn nach Bestätigung selbst korrigieren oder die Formel mit Esc abbrechen.

Fehler sind menschlich, auch Computer machen welche. Aber – wenn Sie eine Fehlermeldung oder einen Fehlerwert anstelle des gewünschten Ergebnisses erhalten, liegt es selten an Excel, sondern meist an Ihnen. Lernen Sie, welche Fehlerarten es gibt und wie diese zu vermeiden sind.

WISSEN

4
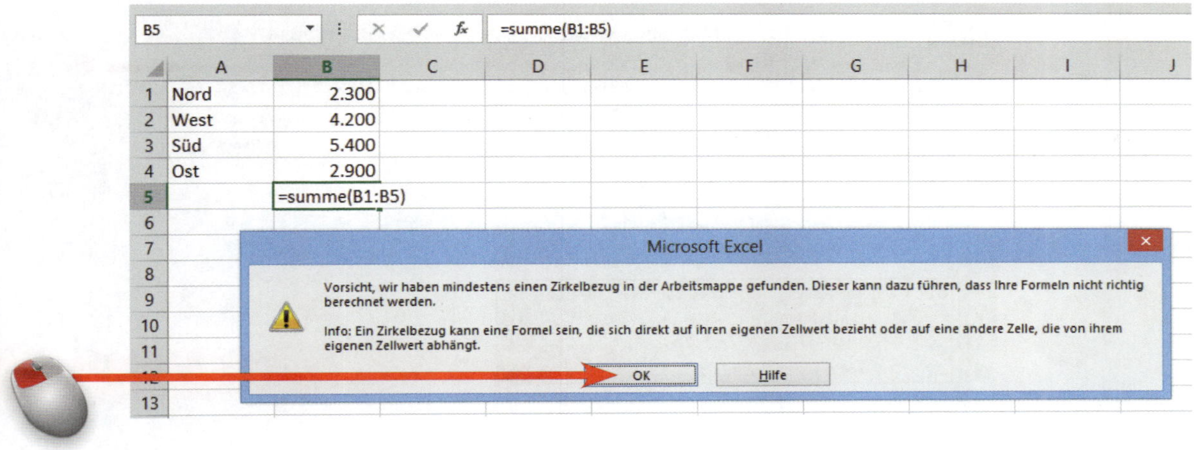

5
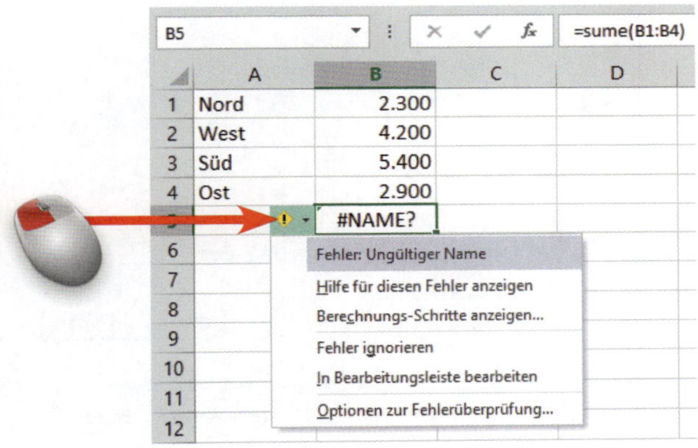

6

#DIV/0	Division durch 0
#NV	Wert nicht verfügbar
#NAME?	Name nicht verfügbar
#NULL!	Falsche Schnittmenge
#ZAHL!	Falsche Zahl
#BEZUG!	Ungültige Zelle
#WERT!	Ungültiger Wert

4 Zirkelbezüge sind Bezüge, die sich auf die Formel selbst beziehen. Hier wird zum Beispiel B5 in die Summenformel mit einbezogen, die aber selbst in B5 steht.

5 Rechnet die Formel falsch, obwohl die Syntax korrekt ist, erhalten Sie eine Fehlermeldung in der Zelle. Der Fehlerindikator zeigt den Fehler an.

6 Der Fehlercode gibt Aufschluss darüber, welcher Fehler gemacht wurde.

Ende

Einzelne schließende Klammern fügt Excel automatisch an, sie lösen keine Fehlermeldung aus.

HINWEIS

Die Fehlermeldung #BEZUG! entsteht meist, wenn eine Zelle, Zeile oder Spalte mit dem Wert gelöscht wird, der in der Formel als Bezug steht.

HINWEIS

Start

1

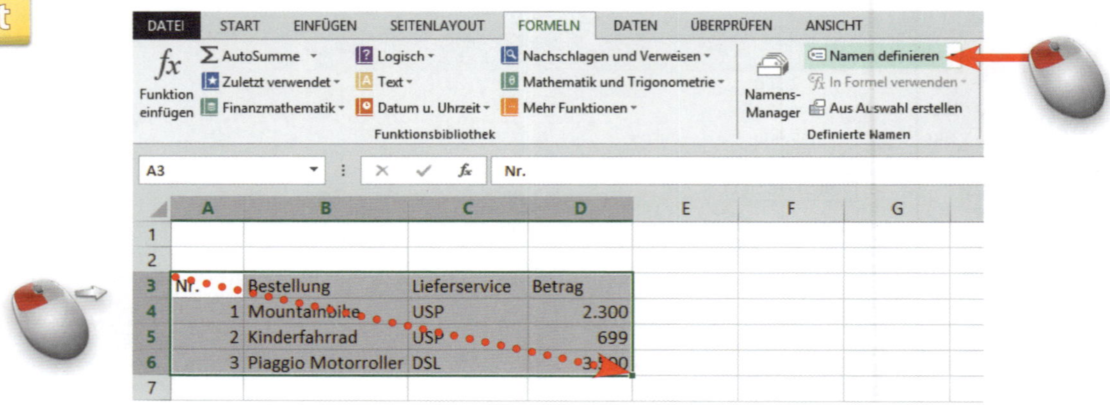

2

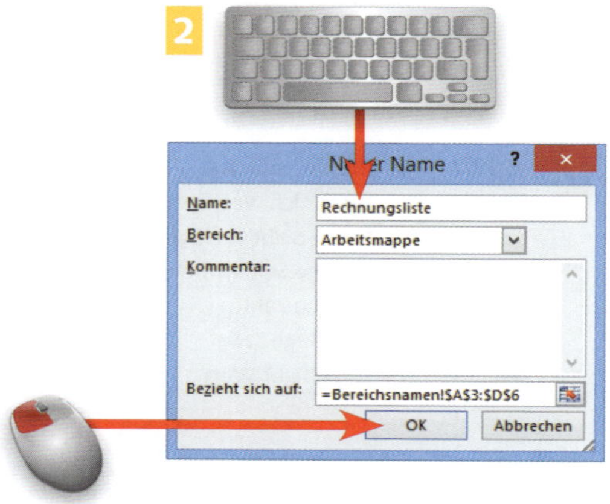

3

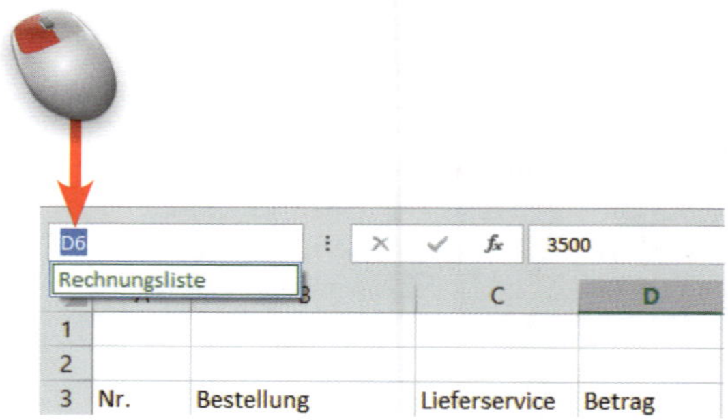

1 Um einen Bereich in der Tabelle mit einem Bereichsnamen zu versehen, markieren Sie ihn und wählen *Formeln/Definierte Namen/Namen definieren*.

2 Geben Sie den Bereichsnamen für den vorgeschlagenen Bezug ein und bestätigen Sie mit einem Klick auf *OK*.

3 Der Bereichsname kann jetzt im Namensfeld abgeholt werden, damit markieren Sie den Bereich aus jeder Tabelle der Arbeitsmappe.

Je mehr Bereiche in Formeln zum Einsatz kommen, desto unübersichtlicher wird Ihre Tabelle. Nutzen Sie die Technik der Bereichsnamen, um den Überblick zu behalten. Dabei wird einem Tabellenbereich ein Name zugewiesen, der dann im Namensfeld zum „Abholen" bereitsteht und in Formeln anstelle des Zellbezugs verwendet werden kann.

WISSEN

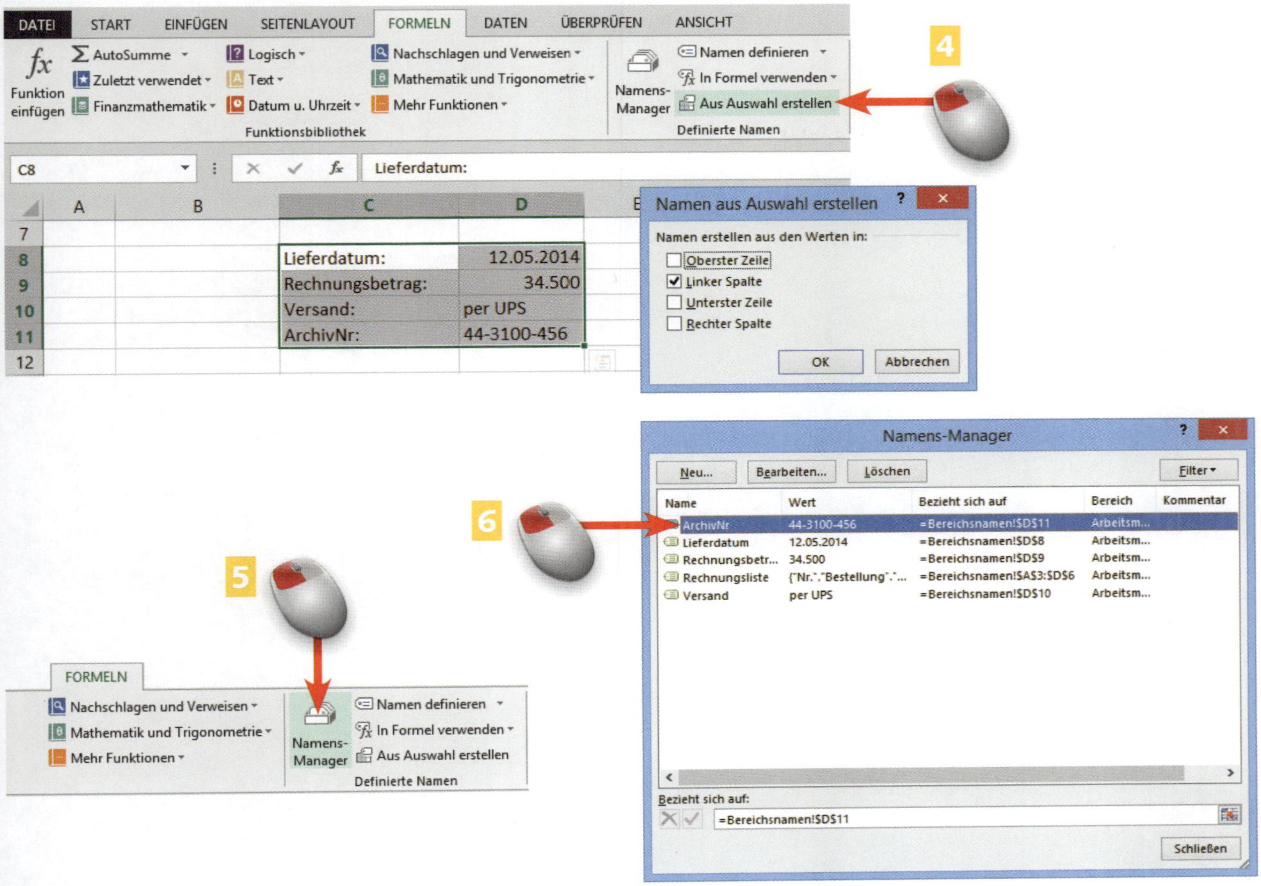

4 Um Beschriftungen links von den Zahlen oder über eine Liste als Bereichsnamen zu übernehmen, wählen Sie *Formel/Definierte Namen/Aus Auswahl erstellen*.

5 Im Namens-Manager können Sie alle definierten Namen überprüfen, bearbeiten oder auch wieder löschen.

6 Markieren Sie einen Bereichsnamen in der Liste, sehen Sie unter *Bezieht sich auf* den Zellbezug.

Ende

Ein schneller Bereichsname: Markieren Sie den Bereich und schreiben Sie den Namen in das Namensfeld. Vergessen Sie nicht, mit [↵] abzuschließen.

TIPP

Tastenkombinationen für Bereichsnamen:
[F3] fügt Namen in Zellen oder an der Cursorposition ein.
[Strg]+[F3] öffnet den Namens-Manager.

HINWEIS

Bereichsnamen gelten für die gesamte Arbeitsmappe. Wenn Sie einen tabellenspezifischen Bereichsnamen erstellen wollen, definieren Sie diese im Namens-Manager oder geben die Tabelle an: *=Tabelle1!Rechnungsliste*.

HINWEIS

Listen und Tabellen

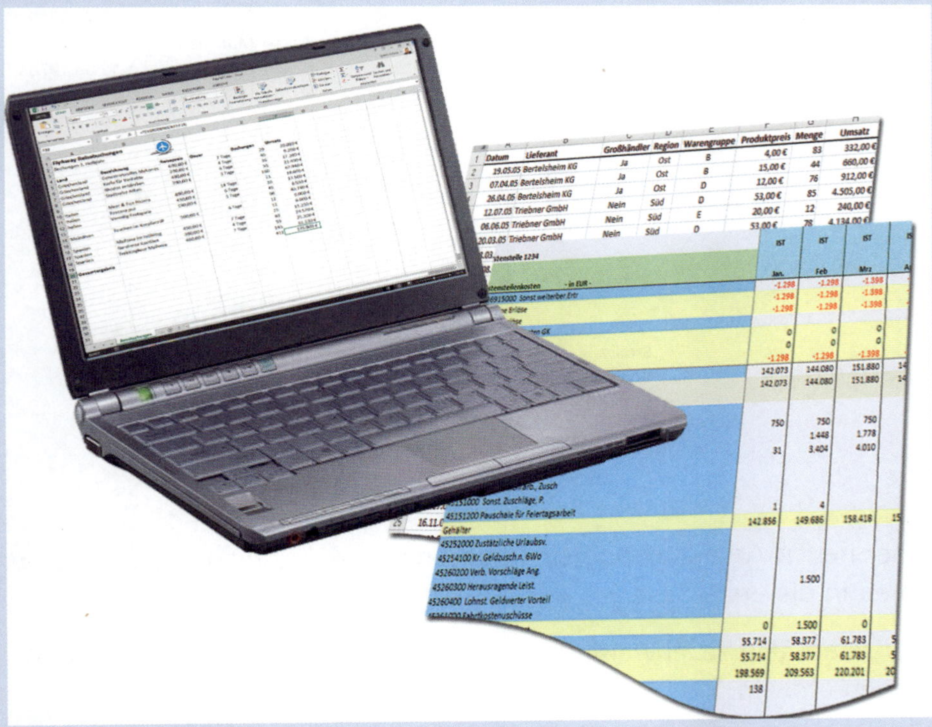

7

Start

1

	A	B	C	D	E	F
1	**Name**	**Vorname**	**Straße**	**PLZ**	**Wohnort**	**Geburtsdatum**
2						

2

	A	B	C	D	E	F
1	**Name**	**Vorname**	**Straße**	**PLZ**	**Wohnort**	**Geburtsdatum**
2	Burg	Andreas	Wiesenweg 4	70311	Stuttgart	19.04.1994
3	Gärtner	Brigitte	Hafenstraße 45	72321	Fillingen	13.04.1989
4	Greininger	Daniela	Goetheplatz 55	89311	Ismaning	20.03.1995
5	Höchel	Dirk	Esslinger Str. 56	70333	Stuttgart	21.07.1980
6	Jagelsberger	Monika	Weilheimer Str. 78	80344	München	19.10.1987
7	Kramm	Monika	Alte Heide 12a	82366	Erding	12.03.1978
8	Langer	Bernhard	Frankfurter Allee 77	85266	Heilheim	25.12.1979

3

C	D	E	F
Straße	**PLZ**	**Wohnort**	**Geburtsdatum**
Wiesenweg 4	70311	Stuttgart	19.04.1994
Hafenstraße 45	72321	Fillingen	13.04.1989

1 Legen Sie in einer neuen Arbeitsmappe ein Tabellenblatt *Adressen* an und schreiben Sie die Feldnamen in die erste Zeile.

2 Erfassen Sie die Datensätze zeilenweise, tragen Sie die Adressdaten von Freunden, Bekannten, Kunden etc. ein.

3 Passen Sie die Spaltenbreiten mit dem Mauszeiger an. Die optimale Spaltenbreite erhalten Sie per Doppelklick auf die Spaltenlinie.

Listen und Datenbanken spielen in Excel eine besondere Rolle: Die Tabellenkalkulation hält ganz spezifische Werkzeuge für die Arbeit mit großen Datenbeständen bereit, u. a. Filter, Sortierung und Pivot-Berichte. Lernen Sie am Beispiel einer Adressenkartei, wie Sie in Excel mit solchen Listen arbeiten.

WISSEN

4

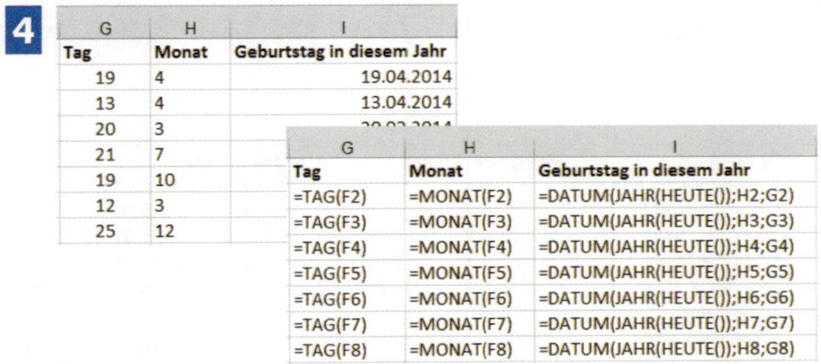

G	H	I
Tag	Monat	Geburtstag in diesem Jahr
19	4	19.04.2014
13	4	13.04.2014
20	3	
21	7	
19	10	
12	3	
25	12	

G	H	I
Tag	Monat	Geburtstag in diesem Jahr
=TAG(F2)	=MONAT(F2)	=DATUM(JAHR(HEUTE());H2;G2)
=TAG(F3)	=MONAT(F3)	=DATUM(JAHR(HEUTE());H3;G3)
=TAG(F4)	=MONAT(F4)	=DATUM(JAHR(HEUTE());H4;G4)
=TAG(F5)	=MONAT(F5)	=DATUM(JAHR(HEUTE());H5;G5)
=TAG(F6)	=MONAT(F6)	=DATUM(JAHR(HEUTE());H6;G6)
=TAG(F7)	=MONAT(F7)	=DATUM(JAHR(HEUTE());H7;G7)
=TAG(F8)	=MONAT(F8)	=DATUM(JAHR(HEUTE());H8;G8)

5

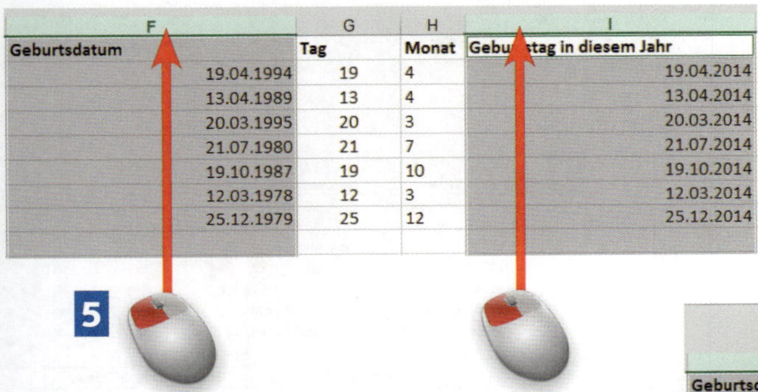

F	G	H	I
Geburtsdatum	Tag	Monat	Geburtstag in diesem Jahr
19.04.1994	19	4	19.04.2014
13.04.1989	13	4	13.04.2014
20.03.1995	20	3	20.03.2014
21.07.1980	21	7	21.07.2014
19.10.1987	19	10	19.10.2014
12.03.1978	12	3	12.03.2014
25.12.1979	25	12	25.12.2014

6

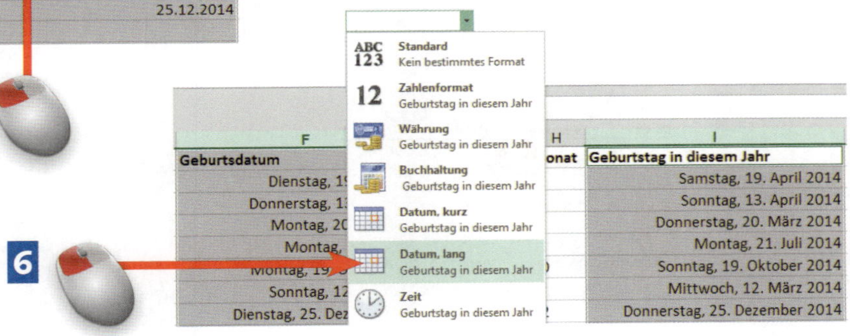

4 Berechnen Sie in weiteren Spalten der Liste den Monat und den Tag des Geburtstags und ermitteln Sie damit den Geburtstag im aktuellen Jahr.

5 Markieren Sie die Spalte F, drücken Sie Strg und markieren Sie zusätzlich die Spalte I.

6 Weisen Sie den beiden Spalten das lange Datumsformat zu. Jetzt sehen Sie, auf welche Wochentage die Geburtstage fallen.

Ende

Die Tastenkombination, um den Bereich rund um den Zellzeiger zu markieren: Strg+⇧+*

TIPP

Klicken Sie links oben in das Feld, in dem sich die Spaltenbuchstaben und die Zeilennummern treffen, wird das gesamte Tabellenblatt markiert.

TIPP

Start

1

	A	B	C	D	E	F
1	**FlyAway Reisebuchungen**					
2						
3						
4						
5	**Land**	**Bezeichnung**	**Reisepreis**	**Dauer**	**Buchungen**	**Umsatz**
6	Griechenland	Geheimnisvolles Mykonos	690,00 €	7 Tage	29	20.010,00 €
7	Griechenland	Korfu für Verliebte	230,00 €	4 Tage	40	9.200,00 €
8	Griechenland	Rhodos entdecken	480,00 €	6 Tage	36	17.280,00 €
9	Griechenland	Stadtreise Athen	390,00 €	3 Tage	55	21.450,00 €
10	Italien	Meer & Fun Riviera	890,00 €	14 Tage	21	18.690,00 €
11	Italien	Toscana pur				
12	Italien	Venedig Festspiele				
13	Spanien	Mallorca im Frühling				
14	Spanien	Rundreise Kastilien				
15	Spanien	Trekkingtour Mallorca				
16	Malediven	Tauchen im Korallenriff				

	A	B	C	D	E	F
1	**Art.-Nr.**	**Bezeichnung**	**Verpackung**	**Inhalt**	**Größe**	**Preis**
2	120-300	Red Bull	Dose	24	0,25	38,37
3	120-301	San Pelegrino	Mehrweg	12	1,00	11,03
4	120-302	Parkquelle Bitter Lemon	Gastr.-Fl.	20	0,25	9,8
5	120-303	Parkquelle Mineral	Mehrweg	12	0,75	3,68
		Vita Cola	Mehrweg	12	0,75	5,88
		Club Cola	Mehrweg	12	0,75	5,29

	A	B	C	D
1	**Einnahme**	**Jan**	**Feb**	**Mrz**
2	Nettogehalt	3.200 €	3.200 €	3.200 €
3	Gehaltszulagen	300 €		
4	Vermietung/Verpachtung	120 €	120 €	120 €
5	Nebenjob	300 €	300 €	300 €
6	Sonstiges	100 €		200 €
7	Gesamt	4.020 €	3.620 €	3.820 €

2

	A	B	C	D
1	**Name**	**Vorname**	**Straße**	**PLZ**
2				
3	Burg	Andrea	Wiesenweg 4	7031
4	Gärtner	Brigitte	Hafenstraße 45	7232
5	...inger	Daniela	Goetheplatz 55	8931
6				
7	...el	Dirk	Esslinger Str. 56	7033
8	Jägelsberger	Monika	Weilheimer Str. 78	8034

3

D	E	F
PLZ	**Wohnort**	**Geburtsdatum**
70311	Stuttgart	19.04.1974
72321	Fillingen	13.04.1979
89311	Ismaning	keine Angabe
70333	Stuttgart	21.07.1…
80344	München	19.10.197…
82366	Erding	12.03.1978
85266	Heilheim	25.12.1989

Bezeichnung	Reisepreis	Dauer
Geheimnisvolles Mykonos	690,00 €	7 Tage
Korfu für Verliebte	230,00 €	4 Tage
Rhodos entdecken	auf Anfrage	6 Tage
Stadtreise Athen	390,00 €	3 Tage
Meer & Fun Riviera	890,00 €	14 Tage
Toscana pur	450,00 €	6 Tage
Venedig Festspiele	190,00 €	3 Tage
Mallorca im Frühling	450,00 €	7 Tage

1 Die Liste muss nicht in der ersten Zeile beginnen, sollte aber immer eine Kopfzeile in der ersten Listenzeile enthalten.

2 Fügen Sie keine Leerzeilen ein, weder unter der Kopfzeile noch zwischen den Datensätzen.

3 Verwenden Sie die Datentypen pro Spalte durchgehend, wechseln Sie nicht zwischen Text, Zahl und Datum in einer Spalte.

Damit eine Liste als solche mit Datenbankfunktionen, Summenformeln oder Pivot-Tabellen auszuwerten ist, müssen Regeln eingehalten werden. Machen Sie sich mit diesen vertraut und bauen Sie Ihre Listen entsprechend auf.

WISSEN

4

=INDEX($A$1:$I$8;VERGLEICH(HEUTE();$I$2:$I$8;1);1)

G	H	I	J	K	L
Tag	Monat	Geburtstag in diesem Jahr		Auswertungen	
19	4	Samstag, 19. April 2014			
13	4	Sonntag, 13. April 2014			
20	3	Donnerstag, 20. März 2014		Der nächste Geburtstag:	
21	7	Montag, 21. Juli 2014		Gärtner	
19	10	Sonntag, 19. Oktober 2014			
12	3	Mittwoch, 12. März 2014			
25	12	Donnerstag, 25. Dezember 2014			

5

F3 =SUMME(F6:F16)

	A	B	C	D	E	F
1	FlyAway Reisebuchungen					
2				Summe Reisetage:	Summe Teilnehmer:	Umsatzsumme:
3				67 Tage	411 Tage	175800 Tage
4						
5	Land	Bezeichnung	Reisepreis	Dauer	Buchungen	Umsatz
6	Griechenland	Geheimnisvolles Mykonos	690,00 €	7 Tage	29	20.010,00 €
7	Griechenland	Korfu für Verliebte	230,00 €	4 Tage	40	9.200,00 €
8	Griechenland	Rhodos entdecken	480,00 €	6 Tage	36	17.280,00 €

	D	E	F
	Summe Reisetage:	Summe Teilnehmer:	Umsatzsumme:
	67 Tage	411 Tage	=SUMME(F6:F17)
14 Spanien	4 Tage	63	24.570,00 €
15 Spanien	7 Tage	55	25.300,00 €
16			
17 Malediven	6 Tage	12	6.000,00 €

6

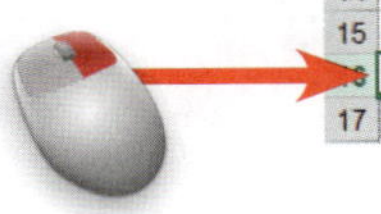

4 Halten Sie die Zeilen und Spalten rund um die Liste frei, schreiben Sie Auswertungen oder weitere Listen immer mit Abstand zur Liste.

5 Wenn Sie Auswertungsformeln für die Liste erstellen, schreiben Sie diese nicht unter die Liste, sondern darüber. Das macht die Formeln flexibler.

6 Fügen Sie neue Zeilen vor die letzte Zeile ein. Damit passen sich die Bezüge in den Formeln automatisch an.

Ende

Formelbezüge und Bereichsnamen aktualisieren sich automatisch, wenn Zeilen oder Spalten dazwischen eingefügt, nicht aber, wenn sie angehängt werden.

TIPP

Wenn Sie vorhaben, Excel-Listen mit anderen Programmen wie Access, SQL Server oder Sharepoint Services auszutauschen, sollten Sie in den Feldnamen keine Leerzeichen und keine Sonderzeichen verwenden.

HINWEIS

Start

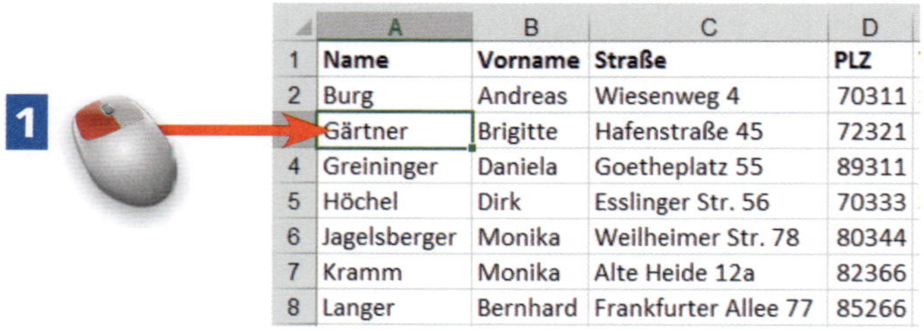

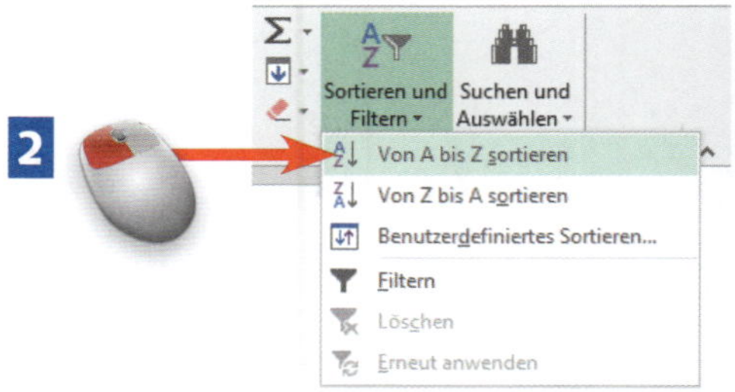

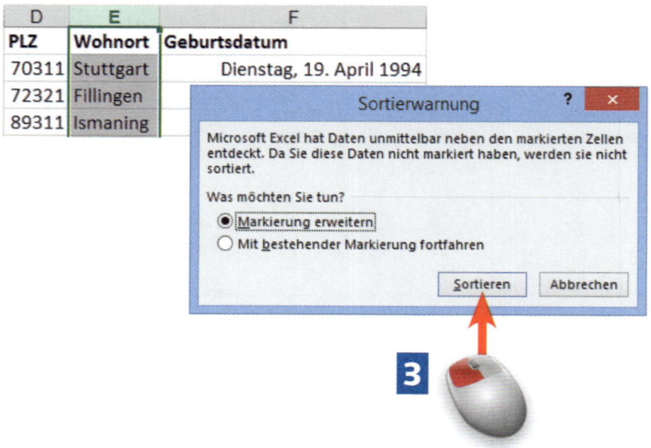

1 Um eine Liste nach einer einzelnen Spalte zu sortieren, setzen Sie nur den Zellzeiger in eine Zelle dieser Spalten.

2 Klicken Sie auf *Start/Bearbeiten/Sortieren und Filtern* und wählen Sie die auf- oder absteigende Sortierrichtung.

3 Wenn Sie eine ganze Spalte markiert haben, wird Excel eine Warnung bringen. Erweitern Sie die Markierung nicht, wird nur diese Spalte sortiert.

Für eine schnelle Sortierung Ihrer Listen oder Datenbanken arbeiten Sie mit dem Sortierwerkzeug. Sortieren Sie auf- oder absteigend nach dem Zellinhalt oder bestimmen Sie die Zellfarbe oder das Symbol aus der bedingten Formatierung als Kriterium.

WISSEN

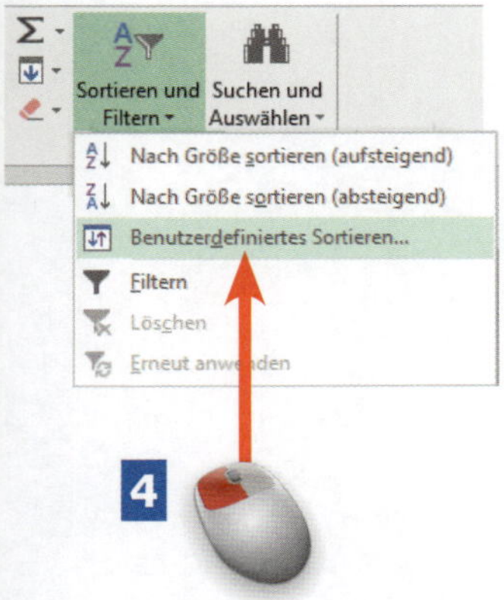

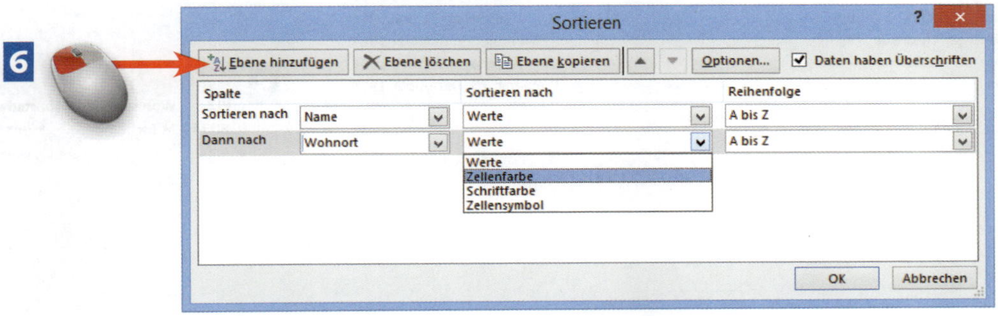

4 Schalten Sie auf die benutzerdefinierte Sortierung, wenn Sie ausführlichere Angaben machen wollen.

5 Achten Sie auf die Option *Daten haben Überschrift*. Sie sollte aktiv sein, wenn die Liste eine Kopfzeile hat.

6 Wählen Sie *Ebene hinzufügen* für weitere Sortierebenen und geben Sie an, ob Sie nach Zellinhalt, -farbe oder -symbol sortieren wollen.

Ende

TIPP

Die Sortier- und Filterwerkzeuge finden Sie auch auf der Registerkarte *Daten*.

HINWEIS

Die zweite Sortierebene sortiert nur die Zeilen, die in der ersten Ebene einen identischen Eintrag (oder Sortierschlüssel) haben.

HINWEIS

Soll die Groß-/Kleinschreibung beachtet werden, kreuzen Sie unter *Optionen* in der benutzerdefinierten Sortierung die Option an.

Start

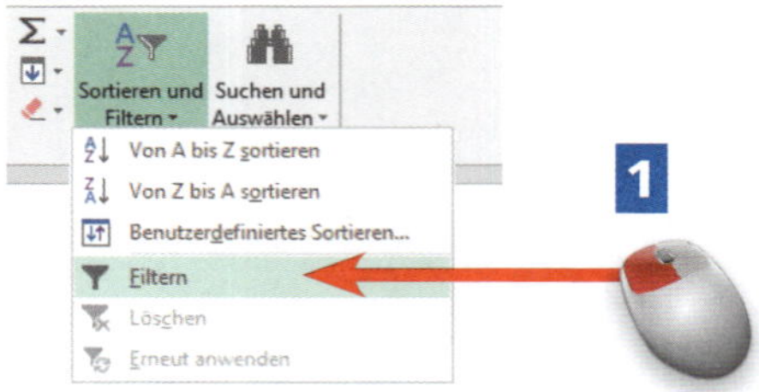

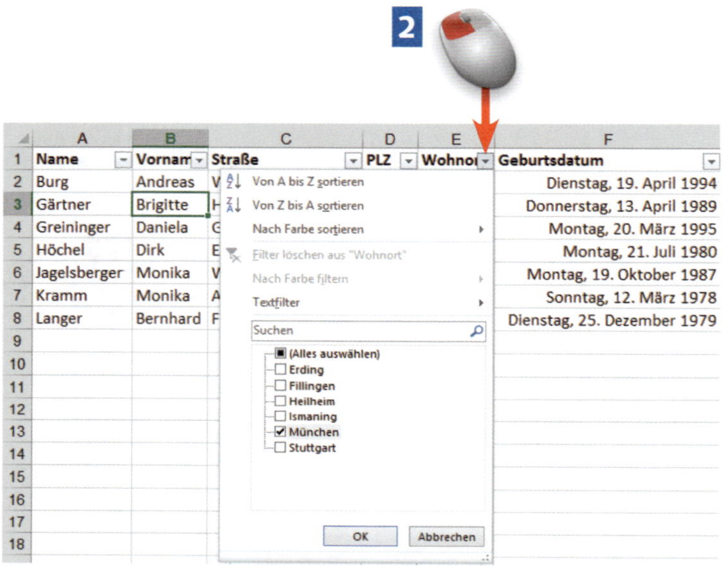

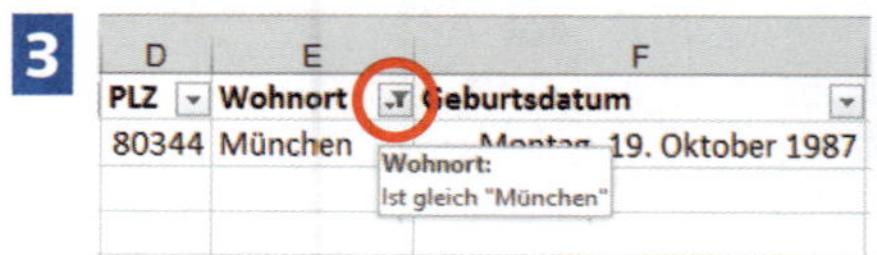

1 Um eine Liste zu filtern, setzen Sie den Zellzeiger in den Bereich und wählen *Start/ Bearbeiten/Sortieren und Filtern/Filtern*.

2 In der Kopfzeile tauchen jetzt Filterpfeile auf. Öffnen Sie damit die Filterliste und wählen Sie den passenden Filter.

3 Der Filterpfeil zeigt anschließend seinen Status am Symbol, der Mauszeiger verrät das Filterkriterium.

Filter sind besonders in großen Listen sehr nützlich, sie produzieren eine schnelle Teilmenge Ihrer Daten. Filtern Sie einzelne Spalten, kombinieren Sie Filter und setzen Sie individuelle Filterausdrücke.

WISSEN

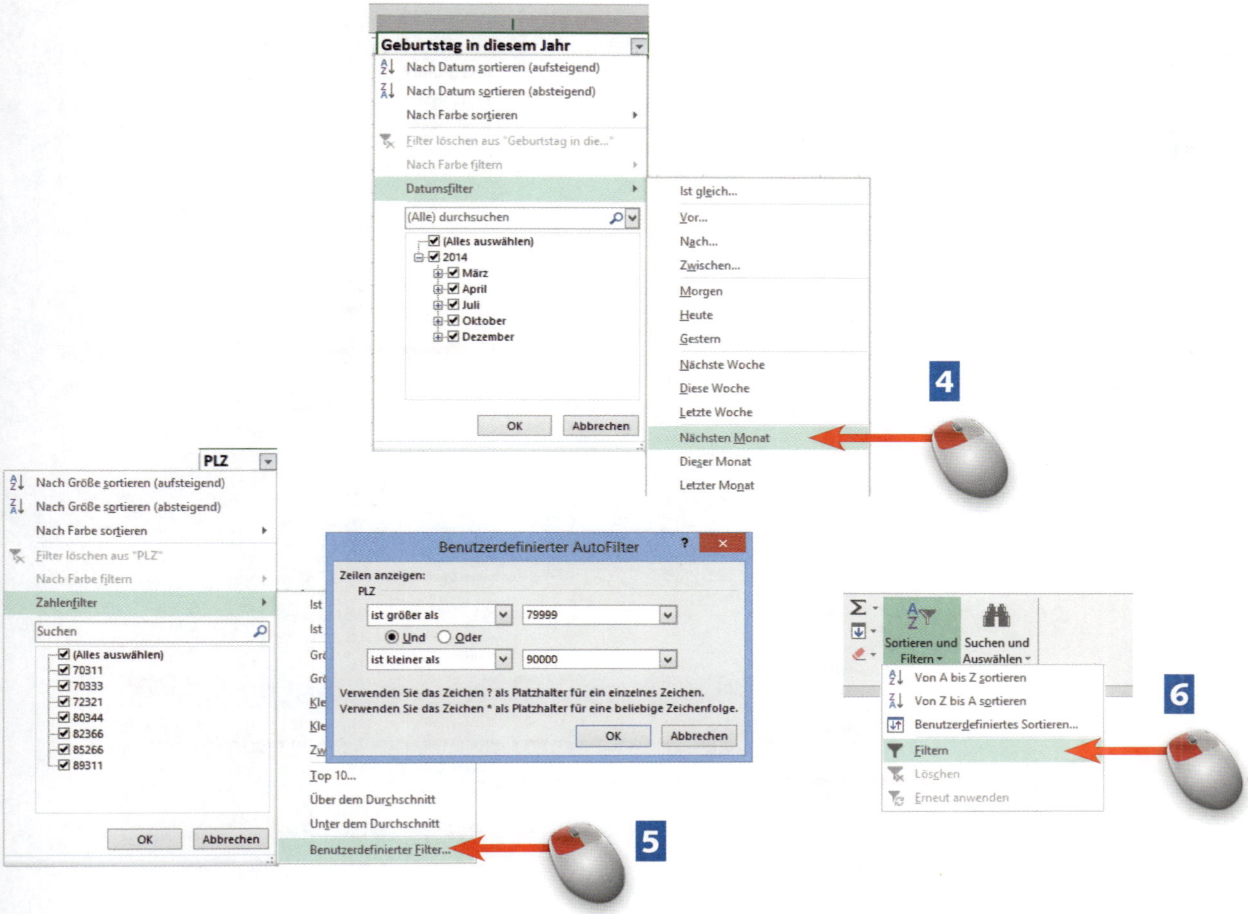

4 Klicken Sie auf *Datumsfilter* (oder *Textfilter/Zahlenfilter*, je nach Spalte) und wählen Sie ein Filterkriterium aus der Liste.

5 Mit dem *Benutzerdefinierten Filter* können Sie mehrere Kriterien und eine logische Verbindung (UND und ODER) angeben, hier für den PLZ-Bereich 80000.

6 Aktivieren Sie den Filter ein weiteres Mal, werden alle Filter ausgeschaltet und die Filterpfeile verschwinden wieder.

Ende

TIPP

Zahlenfilter bieten auch eine Top-Ten-Filterung an. Damit können Sie eine Gruppe von Höchst- oder Tiefstwerten als Filter bestimmen.

HINWEIS

Gefilterte Listen sind auch an den blauen Zeilennummern zu erkennen.

HINWEIS

Sie können auch mehrere Filter parallel verwenden und einzelne Filter ausschalten. Wählen Sie dazu *Filter löschen* aus dem *Filter*-Menü.

Start

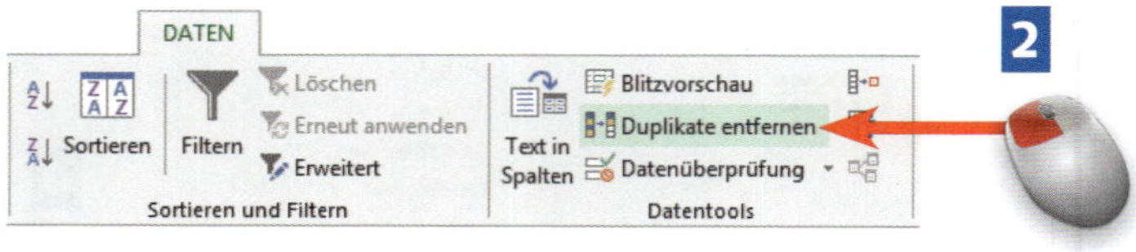

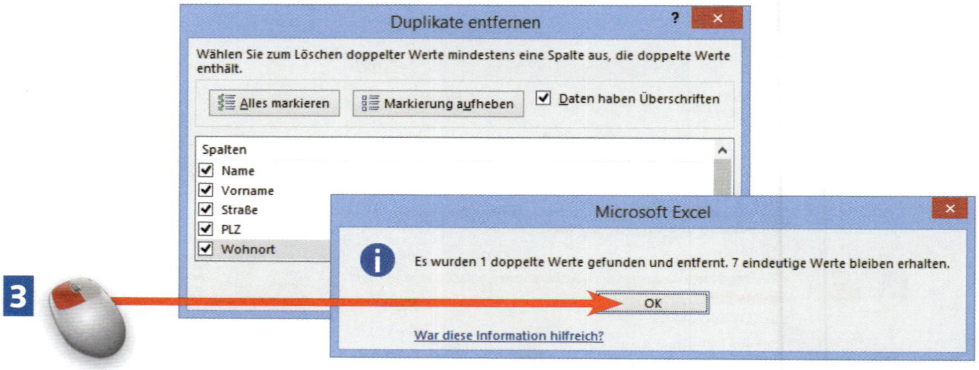

1 Doppelte Datensätze in einer Liste oder Datenbank lassen sich einfach und schnell entfernen. Setzen Sie den Zellzeiger in den Bereich ...

2 ... und wählen Sie *Duplikate entfernen* auf der Registerkarte *Daten* unter *Datentools*.

3 Markieren Sie mindestens eine Spalte, die doppelte Inhalte enthält, und klicken Sie auf *OK*. Excel meldet, wie viele Datensätze entfernt wurden.

Doppelte Datensätze entfernen Sie mit einem Werkzeug aus den Datentools, und wenn Sie einzelne gefilterte Sätze aus der Liste holen wollen, verwenden Sie den Spezialfilter. Er kopiert die Datensätze in einen Zielbereich, Sie geben nur das Filterkriterium und die gewünschten Spalten an.

WISSEN

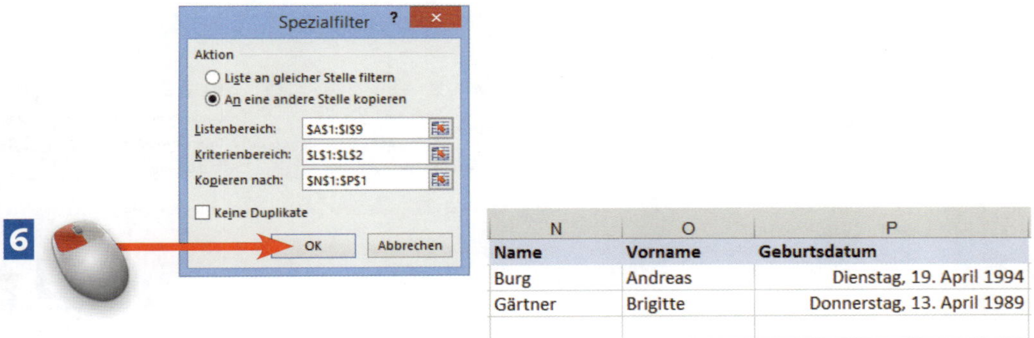

4 Für den Spezialfilter brauchen Sie einen Filterbereich (Feldname und Kriterium, hier Monat April) und einen Zielbereich mit beliebigen Feldern aus der Liste.

5 Starten Sie den Spezialfilter unter *Daten/Datentools/Erweitert*. Schalten Sie auf die zweite Option um und tragen Sie die drei Bereiche ein.

6 Mit einem Klick auf *OK* werden diejenigen Daten aus der Liste in den Zielbereich geschrieben, die dem Filterkriterium entsprechen.

Ende

Auch die Reihenfolge der Feldnamen im Zielbereich des Spezialfilters ist frei wählbar.

TIPP

Für einen ODER-Filter geben Sie die Kriterien untereinander ein:
Wohnort
München
Hamburg

HINWEIS

Kombinieren Sie im Filterbereich des Spezialfilters mehrere Felder: Für eine UND-Filterung schreiben Sie die Felder nebeneinander:
PLZ PLZ
>79999 <90000

HINWEIS

Start

	A	B	C	D	E	F
1	**FlyAway Reisebuchungen**					
2	*Buchungen 1. Halbjahr*					
3						
4	**Land**	**Bezeichnung**	**Reisepreis**	**Dauer**	**Buchungen**	**Umsatz**
5	Griechenland	Geheimnisvolles Mykonos	690,00 €	7 Tage	29	20.010,00 €
6	Griechenland	Korfu für Verliebte	230,00 €	4 Tage	40	9.200,00 €
7	Griechenland	Rhodos entdecken	480,00 €	6 Tage	36	17.280,00 €
8	Griechenland	Stadtreise Athen	390,00 €	3 Tage	55	21.450,00 €
9	Italien	Meer & Fun Riviera	890,00 €	14 Tage	21	18.690,00 €
10	Italien	Toscana pur	450,00 €	6 Tage	30	13.500,00 €
11	Italien	Venedig Festspiele	190,00 €	3 Tage	45	8.550,00 €
12	Spanien	Mallorca im Frühling	450,00 €	7 Tage	25	11.250,00 €
13	Spanien	Rundreise Kastilien	390,00 €	4 Tage	63	24.570,00 €
14	Spanien	Trekkingtour Mallorca	460,00 €	7 Tage	55	25.300,00 €
15	Malediven	Tauchen im Korallenriff	500,00 €	6 Tage	12	6.000,00 €

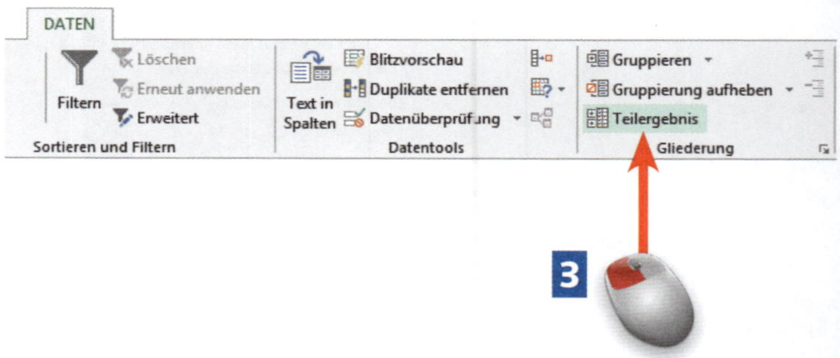

1 Hier eine Übersicht über Reisebuchungen. Um automatisch Zwischensummen in die letzten beiden Spalten zu setzen, platzieren Sie den Zellzeiger in die Liste.

2 Sortieren Sie die Liste aufsteigend nach dem Land in der ersten Spalte. Die Sortiersymbole finden Sie unter *Start* oder unter *Daten*.

3 Wählen Sie *Daten/Gliederung/Teilergebnis*.

Ein Teilergebnis ist ein Gruppenwechsel in der Liste, es summiert einzelne Spaltenwerte zu Zwischensummen. Achten Sie auf die richtige Sortierung, dann lässt sich Ihre Datenbank schnell und einfach auswerten.

WISSEN

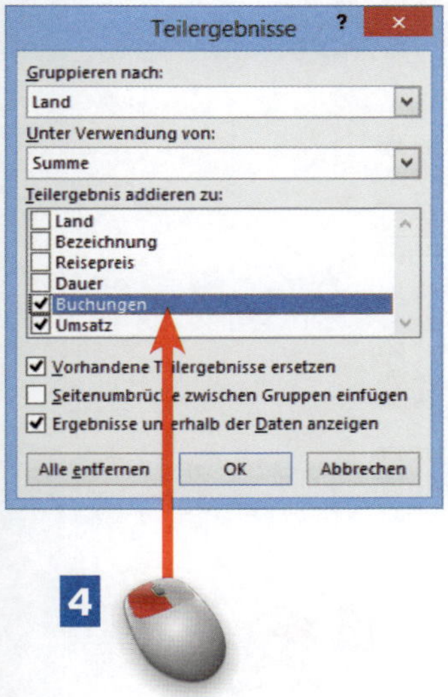

4

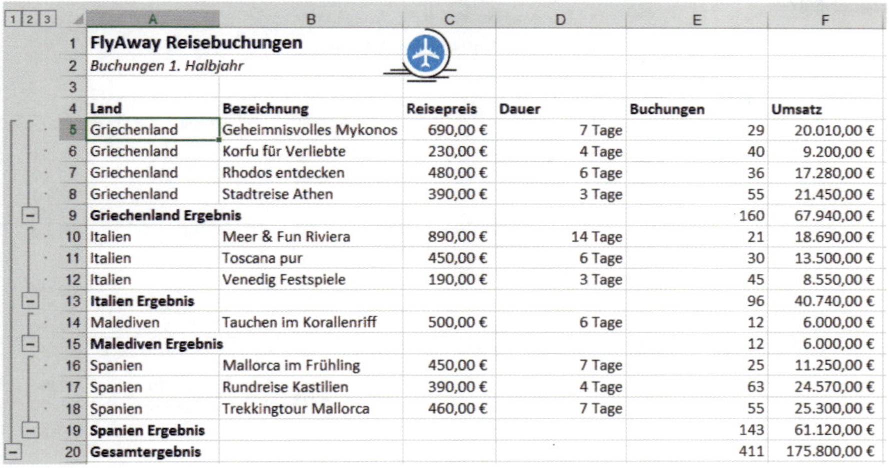

	A	B	C	D	E	F
1	**FlyAway Reisebuchungen**					
2	*Buchungen 1. Halbjahr*					
3						
4	**Land**	**Bezeichnung**	**Reisepreis**	**Dauer**	**Buchungen**	**Umsatz**
5	Griechenland	Geheimnisvolles Mykonos	690,00 €	7 Tage	29	20.010,00 €
6	Griechenland	Korfu für Verliebte	230,00 €	4 Tage	40	9.200,00 €
7	Griechenland	Rhodos entdecken	480,00 €	6 Tage	36	17.280,00 €
8	Griechenland	Stadtreise Athen	390,00 €	3 Tage	55	21.450,00 €
9	**Griechenland Ergebnis**				160	67.940,00 €
10	Italien	Meer & Fun Riviera	890,00 €	14 Tage	21	18.690,00 €
11	Italien	Toscana pur	450,00 €	6 Tage	30	13.500,00 €
12	Italien	Venedig Festspiele	190,00 €	3 Tage	45	8.550,00 €
13	**Italien Ergebnis**				96	40.740,00 €
14	Malediven	Tauchen im Korallenriff	500,00 €	6 Tage	12	6.000,00 €
15	**Malediven Ergebnis**				12	6.000,00 €
16	Spanien	Mallorca im Frühling	450,00 €	7 Tage	25	11.250,00 €
17	Spanien	Rundreise Kastilien	390,00 €	4 Tage	63	24.570,00 €
18	Spanien	Trekkingtour Mallorca	460,00 €	7 Tage	55	25.300,00 €
19	**Spanien Ergebnis**				143	61.120,00 €
20	**Gesamtergebnis**				411	175.800,00 €

5

6

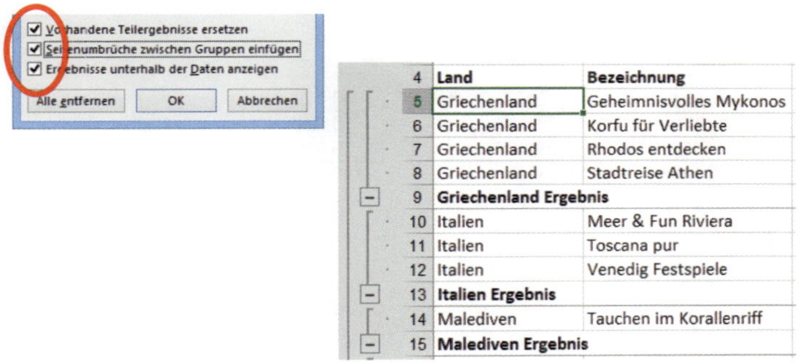

4	**Land**	**Bezeichnung**
5	Griechenland	Geheimnisvolles Mykonos
6	Griechenland	Korfu für Verliebte
7	Griechenland	Rhodos entdecken
8	Griechenland	Stadtreise Athen
9	**Griechenland Ergebnis**	
10	Italien	Meer & Fun Riviera
11	Italien	Toscana pur
12	Italien	Venedig Festspiele
13	**Italien Ergebnis**	
14	Malediven	Tauchen im Korallenriff
15	**Malediven Ergebnis**	

4 Die sortierte Spalte wird zur Gruppierung vorgeschlagen. Wählen Sie die Funktion *Summe* und kreuzen Sie die Spalten *Buchungen* und *Umsatz* an.

5 Mit einem Klick auf *OK* werden die Teilergebnisse berechnet. Die Liste bietet anschließend Zwischensummen und Gliederungssymbole am vertikalen Rand.

6 Setzen Sie die Option *Seitenumbrüche zwischen Gruppen einfügen*, wird jede Gruppe auf einer eigenen Seite gedruckt.

Ende

HINWEIS

Schalten Sie im Teilergebnisdialog auf die Funktion *Anzahl*, wenn Sie die Texteinträge in einer Spalte nicht summieren können.

HINWEIS

Vergessen Sie bei Seitenumbrüchen zwischen den Ebenen nicht, den Drucktitel zu setzen (*Seitenlayout/Seite einrichten*).

Start

1

	A	B	C	D	E
1	**Rossmann KG KFZ-Ausstattung**				
2	**Gewinn/Verlust-Rechnung**				
3					
4		Karosserie-ausstattung	Innen-ausstattung	Anhänger und Zubehör	Summe
5	**Fixkosten**				
6	Herstellung	60.000	43.992	38.000	141.992
7	Vertrieb	48.012	39.070	42.988	130.070
8	Material	30.334	41.899	32.911	105.144
9	Sonstige Fixkosten	10.009	12.455	14.555	37.019
10	**Summe Fixkosten**	148.355	137.416	128.454	414.225
11					
12	**Variable Kosten**				
13	Personal	179.127	188.934	230.455	598.516
14	Werbung	46.857	43.899	56.788	147.544
15	Sonstige variable Kosten	5.791	23.900	4.600	34.291
16	**Summe variable Kosten**	231.775	256.733	291.843	780.351
17					
18	**Umsatz**	**4.200.000**	**200.000**	**712.000**	**5.112.000**
19	**Gewinn/Verlust**	**3.819.870**	**-194.149**	**291.703**	**3.917.424**

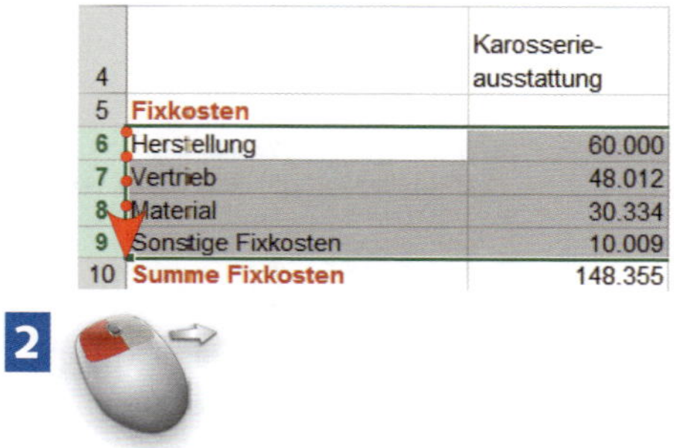

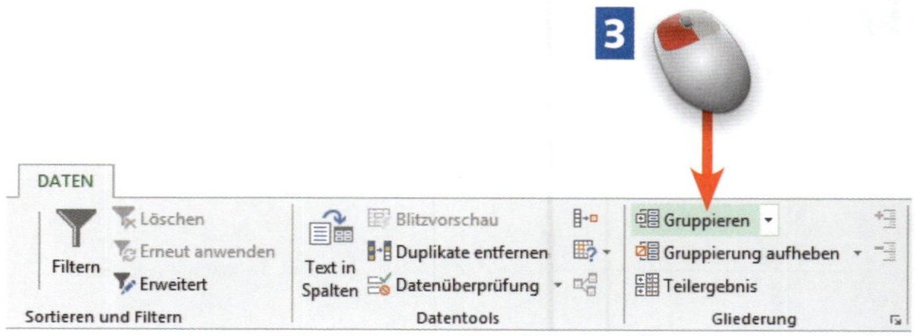

1 In dieser G&V-Rechnung sind die einzelnen Kosten und die Umsätze für drei Unternehmenseinheiten gelistet.

2 Markieren Sie die Zeilennummern der Zeilen, die Sie in die nächste Ebene setzen wollen.

3 Wählen Sie *Daten/Gliederung/Gruppieren*.

Mit der Gliederungsfunktion werden Listen in mehrere Ebenen unterteilt. Diese Ebenen können ein- und ausgeblendet werden. Nutzen Sie diese Technik in großen Tabellen mit Zwischensummen.

WISSEN

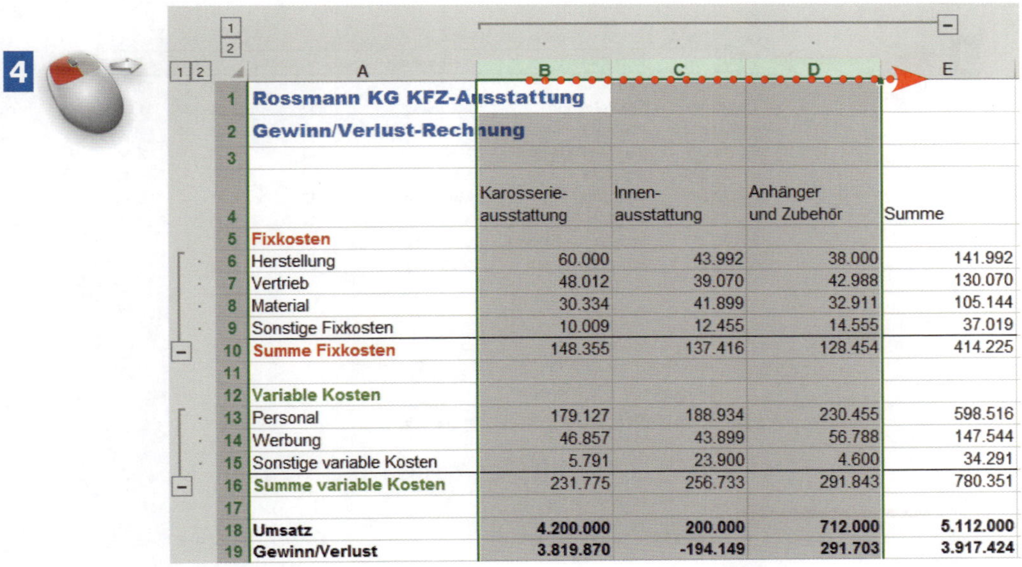

	A	B	C	D	E
1	**Rossmann KG KFZ-Ausstattung**				
2	**Gewinn/Verlust-Rechnung**				
3					
4		Karosserie-ausstattung	Innen-ausstattung	Anhänger und Zubehör	Summe
5	**Fixkosten**				
6	Herstellung	60.000	43.992	38.000	141.992
7	Vertrieb	48.012	39.070	42.988	130.070
8	Material	30.334	41.899	32.911	105.144
9	Sonstige Fixkosten	10.009	12.455	14.555	37.019
10	**Summe Fixkosten**	148.355	137.416	128.454	414.225
11					
12	**Variable Kosten**				
13	Personal	179.127	188.934	230.455	598.516
14	Werbung	46.857	43.899	56.788	147.544
15	Sonstige variable Kosten	5.791	23.900	4.600	34.291
16	**Summe variable Kosten**	231.775	256.733	291.843	780.351
17					
18	**Umsatz**	**4.200.000**	**200.000**	**712.000**	**5.112.000**
19	**Gewinn/Verlust**	**3.819.870**	**-194.149**	**291.703**	**3.917.424**

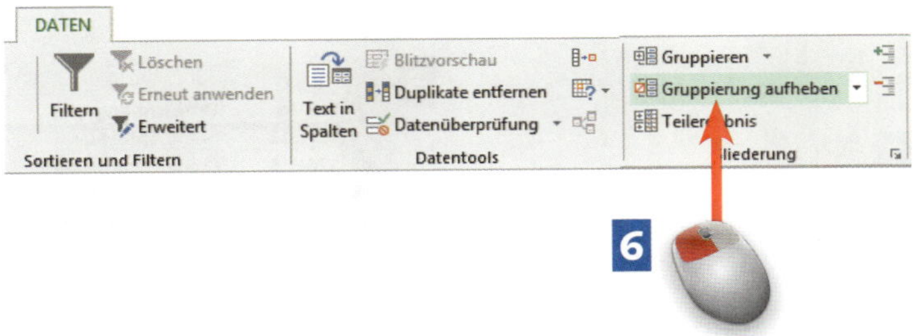

4 Gruppieren Sie so auch die zweite Zeilenebene und die Spalten B:D, die Sie vorher über die Spaltenbuchstaben markiert hatten.

5 Mit den Gliederungssymbolen in der Gliederungsgruppe oder an den Rändern der Tabelle blenden Sie Ebenen ein und wieder aus.

6 Um Zeilen oder Spalten wieder eine Ebene höher zu stufen, markieren Sie die Zeilen oder Spalten und heben die Gliederung wieder auf.

Ende

Die *AutoGliederung* versucht, die Ebenen selbst zu ermitteln. Verwenden Sie diese Option nur, wenn Ihre Tabelle durchgängig Zwischensummen enthält.

TIPP

Die Einstellung der Zwischensummen (Hauptzeilen/Hauptspalten), die wahlweise über oder unter den Daten stehen, finden Sie im Dialogfenster der Gliederungsgruppe (kleines Symbol rechts unten).

HINWEIS

Markieren Sie immer ganze Zeilen und Spalten für die Gliederung, damit Excel nicht nachfragen muss, was zu gliedern ist.

TIPP

Start

1

	A	B	C	D	E	F
1	Art.-Nr.	Bezeichnung	Verpackung	Inhalt	Größe	Preis
2	120-300	Red Bull	Dose	24	0,25	38,37
3	120-301	San Pelegrino	Mehrweg	12	1,00	11,03
4	120-302	Parkquelle Bitter Lemon	Gastr.-Fl.	20	0,25	9,8
5	120-303	Parkquelle Mineral	Mehrweg	12	0,75	3,68
6	120-304	Vita Cola	Mehrweg	12	0,75	5,88
7	120-305	Club Cola	Mehrweg	12	0,75	5,29
8	120-306	Afri Cola Formflasche	Mehrweg	12	0,75	15,14
9	120-307	Schweppes Bitter Lemon	Mehrweg	20	0,25	15,55
10	120-308	Schweppes Tonic	Mehrweg	20	0,25	15,55

2

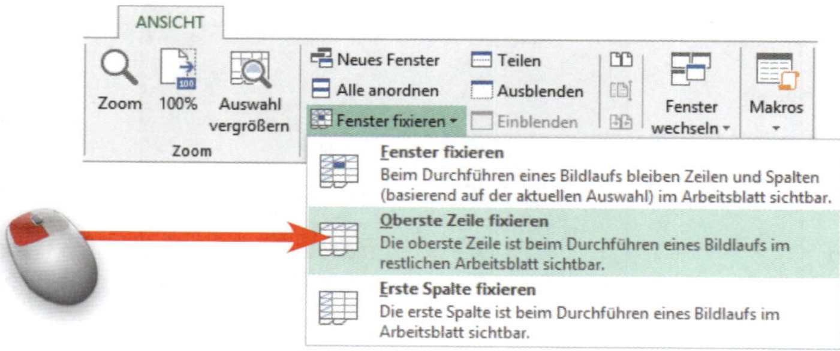

3

	A	B	C	D	E	F
1	Art.-Nr.	Bezeichnung	Verpackung	Inhalt	Größe	Preis
14	120-312	Granini Apfel Klar	Mehrweg	24	0,25	15,19
15	120-313	Granini Orangensaft	Mehrweg	24	0,25	16,94
16	120-314	Niehoff Multifruchtsaft	Gastr.-Fl.	12	0,25	10,64
17	120-315	Niehoff Apfelsaft	Gastr.-Fl.	12	0,25	9,54
18	120-316	Coca Cola	Mehrweg	20	0,75	9,8
19	120-317	Fanta	Mehrweg	20	0,75	10,58
20	120-318	Fanta light	Mehrweg	20	0,75	15,01

1 Markieren Sie die Zelle, an der Sie die Liste fixieren wollen, zum Beispiel B2 für die erste Zeile und erste Spalte oder Zeile 2 für die ganze Zeile.

2 Wählen Sie *Ansicht/Fenster/Fenster fixieren*. Klicken Sie auf die gewünschte Option.

3 Die erste Zeile ist fixiert, rollen Sie die Liste nach oben, bleibt sie auf dem Bildschirm.

Wenn in einer mehrseitigen Liste mit Maus oder Rollbalken geblättert wird, verschwindet die Kopfzeile, beim horizontalen Rollen geht zuerst die erste Spalte verloren. Fixieren Sie Zeilen und Spalten, damit Sie auch beim Rollen der Liste die Beschriftungen im Auge behalten können.

WISSEN

4

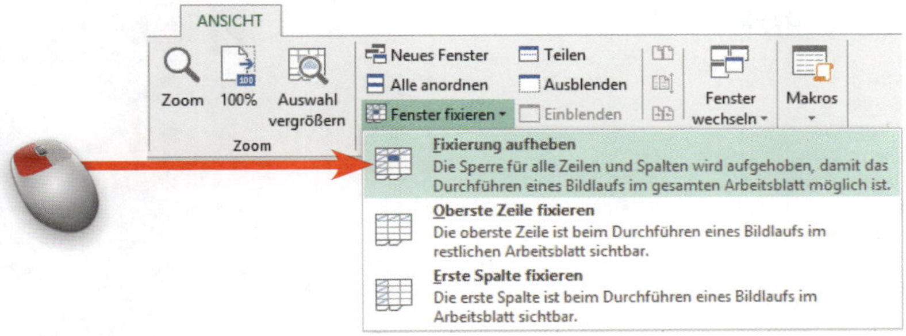

5

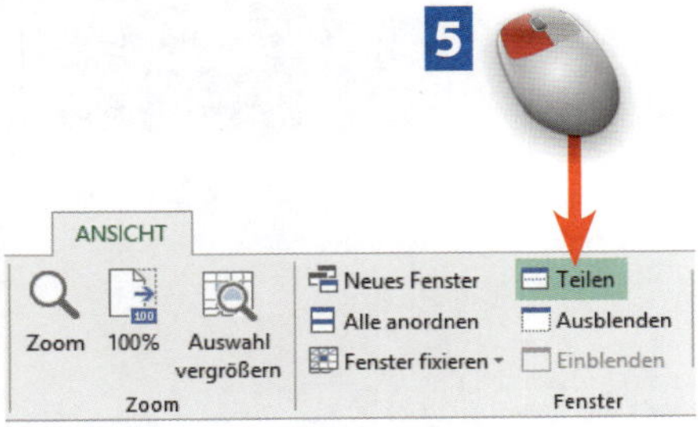

6

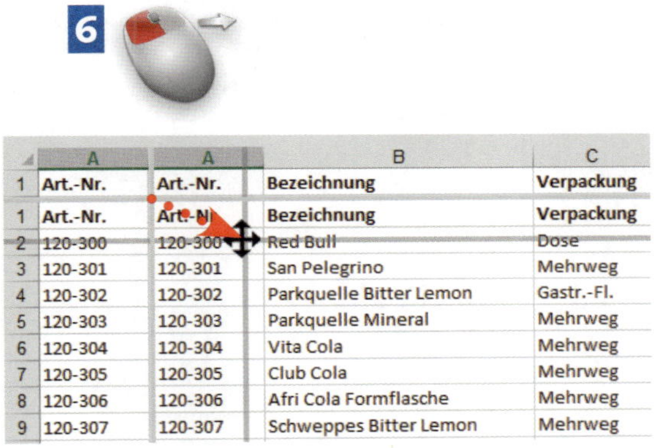

4 Mit *Ansicht/Fenster/Fenster fixieren/Fixierung aufheben* entfernen Sie die Fixierung wieder.

5 Mit *Ansicht/Fenster/Teilen* setzen Sie eine horizontale und eine vertikale Teilungslinie, die sich mit dem Mauszeiger verschieben lässt.

6 Ziehen Sie die Teiler mit gedrückter Maustaste auf einer Linie oder im Kreuzungspunkt. Ein Doppelklick auf eine Teilerlinie entfernt diese wieder.

Ende

Jedes Tabellenblatt kann nur eine Fixierung oder wahlweise eine Teilung enthalten.

HINWEIS

Die Fensterfixierung hebt die manuelle Teilung auf. Bei fixierten Bereichen sind die Teilersymbole nicht verfügbar.

HINWEIS

Start

1

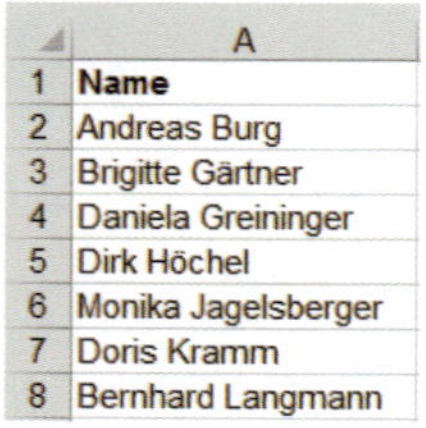

2

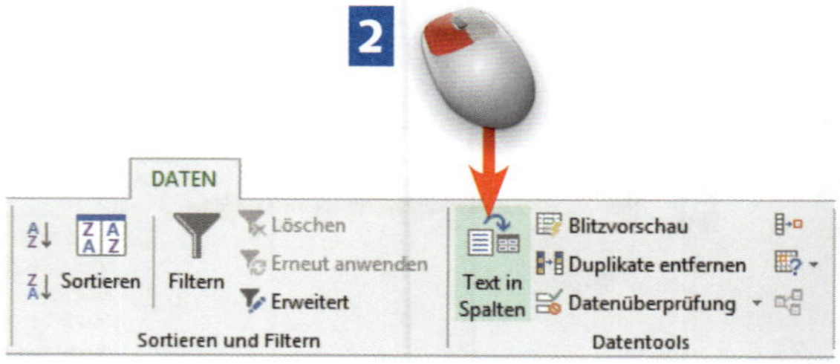

3

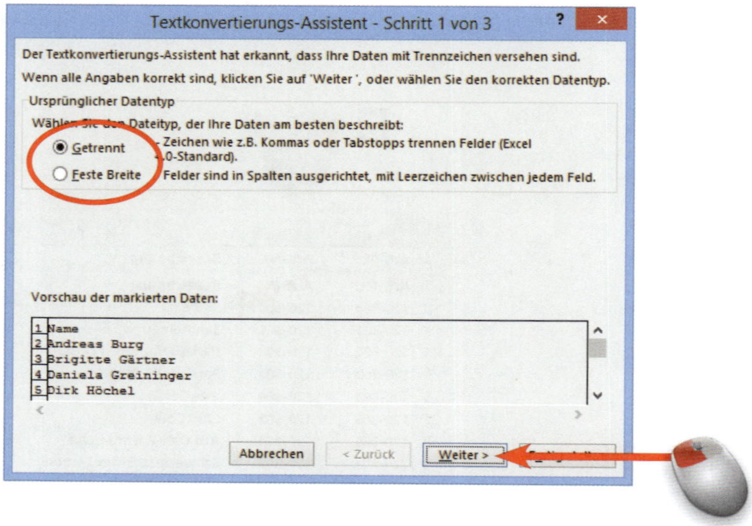

1 Diese Adressliste enthält Vornamen und Namen in einer Spalte.

2 Markieren Sie die Spalte per Klick auf den Spaltenkopf und wählen Sie *Daten/Datentools/Text in Spalten*.

3 Der Textkonvertierungs-Assistent startet, bestätigen Sie den Datentyp *Getrennt* mit einem Klick auf *Weiter*.

Wenn die Daten in einer Liste nicht die gewünschte Aufteilung haben, können Sie den Textkonvertierungs-Assistenten beauftragen, sie fachgerecht zu zerteilen. Ist ein Trennzeichen erkennbar, findet der Assistent die richtige Schnittstelle und trennt die Daten.

WISSEN

4

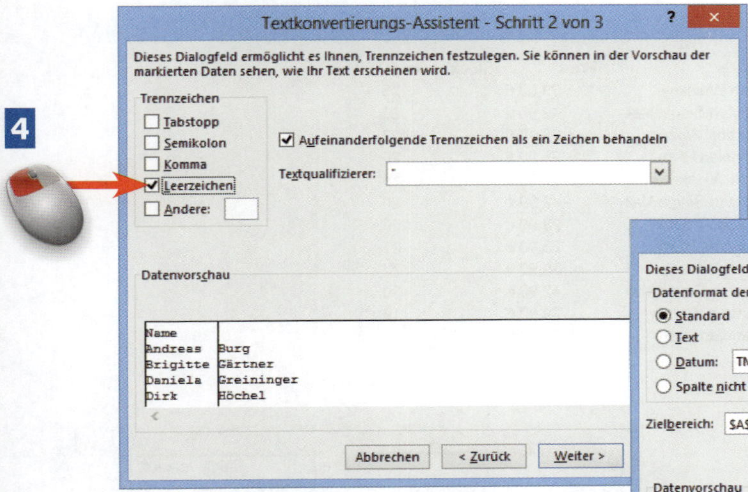

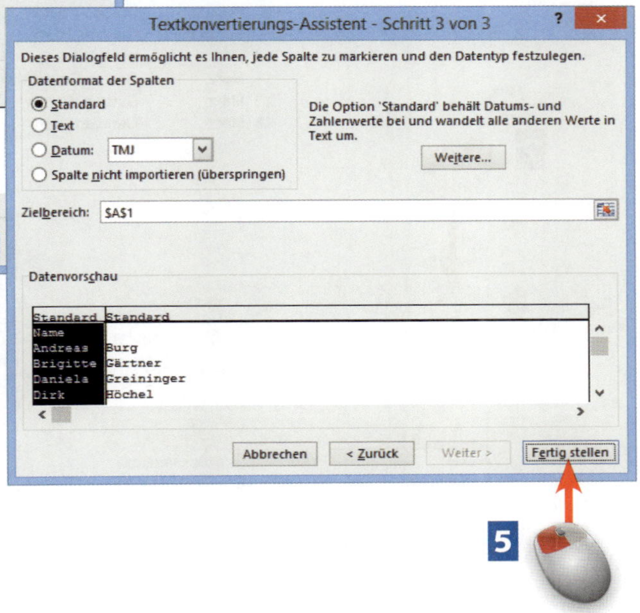

5

6

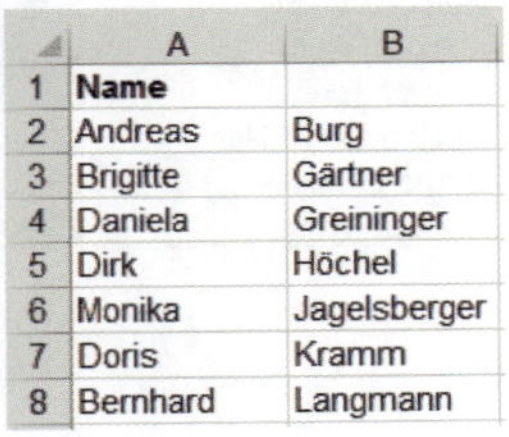

	A	B
1	**Name**	
2	Andreas	Burg
3	Brigitte	Gärtner
4	Daniela	Greininger
5	Dirk	Höchel
6	Monika	Jagelsberger
7	Doris	Kramm
8	Bernhard	Langmann

4 Stellen Sie das Trennzeichen (hier Leerzeichen) ein. Texterkennungszeichen kommen vor, wenn Texte in der Spalte in Anführungszeichen stehen.

5 Überprüfen Sie das Datenformat der einzelnen Spalten und klicken Sie auf *Fertig stellen*, wenn alle Informationen an Bord sind.

6 Die markierte Spalte wird in zwei Spalten aufgeteilt, der Text nach dem Trennzeichen wird in die Spalte(n) rechts von der Originalspalte geschrieben.

Ende

Wenn die vorliegenden Daten kein erkennbares Trennzeichen haben, versuchen Sie es mit dem Datentyp *Feste Breite*. Hier können Sie per Mausklick die Spaltenbreiten festlegen. Ziehen Sie die Spaltentrennlinien einfach mit dem Mauszeiger ein.

HINWEIS

Stellen Sie sicher, dass neben der aufzuteilenden Spalte genug Platz ist, fügen Sie ggf. vorher Leerspalten ein.

HINWEIS

Start

1

	A	B	C	D
1	Monat	Artikel	Preis	Stück verkauft
2	Januar	Irish Whiskey	39,90 €	25
3	Januar	Scotch Single Malt	42,90 €	30
4	Januar	Burbon Whisky	28,90 €	22
5	Januar	Caribian Rum	25,90 €	20
6	Februar	Irish Whiskey	39,90 €	15
7	Februar	Scotch Single Malt	42,90 €	20
8	Februar	Burbon Whisky	28,90 €	25
9	Februar	Caribian Rum	25,90 €	21
10	März	Irish Whiskey	39,90 €	23
11	März	Scotch Single Malt	42,90 €	30
12	März	Burbon Whisky	28,90 €	19
13	März	Caribian Rum	25,90 €	18

2

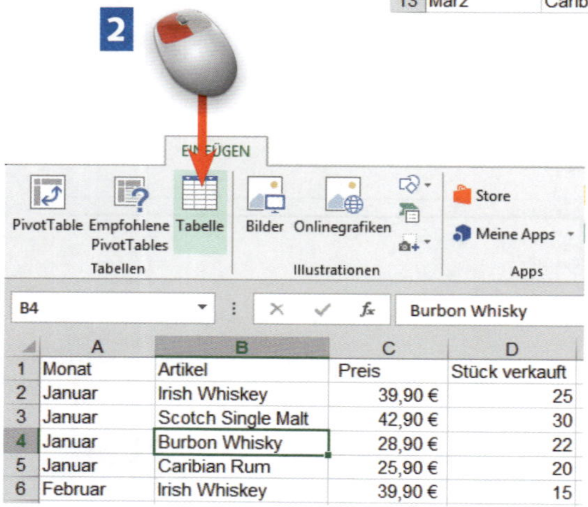

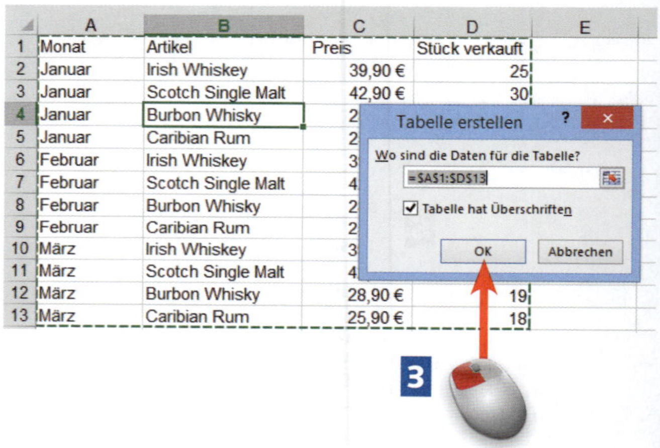

3

1 Setzen Sie den Zellzeiger in eine Liste, entfernen Sie alle Gruppierungen, Teilergebnisse und Filter.

2 Wählen Sie *Einfügen/Tabelle* oder *Start/Formatvorlagen/Als Tabelle formatieren*.

3 Der Listenbereich wird vorgeschlagen, markieren Sie ihn im Hintergrund neu, falls die Liste nicht erkannt wurde, und klicken Sie auf *OK*.

Wenn Sie eine Liste in eine *Tabelle* konvertieren, lässt sich diese noch einfacher bearbeiten und auswerten. Sie können zum Beispiel automatisch Ergebnisse (Summen) am unteren Rand einfügen, und neue Zeilen gehören automatisch zur Liste, wenn sie unten angefügt werden.

WISSEN

4

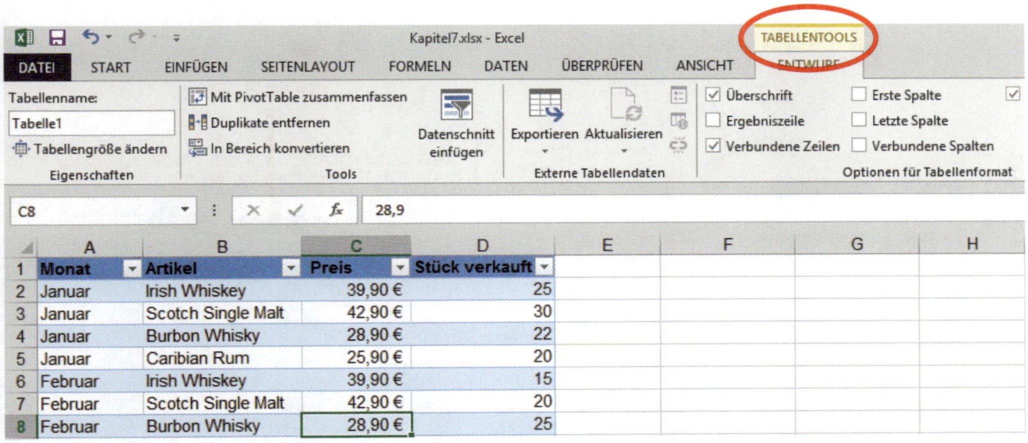

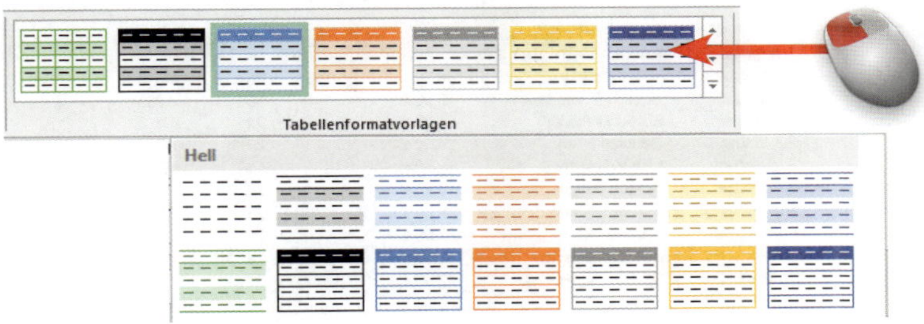

5

6

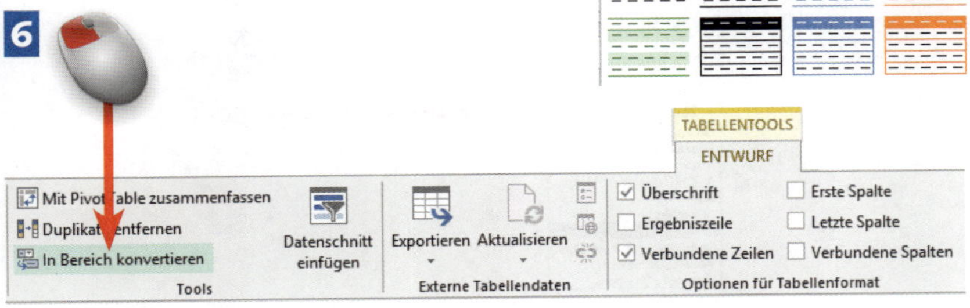

4 Damit ist die Liste in eine Tabelle konvertiert, das Menüband enthält mit dem Zellzeiger in der Tabelle ein neues Register *Tabellentools*.

5 Wählen Sie eine passende Tabellenformatvorlage. Mit dem Mauszeiger auf einer Vorlage wird das Ergebnis vorab angezeigt.

6 Wollen Sie alle Tabellenfunktionen wieder entfernen, konvertieren Sie die Tabelle in einen Bereich.

Ende

Der Name der Tabelle (*Tabelle1*) kann links oben geändert werden, er ist für die Verwendung des Bereichs in Formeln wichtig. Beispiel: =ZEILEN(Tabelle1)

HINWEIS

Um in der Tabelle eine neue Zeile anzufügen, drücken Sie mit dem Zellzeiger in der letzten Zelle die [Tab]-Taste oder schreiben einfach in der nächsten Zeile weiter.

HINWEIS

Start

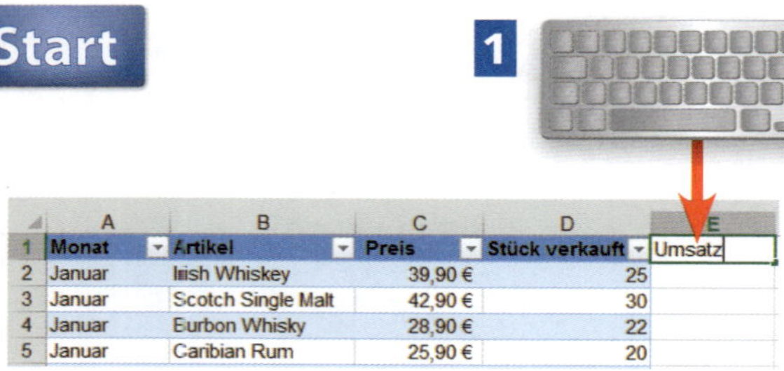

	A	B	C	D	E
1	Monat	Artikel	Preis	Stück verkauft	Umsatz
2	Januar	Irish Whiskey	39,90 €	25	
3	Januar	Scotch Single Malt	42,90 €	30	
4	Januar	Burbon Whisky	28,90 €	22	
5	Januar	Caribian Rum	25,90 €	20	

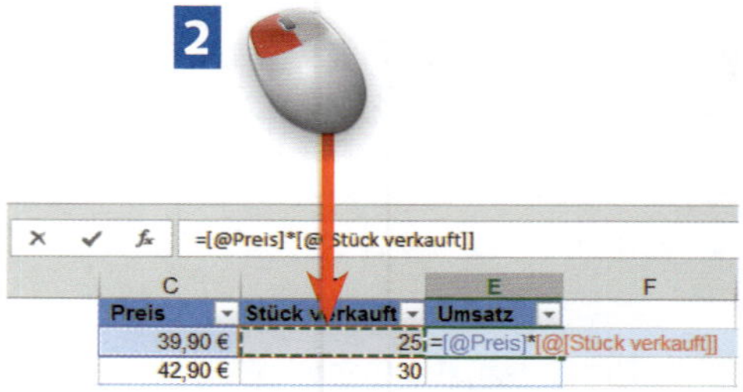

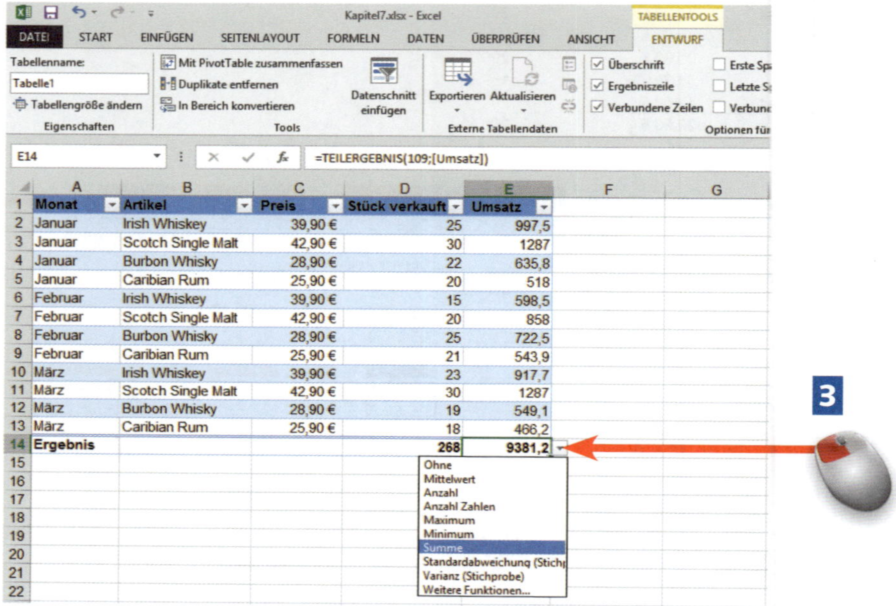

	A	B	C	D	E
1	Monat	Artikel	Preis	Stück verkauft	Umsatz
2	Januar	Irish Whiskey	39,90 €	25	997,5
3	Januar	Scotch Single Malt	42,90 €	30	1287
4	Januar	Burbon Whisky	28,90 €	22	635,8
5	Januar	Caribian Rum	25,90 €	20	518
6	Februar	Irish Whiskey	39,90 €	15	598,5
7	Februar	Scotch Single Malt	42,90 €	20	858
8	Februar	Burbon Whisky	28,90 €	25	722,5
9	Februar	Caribian Rum	25,90 €	21	543,9
10	März	Irish Whiskey	39,90 €	23	917,7
11	März	Scotch Single Malt	42,90 €	30	1287
12	März	Burbon Whisky	28,90 €	19	549,1
13	März	Caribian Rum	25,90 €	18	466,2
14	Ergebnis			268	9381,2

1 Schreiben Sie in die erste Zelle der nächsten freien Spalte *Umsatz*. Die neue Spalte wird automatisch an die Tabelle angefügt.

2 Berechnen Sie das Produkt aus Preis und Stückzahl. Schreiben Sie ein =-Zeichen, klicken Sie für die Verweise auf die untere Linie des Spaltenkopfes.

3 Der strukturierte Verweis wird automatisch auf alle Zeilen der Tabelle kopiert, schalten Sie die Ergebniszeile ein und berechnen Sie die Zeilensummen.

Besonders nützlich in Tabellen sind strukturierte Verweise: Statt Zellbezügen verwenden die Formeln die Spaltenbezeichnungen der Tabelle. Nutzen Sie strukturierte Verweise auch für die Auswertung von Tabellendaten.

WISSEN

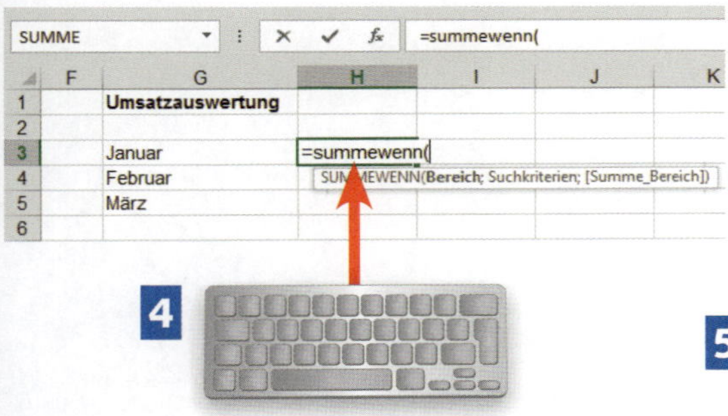

4

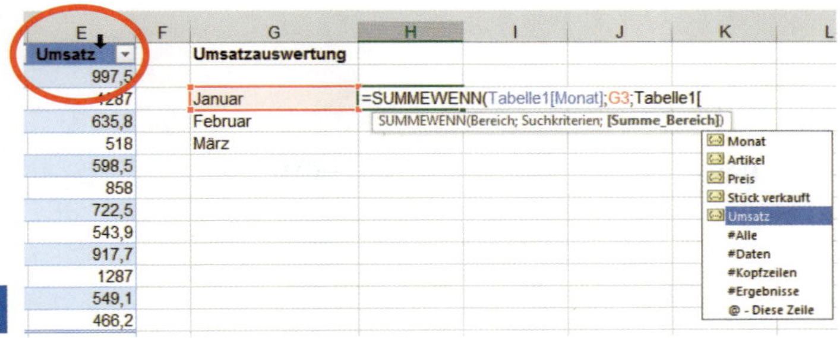

5

6

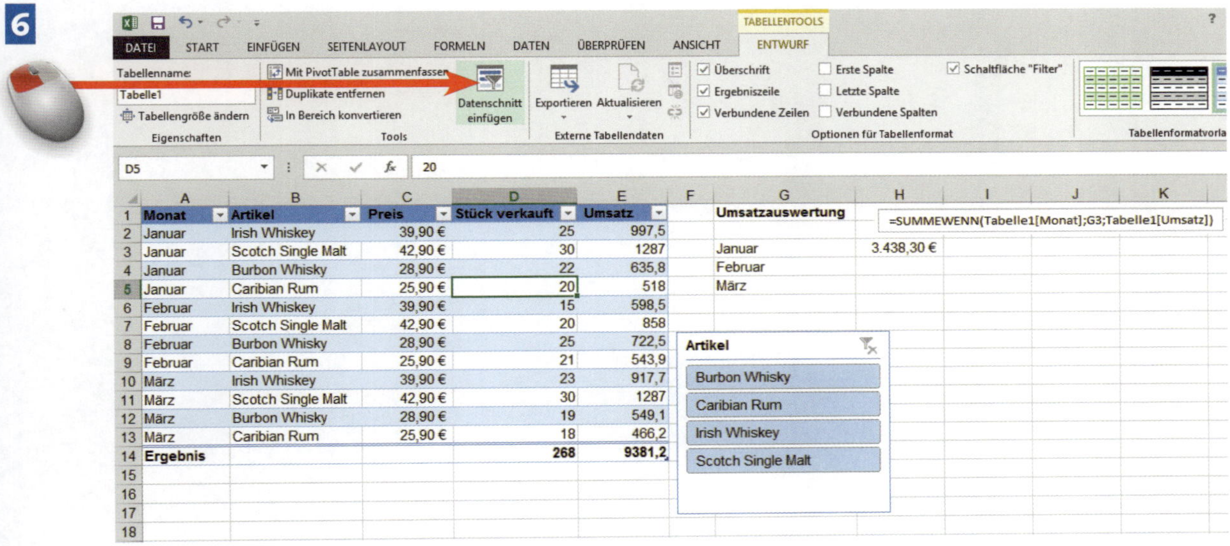

	Monat	Artikel	Preis	Stück verkauft	Umsatz
2	Januar	Irish Whiskey	39,90 €	25	997,5
3	Januar	Scotch Single Malt	42,90 €	30	1287
4	Januar	Burbon Whisky	28,90 €	22	635,8
5	Januar	Caribian Rum	25,90 €	20	518
6	Februar	Irish Whiskey	39,90 €	15	598,5
7	Februar	Scotch Single Malt	42,90 €	20	858
8	Februar	Burbon Whisky	28,90 €	25	722,5
9	Februar	Caribian Rum	25,90 €	21	543,9
10	März	Irish Whiskey	39,90 €	23	917,7
11	März	Scotch Single Malt	42,90 €	30	1287
12	März	Burbon Whisky	28,90 €	19	549,1
13	März	Caribian Rum	25,90 €	18	466,2
14	Ergebnis			268	9381,2

4 Für einen externen strukturierten Verweis schreiben Sie die Formel (hier SUMMEWENN) mit der Argumenteklammer.

5 Klicken Sie auf die untere Linie eines Spaltenbuchstabens für den Verweis oder geben Sie den Tabellennamen und eine eckige Klammer [ein.

6 Mit *Datenschnitt einfügen* in den *Tabellentools* fügen Sie einen Datenschnitt ein, mit dem einzelne Spalten gefiltert werden.

Ende

Schreiben Sie in der Formel den Namen der Tabelle, gefolgt von einer eckigen Klammer, erhalten Sie alle Spalten und alle Tabellenelemente für strukturierte Verweise.

TIPP

Der Tabellenname lässt sich in den *Tabellentools* ändern – verwenden Sie kurze Tabellenbezeichnungen (z. B. *tbl_Umsatz*).

TIPP

PivotTables und PivotCharts

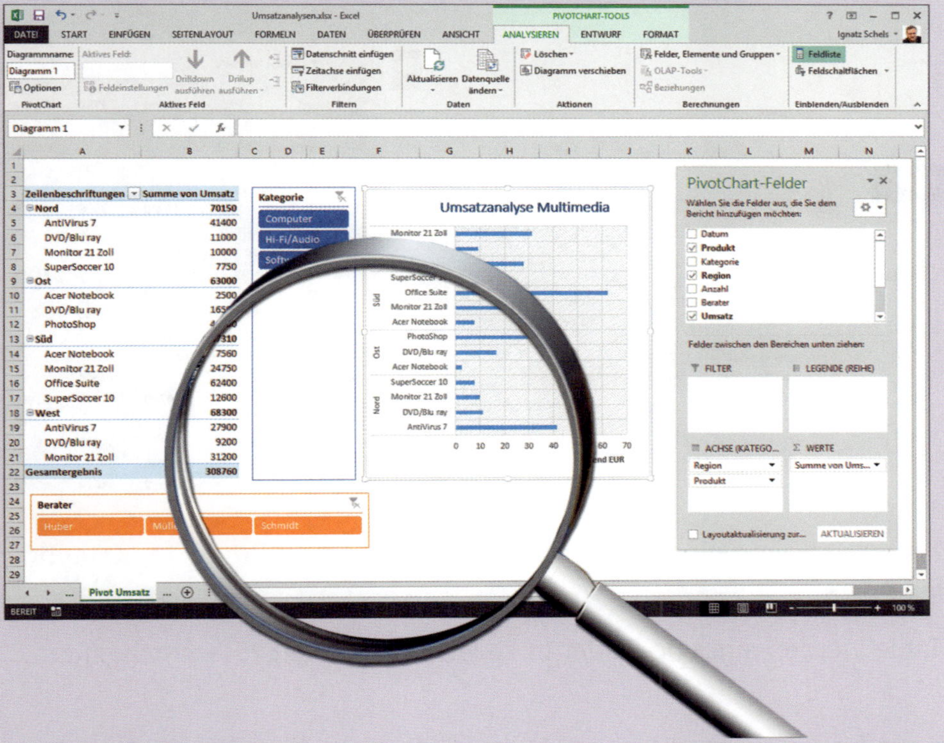

8

Start

1

	A	B	C	D	E	F	G	H	I
1	Datum	Produkt	Kategorie	Region	Anzahl	Berater	Umsatz		
2	10.01.2014	Monitor 21 Zoll	Computer	Nord	25	Schmidt	10.000,00 €		
3	12.01.2014	DVD/Blu ray	Hi-Fi/Audio	Nord	55	Huber	11.000,00 €		
4	16.01.2014	AntiVirus 7	Software/Spiele	Nord	46	Schmidt	41.400,00 €		
5	30.01.2014	SuperSoccer 10	Software/Spiele	Nord	31	Müller	7.750,00 €		
6	25.02.2014	Acer Notebook	Computer	Ost	50	Müller	2.500,00 €		
7	01.02.2014	DVD/Blu ray	Hi-Fi/Audio	Ost	66	Schmidt	16.500,00 €		
8	16.02.2014	PhotoShop	Software/Spiele	Ost	55	Huber	44.000,00 €		
9	15.02.2014	Monitor 21 Zoll	Computer	Süd	55	Huber	24.750,00 €		
10	21.03.2014	Acer Notebook	Computer	Süd	63	Müller	7.560,00 €		
11	25.03.2014	SuperSoccer 10	Software/Spiele	Süd	63	[illegible]	[illegible]		
12	14.03.2014	Office Suite	Software/Spiele	[illegible]	[illegible]	[illegible]	[illegible]		
13	01.02.2014	DVD/Blu ray	Hi-Fi/Audio	[illegible]	[illegible]	[illegible]	[illegible]		
14	12.03.2014	Monitor 21 Zoll	Computer	[illegible]	[illegible]	[illegible]	[illegible]		
15	25.03.2014	AntiVirus 7	Software/Spiele	[illegible]	[illegible]	[illegible]	[illegible]		
16									
17									

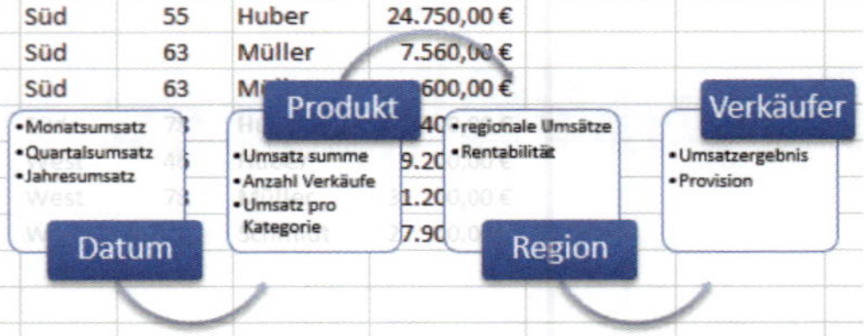

2

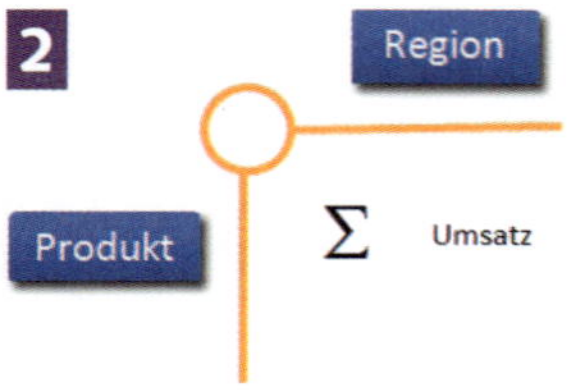

3						
4		Nord	Ost	Süd	West	Gesamtergebnis
5	Acer Notebook		2500	7560		10060
6	AntiVirus 7	41400			27900	69300
7	DVD/Blu ray	11000	16500		9200	36700
8	Monitor 21 Zoll	10000		24750	31200	65950
9	Office Suite			62400		62400
10	PhotoShop		44000			44000
11	SuperSoccer 10	7750		12600		20350
12	**Gesamtergebnis**	**70150**	**63000**	**107310**	**68300**	**308760**

3

4	**Summe von Umsatz**				
5		**Huber**	**Müller**	**Schmidt**	**Gesamtergebnis**
6	**⊟ Nord**	**11000**	**7750**	**51400**	**70150**
7	AntiVirus 7			41400	41400
8	Monitor 21 Zoll			10000	10000
9	SuperSoccer 10		7750		7750
10	DVD/Blu-ray	11000			11000
11	**⊟ Ost**	**44000**	**2500**	**16500**	**63000**
12	Acer Notebook		2500		2500
13	PhotoShop	44000			44000
14	DVD/Blu-ray			16500	16500
15	**⊟ Süd**	**87150**	**20160**		**107310**
16	Acer Notebook		7560		7560
17	Monitor 21 Zoll	24750			24750
18	Office Suite	62400			62400
19	SuperSoccer 10		12600		12600
20	**⊟ West**	**9200**	**31200**	**27900**	**68300**
21	AntiVirus 7			27900	27900
22	Monitor 21 Zoll		31200		31200
23	DVD/Blu-ray	9200			9200
24	**Gesamtergebnis**	**151350**	**61610**	**95800**	**308760**

1 Eine Umsatzliste zeigt die regionalen Umsätze eines Jahres für Produkte, Kategorien und Verkäufer.

2 In der PivotTable werden einzelne Felder in Zeilen und Spalten zusammengefasst.

3 Das Pivot-Layout bestimmt das Ergebnis: Hier sind Regionen und Produkte zeilenweise und die Verkäufer spaltenweise angeordnet.

PivotTables sind optimale Werkzeuge für die Berichterstattung in den Bereichen Finanzen/Controlling, Marketing, Personalwesen u. a. PivotTables fassen die Daten aus großen Listen und Tabellen zusammen, analysieren sie und präsentieren sie in verschiedenen Ansichten.

WISSEN

4

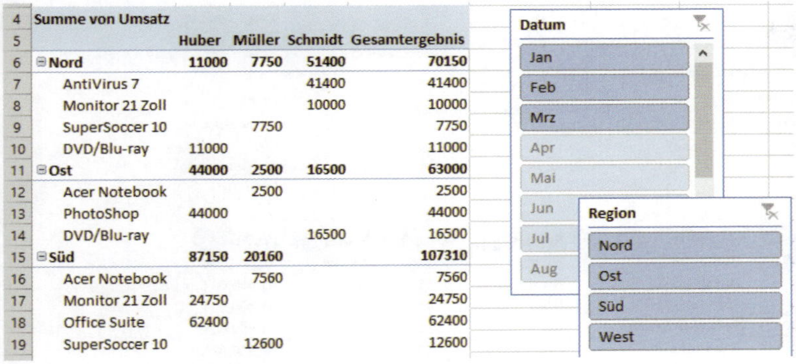

		Huber	Müller	Schmidt	Gesamtergebnis
4	Summe von Umsatz				
5		Huber	Müller	Schmidt	Gesamtergebnis
6	⊟Nord	11000	7750	51400	70150
7	AntiVirus 7			41400	41400
8	Monitor 21 Zoll			10000	10000
9	SuperSoccer 10		7750		7750
10	DVD/Blu-ray	11000			11000
11	⊟Ost	44000	2500	16500	63000
12	Acer Notebook		2500		2500
13	PhotoShop	44000			44000
14	DVD/Blu-ray			16500	16500
15	⊟Süd	87150	20160		107310
16	Acer Notebook		7560		7560
17	Monitor 21 Zoll	24750			24750
18	Office Suite	62400			62400
19	SuperSoccer 10		12600		12600

5

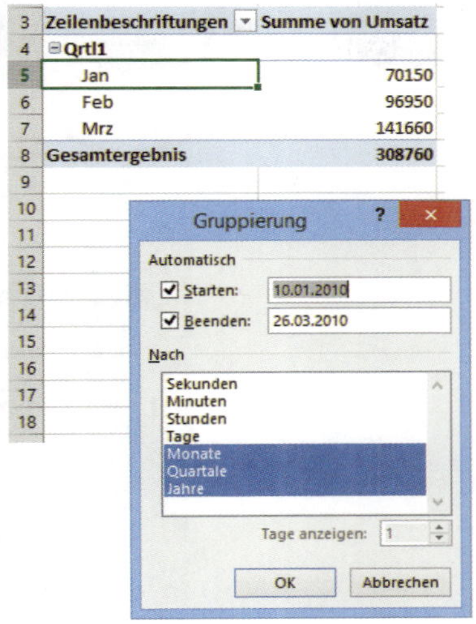

	Zeilenbeschriftungen	Summe von Umsatz
4	⊟Qrtl1	
5	Jan	70150
6	Feb	96950
7	Mrz	141660
8	Gesamtergebnis	308760

6

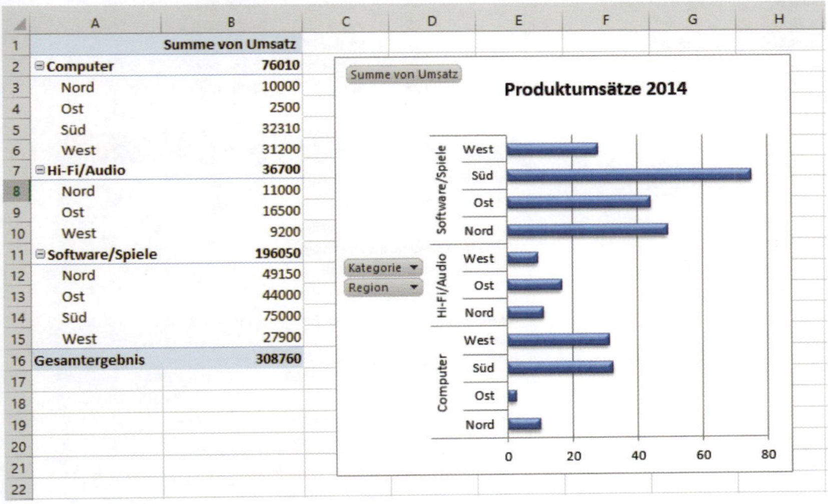

	A	B
1		Summe von Umsatz
2	⊟Computer	76010
3	Nord	10000
4	Ost	2500
5	Süd	32310
6	West	31200
7	⊟Hi-Fi/Audio	36700
8	Nord	11000
9	Ost	16500
10	West	9200
11	⊟Software/Spiele	196050
12	Nord	49150
13	Ost	44000
14	Süd	75000
15	West	27900
16	Gesamtergebnis	308760

4 Berichtsfilter und Datenschnitte bieten die Möglichkeit, die Felder zu filtern.

5 Datumswerte werden gruppiert, sodass der Bericht die Daten nach Jahren, Monaten und Quartalen zusammenfasst.

6 Im PivotChart lässt sich die Entwicklung der Umsätze noch grafisch darstellen.

Ende

PivotTables verändern im Unterschied zu Teilergebnissen nicht die Originaldaten, sie werden immer in eigenen Bereichen oder Tabellen erstellt.

HINWEIS

Pivot kommt vom franz. *pivoter = drehen*.

FACHWORT

Die optimale Datenquelle für PivotTables und PivotCharts ist eine Tabelle (siehe Kapitel 7).

TIPP

Start

1

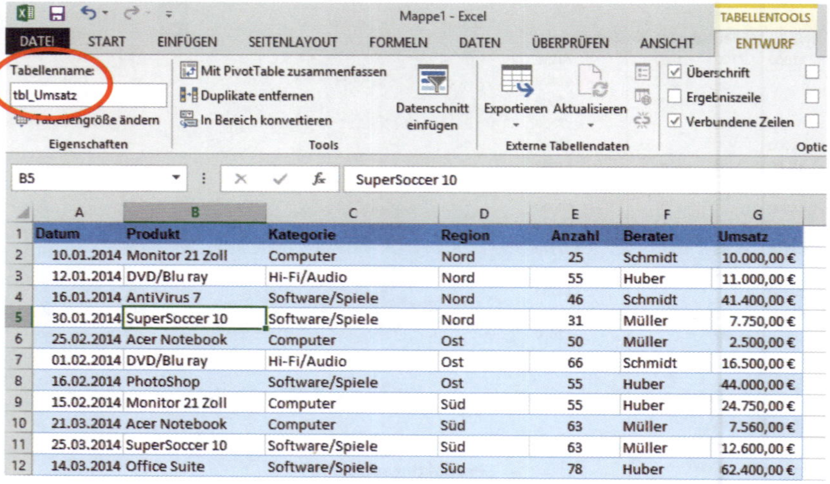

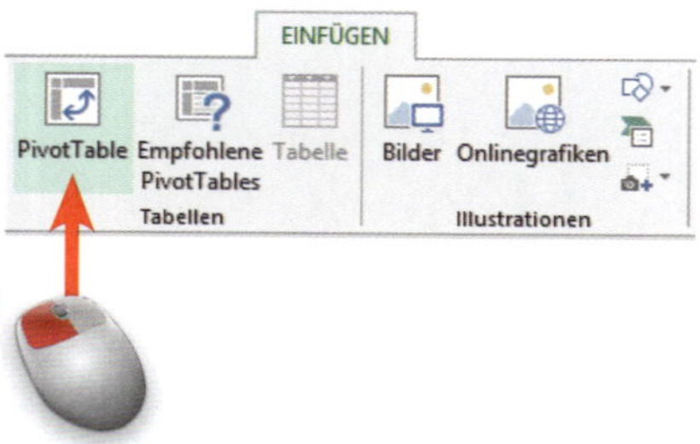

2

3

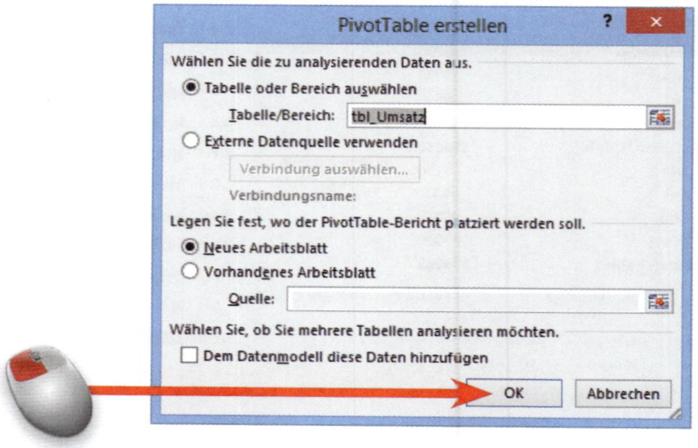

1 Wandeln Sie die Liste in eine Tabelle um und geben Sie der Tabelle einen Namen (hier: *tbl_Umsatz*).

2 Wählen Sie *Einfügen/PivotTable*.

3 Der markierte Bereich oder – bei Tabellen – der Tabellenname wird vorgeschlagen, bestätigen Sie mit einem Klick auf *OK*.

Starten Sie Ihre erste PivotTable für die Analyse der Warenumsätze. Erstellen Sie eine Tabelle aus der Liste und legen Sie die erste PivotTable in einem neuen Tabellenblatt an.

WISSEN

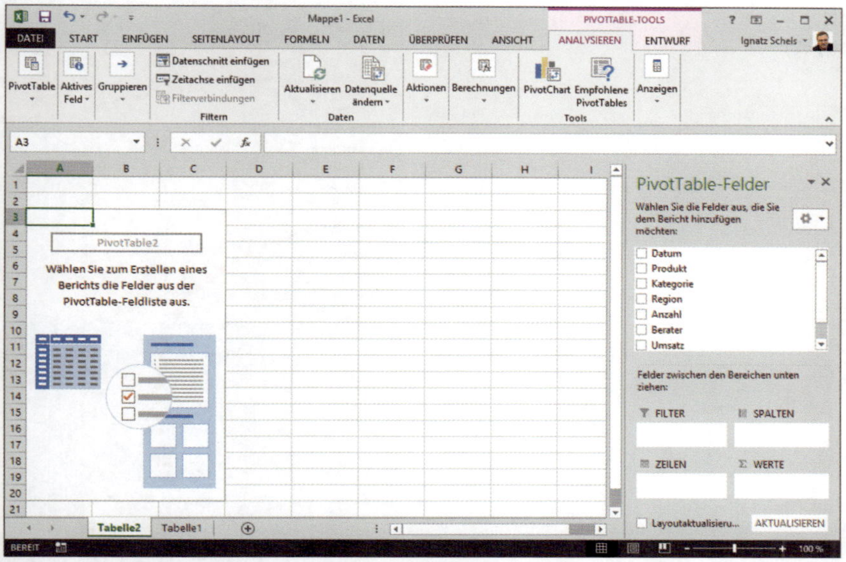

4

5

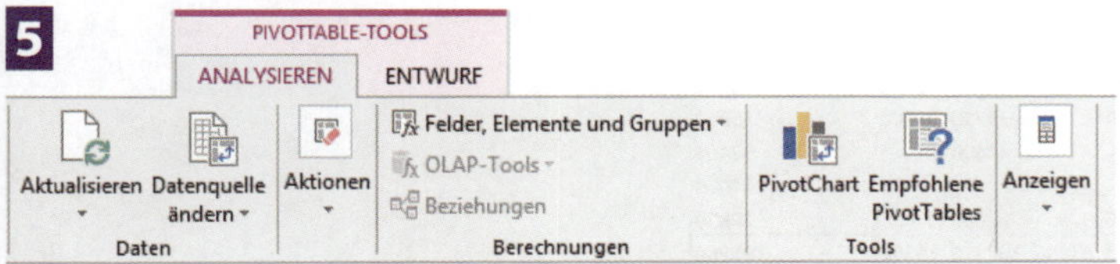

6

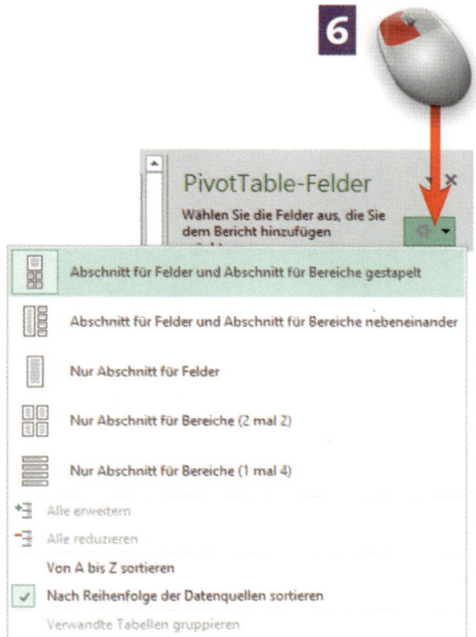

4 Das Ergebnis ist zunächst ein leeres Tabellenblatt, der Zellzeiger steht im Pivot-Bereich. Rechts außen wird die Feldliste angeboten.

5 Das Menüband enthält ein neues Register: *PivotTable-Tools*, solange der Zellzeiger im Pivot-Bereich steht.

6 Mit dem Symbol rechts oben in der Feldliste definieren Sie, was in diesem Bereich angezeigt wird.

Geben Sie dem neuen Tabellenblatt gleich einen Namen, klicken Sie dazu doppelt in das Blattregister und tragen Sie eine neue Bezeichnung ein.

TIPP

Tabellen sind optimal für PivotTables, aber nicht zwingend erforderlich. Sie können auch Zellbereiche (A1:G15) oder benannte Bereiche verwenden.

HINWEIS

Die Feldliste ist nur aktiv, solange sich der Zellzeiger im Pivotbereich befindet.

HINWEIS

7

8

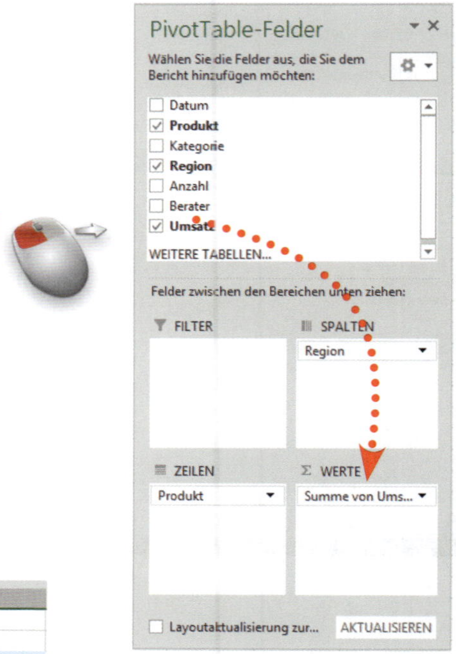

9

	A	B	C	D	E	F
1						
2						
3	Summe von Umsatz	Spaltenbeschriftungen				
4	Zeilenbeschriftungen	Nord	Ost	Süd	West	Gesamtergebnis
5	Acer Notebook		2500	7560		10060
6	AntiVirus 7	41400			27900	69300
7	DVD/Blu ray	11000	16500		9200	36700
8	Monitor 21 Zoll	10000		24750	31200	65950
9	Office Suite			62400		62400
10	PhotoShop		44000			44000
11	SuperSoccer 10	7750		12600		20350
12	**Gesamtergebnis**	**70150**	**63000**	**107310**	**68300**	**308760**

7 Ziehen Sie den Feldnamen *Produkt* mit gedrückter Maustaste in den Bereich *Zeilenbeschriftungen*.

8 Das Feld *Region* kommt in die Spaltenbeschriftungen, und im Wertebereich summieren Sie die Umsätze.

9 Die PivotTable zeigt sofort das Ergebnis an, die Umsätze werden im Kreuzungspunkt der Zeilen und Spalten summiert.

Die erste PivotTable ist angelegt, Sie können sie mit Feldern aus der Feldliste bestücken. Unser erster Bericht soll die Umsätze pro Produkt und Region summieren, das Feld *Kategorie* wird als Filterfeld zum Einsatz kommen.

WISSEN

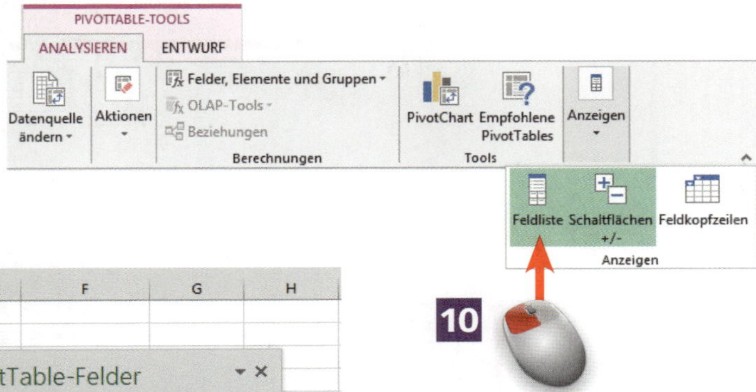

11

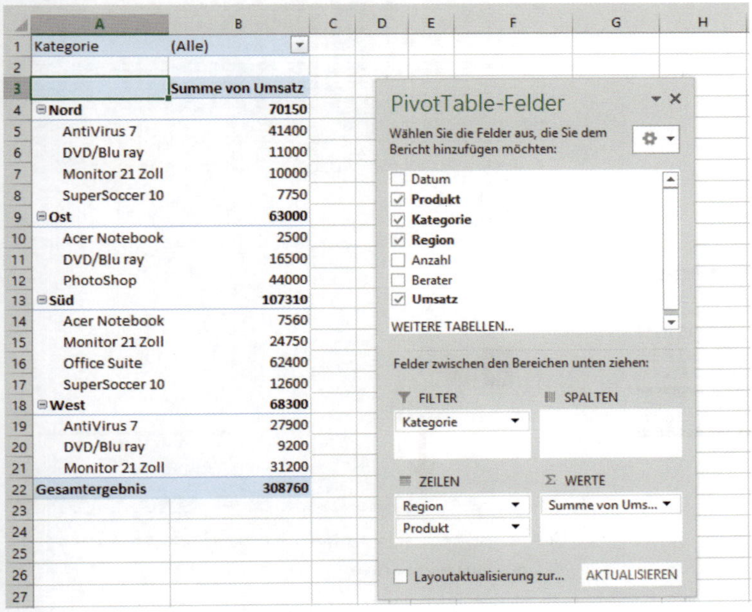

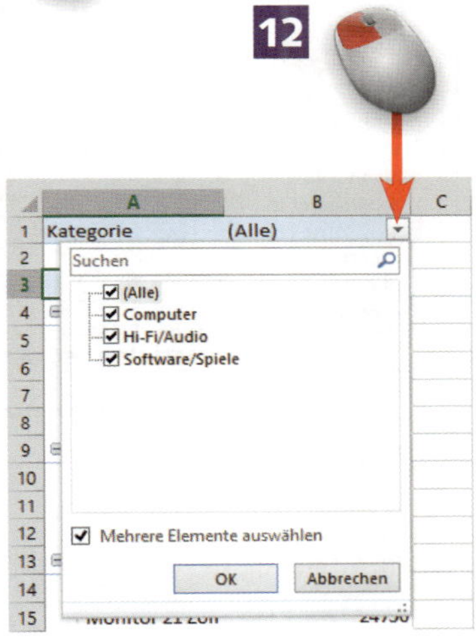

10 Schalten Sie in den *PivotTable-Tools* die Feldkopfzeilen aus. Hier können Sie auch die Feldliste aus- und einblenden.

11 Ändern Sie das Layout, ziehen Sie Region und Produkt in den Zeilenbereich und die Kategorie in den Berichtsfilter.

12 Mit dem Filterpfeil am Berichtsfilter werden einzelne Kategorien gefiltert. Klicken Sie zuerst auf *Mehrere Elemente auswählen*.

Ende

TIPP

Mit den Schaltflächen blenden Sie einzelne Gruppen in der PivotTable ein oder aus.

HINWEIS

Sie können jederzeit ein Feld aus einem der Bereiche in der Feldliste entfernen, ziehen Sie es einfach mit gedrückter Maustaste nach außen auf die Tabelle oder entfernen Sie das Häkchen vor dem Feldnamen in der Feldliste.

HINWEIS

Die Bereiche dürfen auch mit mehreren Feldern bestückt werden, so können Sie beispielsweise das Feld *Region* zusammen mit dem Produkt in den Zeilenbereich setzen.

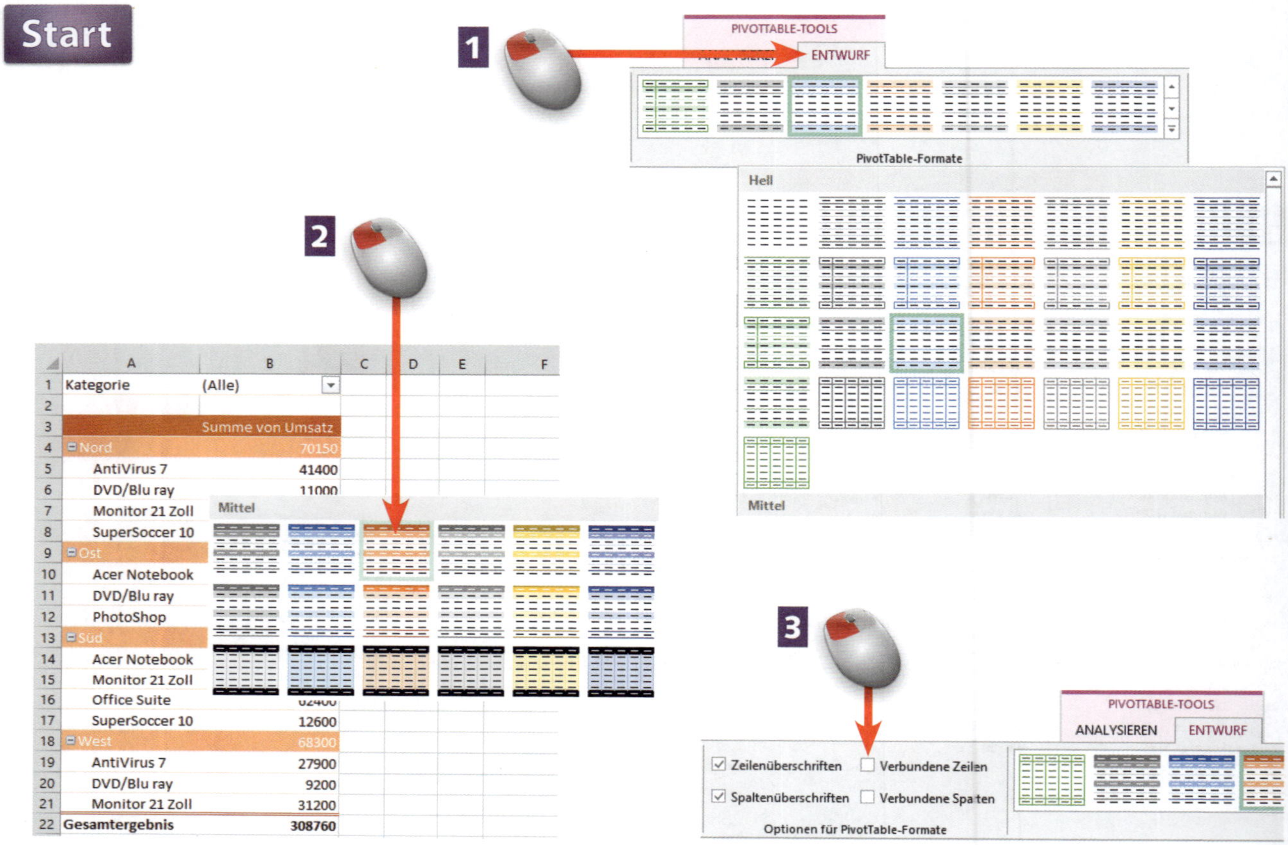

1 Schalten Sie unter *PivotTable-Tools* auf *Entwurf*. Hier finden Sie die Gruppe *PivotTable-Formate*.

2 Öffnen Sie die Liste und zeigen Sie auf eines der angebotenen Formate für eine Vorschau. Klicken Sie es an, um es zuzuweisen.

3 In der Gruppe *Optionen für PivotTable-Formate* bestimmen Sie, welche Teile des gewählten Formats auf die PivotTable angewandt werden.

Mit der Registerkarte *PivotTable-Tools*, die nur mit dem Zellzeiger in der PivotTable sichtbar ist, formatieren Sie jetzt Ihre neue Sicht auf die Umsätze. Weisen Sie Tabellenformate zu, schalten Sie Zeilen- und Spaltensummen aus und passen Sie das Layout der PivotTable an.

WISSEN

4

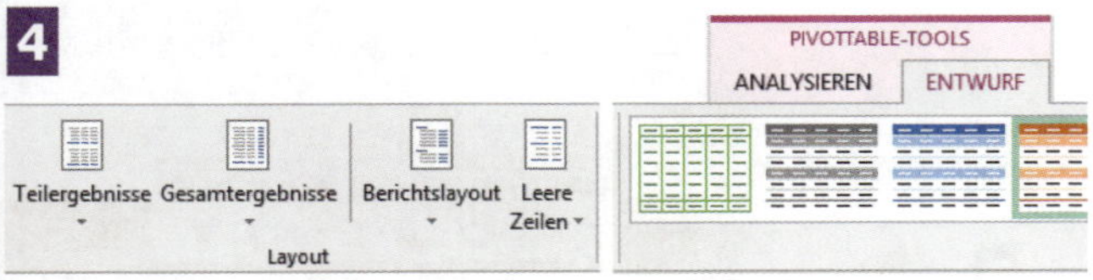

5

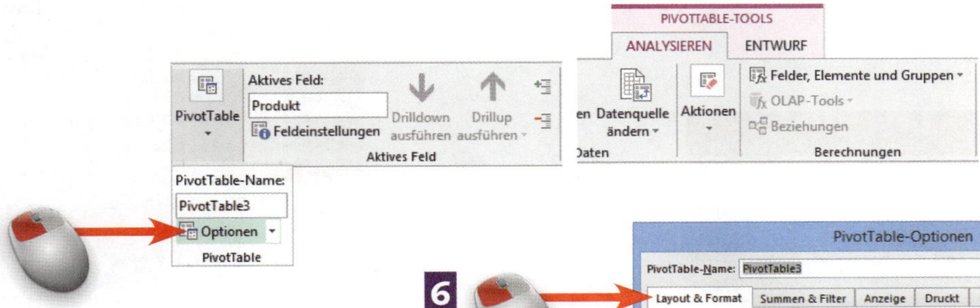

6

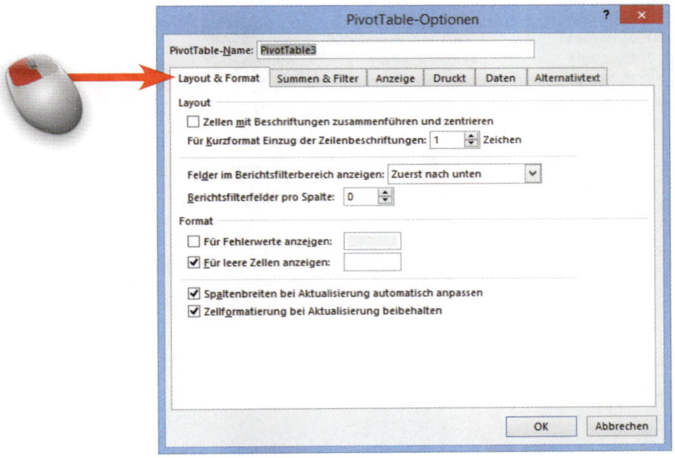

4 Die Gruppe *Layout* bietet Symbole zum Einblenden von Teil- und Gesamtergebnissen, verschiedene Layouts und Leerzeilen zwischen Elementen.

5 Wechseln Sie auf das Register *Analysieren* und klicken Sie in der ersten Gruppe auf *Optionen*.

6 Hier finden Sie auf der ersten Registerkarte *Layout & Format* weitere Einstellungen für das Format der PivotTable.

Ende

Zeigen Sie auf ein Tabellenformat, wird die Formatierung im Hintergrund in der PivotTable angezeigt (die Excel-Option *Live-Vorschau* vorausgesetzt).

TIPP

Teilergebnisse setzen Sie unter *Optionen/Aktives Feld/Feldeinstellungen*. Leerzeilen sind nur möglich, wenn mehrere Feldnamen in einer Zeile stehen.

HINWEIS

Entfernen Sie die Option *Spaltenbreite bei Aktualisierung*, bleibt die manuell gesetzte Spaltenbreite erhalten, wenn die PivotTable neu berechnet wird.

TIPP

Start

1

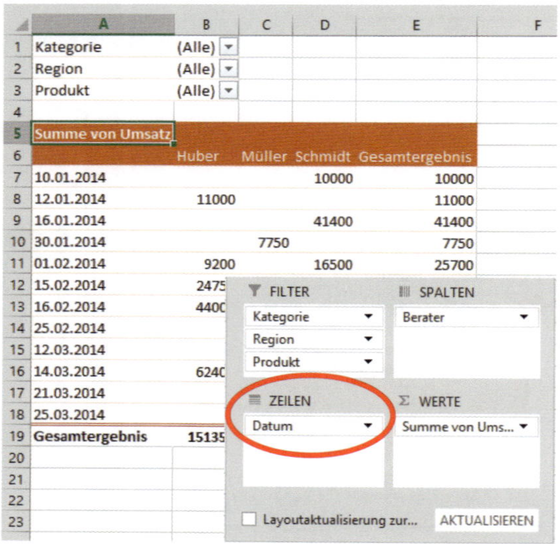

2

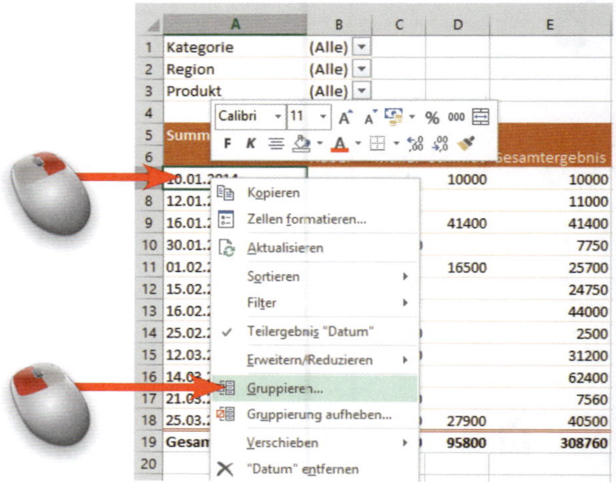

3

1 Setzen Sie das Datumsfeld in den Zeilenbereich.

2 Klicken Sie mit der rechten Maustaste in das erste Datum und wählen Sie *Gruppieren*.

3 Wählen Sie die Gruppierungsebene *Monate*.

Einzelne Datumswerte gruppieren Sie am besten, fassen Sie die Umsatzsummen nach Monaten, Quartalen und Jahren zusammen. Mit einem Drilldown lösen Sie Ergebnisse wieder in einzelne Datensätze auf.

WISSEN

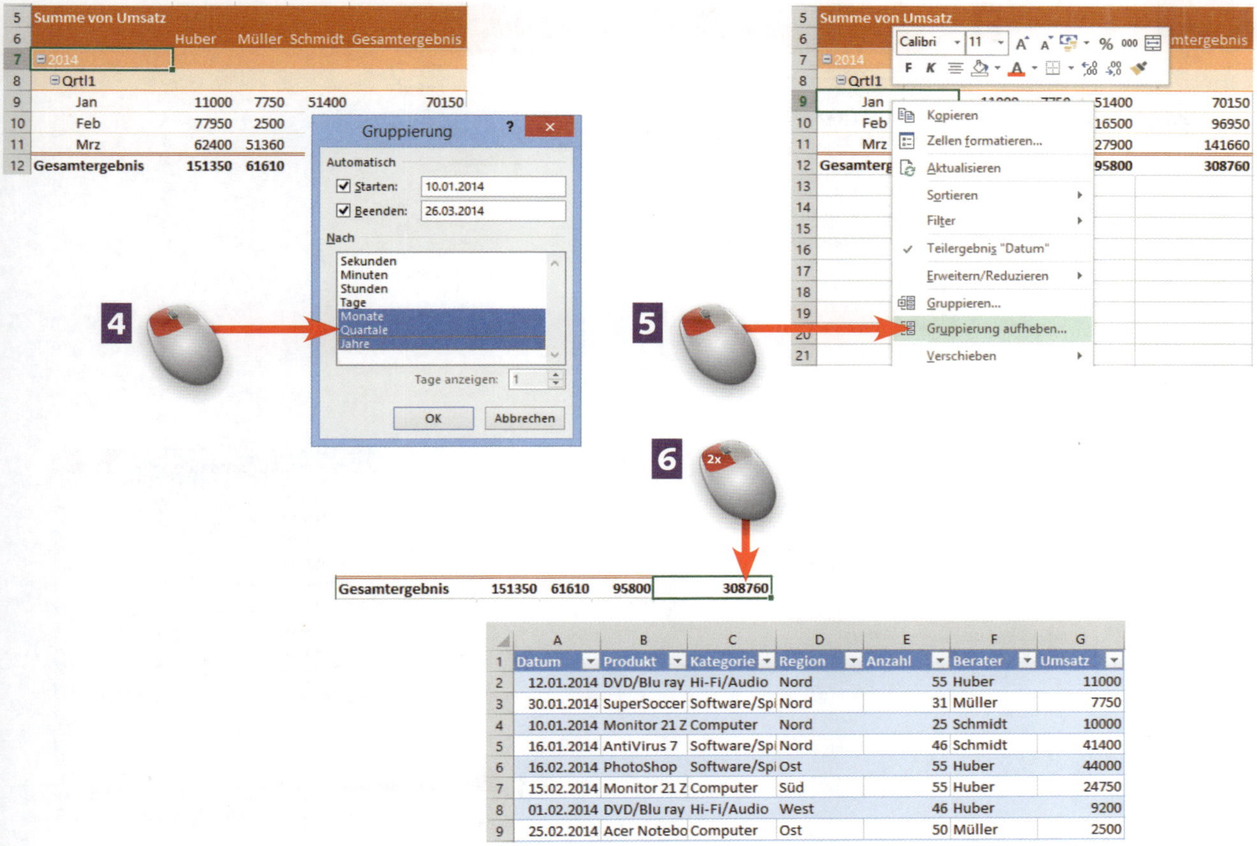

4 Die Datumswerte in der PivotTable werden nach Monaten gruppiert. Aktivieren Sie den Befehl noch einmal und gruppieren Sie auch nach Quartalen und Jahren.

5 Um die Gruppierungsebenen wieder aufzuheben, wählen Sie *Gruppierung aufheben* im Kontextmenü.

6 Für einen *Drilldown* klicken Sie doppelt auf ein Ergebnis im Wertebereich. Das Ergebnis wird in ein neues Tabellenblatt eingefügt.

Ende

Pivot-Berichte werden nicht ständig automatisch neu berechnet. In den Optionen der PivotTable-Tools können Sie die Daten aktualisieren oder die Datenherkunft ändern.

HINWEIS

Das Tabellenblatt, das nach einem Drilldown die Daten enthält, ist nicht mit der PivotTable verknüpft, die Daten werden automatisch als *Tabelle* angezeigt (kann im Register *Tabellentools* geändert werden).

HINWEIS

Start

1

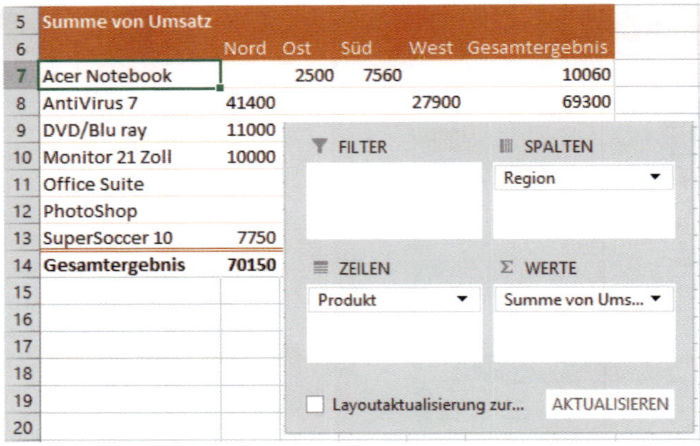

2

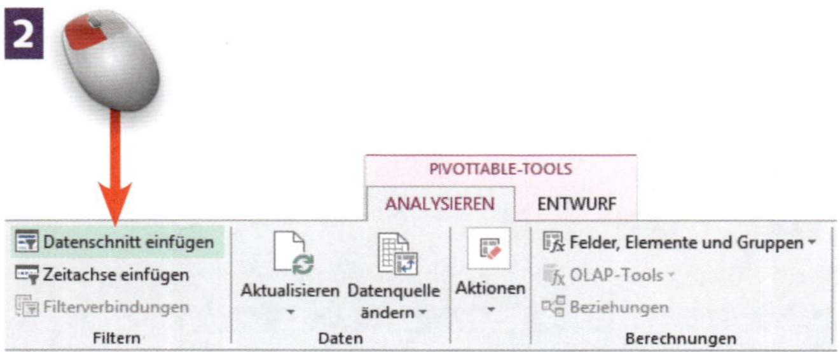

3

1 Stellen Sie die PivotTable mit Zeilen-, Spalten- und Wertebereichsfeldern zusammen.

2 Wählen Sie *PivotTable-Tools/Datenschnitt einfügen*.

3 Kreuzen Sie die Felder an, für die Sie einen Datenschnitt anlegen wollen, und bestätigen Sie mit *OK*.

Datenschnitte sind Filterelemente für PivotTable-Felder. Richten Sie diese alternativ oder parallel zu den Berichtsfiltern ein, um die PivotTable gezielt zu filtern.

WISSEN

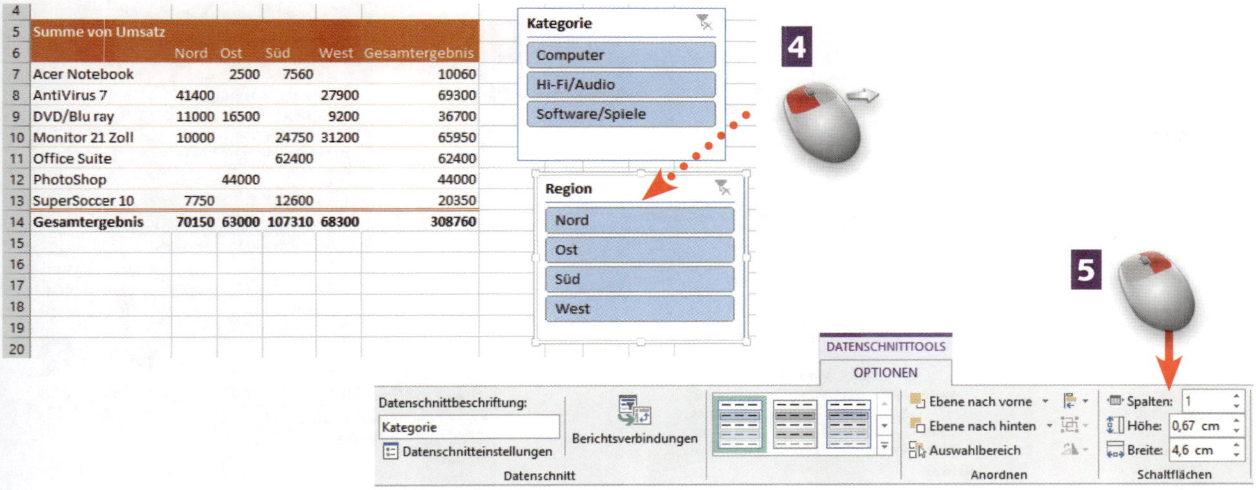

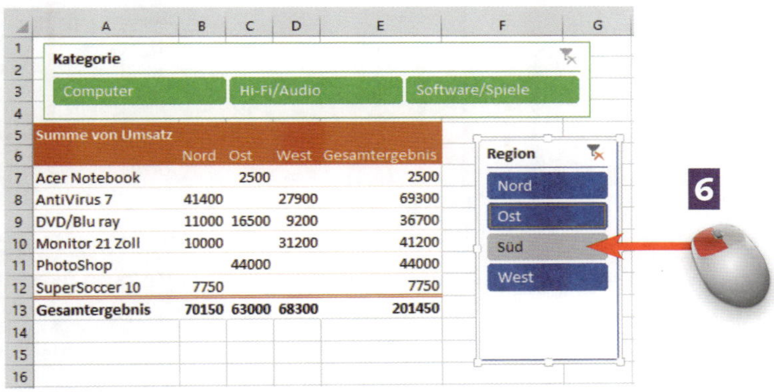

4 Die Datenschnitte werden als Objekte in die Tabelle gezeichnet. Ziehen Sie diese an den Randlinien an eine neue Position.

5 Auf der Registerkarte *Datenschnitttools* finden Sie alle Formatierungen. Wählen Sie *die Farben und die Spaltenzahl*.

6 Klicken Sie auf ein Element im Datenschnitt, um die PivotTable zu filtern. Mit [Strg] oder [⇧] markieren Sie mehrere Elemente.

Ende

Unter *Datenschnitt/Optionen/PivotTable-Verbindungen* können Sie auch andere PivotTables mit dem Objekt verbinden.

TIPP

Datenschnitte können Sie mit eigenen Formatvorlagen nach eigenen Wünschen vielseitig gestalten.

HINWEIS

Um die Filterung durch einen Datenschnitt aufzulösen, klicken Sie auf das Filtersymbol rechts oben in der Ecke des Datenschnitts.

HINWEIS

Start

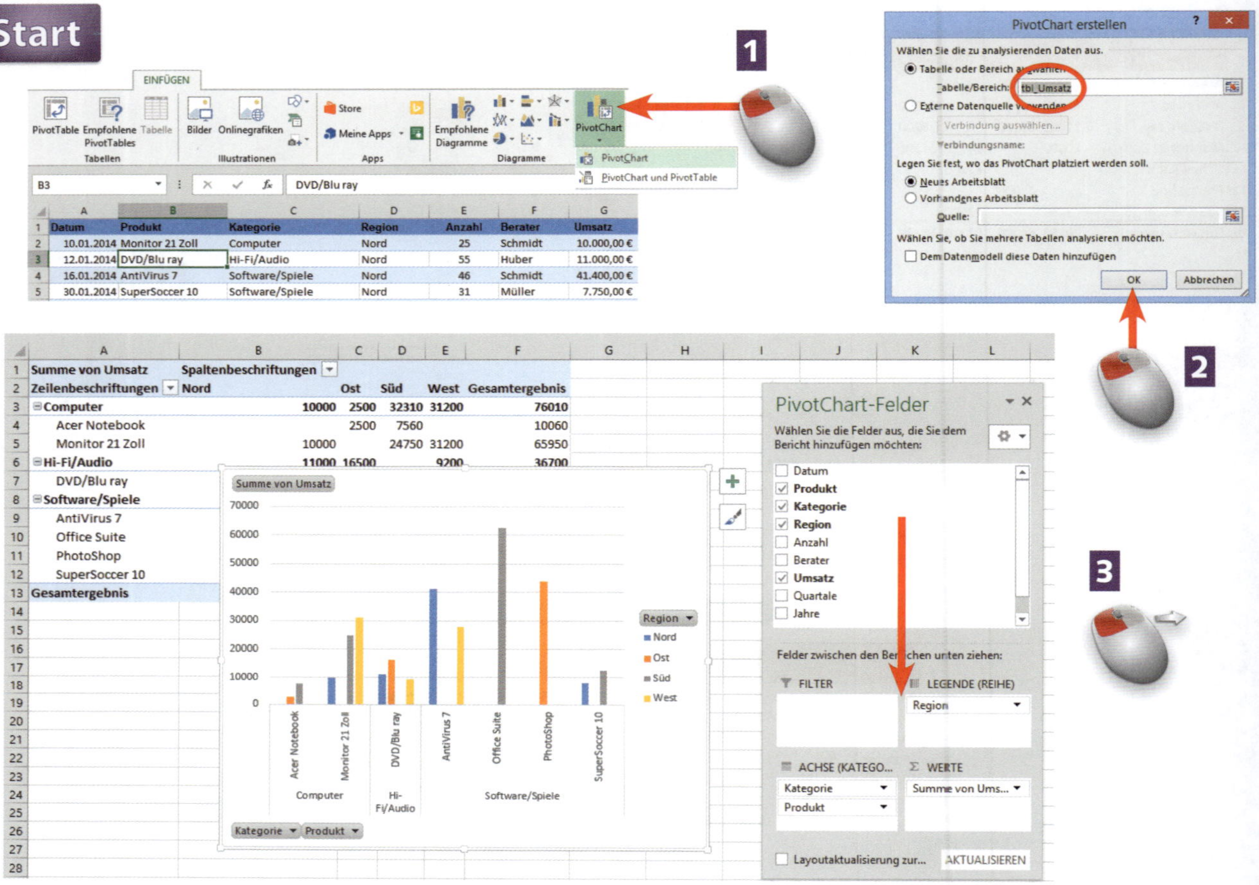

1 Für ein PivotChart markieren Sie wieder die Liste mit den Umsatzdaten und wählen *Einfügen/PivotChart*.

2 Bestätigen Sie den Bereich oder den erkannten Tabellennamen.

3 Das PivotChart wird angelegt, ziehen Sie in der Feldliste die Feldnamen in die jeweiligen Bereiche.

PivotCharts sind PivotTables in grafischer Form. Das Prinzip ist das gleiche, das Pivot-Layout wird mit Feldnamen aus der Basistabelle definiert und setzt sich zusammen aus Rubrik, Legende und Wertebereich.

WISSEN

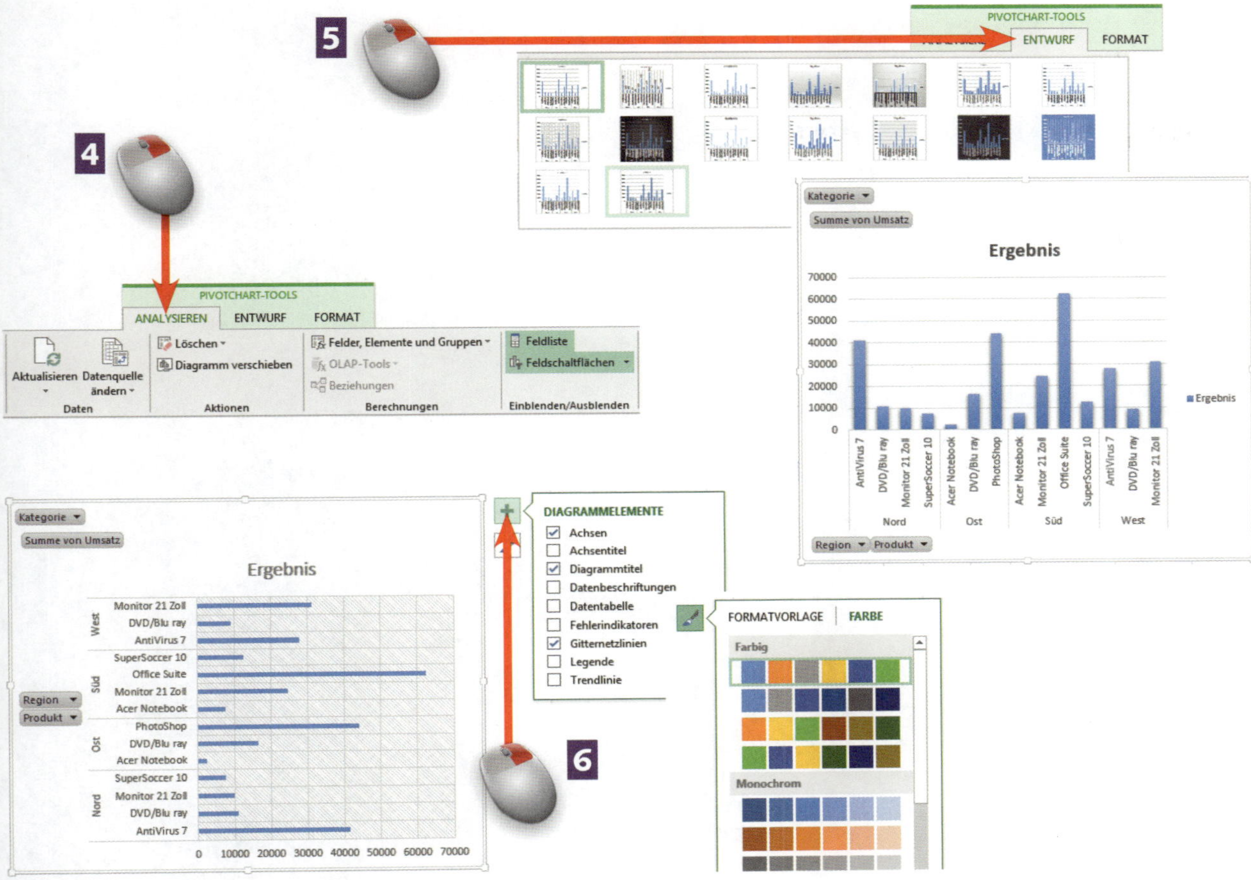

4 Die neue Registerkarte *PivotChart-Tools* bietet Diagrammvorlagen, Layouts und Formateinstellungen.

5 Das Register *Entwurf* enthält eine Reihe vorformatierter Layouts für das PivotChart.

6 Für die Auswahl der Elemente und die Formatierung des Diagramms klicken Sie auf die Schaltflächen rechts am Diagrammobjekt.

Ende

Um den Diagrammtyp zu ändern, wählen Sie *die Option* in den PivotChart-Tools, Gruppe *Entwurf*.

TIPP

Die einzelnen Diagrammelemente wie Titel, Legende oder Achsen können Sie auch im Diagramm (doppelt) anklicken und formatieren, beschriften oder mit der Entf-Taste löschen.

HINWEIS

Diagramme

9

Start

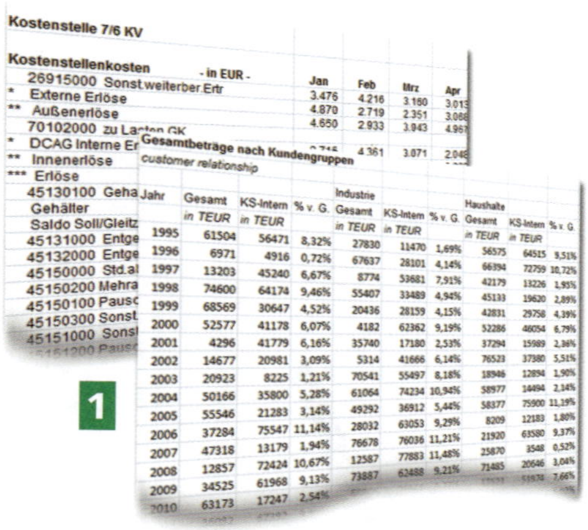

1

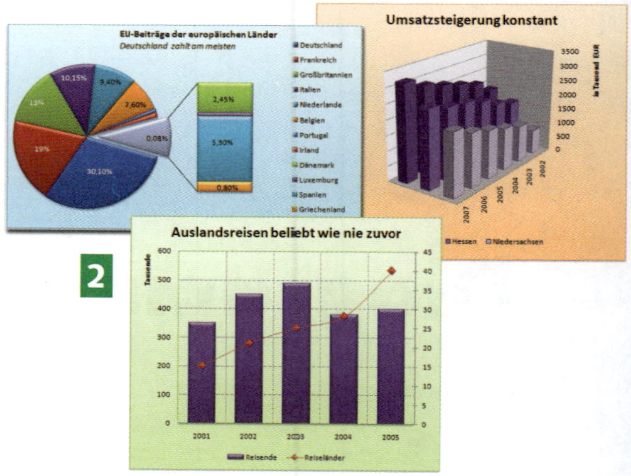

2

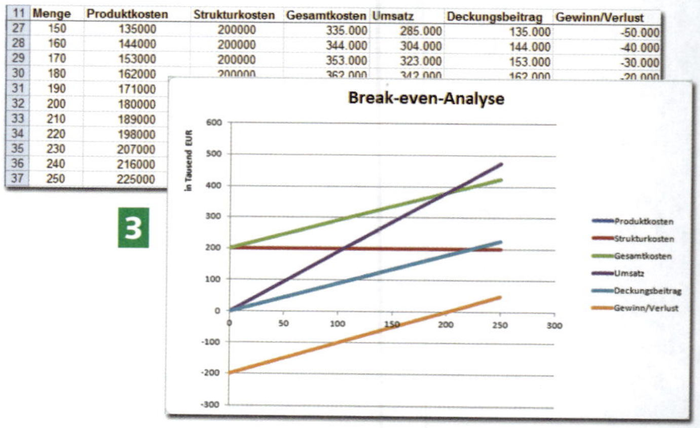

3

1 Diagramme visualisieren Aussagen, die mit Zahlenreihen allein nicht zu treffen sind, oder ziehen Vergleiche zwischen Datenmengen.

2 Excel bietet dafür unterschiedliche Diagrammtypen an, hier zum Beispiel Säulen- und Kreisdiagramme.

3 Mit dem Liniendiagramm stellen Sie zeitliche Abläufe, Entwicklungen oder Trends dar.

Ein Bild sagt mehr als tausend Zahlen, und das trifft besonders auf die Tabellenkalkulation zu. Entwicklungen, Trends und Vergleiche präsentieren Sie am besten mit Diagrammen. Excel unterstützt Sie dabei mit vielen Diagrammtypen und -funktionen.

WISSEN

4

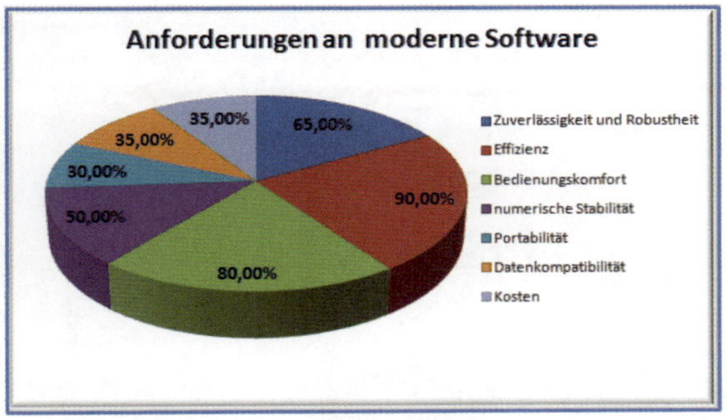

5

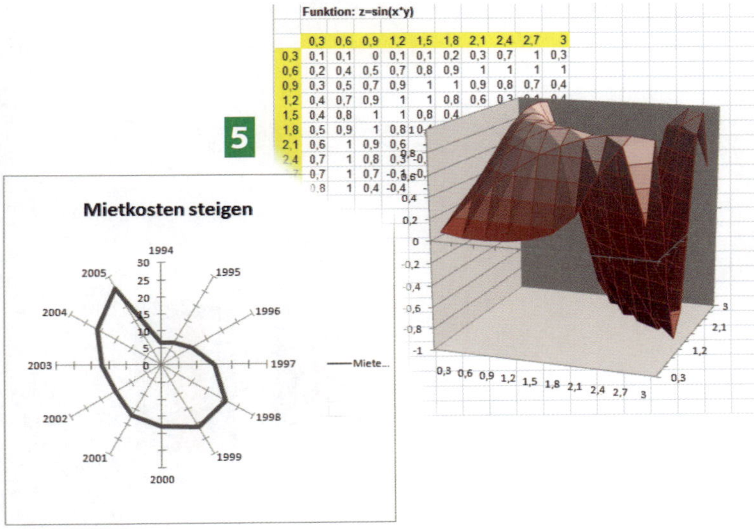

6

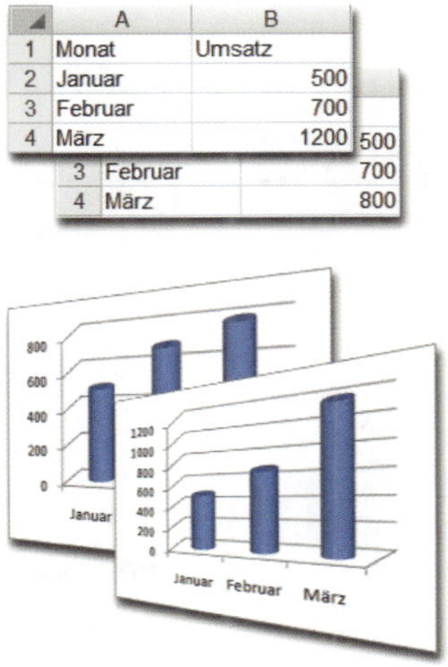

4 Das Kreis- oder Tortendiagramm zeigt das Verhältnis einzelner Werte zum 100-prozentigen Ganzen an.

5 Jeder Diagrammtyp hat seine spezielle Aufgabe und Aussage, hier zum Beispiel ein Oberflächen- und ein Netzdiagramm.

6 Diagramme sind dynamisch mit den Daten in der Tabelle verknüpft, sie passen sich automatisch an, wenn sich die Werte ändern.

Ende

Die Zahlen, die das Diagramm grafisch umsetzt, sollten als Liste oder Tabelle vorliegen, d. h. möglichst eine Kopfzeile, einheitliche Daten in allen Spalten und keine Leerzeilen enthalten.

HINWEIS

Kreisdiagramme können im Unterschied zu anderen Diagrammtypen nur jeweils eine Datenreihe visualisieren.

HINWEIS

Start

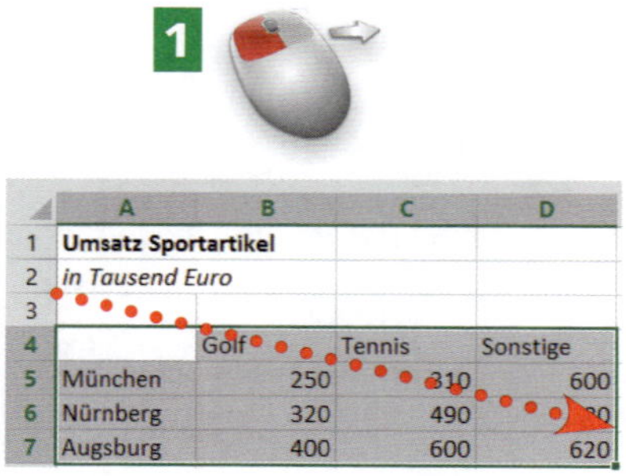

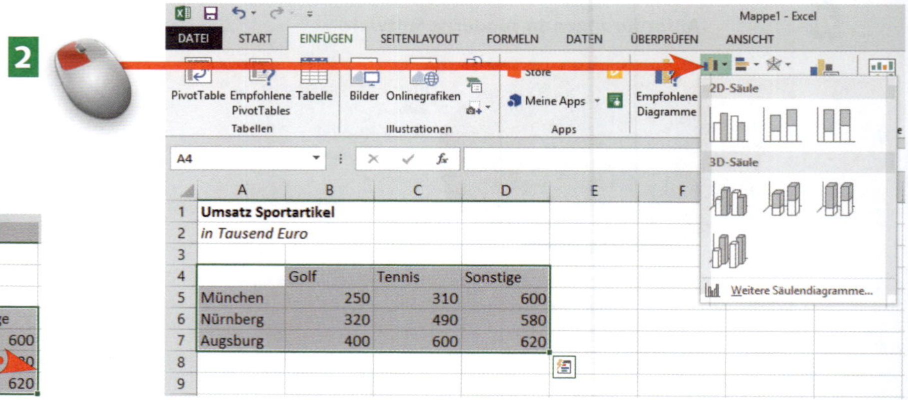

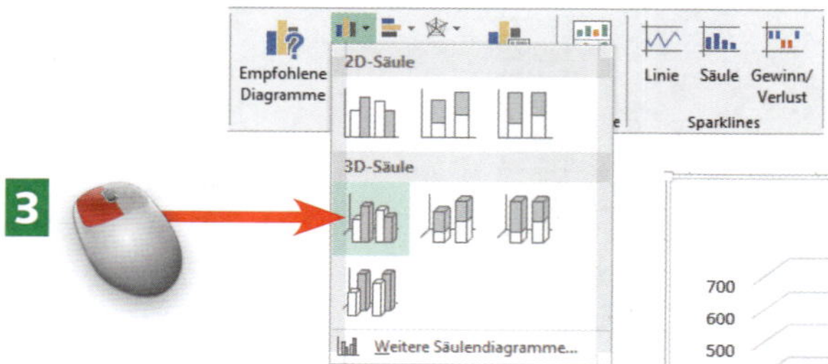

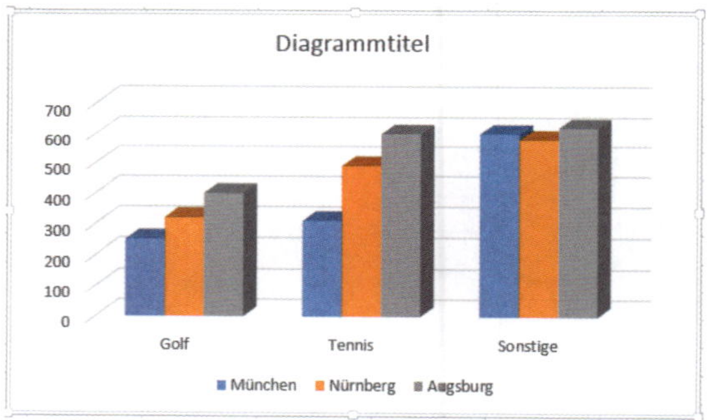

1 Schreiben Sie die Zahlen für das Diagramm in eine Liste. Markieren Sie diese Liste inklusive Kopfzeile und Beschriftungen in der ersten Spalte.

2 Schalten Sie auf das Register *Einfügen* und wählen Sie unter *Diagramme* einen Diagrammtyp (hier ein Säulendiagramm).

3 Klicken Sie auf die gewünschte Diagrammform. Das Diagramm wird in der Vorschau gezeichnet, wenn der Mauszeiger auf dem Symbol steht.

Zeichnen Sie Ihr erstes Diagramm in die Tabelle, visualisieren Sie Umsatzzahlen in einem Säulendiagramm. Excel stellt für die Bearbeitung und Formatierung des Diagramms zusätzliche Register in das Menüband.

WISSEN

4 Das Diagramm wird als Objekt in das Tabellenblatt gezeichnet, die verknüpften Daten sind farbig markiert, solange das Objekt aktiv ist.

5 Das Menüband zeigt die *Diagrammtools* mit den Registern *Entwurf* und *Format*. Wählen Sie eine Formatvorlage aus der Liste aus.

6 Mit den Symbolen am rechten Rand definieren Sie Elemente, Formatvorlagen und Filter für das Diagramm.

TIPP

Zum Vergrößern und Verkleinern des Objekts ziehen Sie die Randmarkierung, am besten rechts unten in der Ecke, mit gedrückter Maustaste.

HINWEIS

Um ein Diagrammobjekt zu löschen, klicken Sie es an und drücken einfach die [Entf]-Taste.

HINWEIS

Wenn die Zahlen für das Diagramm nicht in einem Schritt auswählbar sind, können Sie auch mit der [Strg]-Taste eine Mehrfachmarkierung setzen. Der erste markierte Bereich sollte dabei immer die Beschriftung sein.

7

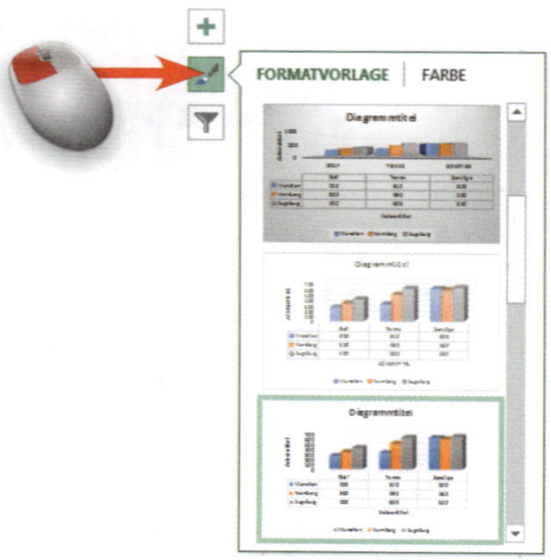

8

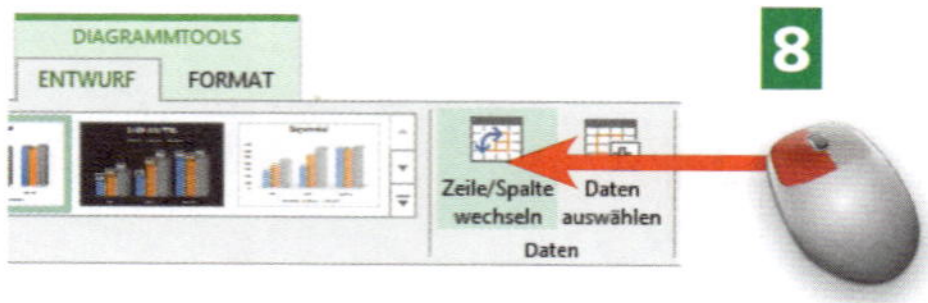

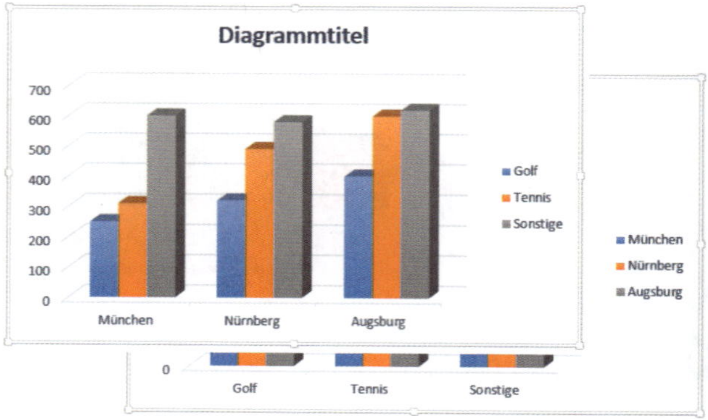

9

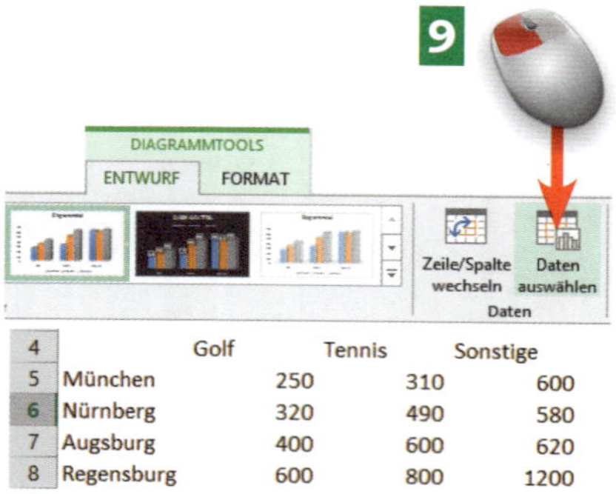

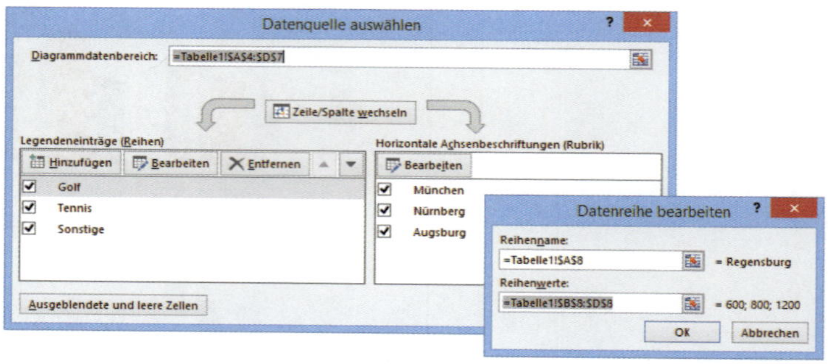

7 Unter *dem* Formatsymbol finden Sie eine Reihe vordefinierter Layouts mit Titeln und Datenbeschriftungen.

8 Wählen Sie in der Gruppe *Daten* das Symbol *Zeile/Spalte wechseln*, um Rubriken und Legende zu konvertieren.

9 Fügen Sie eine neue Datenreihe hinzu, klicken Sie auf das Diagramm und markieren Sie unter *Diagrammtools/Daten auswählen* den neuen Bereich.

Mit Diagrammvorlagen und Layouts gestalten Sie Ihr Diagramm, bis es optisch ansprechend ist. Kehren Sie die Datenreihen um oder ändern Sie den Diagrammtyp. Excel stellt 11 verschiedene Typen mit über 70 Untertypen zur Auswahl.

WISSEN

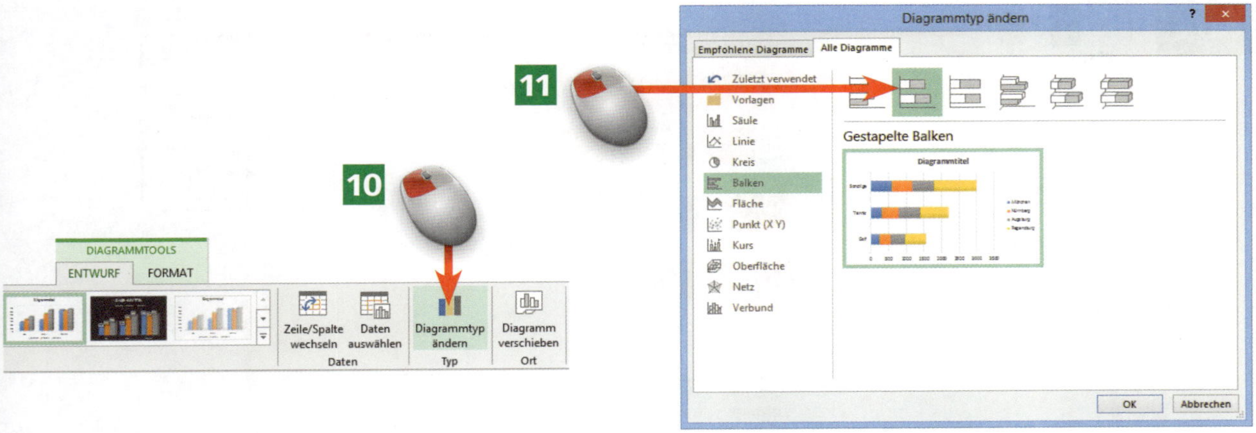

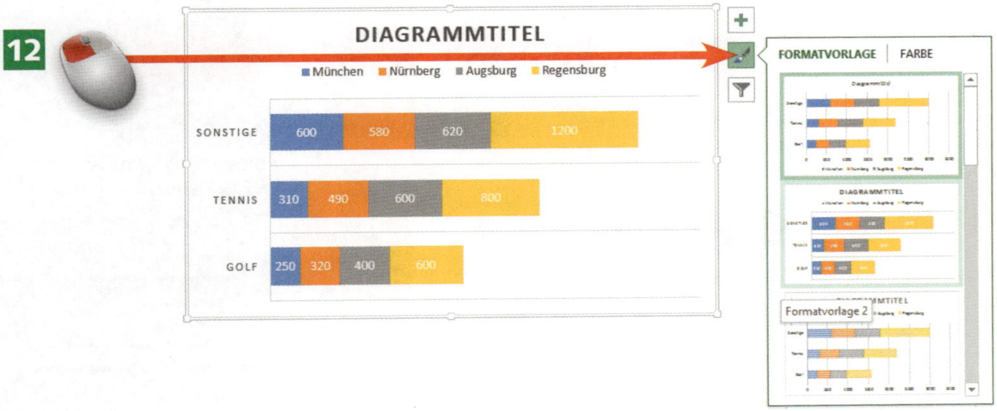

10 Unter *Diagrammtools/Typ* können Sie den Diagrammtyp ändern. Klicken Sie auf das Symbol …

11 … und wählen Sie einen Diagrammtyp mit Untertyp aus der Liste.

12 Weisen Sie dem neuen Diagramm (hier einem gestapelten Balkendiagramm) wieder eine Vorlage und ein Diagrammlayout zu.

Ende

Balkendiagramme bekommen den Vorzug vor Säulen, wenn die Beschriftung der Rubrikenachse größer ausfällt.

TIPP

Wenn die markierten Daten Leerzeilen oder Nullwerte enthalten, blenden Sie diese unter *Daten/Daten auswählen* mit dem Symbol links unten aus.

HINWEIS

Unter *Daten auswählen* wird auch die Beschriftung nachgetragen, falls die Markierung keine enthält. Klicken Sie unter *Horizontale Achsenbeschriftung* auf *Bearbeiten* und markieren Sie den Bereich.

HINWEIS

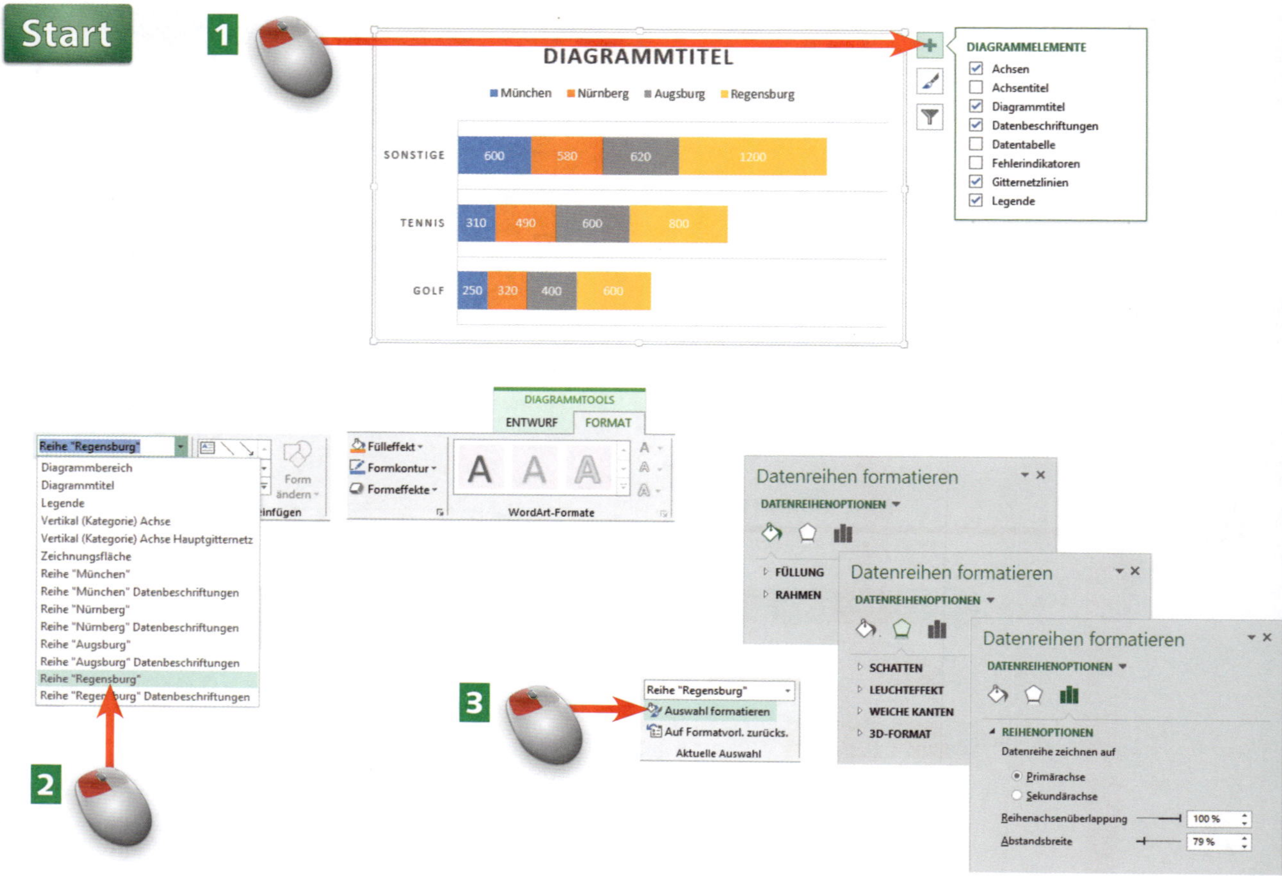

1 Markieren Sie das Diagramm und aktivieren Sie die Liste der Diagrammelemente.

2 Unter *Diagrammtools/Format* finden Sie eine Liste mit allen Elementen des Diagramms. Markieren Sie zum Beispiel eine der Datenreihen …

3 … und wählen Sie *Auswahl formatieren*. Formatieren Sie das Element über die Register des Format-Fensters.

Das Diagrammlayout regelt die Anzeige und Formatierung der einzelnen Elemente wie Datenreihen, Legende oder Achsen. Im Diagramm können Sie jedes einzelne Element individuell formatieren.

WISSEN

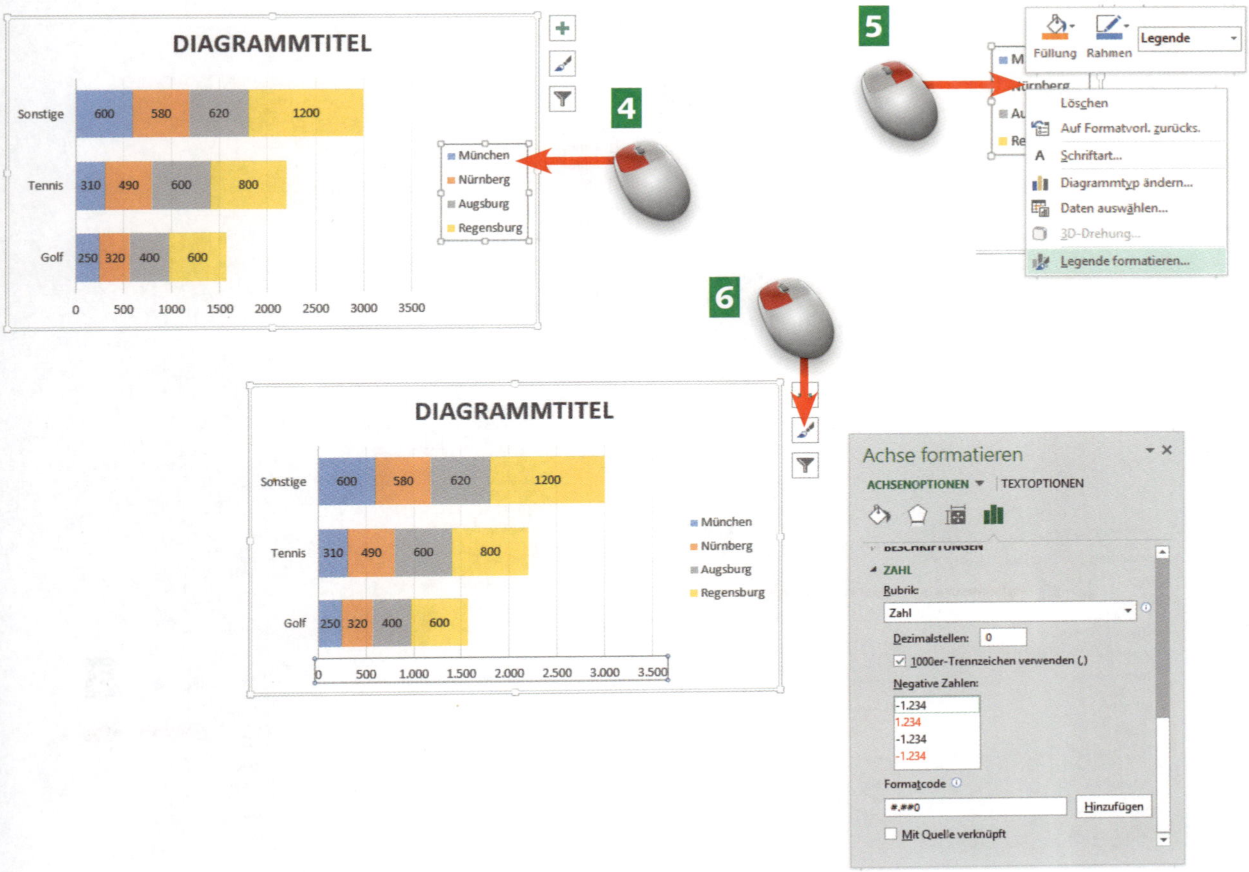

4 Die einzelnen Elemente können Sie auch direkt im Diagramm formatieren. Markieren Sie zum Beispiel die Legende ...

5 ... und klicken Sie mit der rechten Maustaste auf das Element. Das Kontextmenü bietet alle Formatanweisungen und Formatiersymbole für das Element an.

6 Alle Formatierungen, wie hier das Zahlenformat der Größenachse, finden Sie auch im Format-Fenster.

Ende

TIPP

Das Format-Fenster lässt sich vom rechten Rand lösen, ziehen Sie es einfach mit gedrückter Maustaste nach innen. Ein Doppelklick setzt es wieder zurück.

HINWEIS

Für die Formatierung von Formularelementen können Sie natürlich auch die Formatiersymbole aus dem Register *Start* nutzen.

HINWEIS

Mit *Auf Formatvorlage zurücksetzen* wird die individuelle Formatierung eines Elements wieder aufgehoben.

Start

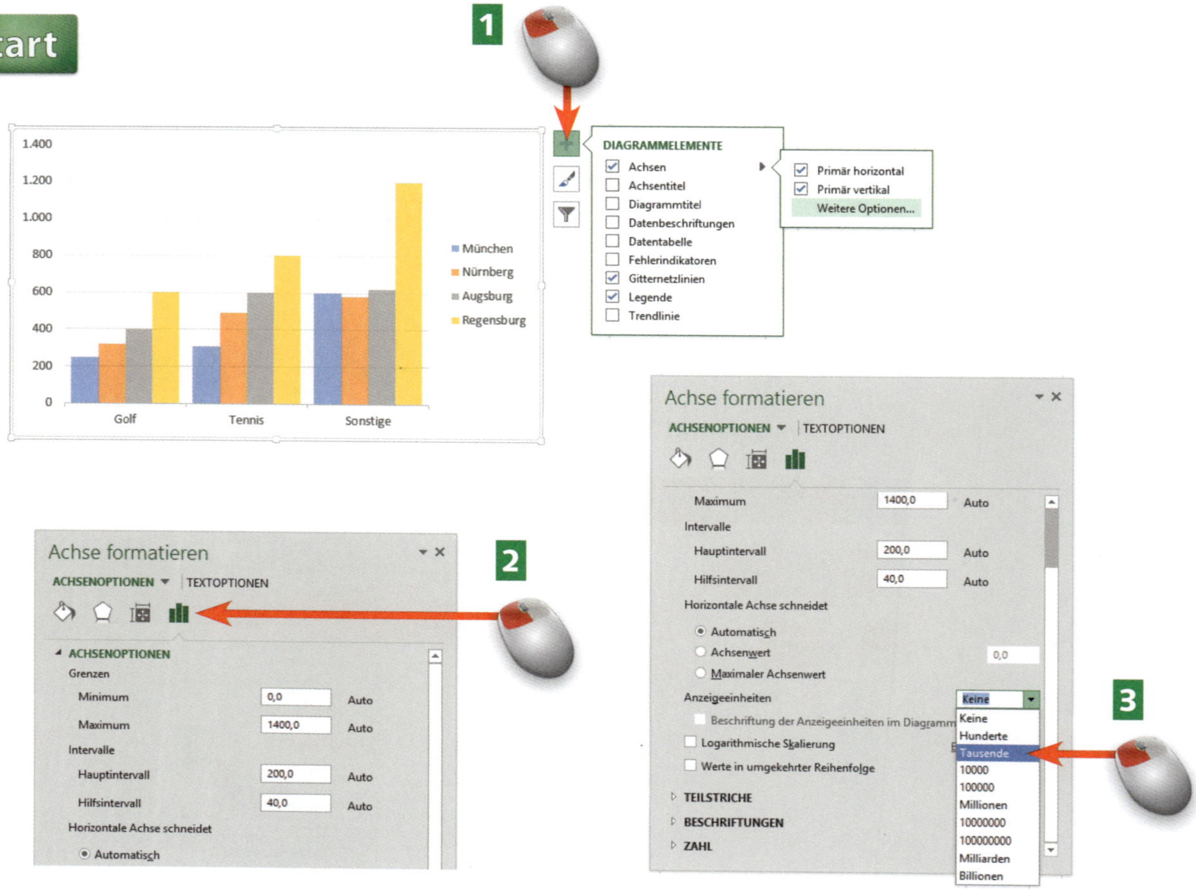

1 Die Achsen in Säulen-, Balken- und Liniendiagrammen werden über das Elemente-Auswahlsymbol angepasst.

2 Die Obergrenze der Achse wird automatisch berechnet (größter Wert +20 %), hier können Sie sie aber auch selbst bestimmen.

3 Setzen Sie die Anzeigeeinheiten bei großen Zahlen auf Hunderte oder Tausende, vergessen Sie die passende Achsenbeschriftung nicht.

Die Formatierung der Achsen ist in Säulen-, Balken-, Linien- und Flächendiagrammen sehr wichtig, an der Achse erkennt der Betrachter die Wertigkeit der Datenreihen. Unterstützen Sie die Optik mit Gitternetzlinien an den Skalenpunkten, wenn es nötig ist.

WISSEN

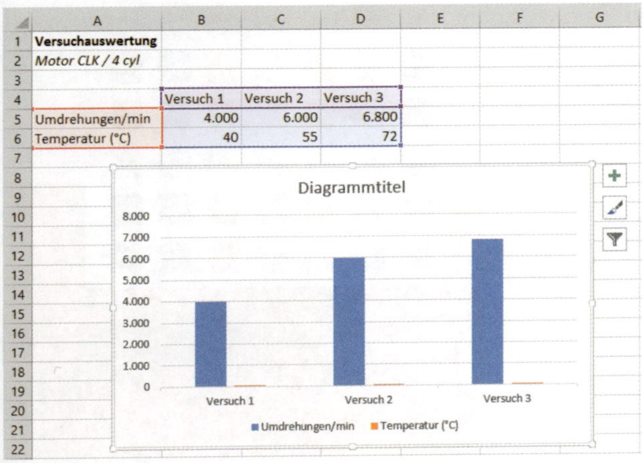

4

5

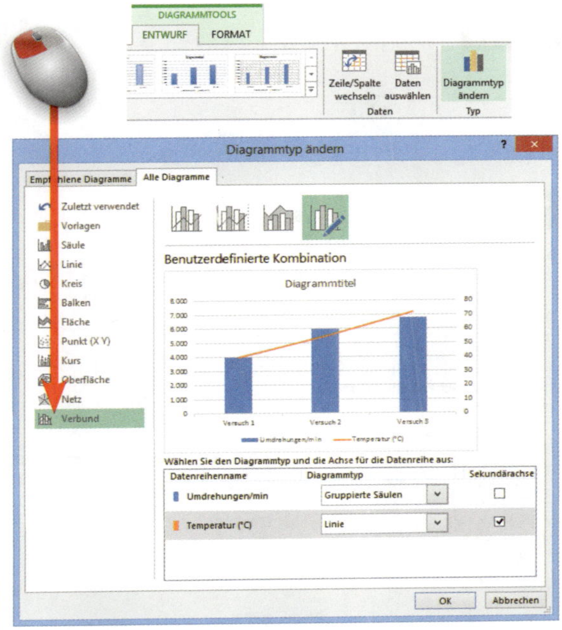

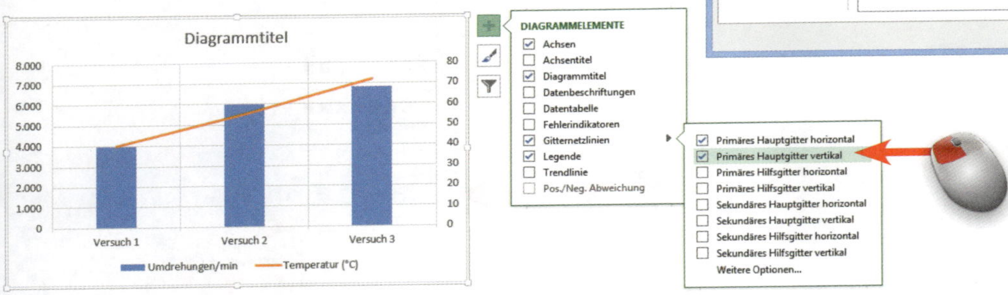

6

4 Wenn die Werte der Datenreihen stark voneinander abweichen, ändern Sie den Diagrammtyp.

5 Schalten Sie um auf das Verbunddiagramm und weisen Sie der zweiten Datenreihe eine Sekundärachse zu.

6 Gitternetze definieren Sie über das Symbol Diagrammelemente. Hilfsgitter unterteilen Rubriken und Skalen auf der Größenachse noch einmal.

Ende

Eine zweite Achse im Diagramm wird dann nötig, wenn die Daten stark divergieren, d. h. wenn die Werte sehr weit auseinanderliegen. Diese „Sekundärachse" ist nur möglich, wenn die Datenreihen unterschiedliche Diagrammtypen haben (Säulen/Linien, Säulen/Flächen oder Linien/Flächen).

HINWEIS

Unter *Weitere Optionen für Gitternetzlinien* können Sie die Linienstärke und die Linienart ändern. Punktlinien sind etwas dezenter im Diagramm.

HINWEIS

Start

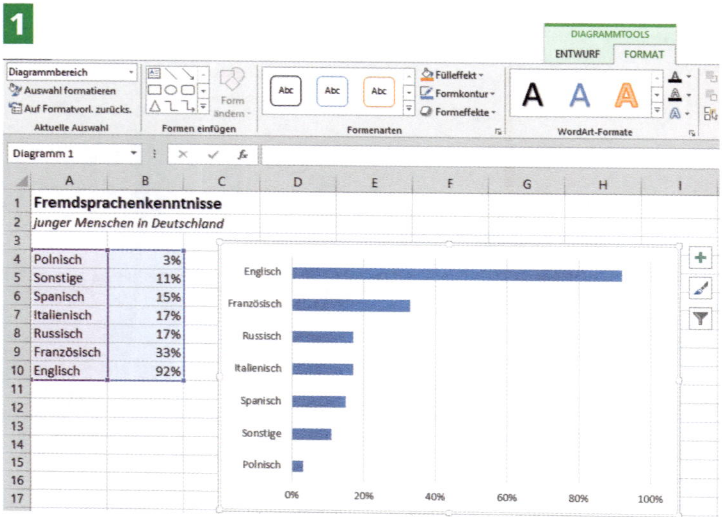

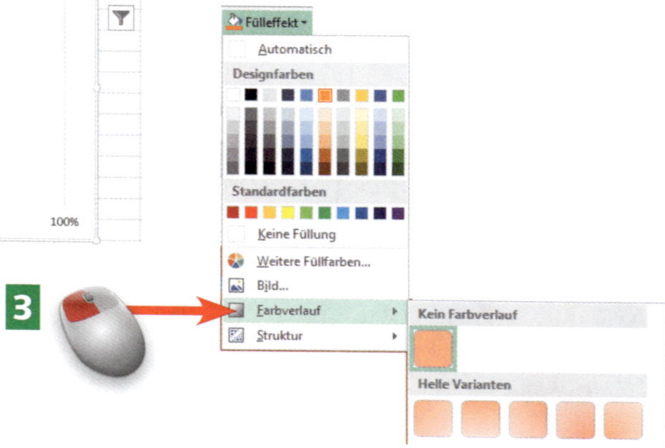

1 Für den Rahmen und die Füllung des Diagrammobjekts wählen Sie *Diagrammtools/ Format/Formenarten*.

2 Suchen Sie eine Kombination aus der Liste. Zeigen Sie mit dem Mauszeiger darauf, wird der Effekt gleich im Hintergrund sichtbar.

3 Die drei Optionen aus der Gruppe bieten die Möglichkeit, Rahmen, Füllung und Form noch einzeln zu formatieren (hier Farbverläufe für die Füllung).

Der Hintergrund Ihres Diagramms muss nicht einfarbig oder ohne Formatierung sein. Weisen Sie schöne Farbverläufe und Muster zu oder experimentieren Sie mit Grafikdateien als Tapeten für Ihre Diagramm- oder Zeichnungsflächen.

WISSEN

4

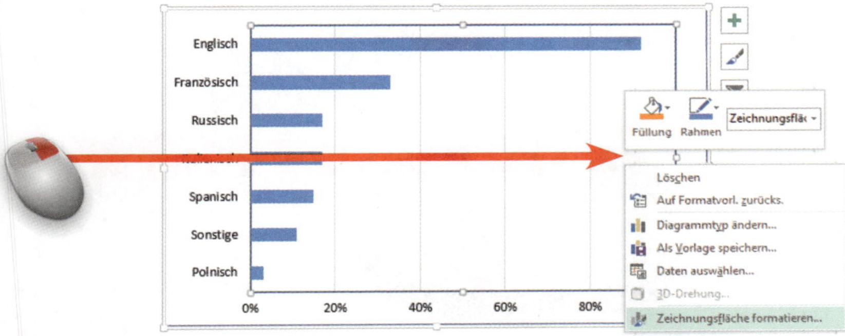

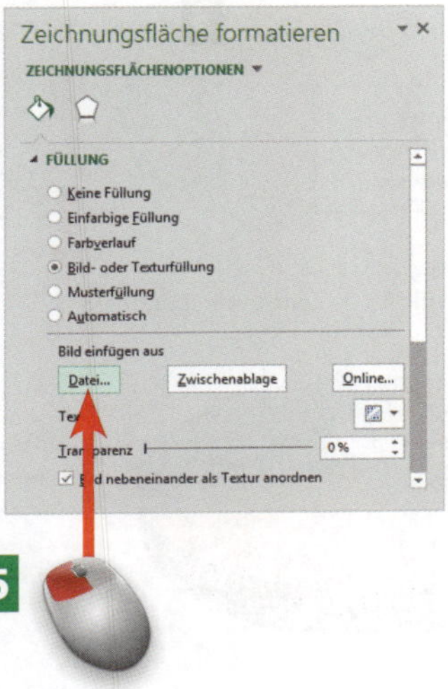

5

6

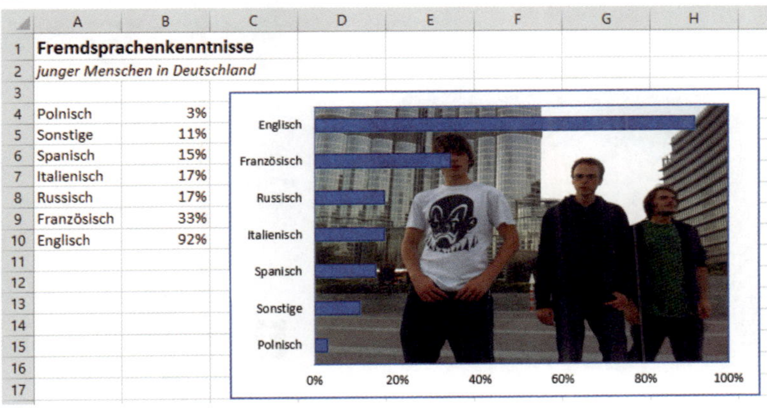

4 Die Zeichnungsfläche ist das Element innerhalb des Diagramms, das die Daten abbildet. Formatieren Sie sie über das Format-Fenster.

5 Wählen Sie die *Bild- oder Texturfüllung* für die Zeichnungsfläche und suchen Sie eine Bilddatei.

6 Das Ergebnis: Die Grafik wird über die gesamte Zeichnungsfläche gezoomt.

Ende

Hintergrundgrafiken lassen sich wahlweise für die Diagrammfläche oder für die Zeichenfläche definieren.

HINWEIS

Sie können Bilder für Hintergründe auch aus der Zwischenablage oder aus der ClipArts-Sammlung holen (siehe Kapitel 10).

HINWEIS

Start

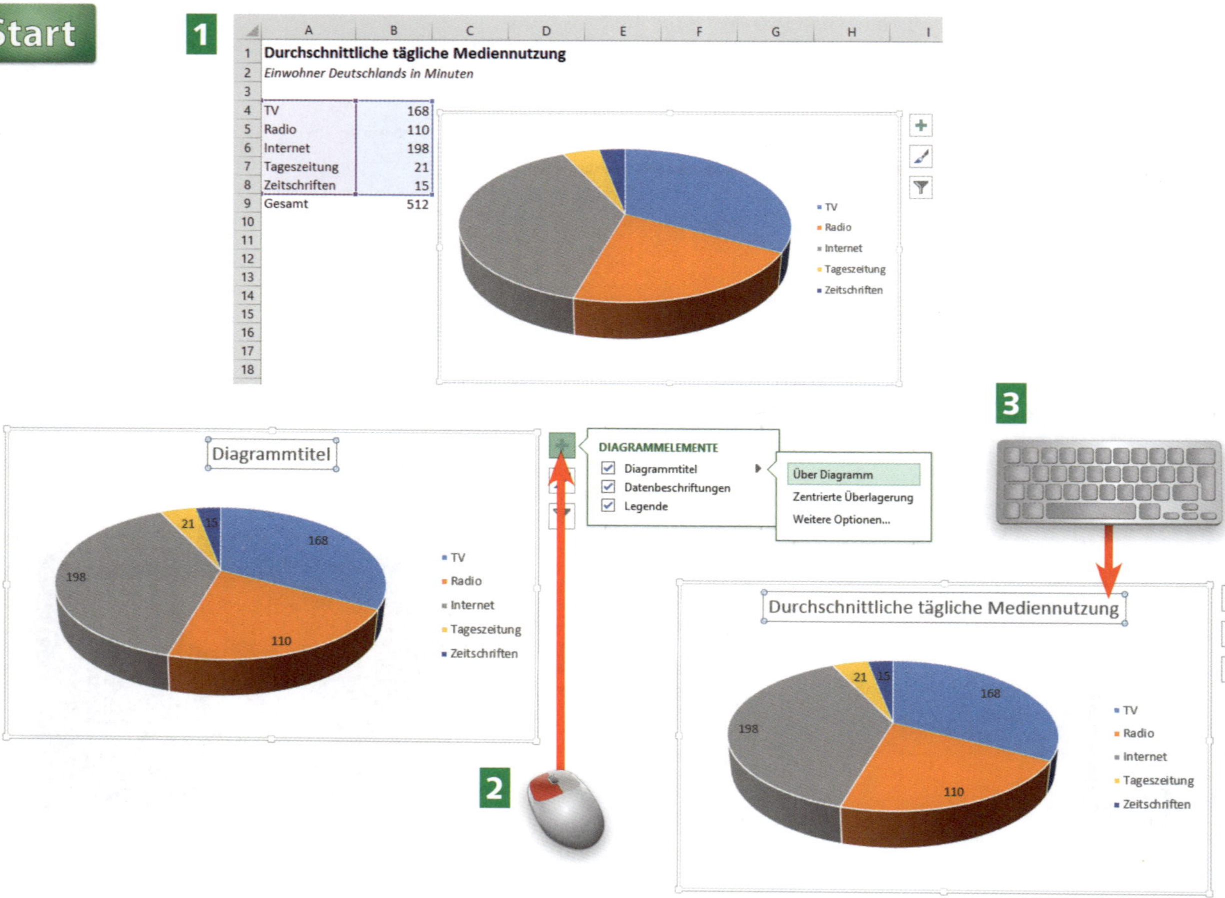

1 Diagramme werden automatisch mit einer Legende versehen, alle weiteren Beschriftungen holen Sie über das Symbol am rechten Rand.

2 Setzen Sie einen Diagrammtitel ein, wahlweise zentriert oder über dem Diagramm, wobei die Zeichenfläche verkleinert wird.

3 Geben Sie den Text direkt ein oder schreiben Sie ein =-Zeichen und klicken Sie auf die Zelle, deren Inhalt Sie mit dem Titelelement verknüpfen wollen.

Lassen Sie den Betrachter Ihres Diagramms nicht rätseln, was Sie ihm sagen wollen, beschriften Sie Ihre Charts deutlich und unmissverständlich. Überschrift und Achsenbeschriftungen sind Pflicht, Datenbeschriftungen sind meist die bessere Alternativen zur Größenachse.

WISSEN

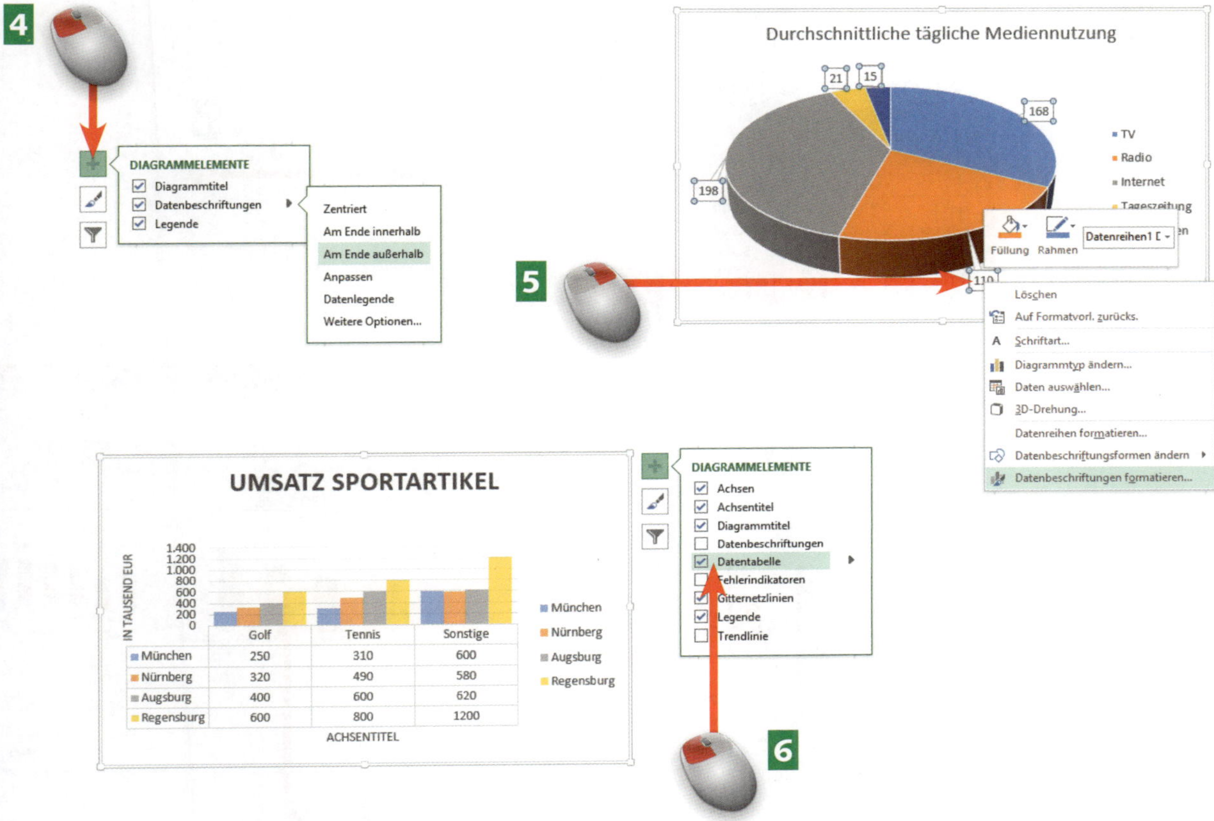

4 Mit *Datenbeschriftungen* setzen Sie die Zahlenwerte auf oder an die Datenpunkte (Balken, Säulen oder hier im Kreisdiagramm in die Kreissegmente).

5 Die Beschriftungen werden zum Element. Klicken Sie es mit der rechten Maustaste an und formatieren Sie alle Datenpunkte über das Kontextmenü.

6 Für Säulen-, Balken- und Liniendiagramme wird auch eine Datentabelle als Beschriftungselement angeboten.

Ende

TIPP

Um eine Beschriftung zu löschen, klicken Sie das Element an und drücken die Entf-Taste.

HINWEIS

Alle Datenbeschriftungen sind ein Element. Wenn Sie eine einzelne Beschriftung formatieren, verschieben oder löschen wollen, klicken Sie zuerst auf alle Beschriftungen und dann ein zweites Mal auf den gewünschten Wert.

TIPP

Setzen Sie die *Datentabelle* unter das Diagramm, wenn Sie die Zahlen aus dem Tabellenblatt übernehmen wollen.

Start

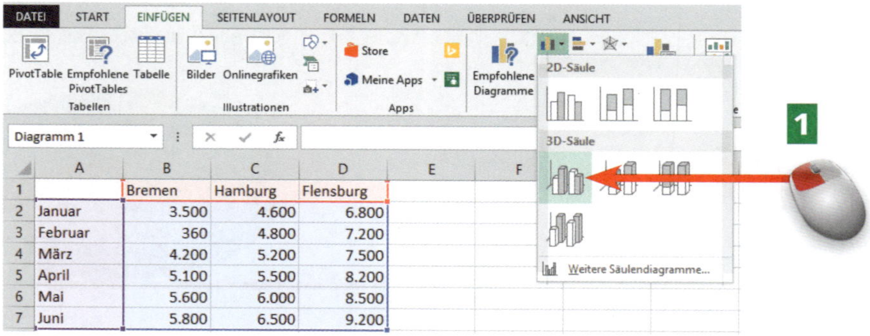

2

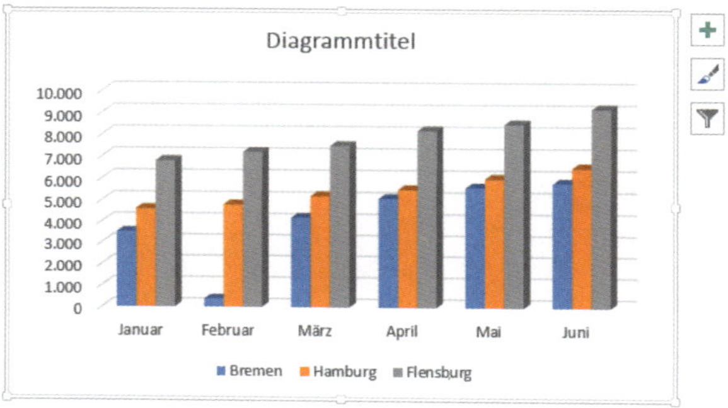

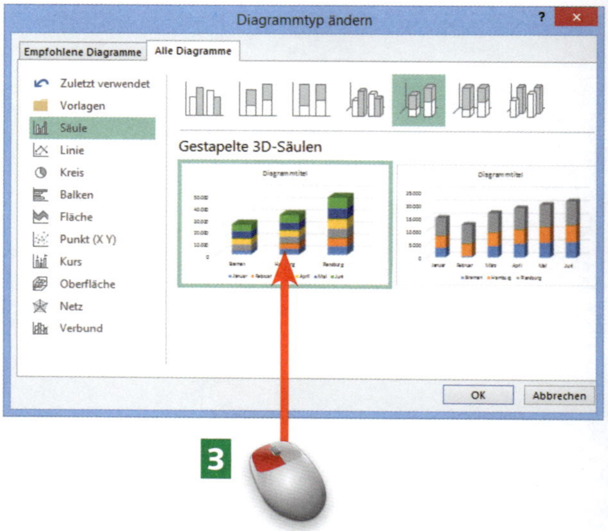

1 Die Liste der Diagrammtypen unter *Einfügen/Diagramme* bietet auch Säulen, Balken, Linien, Zylinder und Kegel im 3D-Look an.

2 Das Standard-3D-Diagramm zeigt die Säulen mit einer optischen Tiefe.

3 Schalten Sie auf den Typ *Gestapelte 3D-Säulen* um, erhält das Diagramm eine dritte Achse, die Tiefenachse.

3D-Diagramme sehen meist etwas spektakulärer aus, sind aber mit Vorsicht zu genießen. Achten Sie darauf, dass die Information nicht der Optik zum Opfer fällt. Drehen Sie Ihr Diagramm in die richtige Perspektive und beschriften Sie alle Achsen.

WISSEN

4 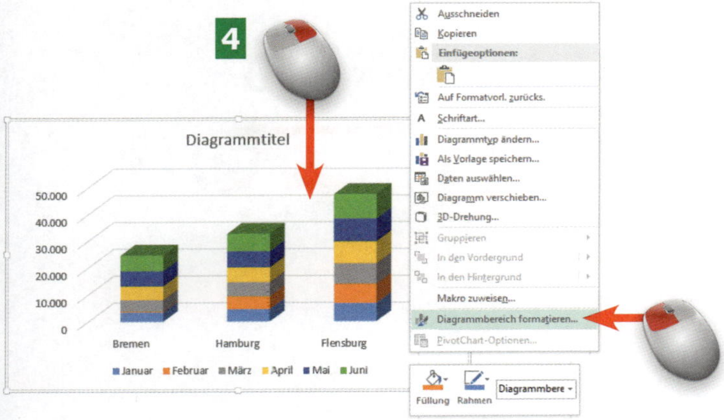

5 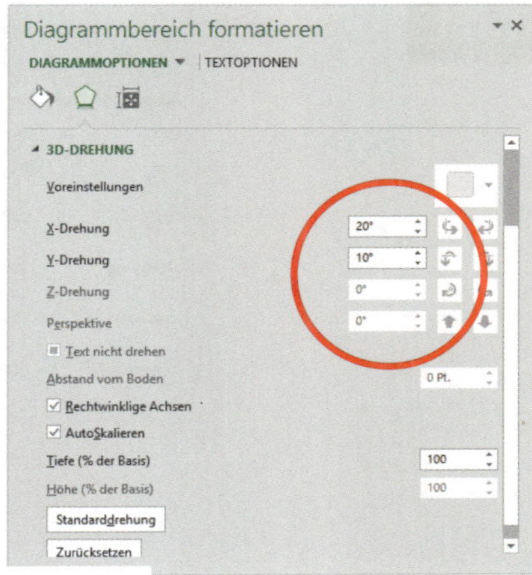

6 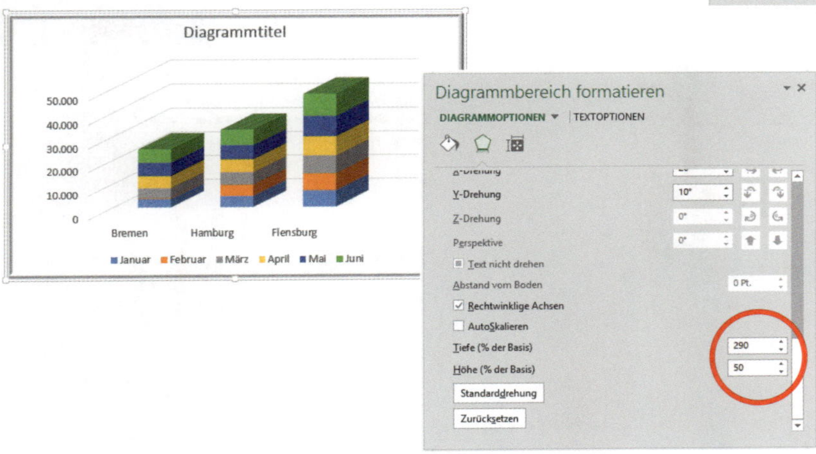

4 Formatieren Sie den Diagrammbereich über das Kontextmenü.

5 Drehen Sie das Diagramm und ändern Sie die Perspektive so, dass alle Datenreihen und Beschriftungen erkennbar sind.

6 Entfernen Sie die automatische Skalierung und ändern Sie auch die Tiefe und Höhe der Basis.

Ende

Sortieren Sie die Datenreihen in der Datenquelle so, dass die kleineren Werte in den ersten Reihen (von links) stehen.

TIPP

Stellen Sie mit *Umgekehrte Achse anzeigen* in der Formatierung der Tiefenachse die Reihen mit kleineren Werten nach vorne.

HINWEIS

Löschen Sie die Legende, wenn Sie eine dritte Achse in das 3D-Diagramm einziehen.

HINWEIS

Start

	A	B	C	D	E	F	G	H	I	J	K	L	M	N
1	**Absatzentwicklung Süddeutschland**													
2														
3		Jan	Feb	Mrz	Apr	Mai	Jun	Jul	Aug	Sep	Okt	Nov	Dez	
4	Grafenau	220	230	250	280	300	320	300	250	280	300	350	400	
5	Straubing	230	250	300	400	450	450	480	500	560	590	600	650	
6	Passau	120	150	180	150	160	150	180	200	250	300	320	320	
7	Regensburg	600	650	620	620	680	700	720	680	650	600	650	680	

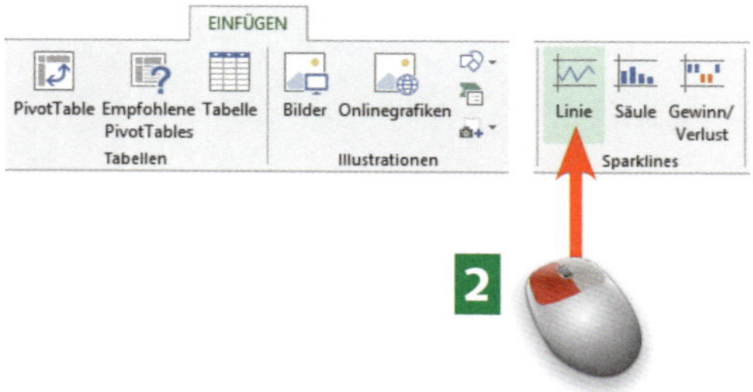

1 Die Tabelle zeigt Absatzentwicklungen für einzelne Regionen von Januar bis Dezember. Setzen Sie den Zellzeiger in die freie nächste Spalte.

2 Wählen Sie *Einfügen/Sparklines/Linie*.

3 Geben Sie als Datenbereich die Absatzzahlen der ersten Region an. Als Zielzelle ist bereits die markierte Zelle eingetragen.

Sparklines sind kleine Zelldiagramme, die Entwicklungen oder Abweichungen über mehrere Zellbereiche visualisieren. Nutzen Sie diese Diagrammform bei zahlreichen Datenreihen, für die „normale" Diagramme nicht geeignet sind.

WISSEN

4

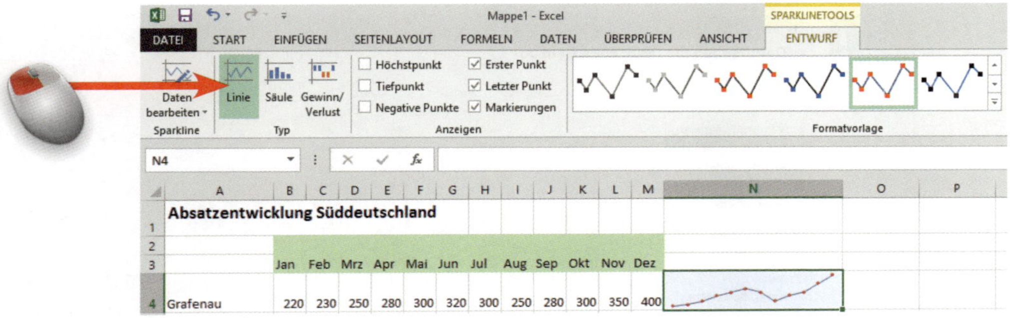

5

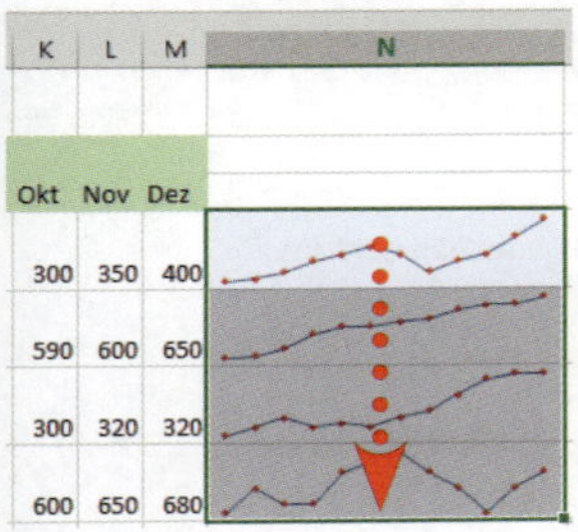

6

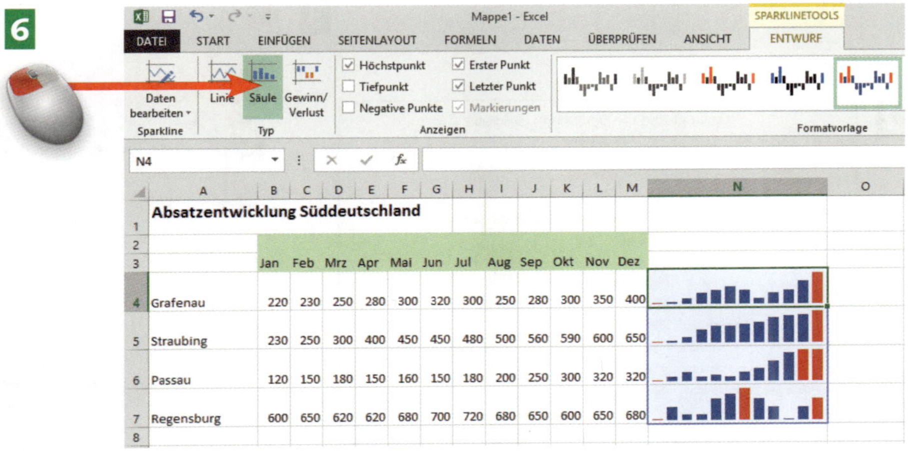

4 Die Sparklines werden gezeichnet, über die Registerkarte *Sparklinetools* können Sie Datenpunkte anzeigen lassen und die Grafik formatieren.

5 Kopieren Sie die formatierten Sparklines mit dem Füllkästchen nach unten über alle weiteren Regionen.

6 Schalten Sie unter *Typ* auf *Spalte* um, wenn Sie die Sparklines in Balkenform sehen wollen.

Ende

Sparkline-Zellen können zusätzlich zur Grafik auch Text, Zahlen, Verknüpfungen oder Formeln enthalten.

TIPP

Setzen Sie unter *Gruppieren* die Datenpunktfarbe für Höchst- und Tiefstwerte oder für negative Werte fest.

HINWEIS

Unter *Sparkline/Daten bearbeiten* können Sie den Datenbereich für die Sparklines ändern.

HINWEIS

Start

1

	A	B	C	D
1	**Dafür geben die Deutschen Geld aus**			
2	*in Euro/Monat*			
3		Singles	Paare ohne Kinder	Paare mit Kindern
4	Nahrung, Getränke, Tabak	166	336	439
5	Bekleidung, Schuhe	62	123	163
6	Wohnen, Energie	490	766	886
7	Möbel, Haushaltsgeräte	69	156	176
8	Gesundheit	55	121	73
9	Verkehr	148	370	411
10	Telefon, Post, Kommunikation	49	64	83
11	Freizeit, Kultur	164	311	339
12	Bildung	7	9	53
13	Hotel, Gaststätten	66	130	113
14	andere Waren und Dienstleistungen	69	116	117

2

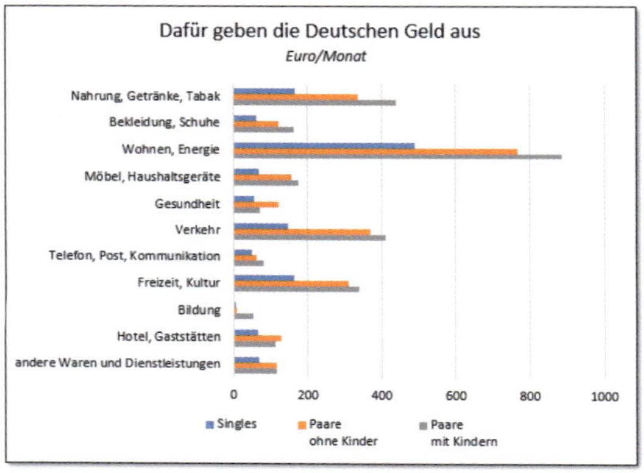

3

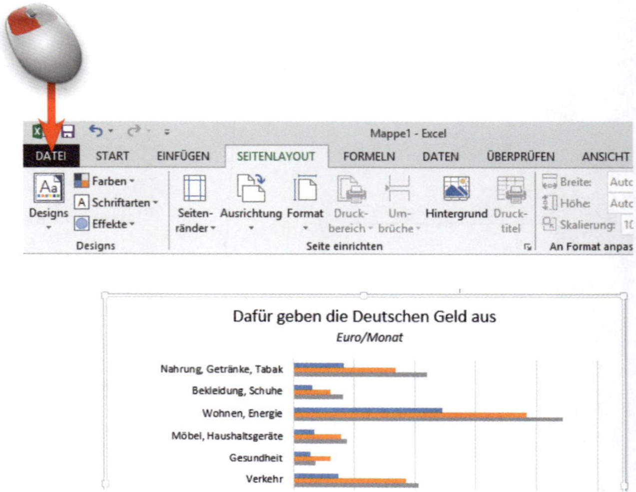

1 Erstellen Sie ein Diagramm aus dieser Liste, markieren Sie dazu den Bereich A3:D14 und wählen *Einfügen/Diagramm*.

2 Schalten Sie um auf den Diagrammtyp *Balken* und ändern Sie die Reihenfolge der Werte auf der vertikalen Achse.

3 Um nur das Diagrammobjekt zu drucken, markieren Sie es und schalten um auf das *Datei*-Menü.

Ob Sie für den Ausdruck das Diagrammobjekt oder das Tabellenblatt angeboten bekommen, entscheidet die Markierung. Alternativ zum Objekt können Sie auch ein Diagrammblatt anlegen.

WISSEN

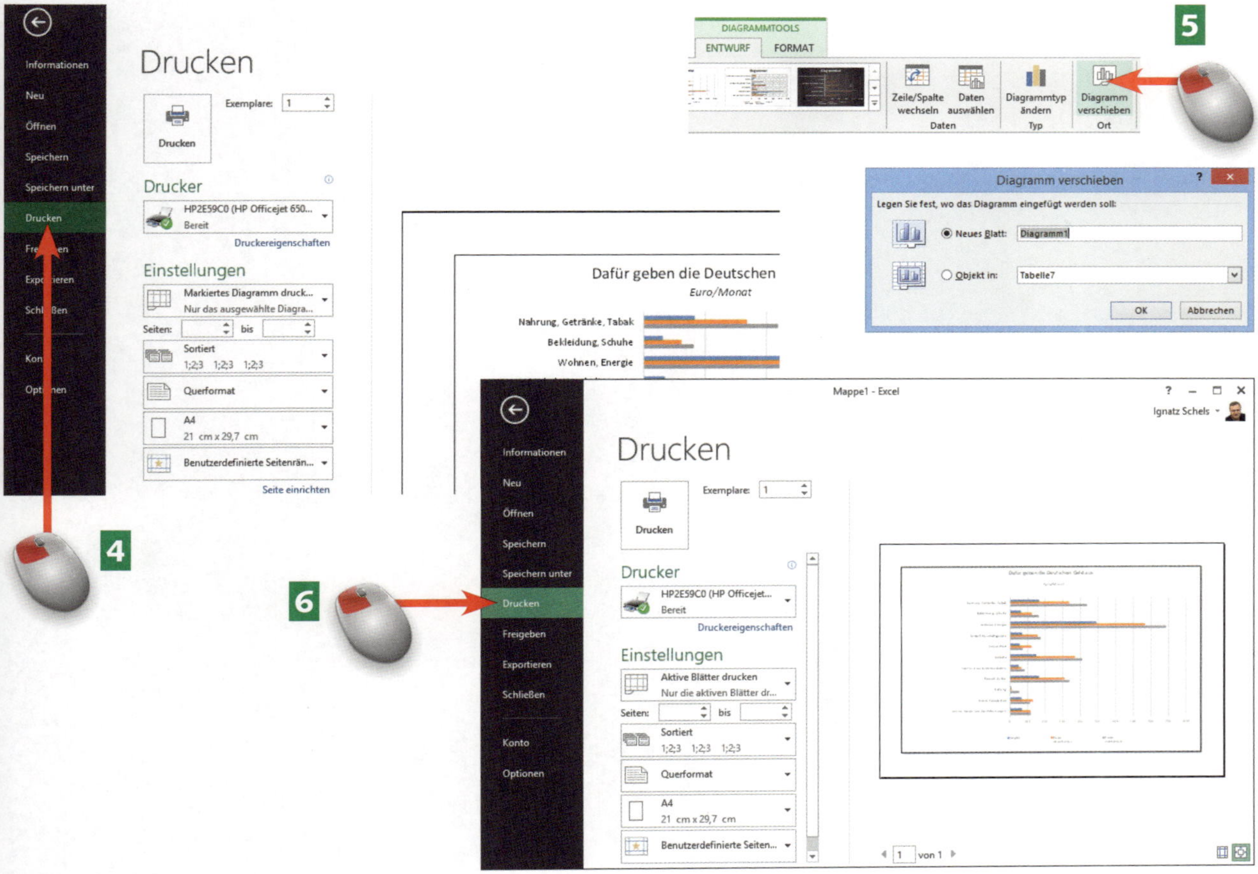

4 Wählen Sie *Drucken*. In den Einstellungen ist *Markiertes Diagramm drucken* zu sehen.

5 Wenn Sie über die Diagrammtools das Diagrammobjekt in ein Diagrammblatt verschieben, ...

6 ... können Sie dieses anschließend als Blatt im Querformat drucken.

Ende

Sie können den Diagrammbereich auf dem Blatt verkleinern und so Platz schaffen für weitere Objekte, zum Beispiel Grafiken oder Kopien von Tabellenbereichen.

HINWEIS

Tastenkombination für ein schnelles Diagrammblatt: Markieren Sie den Tabellenbereich und drücken Sie F11.

TIPP

Diagrammblätter werden wie normale Tabellenblätter gedruckt. Aktivieren Sie die Seitenränder und ändern Sie diese in der Seitenansicht, bevor Sie drucken.

HINWEIS

Grafik und WordArt

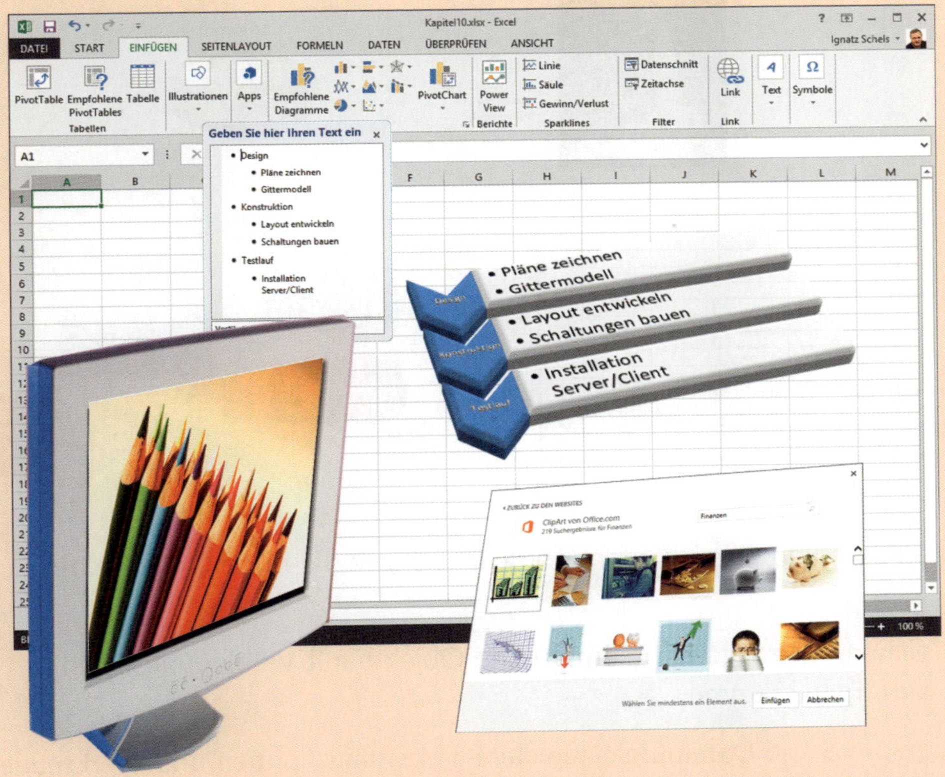

10

Start

1

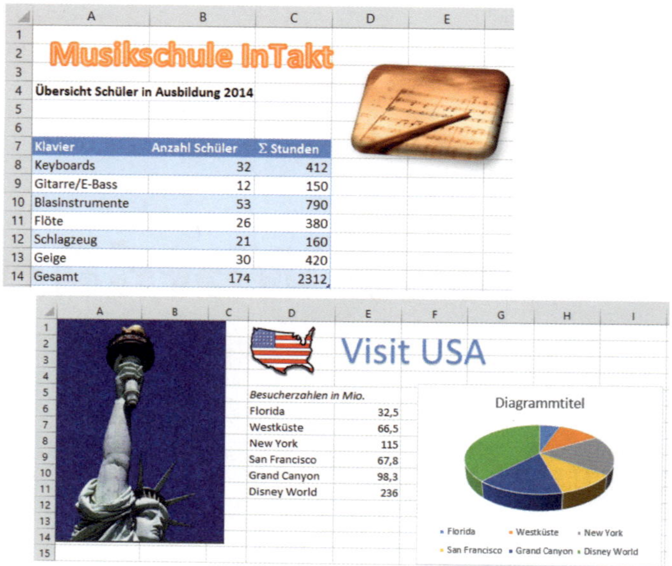

2

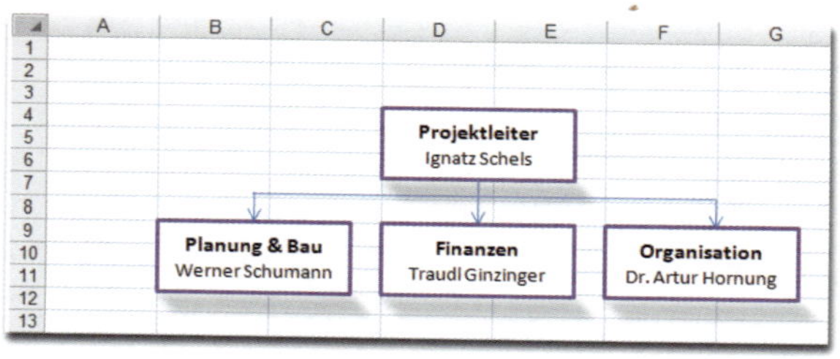

3

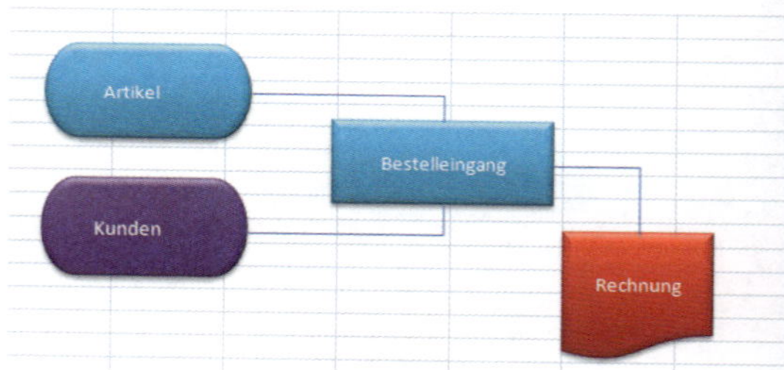

1 Mit Grafiken, Bildern und gezeichneten Objekten bringen Sie mehr Optik in Ihre Tabellen.

2 Excel bietet Zeichenwerkzeuge für geometrische Objekte mit Verbindungslinien, zum Beispiel für Organigramme.

3 Für Ablaufdiagramme und Datenflusspläne stehen ebenfalls Formen und Werkzeuge bereit.

Tabellengestaltung muss nicht langweilig sein. Excel bietet viele Programmfunktionen zur Illustration von Zahlen und Gestaltung von Schaubildern. Lassen Sie Ihrer Fantasie freien Lauf bei der Anwendung der Grafikwerkzeuge.

WISSEN

4

5

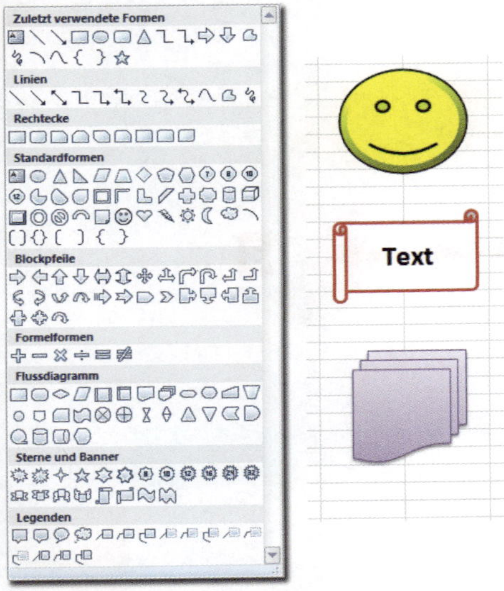

6

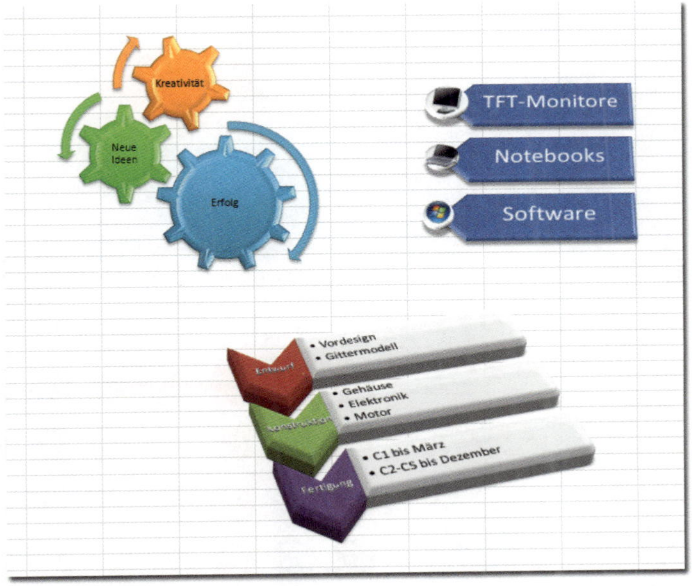

4 Mit WordArt-Schrifteffekten bekommt Ihr Text ganz neue Dimensionen.

5 Die Formenpalette bietet eine Fülle von Zeichenwerkzeugen für frei gezeichnete Grafiken an.

6 SmartArt-Grafiken geben Ihren Präsentationen ein völlig neues Gesicht.

Ende

Grafische Objekte werden auf die Tabelle gezeichnet, nicht in die Zellen. Sie sind aber mit diesen verbunden und ändern ihre Größe mit der Tabelle (einstellbar in den Objekteigenschaften).

HINWEIS

Um eine Grafik als Blatthintergrund zu definieren, wählen Sie *Seitenlayout/Seite einrichten/Hintergrund*.

HINWEIS

Start

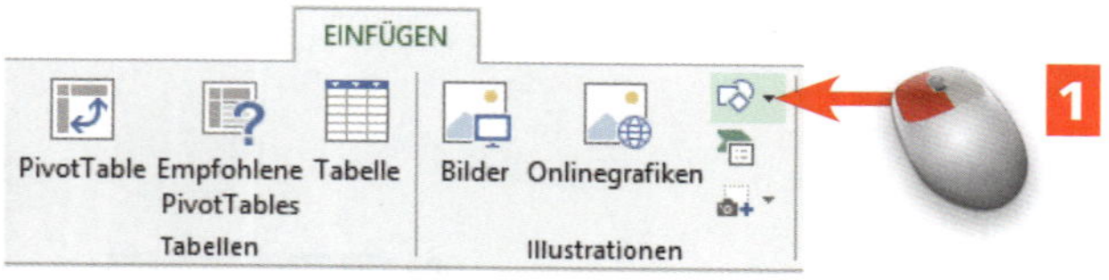

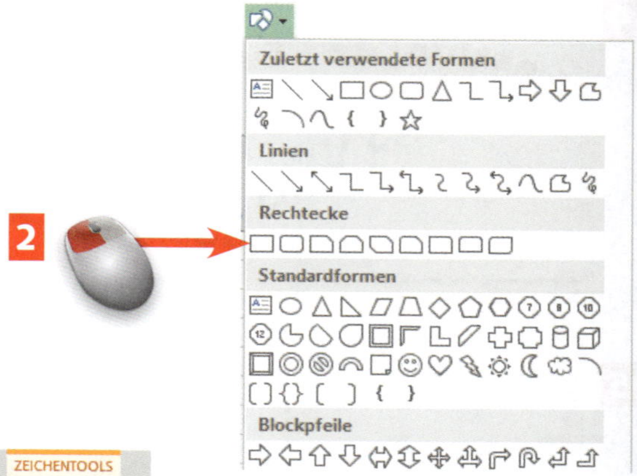

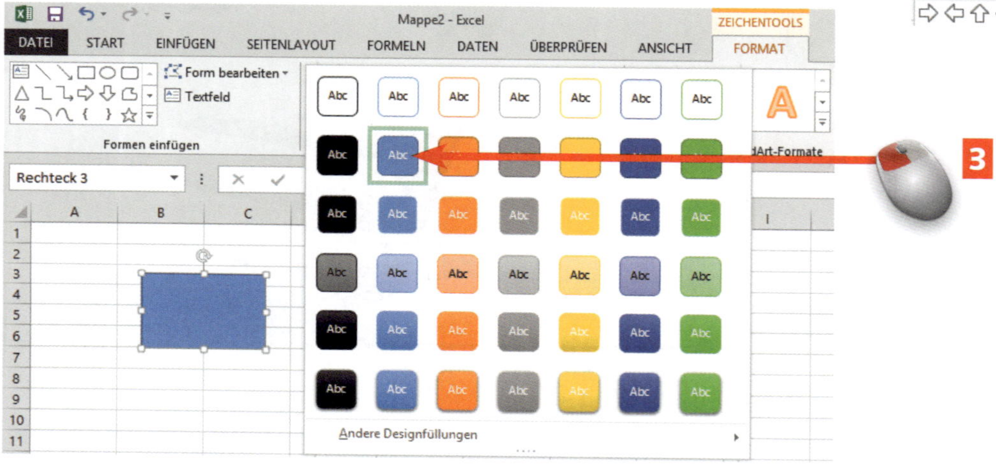

1 Schalten Sie um auf das Register *Einfügen* und klicken Sie auf *Illustrationen/Formen*.

2 Klicken Sie das gewünschte Formwerkzeug an ...

3 ... und zeichnen Sie die Form mit gedrückter Maustaste in die Tabelle. Rahmen und Füllfarbe holen Sie über *Zeichentools/Formenarten*.

Auf der Registerkarte *Einfügen* finden Sie eine große Auswahl an Formen vom einfachen Rechteck bis zum Stern mit 32 Zacken. Zeichnen Sie mit diesen Werkzeugen Objekte in die Tabelle und bearbeiten Sie die Formen über die „Ziehpunkte".

WISSEN

4

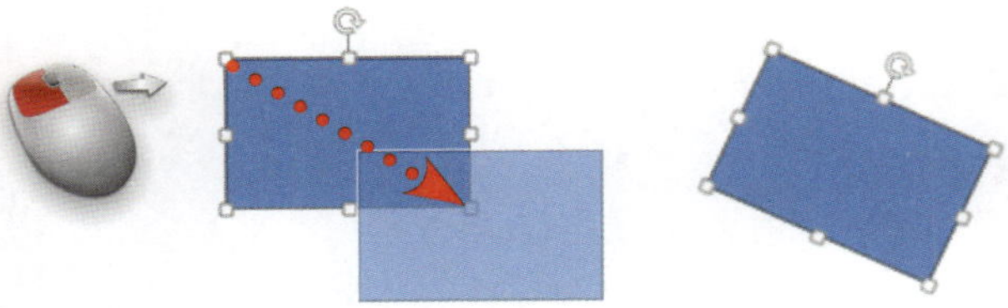

5

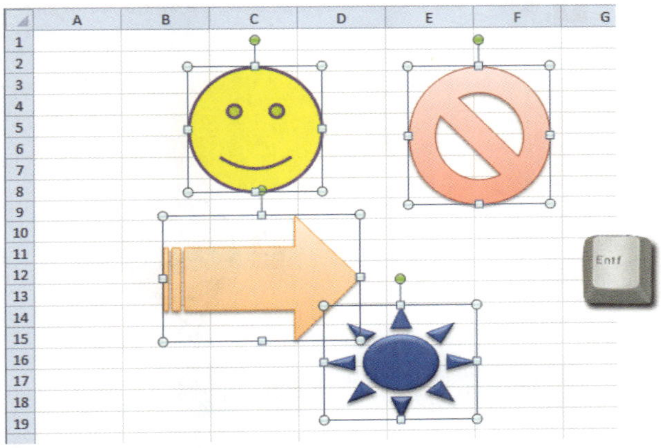

6

4 Zum Verschieben des Objekts zeigen Sie auf den Rahmen, vergrößert und verkleinert wird mit den Ziehpunkten. Der grüne Punkt ist der Rotationspunkt.

5 Zeichnen Sie weitere Formen aus der Formenpalette.

6 Markieren Sie mehrere Objekte mit gedrückter ⇧-Taste und drücken Sie die Entf-Taste, um alle markierten Objekte zu löschen.

Ende

TIPP

Halten Sie die ⇧-Taste gedrückt, wenn Sie Kreise statt Ellipsen und Quadrate anstelle von Rechtecken zeichnen wollen. Mit gedrückter Strg-Taste zeichnen Sie aus der Mitte.

HINWEIS

Halten Sie beim Vergrößern oder Verkleinern einer Form immer die ⇧-Taste gedrückt, wenn Sie die Proportionen erhalten wollen.

Start

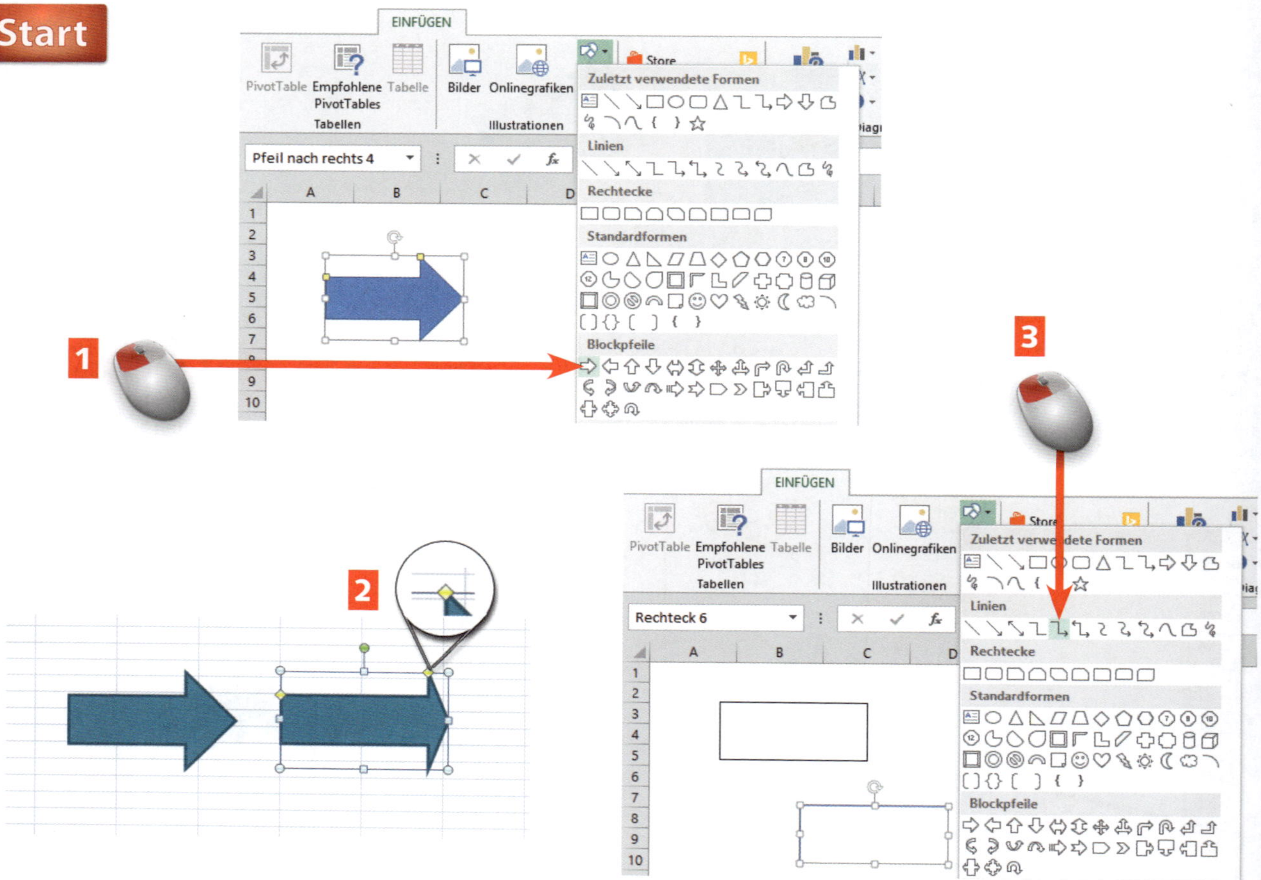

1 Zeichnen Sie über *Einfügen/Illustrationen/Formen* einen Pfeil auf das Tabellenblatt.

2 Das neue Objekt bietet kleine gelbe Rauten an. Ziehen Sie diese, um die Objektbreite oder die Größe der Pfeilspitze zu ändern.

3 Zeichnen Sie zwei Rechtecke und holen Sie eine Verbindungslinie aus der Formenbibliothek.

Pfeile und viele andere Formen bieten zusätzliche Markierungen zur Nachbearbeitung von Form und Perspektive. Mit Verbindungslinien, die an Ziehpunkten automatisch einrasten, stellen Sie Organigramme mit immer korrekt verbundenen Kästchen her.

WISSEN

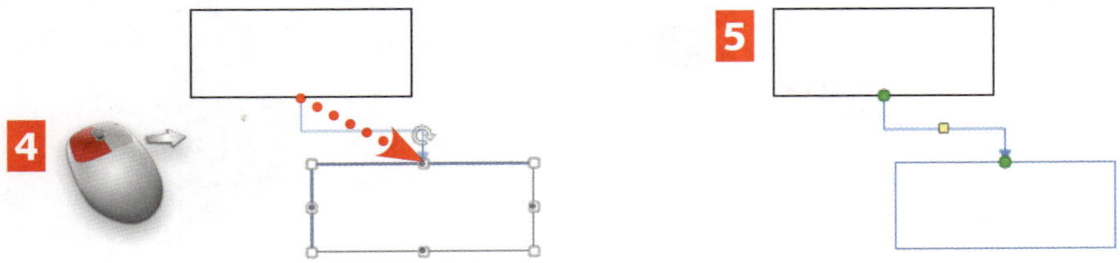

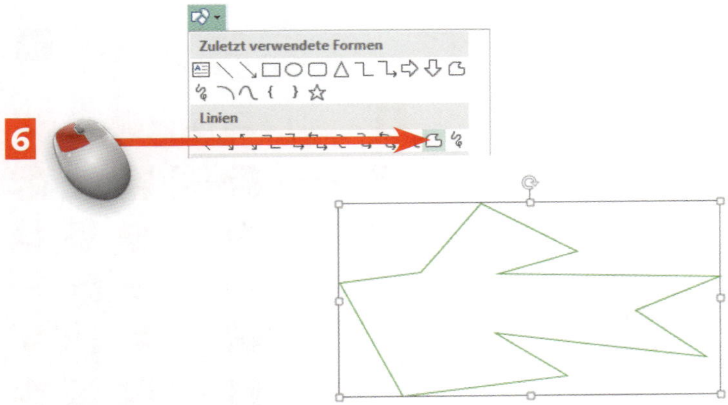

4 Ziehen Sie die Linie vom ersten Ziehpunkt zum zweiten. Achten Sie auf die rote Markierung, sie signalisiert einen Einrastpunkt.

5 Lassen Sie die Maustaste los, wird die Verbindungslinie exakt von einem Punkt zum anderen gezogen, und die Objekte sind auch nach einer Verschiebung verbunden.

6 Mit dem Freihandformen-Werkzeug zeichnen Sie Polygone. Klicken Sie auf *Form bearbeiten* und ändern Sie das gezeichnete Objekt punkteweise.

Ende

Kopieren Sie das erste Rechteck, indem Sie es mit gedrückter Maustaste und [Strg]-Taste an eine neue Position ziehen.

TIPP

Nutzen Sie die Gitternetzlinien als Zeichenraster: Halten Sie beim Zeichnen oder beim Verschieben von Objekten die [Alt]-Taste gedrückt. Das Objekt wird damit auf den nächsten Zellrand ausgerichtet.

TIPP

Start

1

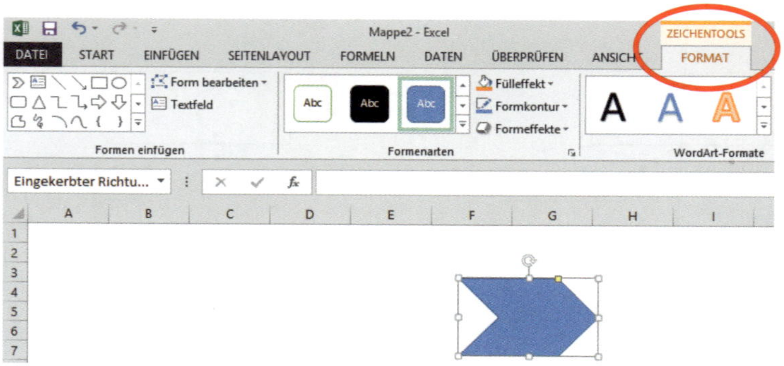

2

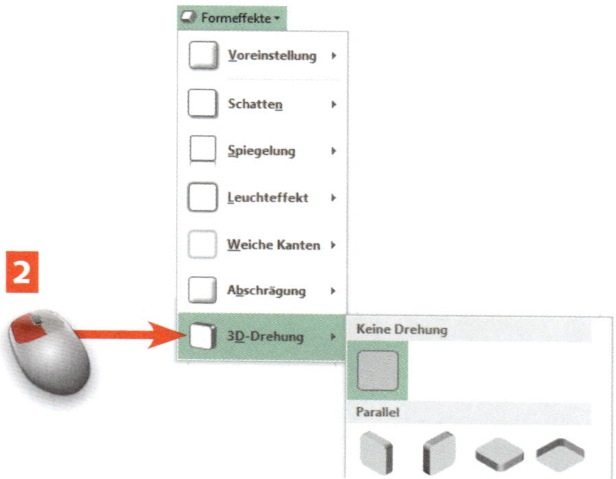

3

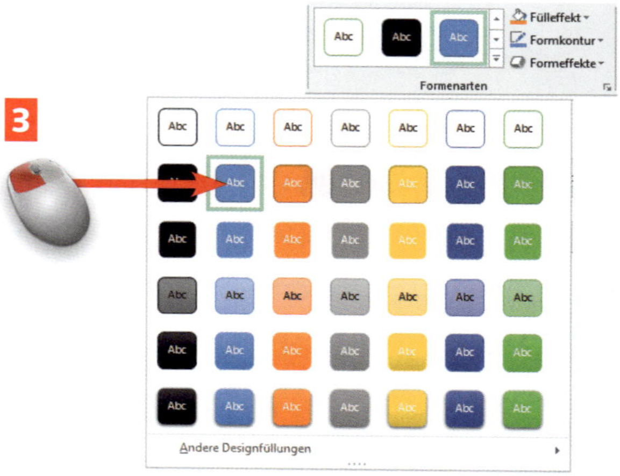

1 Sobald ein Objekt gezeichnet und markiert ist, bietet Excel eine weitere Registerkarte *Zeichentools* mit der Gruppe *Format* an.

2 Wählen Sie unter *Format/Formenarten* eine Formatvorlage für das Objekt ...

3 ... und ändern Sie einzelne Details wie Fülleffekt, Kontur, Schatten, 3D-Perspektive und andere Effekte über die Symbole in dieser Gruppe.

Jedes Objekt, das Sie mit den Werkzeugen aus der Formenbibliothek zeichnen, lässt sich beschriften und in vielen Varianten formatieren. Mit 3D-Effekten und Formatvorlagen zaubern Sie die schönsten Grafiken auf Ihre Tabellen.

WISSEN

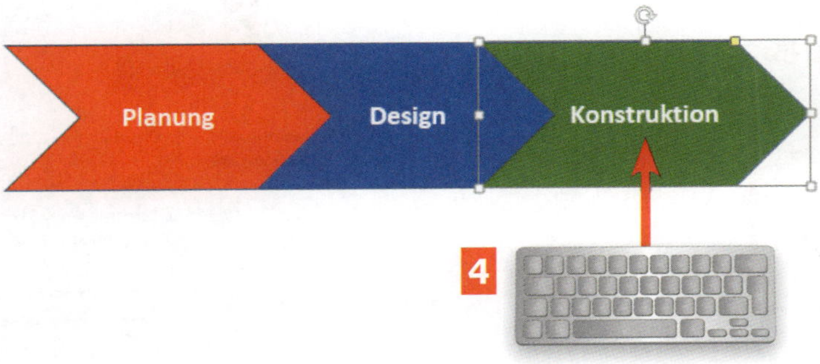

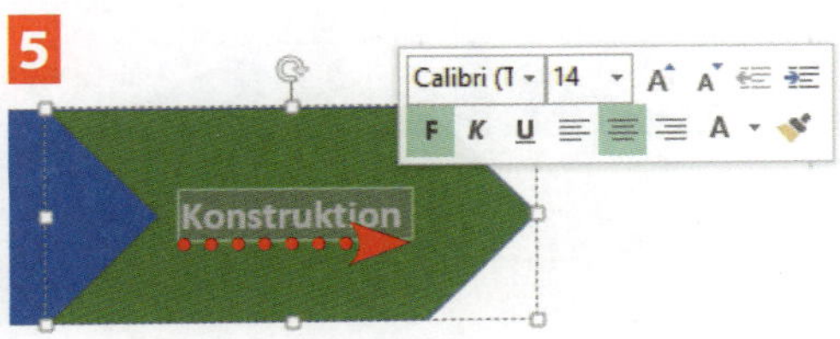

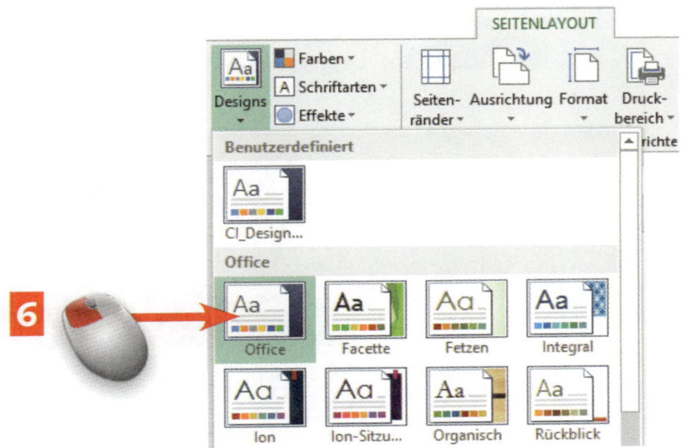

4 Um ein Objekt zu beschriften, markieren Sie es und geben den Text direkt über die Tastatur ein. Der Text wird im Objekt zentriert.

5 Markieren Sie den Text im Objekt, stehen sofort die Textformate am Mauszeiger zur Verfügung.

6 Ändern Sie im Register *Seitenlayout* das Design, wenn Sie andere Farbkombinationen zur Verfügung haben wollen.

Ende

Achten Sie darauf, dass eine Designauswahl alle Objekte in der aktiven Tabelle beeinflusst und sämtliche Farben, Formen und Beschriftungen ändert. Suchen Sie deshalb zuerst ein passendes Design, bevor Sie Objekte zeichnen.

TIPP

Zur Formatierung von Objekttext können Sie auch auf die Registerkarte *Start* umschalten.

TIPP

Start

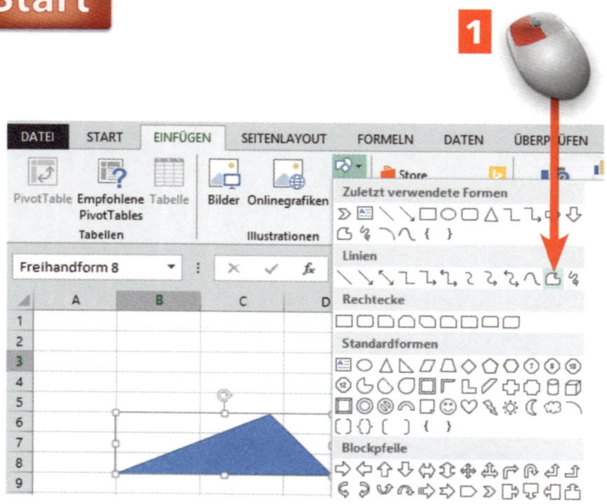

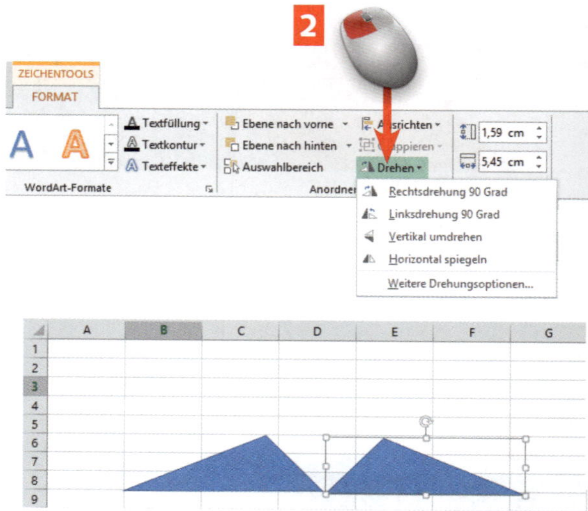

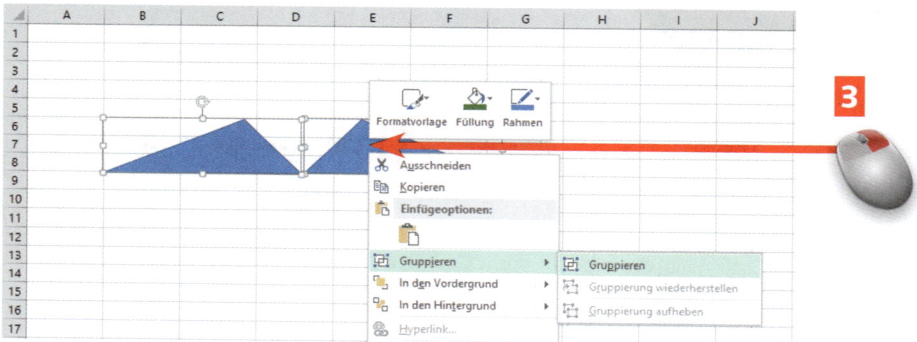

1 Zeichnen Sie das Grundobjekt mit dem Formwerkzeug *Freihandform*.

2 Ziehen Sie mit gedrückter Strg-Taste eine Kopie des Objekts und spiegeln Sie diese über *Zeichentools/Format/Anordnen*.

3 Markieren Sie beide Objekte mit der ⇧-Taste und gruppieren Sie sie.

Üben Sie die wichtigsten Techniken der Objektbearbeitung an einem praktischen Beispiel: Zeichnen Sie eine Windrose aus einem einzigen Grundobjekt.

WISSEN

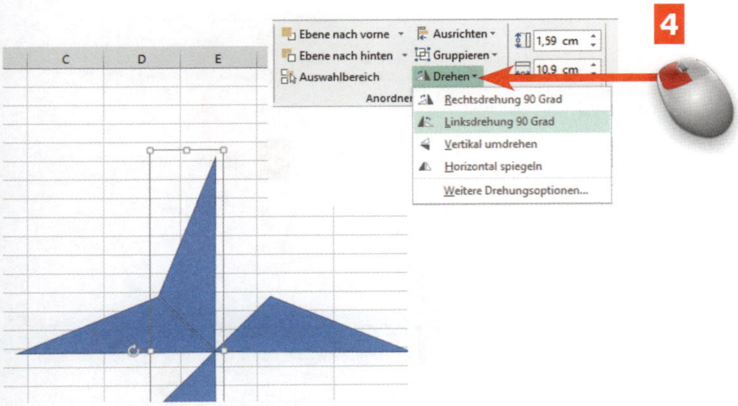

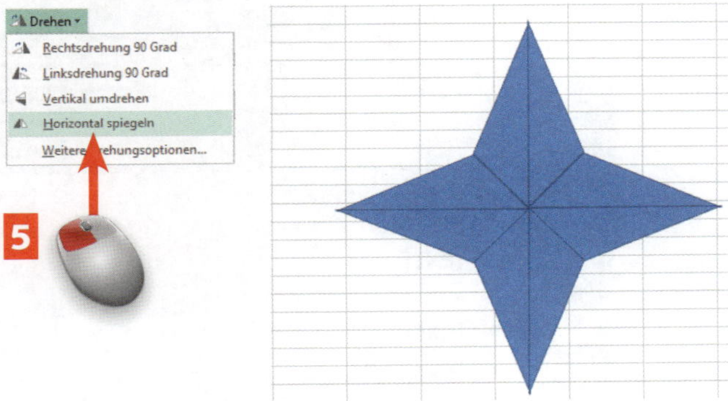

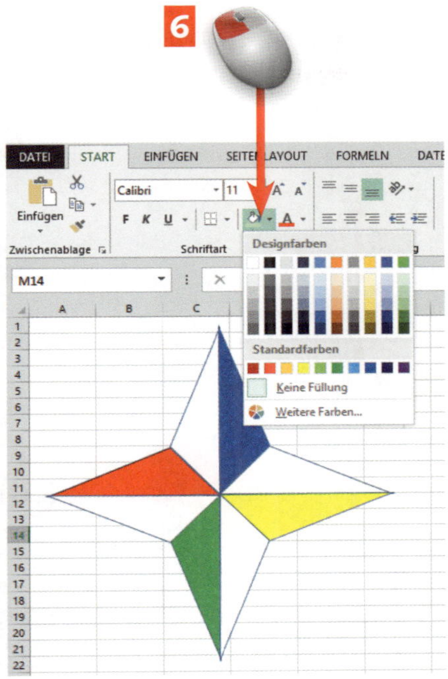

4 Ziehen Sie eine weitere Kopie und drehen Sie diese um 90 Grad.

5 Kopieren Sie das Objekt noch einmal, drehen und spiegeln Sie es, und das Grundgerüst der Windrose ist fertig.

6 Fehlen nur noch die Farben, und die weisen Sie über *Zeichentools/ Format/Formenarten* zu.

Ende

Objekte liegen in der Reihenfolge übereinander, in der sie gezeichnet wurden. Sie können mit *Zeichentools/Format/ Anordnen* arbeiten oder einfach das Objekt ausschneiden (Strg+X) und wieder einfügen (Strg+V).

TIPP

Heben Sie die Gruppierung der Objekte wieder auf, bevor Sie einzelne Objekte formatieren.

HINWEIS

Die schnelle Taste, um den letzten Befehl zu wiederholen: Drücken Sie F4.

TIPP

Start

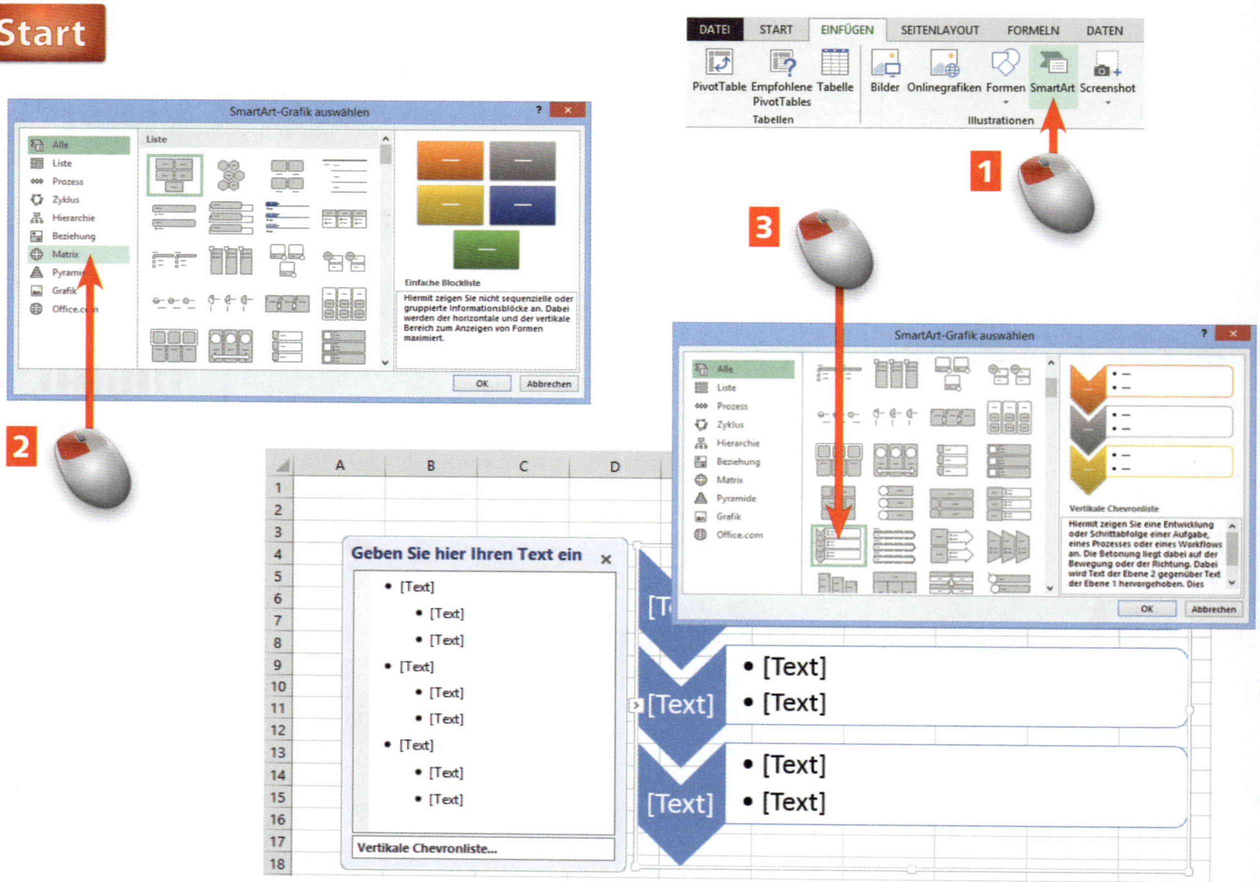

1 Schalten Sie um auf das Register *Einfügen* und wählen Sie *Illustrationen/SmartArt*.

2 Sieben Kategorien stehen zur Auswahl, klicken Sie die passende an ...

3 ... und suchen Sie eine Diagrammart für Ihr Schaubild, zum Beispiel eine Chevronliste.

SmartArts sind Illustrationsvorlagen für Schaubilder, die nicht wie Diagramme Zahlenwerte sammeln oder vergleichen, sondern Schlagwörter, Botschaften, Abläufe oder Prozessbeschreibungen enthalten. Sehen Sie sich das Angebot an, Sie werden überrascht sein, wie viele SmartArts es gibt.

WISSEN

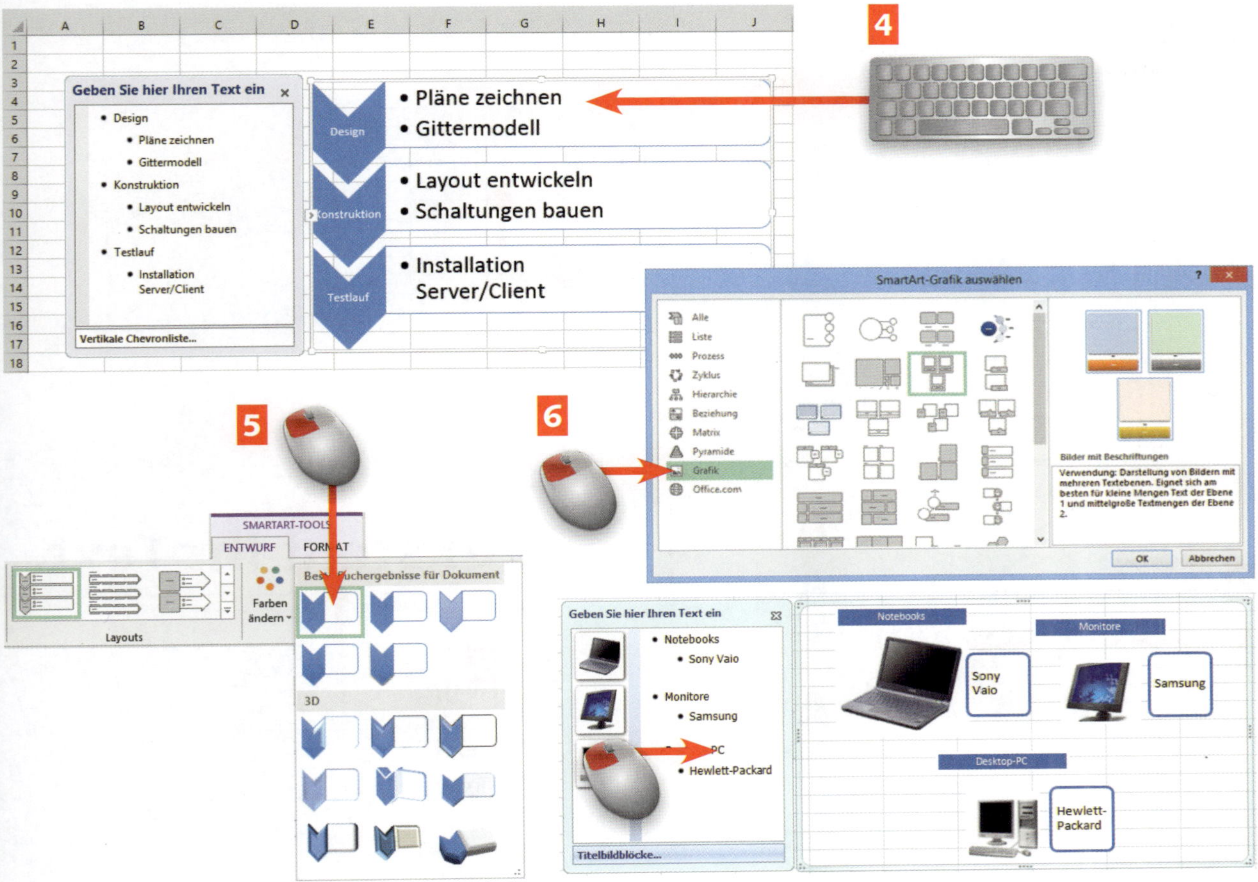

4 Schreiben Sie die Textabsätze in das Textfeld.

5 Im Menüband taucht ein neues Register *SmartArt-Tools* auf, wählen Sie unter *Entwurf* eine Formatvorlage.

6 Sehen Sie sich auch die anderen Kategorien an. Die Kategorie *Grafik* bietet SmartArts zum Einbinden von Bildvorlagen an.

Ende

TIPP

Texte schreiben:
[↵] fügt eine neue Zeile ein
[⇆] Zeile eine Ebene tiefer
[⇧]+[⇆] Zeile eine Ebene höher
[⇦] Ebene löschen

HINWEIS

SmartArt ist ein Office-Programm, es steht auch für Word und PowerPoint zur Verfügung.

HINWEIS

Achten Sie auf die Beschreibung im Fenster *SmartArt auswählen*. Sie zeigt, zu welchem Zweck und mit welcher Botschaft die jeweilige SmartArt-Vorlage zum Einsatz kommt.

Start

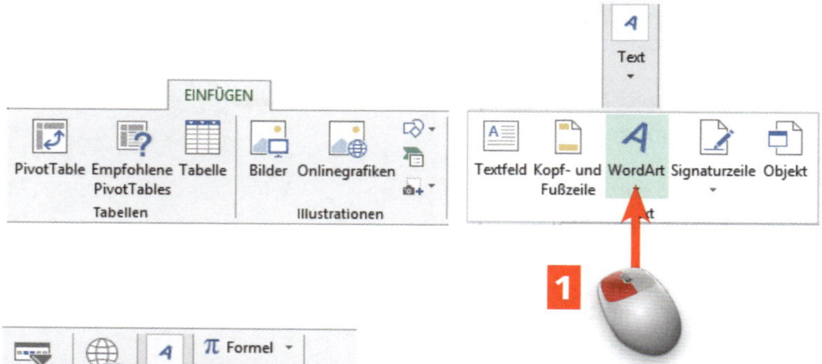

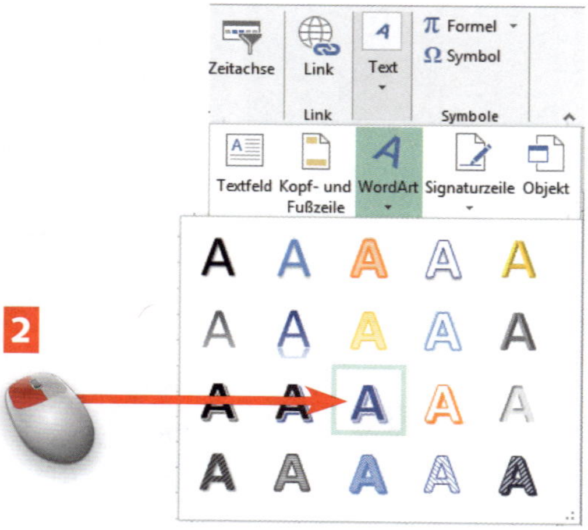

1 Wählen Sie *Einfügen/Text/WordArt*.

2 Markieren Sie eine Formatvorlage für Ihren Designtext …

3 … und überschreiben Sie den Standardtext „Ihr Text" per Eingabe über die Tastatur.

Auch Überschriften oder andere Texte auf der Tabelle müssen nicht langweilig sein. Gestalten Sie Ihre Texte doch einmal wie auf dem Werbeplakat mit Füllmustern, gedrehten Perspektiven und 3D-Effekten.

WISSEN

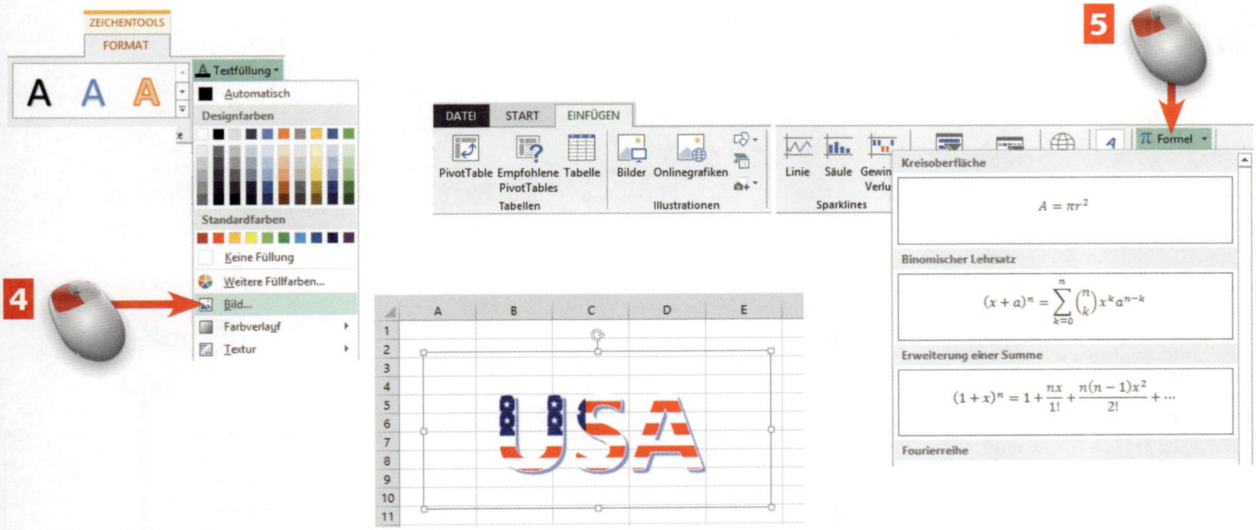

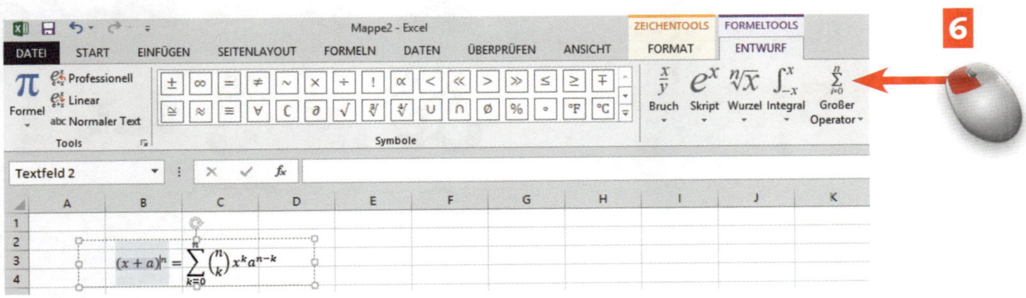

4 Die Registerkarte *Zeichentools* bietet neben den WordArt-Formaten auch Textfüllungen und Texteffekte, hier ein Bild im Hintergrund.

5 Wählen Sie *Einfügen/Formeln*, wenn Sie mathematische Formeln brauchen. Bearbeiten Sie das Objekt über die *Formeltools*.

6 Die Formeltools werden aktiv, holen Sie Symbole und Strukturen an der Cursorposition in die Formel.

Ende

TIPP

Schrift und Schriftformate ändern Sie am besten im Kontextmenü. Klicken Sie den WordArt-Text mit der rechten Maustaste an.

HINWEIS

WordArt ist ein Office-Programm, es steht auch für Word und PowerPoint zur Verfügung.

TIPP

Nutzen Sie in mathematischen Formeln auch das Kontextmenü mit dem Eintrag *Mathematik-optionen*.

Start

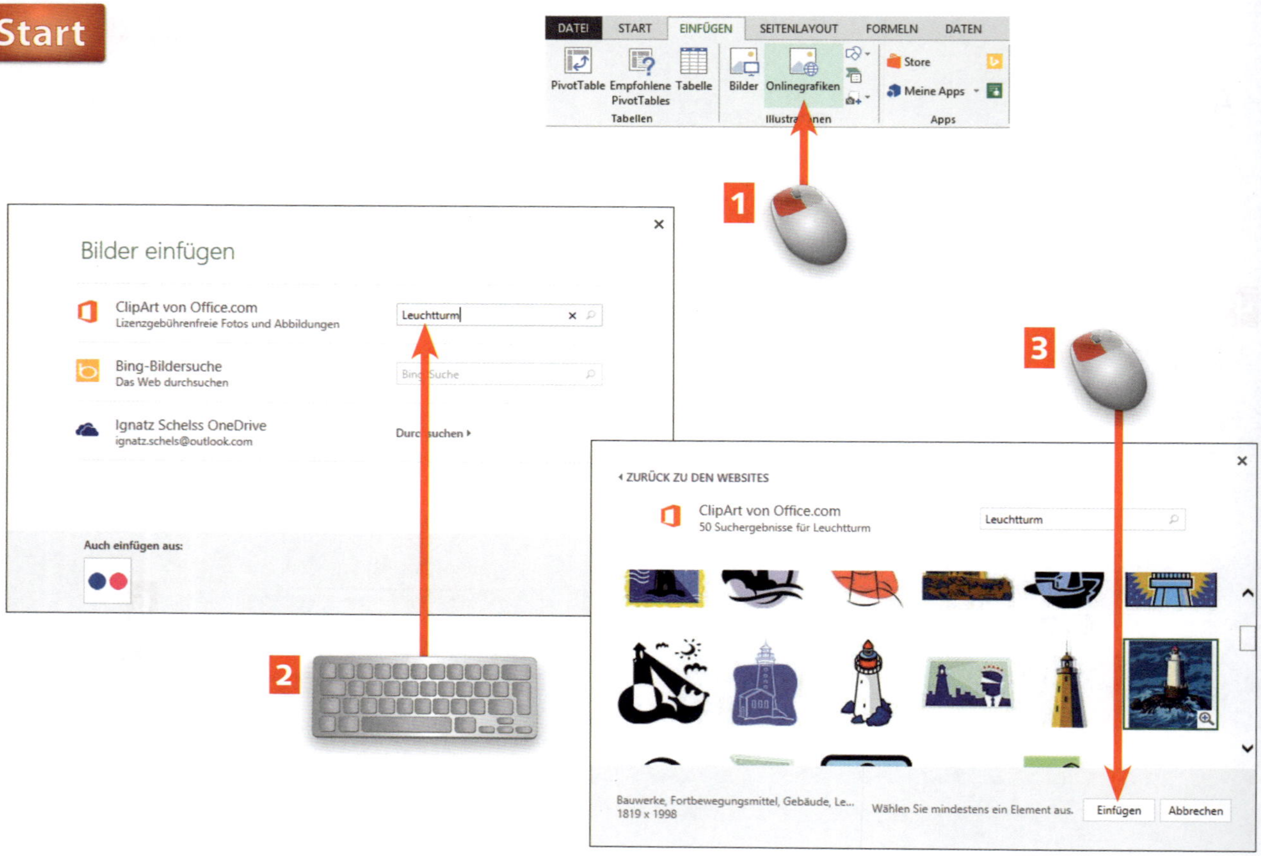

1 Schalten Sie auf die Registerkarte *Einfügen* um und wählen Sie *Illustrationen/ Onlinegrafiken*.

2 Suchen Sie bei Office.com, mit der Suchmaschine Bing oder in Ihrer Cloud (OneDrive) nach einem Bild, geben Sie einen Suchbegriff ein und starten Sie die Suche.

3 Das Suchergebnis wird angezeigt, markieren Sie ein Bild und wählen Sie *Einfügen*, um es auf das Tabellenblatt zu holen.

ClipArts sind ursprünglich digitale Zeichnungen, mittlerweile gibt es auch viele hochwertige Fotos in den ClipArts-Sammlungen. Suchen Sie in den Office-ClipArts nach passenden Bildvorlagen und illustrieren Sie Ihre Tabellen und Diagramme damit.

WISSEN

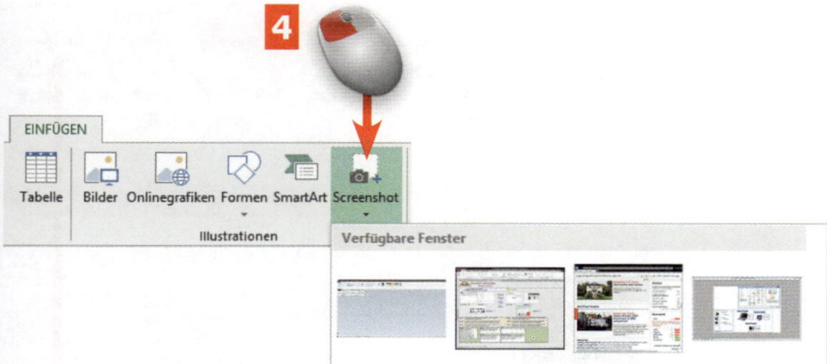

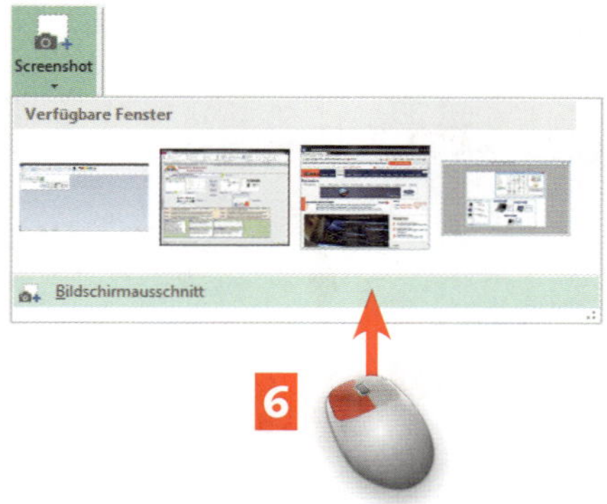

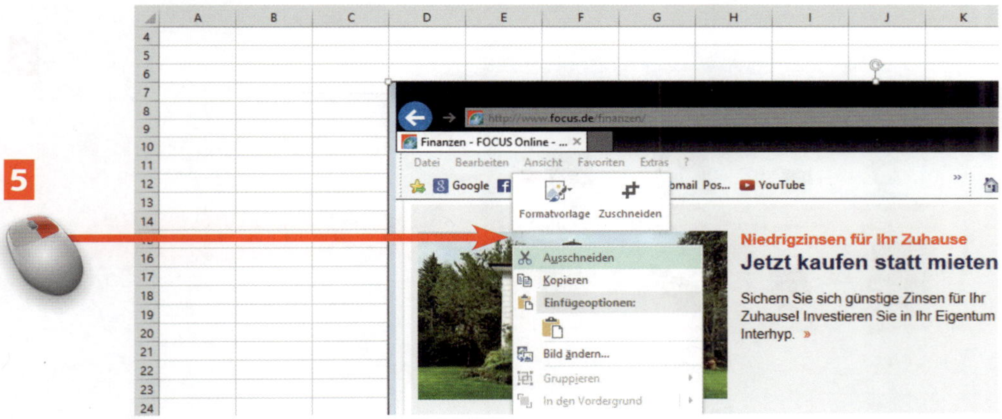

4 Wählen Sie *Einfügen/Screenshot* und markieren Sie das Fenster, von dem Sie ein „Foto" schießen wollen.

5 Der Screenshot wird eingefügt, Sie können ihn als Bildobjekt bearbeiten. Internetseiten lassen sich als Links anlegen.

6 Mit *Bildschirmausschnitt* erhalten Sie einen Fadenkreuz-Zeiger, markieren Sie damit den Ausschnitt, den Sie als Screenshot in das Tabellenblatt holen wollen.

Ende

TIPP

Achten Sie bei der Verwendung von Bildmaterial darauf, dass Sie keine Lizenzen übersehen.

HINWEIS

Nutzen Sie die Bildtools, um die Grafikobjekte zu formatieren, Bildeffekte zuzuweisen oder die Qualität der Bilder zu verbessern.

HINWEIS

Mit *Auch einfügen aus* verbinden Sie sich über Ihr Microsoft-Konto mit dem Bilderdienst Flickr.

Start

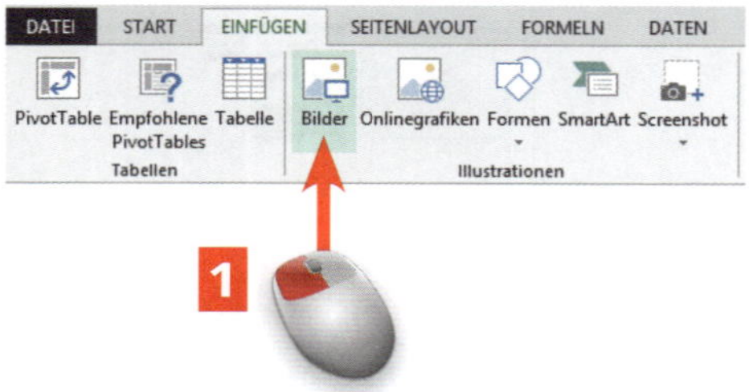

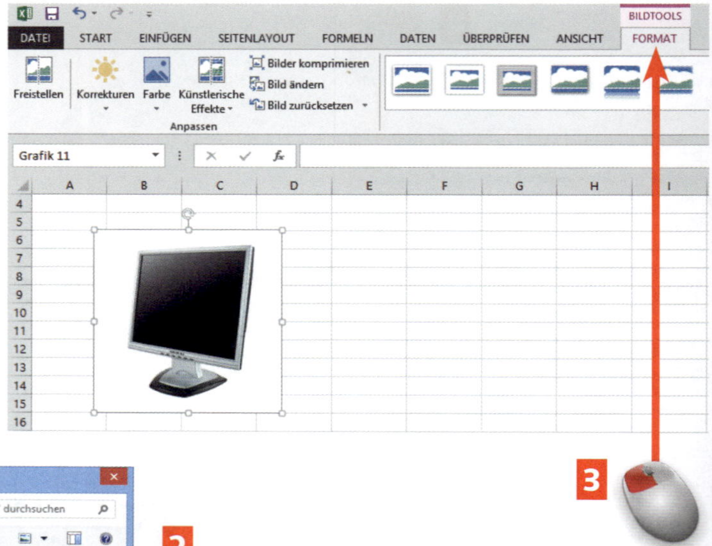

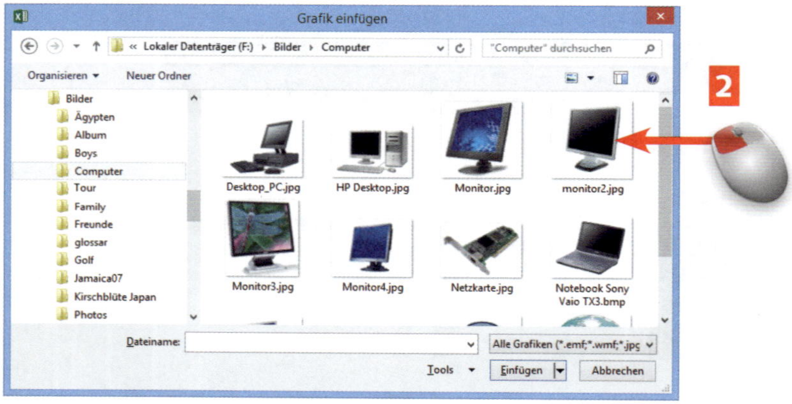

1 Schmücken Sie Ihre Tabelle mit einer Grafik aus einer Grafikdatei, wählen Sie dazu *Einfügen/Illustrationen/Bilder*.

2 Schalten Sie auf den Ordner, in dem das Bild gespeichert ist, markieren Sie die Grafik und klicken Sie auf *Einfügen*.

3 Das Bild wird eingefügt, Sie können es über die Ziehpunkte verkleinern und vergrößern oder mit den *Bildtools* bearbeiten.

Fotos, Schaubilder, Logos und andere Grafiken speichern Sie als Dateien, meist im Standardformat JPEG. Importieren Sie diese Grafiken und illustrieren Sie damit Ihre Tabellen und Diagramme. Wenn die Grafik nicht passend ist, bearbeiten Sie sie vorher mit dem Microsoft Office Picture Manager.

WISSEN

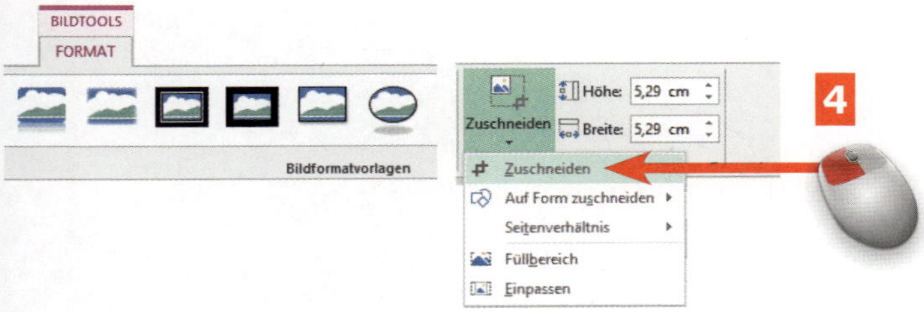

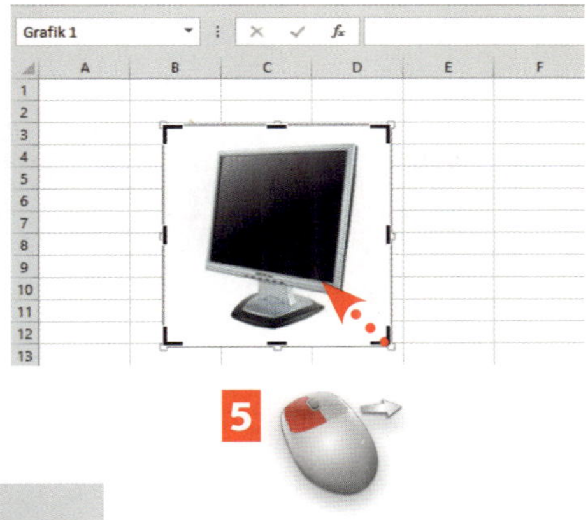

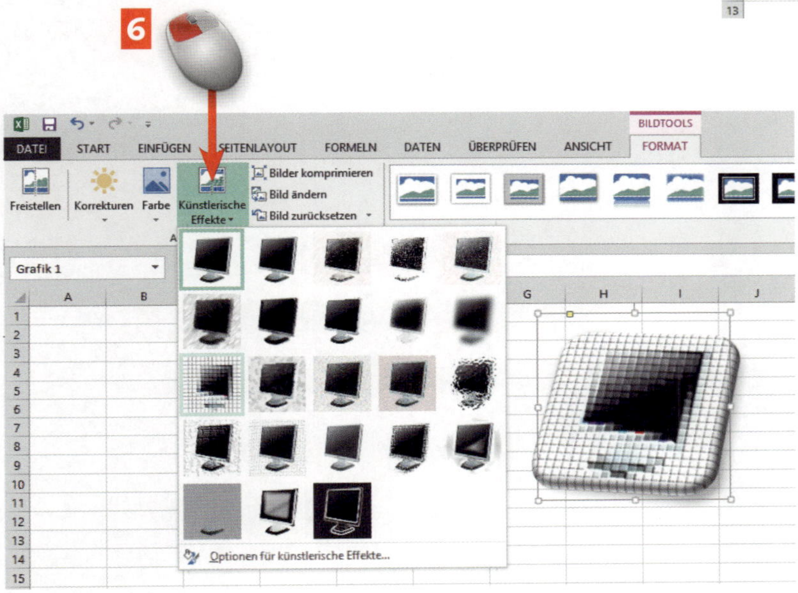

4 Klicken Sie unter *Bildtools/Format* auf *Zuschneiden*.

5 Ziehen Sie die Randmarkierungen mit dem Mauszeiger, um das markierte Bild zu beschneiden.

6 Nutzen Sie die Bildformatvorlagen und weitere Werkzeuge aus den Bildtools, um Ihre Bildobjekte zu verbessern.

Ende

TIPP

Wählen Sie statt *Einfügen* im Dateidialog *Mit Datei verknüpfen*, wird das Objekt mit der Datei verknüpft und automatisch angepasst, wenn das Bild neu gespeichert wird.

HINWEIS

Grafiken für Excel-Tabellen können in allen gängigen Formaten (BMP, JPEG, GIF, WMF u. a.) vorliegen. Der Dateidialog bietet alle Dateitypen zur Auswahl an.

TIPP

Digitale Fotos mit 2.500 x 2.000 Pixel sind im Tabellenblatt ca. 80 x 100 cm groß und belegen 50 Spalten und 160 Zeilen. Mit *Größe und Eigenschaften* im Kontextmenü können Sie die Größe schnell reduzieren.

Spezialtechniken

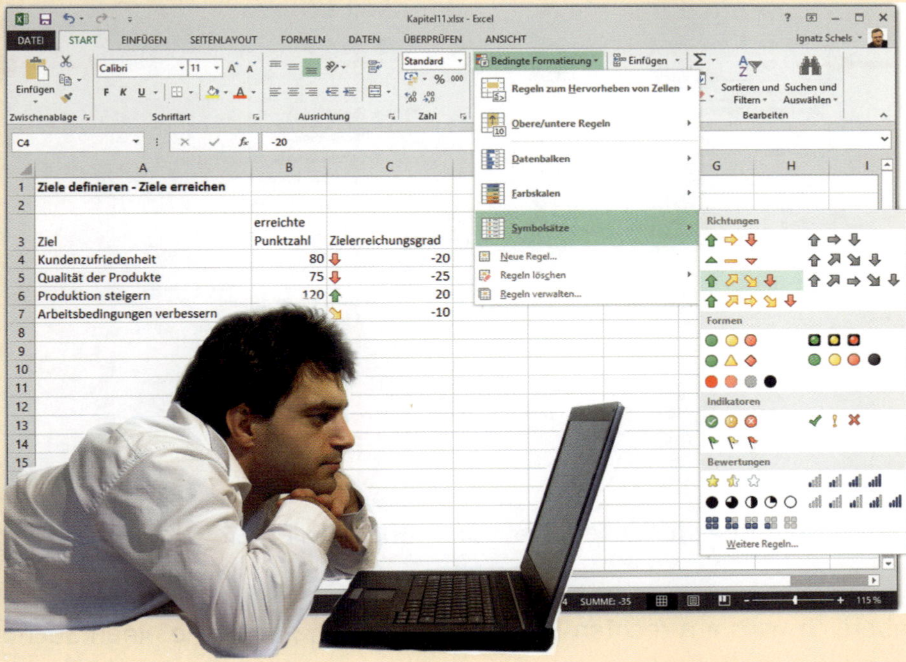

11

Start

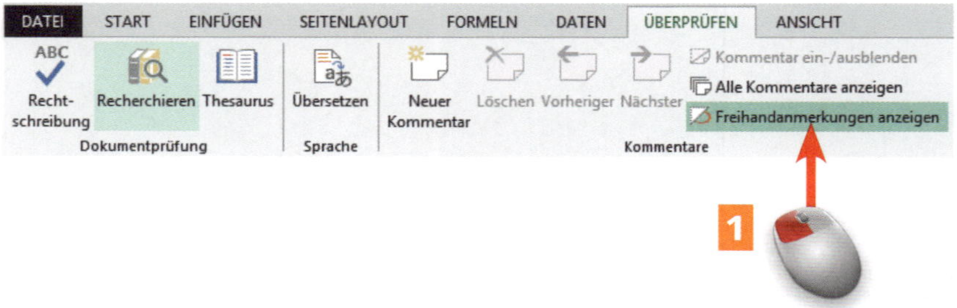

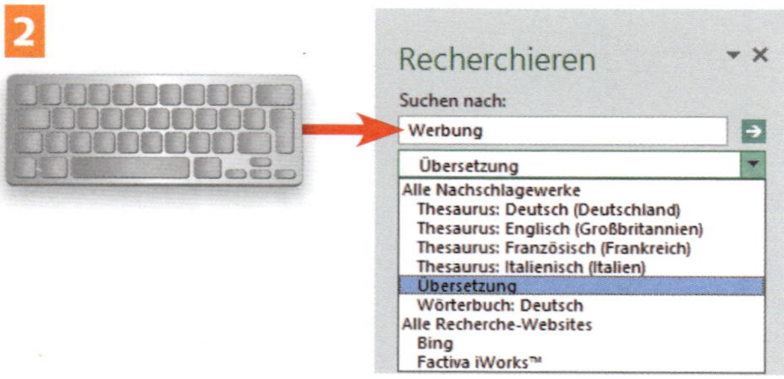

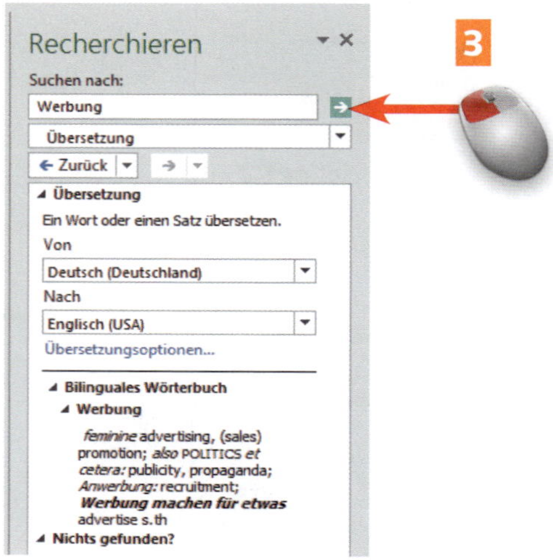

1 Schalten Sie um auf die Registerkarte *Überprüfen* und wählen Sie *Dokumentprüfung/ Recherchieren*.

2 Der Aufgabenbereich wird am rechten Rand eingeblendet, geben Sie einen Suchbegriff ein und schalten Sie auf *Übersetzung*.

3 Wählen Sie die Wörterbücher für Such- und Zielbegriff und starten Sie die Übersetzung mit einem Klick auf das Pfeilsymbol.

Das Symbol *Recherchieren* fasst mehrere Aufgaben zusammen: Sie können einen fremdsprachigen Begriff eingeben und mithilfe der Wörterbücher (Englisch, Französisch u. a.) übersetzen lassen oder im Synonymwörterbuch *Thesaurus* einen ähnlichen Begriff zu einem deutschsprachigen Wort suchen.

WISSEN

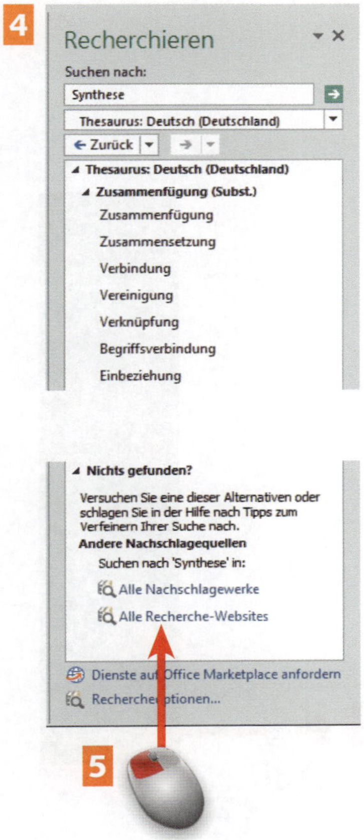

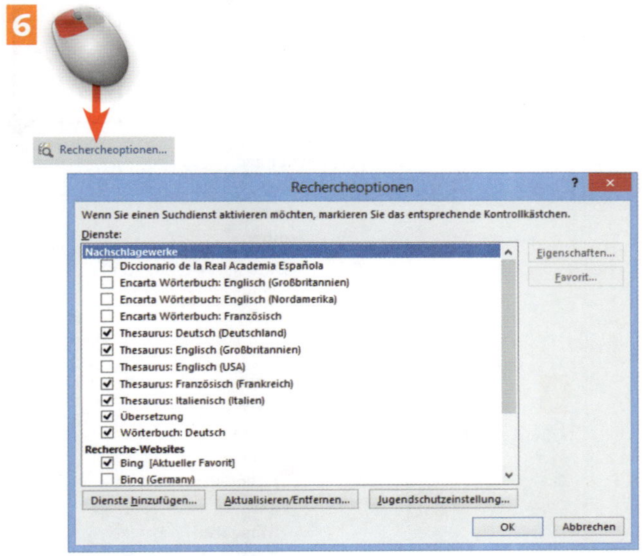

4 Der Thesaurus ist ein Synonymwörterbuch, er zeigt ähnliche und sinnverwandte Begriffe zum Suchbegriff an.

5 Schalten Sie auf andere Nachschlagewerke oder Recherche-Webseiten um, wenn der Begriff nicht zu finden ist.

6 In den *Rechercheoptionen* finden Sie weitere fremdsprachige Wörterbücher oder zusätzliche Dienste.

Ende

Der Schnellstart für die Recherche: Geben Sie den Begriff in eine Zelle ein, drücken Sie die Alt-Taste und klicken Sie auf die Zelle.

TIPP

Fehlende Wörterbücher lassen sich über das Office-Setup nachinstallieren. Kreuzen Sie die Option *Office-Tools* an.

HINWEIS

Wenn der Suchbegriff in der aktiven Zelle steht, wird er beim Start der Recherche bereits im Suchfenster vorgeschlagen.

HINWEIS

Start

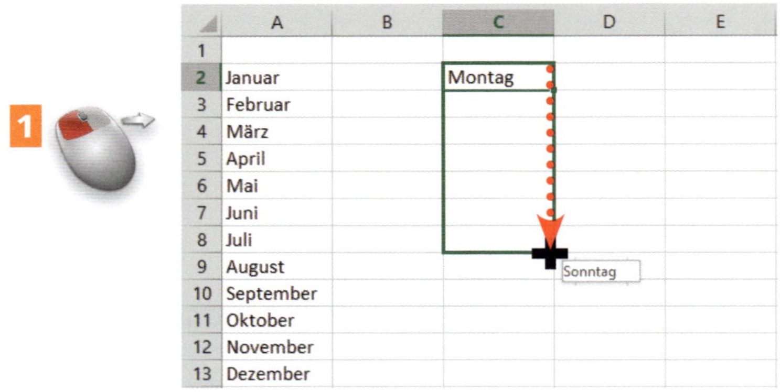

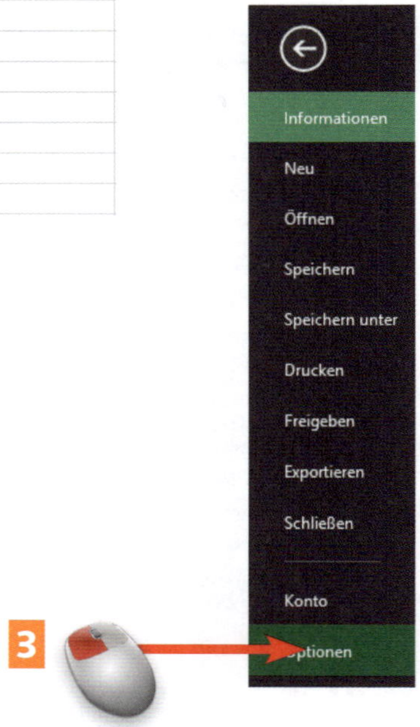

1 Füllreihen werden, wie in Kapitel 3 gezeigt, mit dem Ausfüllkästchen erzeugt. Ziehen Sie es mit gedrückter Maustaste nach unten.

2 Monate und Wochentage sind vordefiniert, Sie können auch Ihre eigenen Füllreihen erzeugen. Schreiben Sie die Reihe in ein Tabellenblatt und markieren Sie sie.

3 Aktivieren Sie die Optionen im Backstage (*Datei*-Menü) ...

Excel stellt automatische Füllreihen für Monate (Januar bis Dezember) und Wochentage (Montag bis Sonntag) zur Verfügung. Schreiben Sie Ihre eigenen Füllreihen und speichern Sie diese als benutzerdefinierte Liste ab.

WISSEN

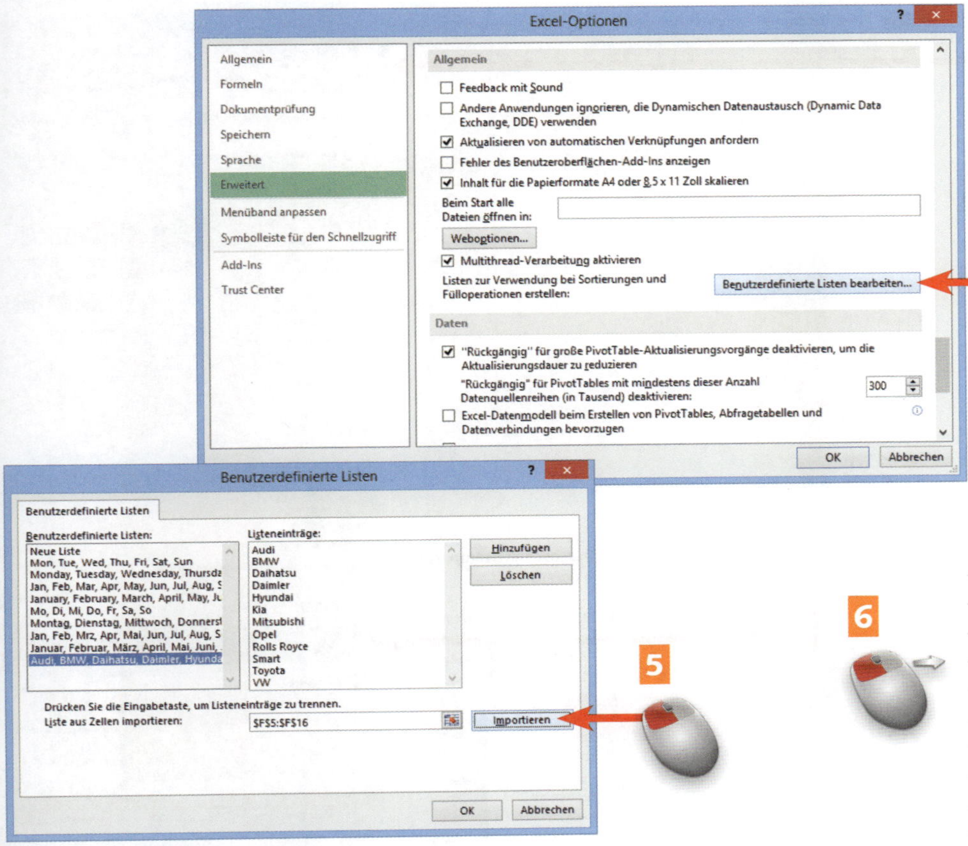

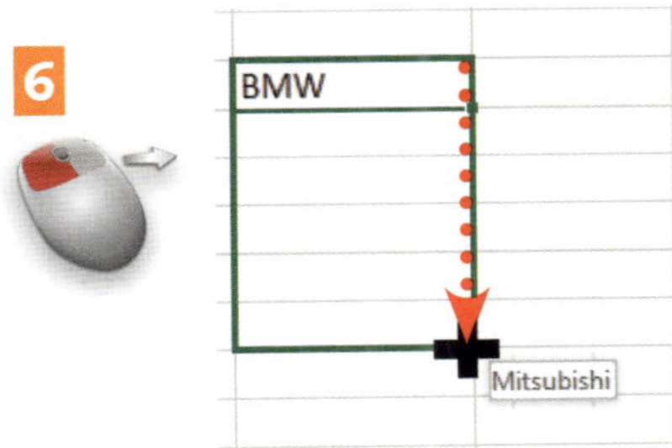

4 ... und klicken Sie auf *Benutzerdefinierte Listen bearbeiten* in der Kategorie *Erweitert*.

5 Hier werden alle Listen gespeichert und verwaltet. Mit *Importieren* holen Sie die markierte Zellreihe als neue Füllreihe in die Liste.

6 Jetzt können Sie mit einem Begriff aus der Füllreihe und dem Füllkästchen den Rest der Reihe erzeugen.

Ende

Ziehen Sie das Füllkästchen mit der rechten Maustaste. Das Kontextmenü bietet interessante Alternativen an, zum Beispiel bei Datumswerten Wochentage, Monate und Jahre.

TIPP

Zusätzliche Füllreihen werden nicht in der aktuellen Arbeitsmappe, sondern global für die Excel-Oberfläche gespeichert. Sie stehen damit allen anderen und neuen Mappen zur Verfügung.

HINWEIS

Start

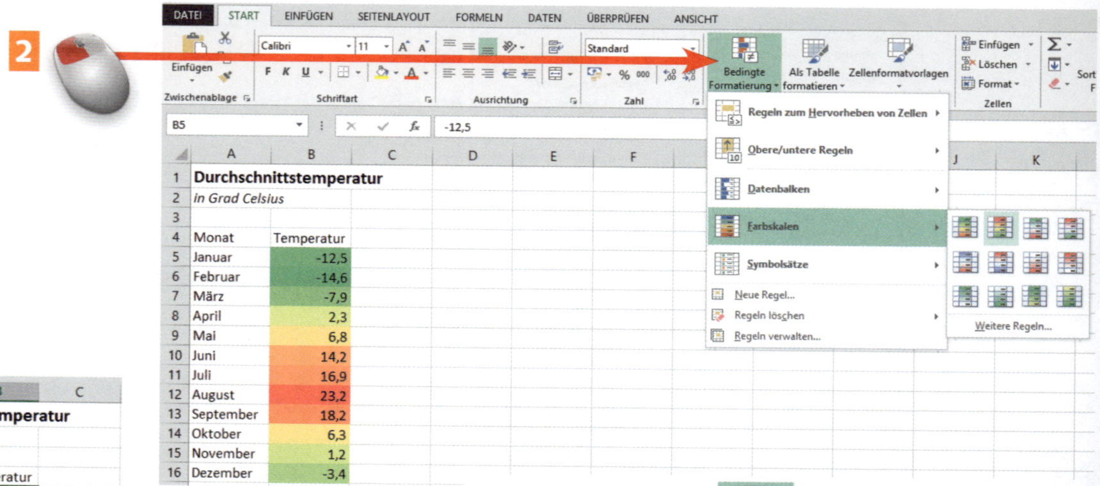

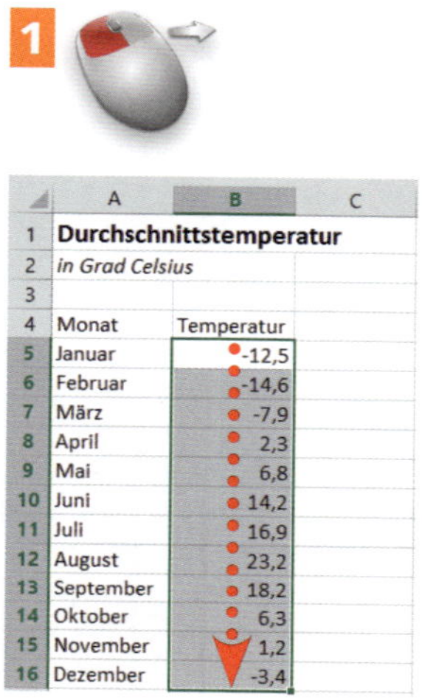

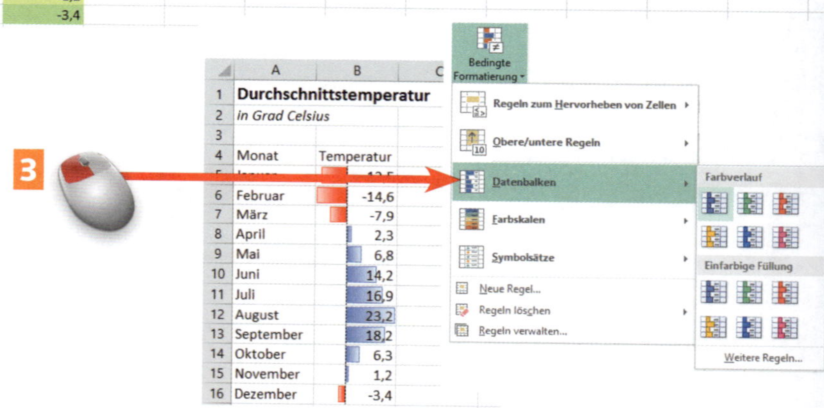

1 Markieren Sie die Zahlen, die Sie mit einem Bedingungsformat formatieren wollen, hier zum Beispiel eine Temperaturliste.

2 Wählen Sie *Start/Formatvorlagen/Bedingte Formatierung*. Weisen Sie den Zahlen eine Farbskala zu, ...

3 ... oder eine Datentabelle mit farbigen Balken, deren Größe vom Zahlenwert abhängig ist.

Die bedingte Formatierung hebt Wertigkeiten, Differenzen oder Abhängigkeiten zwischen Zahlenwerten in der Tabelle optisch hervor. Mit der Ampelfunktion können Sie die Zahlen mit farbigen Symbolen versehen.

WISSEN

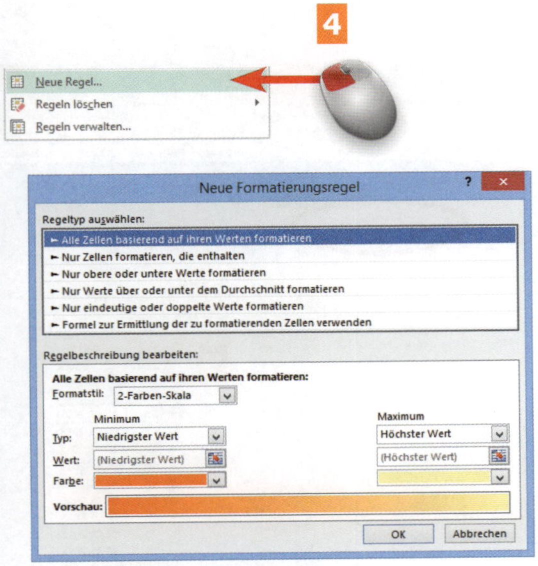

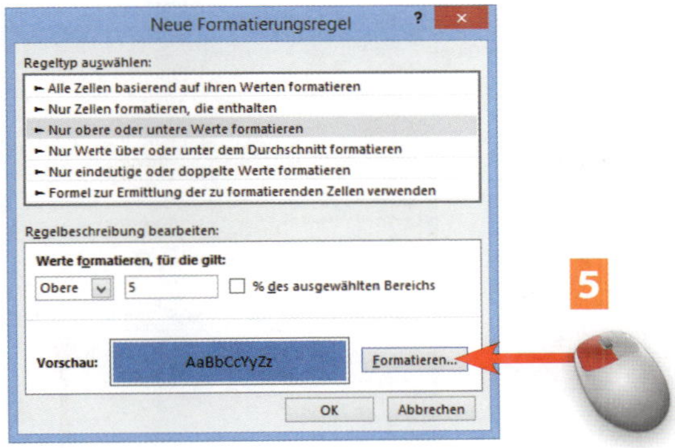

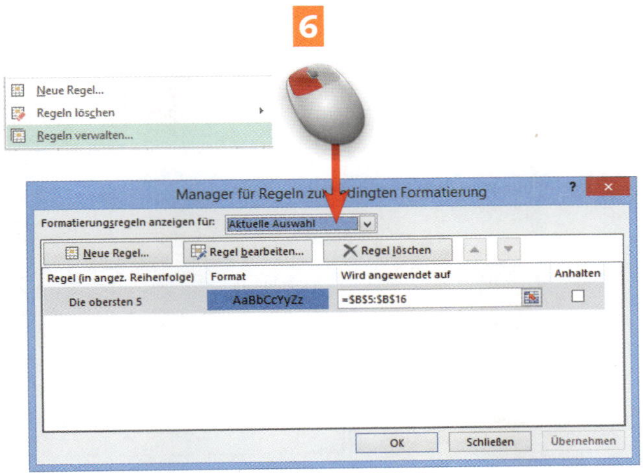

4 Schalten Sie auf die Option *Neue Regel*, finden Sie alle Regeltypen in einem Dialogfenster. Passen Sie Farben und Bedingungen an.

5 Probieren Sie auch die anderen Formatierregeln, die hier angeboten werden. Mit einem Klick auf *Formatieren* weisen Sie das Format (Muster, Schrift) zu.

6 Wählen Sie *Bedingte Formatierung/Regeln verwalten* für eine Übersicht über alle Regeln. Hier können Regeln geändert und gelöscht werden.

Bedingungsformate ersetzen allgemeine Formatierungen wie Hintergrundfarben, falls diese zur Formatregel gehören.

TIPP

Achten Sie auf den Unterschied zwischen relativen und absoluten Adressen: Ein Bezug mit $-Zeichen bleibt unverändert, und das gilt auch für Bedingungsformate.

HINWEIS

Markieren Sie immer alle Zahlen, die Sie formatieren wollen, bevor Sie die Bedingungsformate zuweisen.

HINWEIS

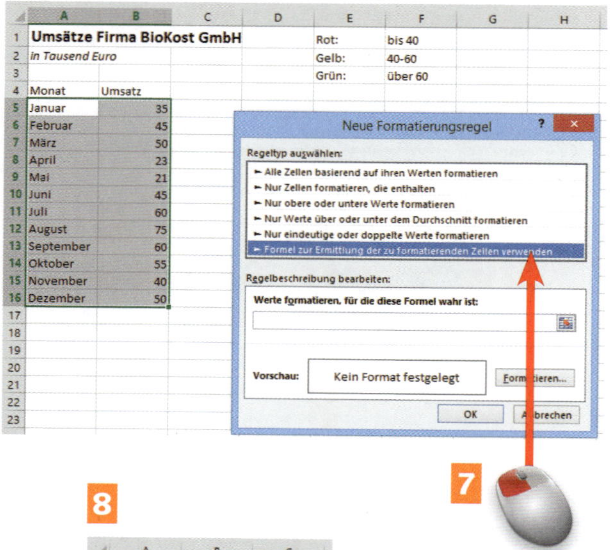

7

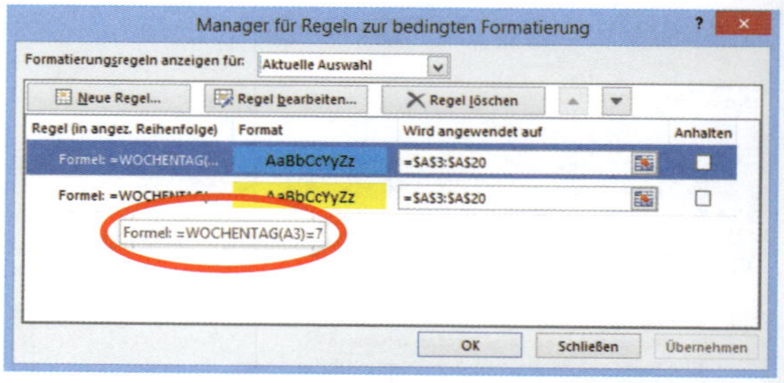

8

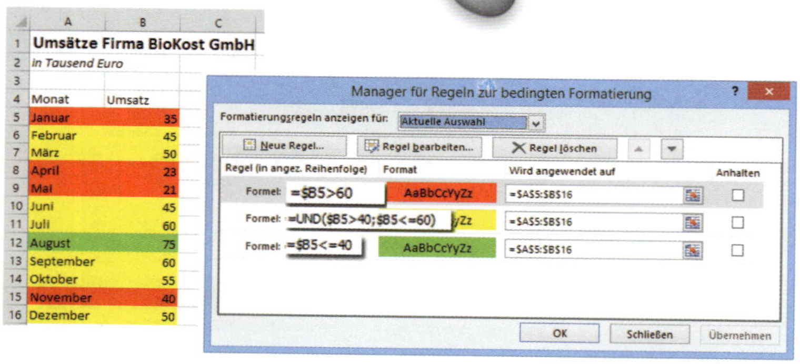

9

7 Für eine Ampelformatierung tragen Sie die Monatsumsätze in eine Tabelle ein und bestimmen die Ober- und Untergrenzen.

8 Wählen Sie den Regeltyp *Formel zur Ermittlung der zu formatierenden Zellen verwenden* und tragen Sie die Formeln ein.

9 Bedingungsformatformeln können auch Funktionen enthalten. Hier werden in einem Terminkalender die Samstage und Sonntage formatiert.

Weit mehr als nur Farbunterscheidungen nach Zahlengrößen bietet die formelbedingte Formatierung: Vergleichen Sie den Zellinhalt mit einer Formel, die mit logischen Operatoren (größer, kleiner, …) arbeitet oder Funktionen verwendet.

WISSEN

10

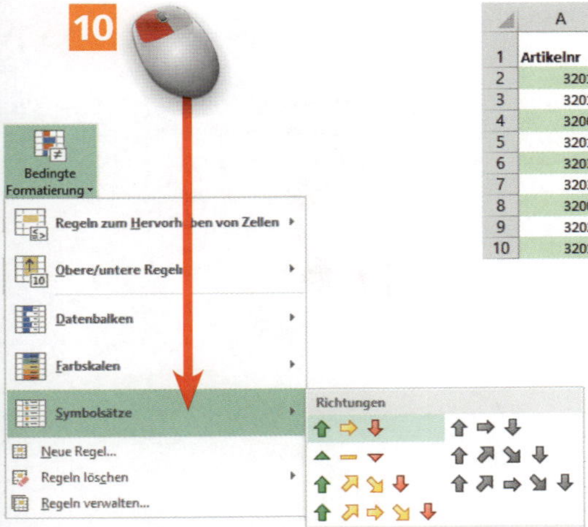

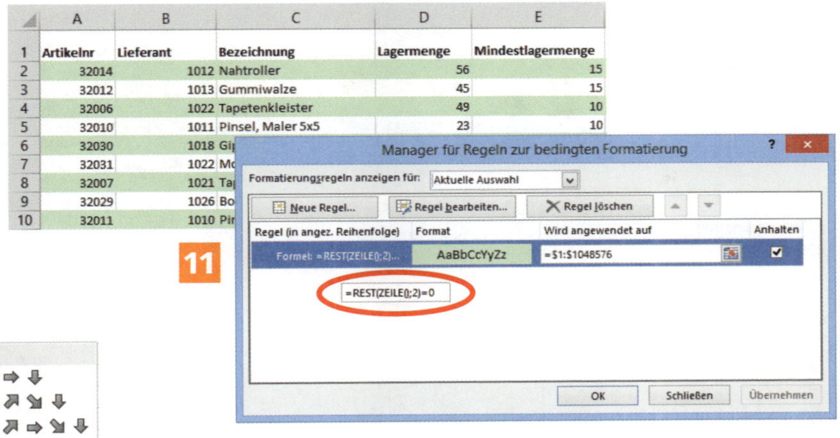

	A	B	C	D	E
1	Artikelnr	Lieferant	Bezeichnung	Lagermenge	Mindestlagermenge
2	32014	1012	Nahtroller	56	15
3	32012	1013	Gummiwalze	45	15
4	32006	1022	Tapetenkleister	49	10
5	32010	1011	Pinsel, Maler 5x5	23	10

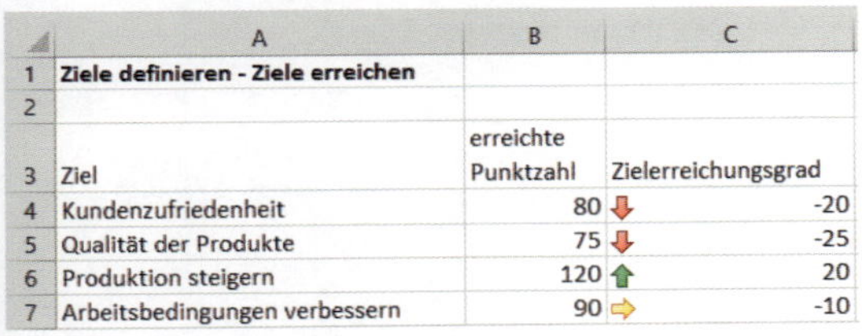

	A	B	C
1	Ziele definieren - Ziele erreichen		
2			
3	Ziel	erreichte Punktzahl	Zielerreichungsgrad
4	Kundenzufriedenheit	80	-20
5	Qualität der Produkte	75	-25
6	Produktion steigern	120	20
7	Arbeitsbedingungen verbessern	90	-10

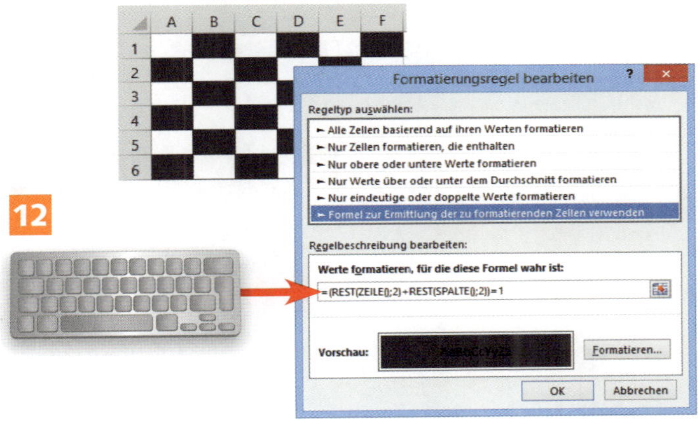

10 Um die Zellen mit Symbolen zu versehen, wählen Sie *Bedingte Formatierung/ Symbolsätze*.

11 Hier kommen die Funktionen REST und ZEILE zum Einsatz, um jede zweite Zeile zu formatieren. Markieren Sie vorher alle Zellen.

12 In Kombination mit der Funktion SPALTE können Sie sogar ein Schachbrett mit bedingten Formaten zeichnen.

Ende

Mit *Nur Symbol anzeigen* im Regel-Manager blenden Sie den Zellinhalt aus.

TIPP

Wenn Sie mit Funktionen arbeiten, achten Sie darauf, dass die Zellbezüge in den Argumenten relativ (ohne $) angegeben werden. Nur so gilt die Funktion für alle markierten Zellen.

HINWEIS

Start

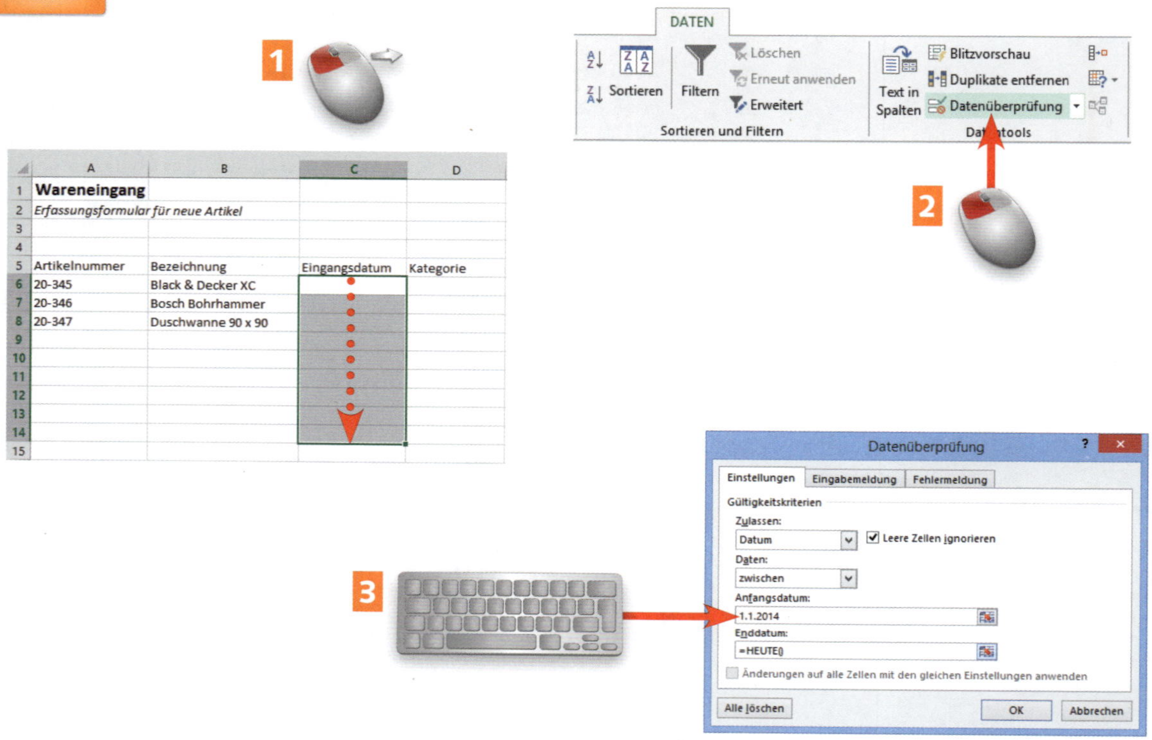

1 Markieren Sie den Bereich in der Tabelle, dem Sie eine Datenüberprüfung zuweisen wollen.

2 Wählen Sie *Daten/Datentools/Datenüberprüfung*.

3 Stellen Sie das Gültigkeitskriterium (hier Datum) ein und bestimmen Sie die Gültigkeitsregel (hier sind nur Datumswerte bis zum Tagesdatum erlaubt).

Die Datenüberprüfung schützt Ihre Tabelle vor falschen Datentypen, was besonders für Listen und PivotTables wichtig ist. Weisen Sie einzelnen Zellbereichen eine Datenüberprüfung zu, die erfasste Daten abprüft und falsche Eingaben zurückweist.

WISSEN

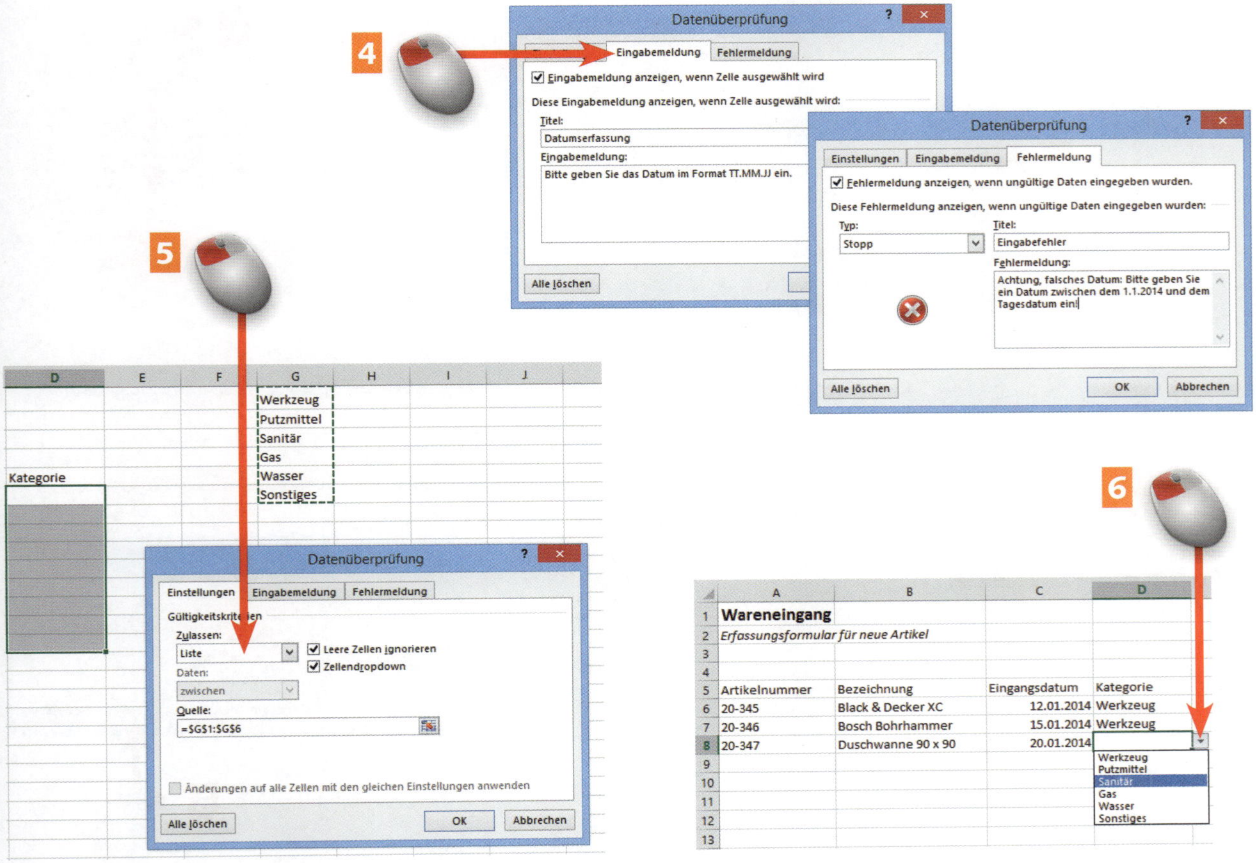

4 Unter *Eingabemeldung* legen Sie fest, was die QuickInfo am Zellzeiger anzeigt, und die Fehlermeldung erscheint, wenn die Gültigkeitsregel verletzt wird.

5 Für eine Gültigkeitsliste schalten Sie unter *Zulassen* auf *Liste* und geben den Listenbereich als *Quelle* an.

6 Jetzt bieten die Zellen mit dieser Datenüberprüfung mit einem Klick auf das Pfeilsymbol die Listenelemente an.

Ende

Die Quelle für die Gültigkeitsliste kann nur aus der gleichen Tabelle stammen, wenn Sie mit Bezügen arbeiten. Weisen Sie den Zellen in der anderen Tabelle aber einen Namen zu, können Sie diesen als Bezug für die Quelle angeben: *=Werkzeugliste*.

HINWEIS

Tastenkombination für eine Gültigkeitsliste: Alt+Pfeiltaste

TIPP

Die Optionen *Ungültige Daten einkreisen* und *Gültigkeitskreise löschen* brauchen Sie, um Daten zu markieren, die vor der Zuweisung der Datenüberprüfung erfasst waren oder per Makro eingefügt werden.

HINWEIS

Start

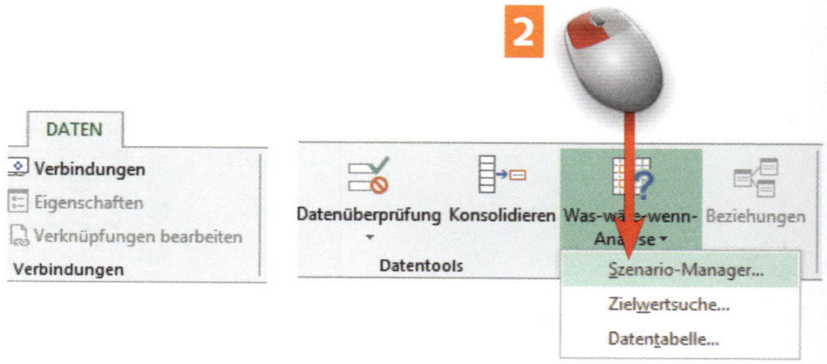

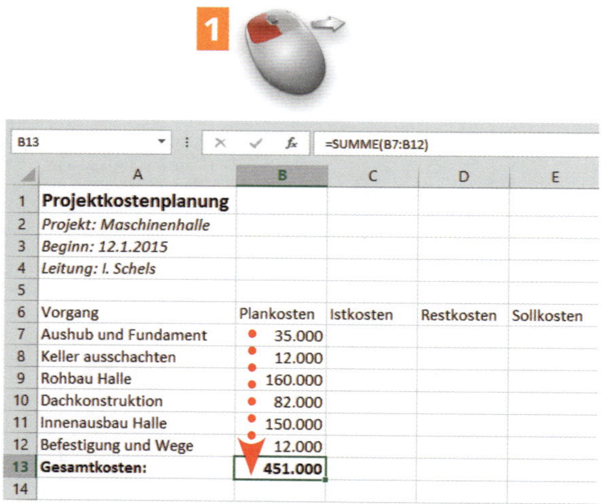

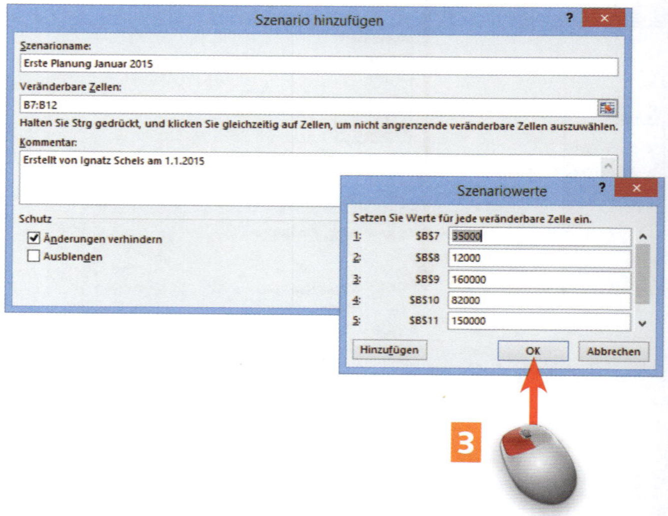

1 Erstellen Sie eine Tabelle mit Projektplankosten und markieren Sie die Zahlenwerte der Plankosten.

2 Wählen Sie *Daten/Datentools/Was-wäre-wenn-Analyse* und aktivieren Sie den Szenario-Manager.

3 Klicken Sie auf *Hinzufügen* und tragen Sie den Namen des ersten Szenarios mit Beschreibung ein. Die Werte aus der Markierung werden vorgeschlagen.

Wer mit Excel Planungen erstellt, wird häufig mit kleineren Änderungen konfrontiert sein. Bevor Sie ein neues Tabellenblatt erstellen, probieren Sie den Szenario-Manager: Er speichert Ihre alten Zahlen und stellt diese per Klick auf eine Schaltfläche wieder her. So können Sie Excel als flexibles Planungswerkzeug einsetzen.

WISSEN

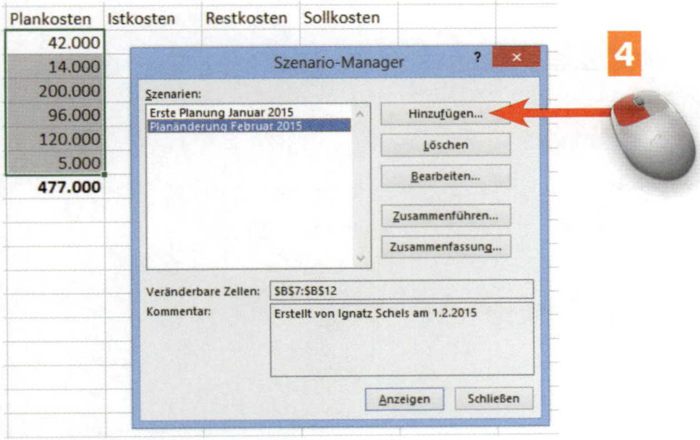

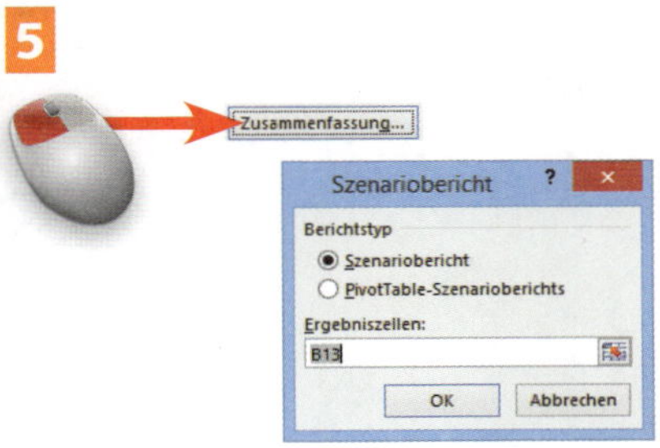

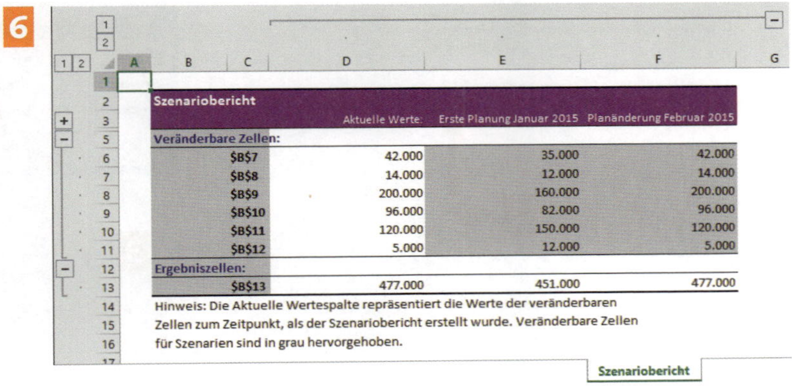

Szenariobericht	Aktuelle Werte:	Erste Planung Januar 2015	Planänderung Februar 2015
Veränderbare Zellen:			
$B$7	42.000	35.000	42.000
$B$8	14.000	12.000	14.000
$B$9	200.000	160.000	200.000
$B$10	96.000	82.000	96.000
$B$11	120.000	150.000	120.000
$B$12	5.000	12.000	5.000
Ergebniszellen:			
$B$13	477.000	451.000	477.000

Hinweis: Die Aktuelle Wertespalte repräsentiert die Werte der veränderbaren Zellen zum Zeitpunkt, als der Szenariobericht erstellt wurde. Veränderbare Zellen für Szenarien sind in grau hervorgehoben.

Szenariobericht

4 Erstellen Sie ein weiteres Szenario mit veränderten Werten und neuer Beschreibung. Mit *Anzeigen* schalten Sie zwischen den beiden Planungen um.

5 Wählen Sie für einen Szenariobericht *Zusammenfassung* und geben Sie die Gesamtkosten als Ergebniszelle an.

6 Der Bericht wird in einem neuen Tabellenblatt erstellt, mit den Gliederungssymbolen können Sie Teile ein- und ausblenden.

Ende

Die Szenarien beschränken sich auf das aktive Tabellenblatt. Mit *Zusammenführen* im Szenario-Manager kopieren Sie Szenarien in andere Blätter.

HINWEIS

Die Anzahl möglicher Szenarien ist von der Größe des Arbeitsspeichers abhängig, die Anzahl veränderbarer Zellen ist auf 32 beschränkt.

HINWEIS

Start

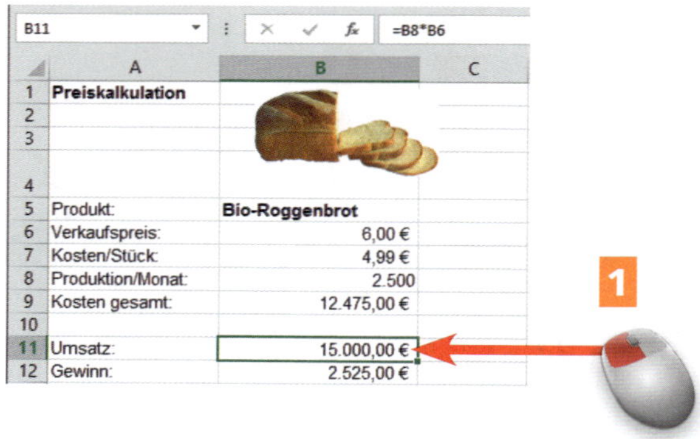

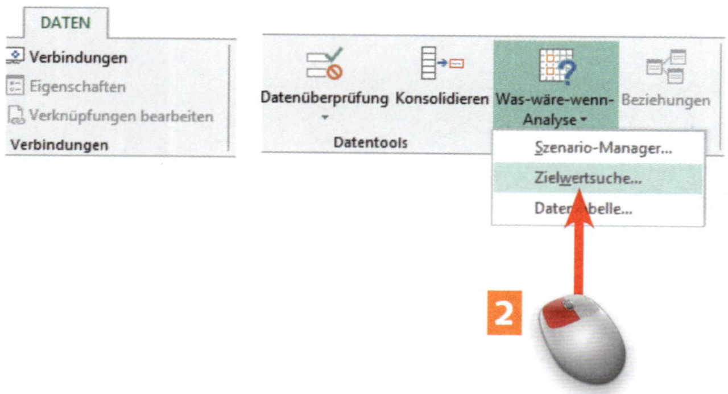

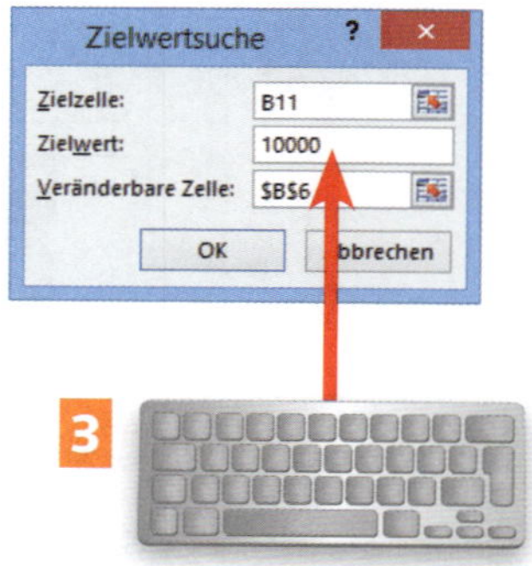

1 Wie teuer muss das Produkt sein, damit Sie 10.000 € Gewinn erwirtschaften? Markieren Sie die Zelle mit der Formel.

2 Wählen Sie *Daten/Datentools/Was wäre wenn-Analyse/Zielwertsuche* ...

3 ... und tragen Sie den Bezug auf die Zielzelle (Zelle mit Formel), den Zielwert und die veränderbare Zelle ein.

Diese beiden Analysewerkzeuge arbeiten mit Iterationen: Ein für eine Formelzelle vorgegebener Zielwert wird im Iterationsverfahren angenähert, die Faktoren gibt der Benutzer vor. Das Ergebnis kann in die Tabelle übernommen oder verworfen werden.

WISSEN

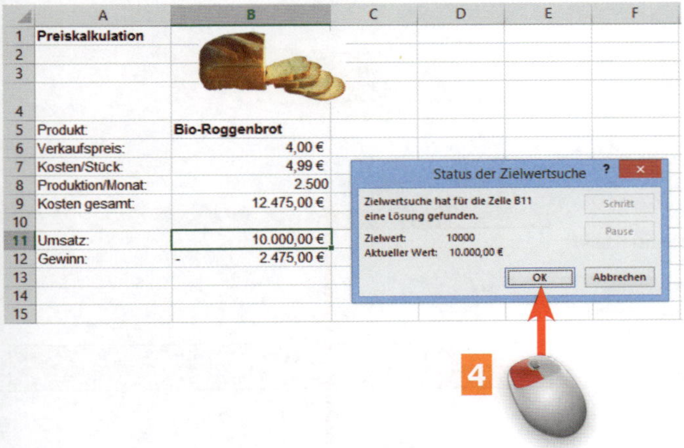

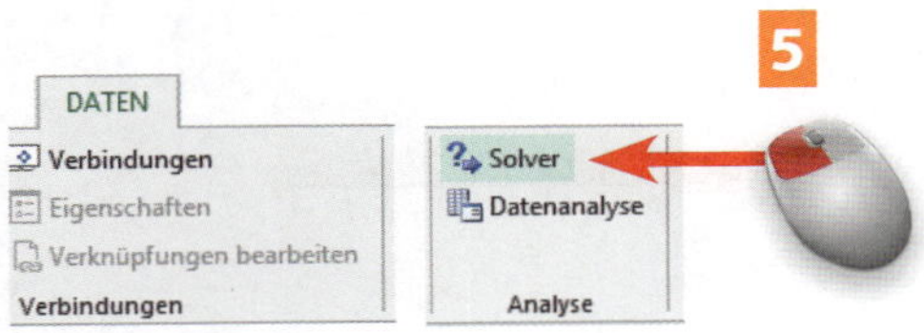

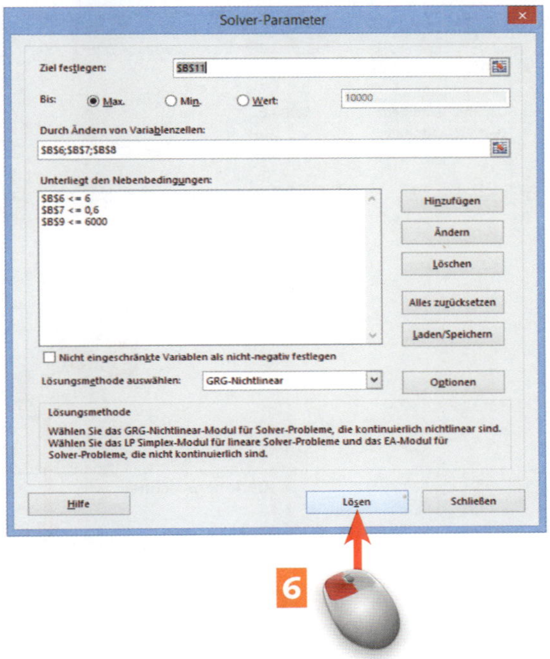

4 Nach Abschluss mit *OK* präsentiert die Zielwertsuche eine Lösung, die Sie übernehmen oder verwerfen können.

5 Mit dem Solver, den Sie unter *Daten/Analyse* starten, können mehrere Bedingungen definiert werden.

6 Klicken Sie auf *Lösen*, wird der Solver versuchen, eine Lösung zu finden, die alle Bedingungen einhält.

Ende

Der Zielwert für die Zielwertsuche wird immer händisch eingetragen, er kann nicht aus einem Zellbezug stammen.

TIPP

Die Lösung, die der Solver errechnet, kann als Szenario gespeichert werden.

HINWEIS

Der Solver ist ein Add-In, das in den Excel-Optionen (*Office*-Menü) aktiviert und ggf. installiert werden muss. Klicken Sie unten neben der Anzeige *Excel-Add-Ins* auf *Gehe zu* und schalten Sie den Solver ein.

HINWEIS

Start

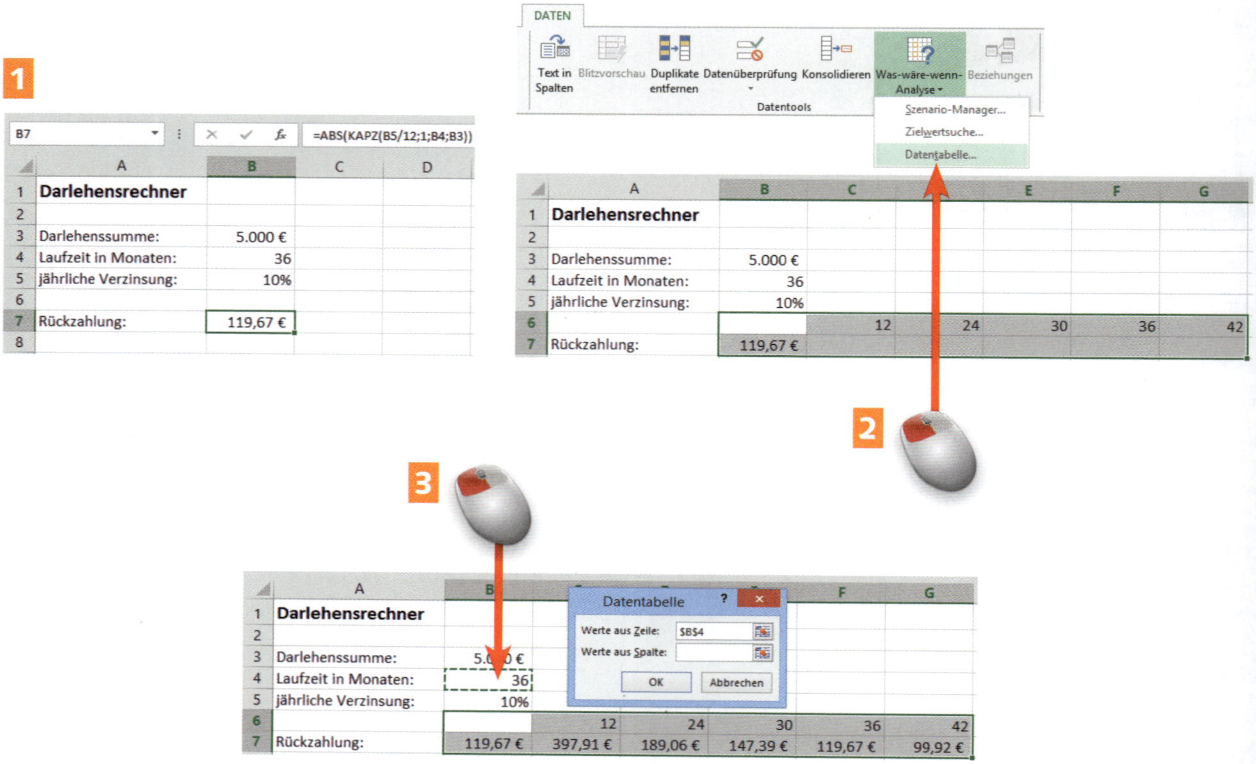

1 Mit der Funktion KAPZ berechnen Sie die erste Rückzahlungsrate für ein Darlehen unter Angabe der Laufzeit und des Zinssatzes.

2 Schreiben Sie Varianten für die Laufzeit in eine horizontale Reihe, markieren Sie sie und wählen Sie *Daten/Datentools/Was wäre-wenn-Analyse/Datentabelle*.

3 Geben Sie im Feld *Werte aus Zeile* die Zelle mit der Laufzeit an und bestätigen Sie mit *OK*. Die Varianten werden per Mehrfachoperation berechnet.

Eine Datentabelle (frühere Bezeichnung: Mehrfachoperation) ist ein Bereich, der Varianten einer Formel berechnet und anzeigt. Dazu wird zeilen- und spaltenweise je eine Variantenliste erstellt, die Datentabelle rechnet im Schnittpunkt mit diesen Varianten.

WISSEN

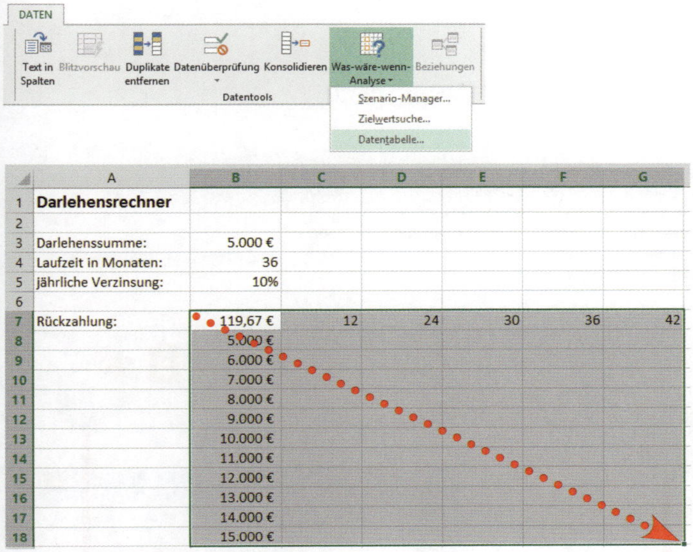

4

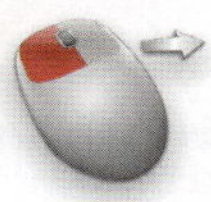

5

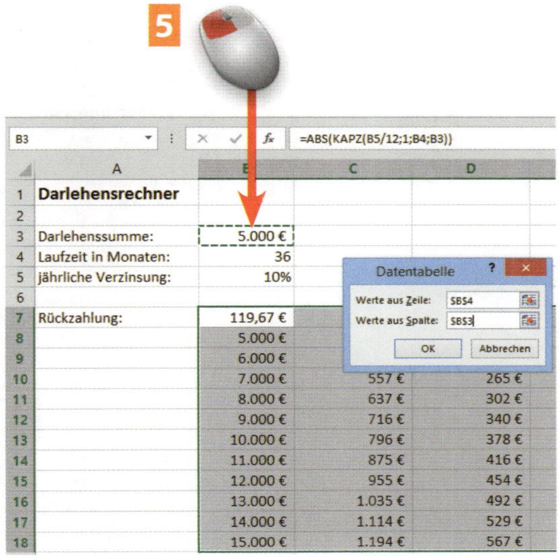

6

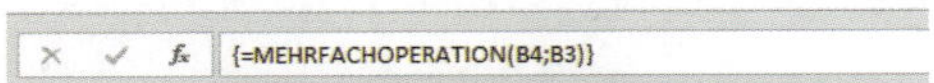

B	C	D	E
119,67 €	12	24	30
5.000 €	398 €	189 €	147 €
6.000 €	477 €	227 €	177 €
7.000 €	557 €	265 €	206 €
8.000 €	637 €	302 €	236 €
9.000 €	716 €	340 €	265 €
10.000 €	796 €	378 €	295 €
11.000 €	875 €	416 €	324 €
12.000 €	955 €	454 €	354 €

4 Rechnen Sie in einer mehrdimensionalen Datentabelle mit alternativen Darlehensbeträgen. Markieren Sie den Bereich …

5 … und geben Sie *Werte aus Zeile* (Laufzeit) und *Werte aus Spalte* (Darlehen) an.

6 Die Datentabelle wird in einem Matrixbereich berechnet. Um die Zahlen wieder zu löschen, markieren Sie die gesamte Matrix und drücken [Entf].

Ende

Die Varianten für die Datentabelle müssen unmittelbar bei der Formel stehen. Varianten für die Spalte geben Sie zeilenweise ein, die Formel steht dann rechts oben über der Nebenspalte.

HINWEIS

Matrixbereiche sind mit geschweiften Klammern in der Formel gekennzeichnet.

HINWEIS

Start

1

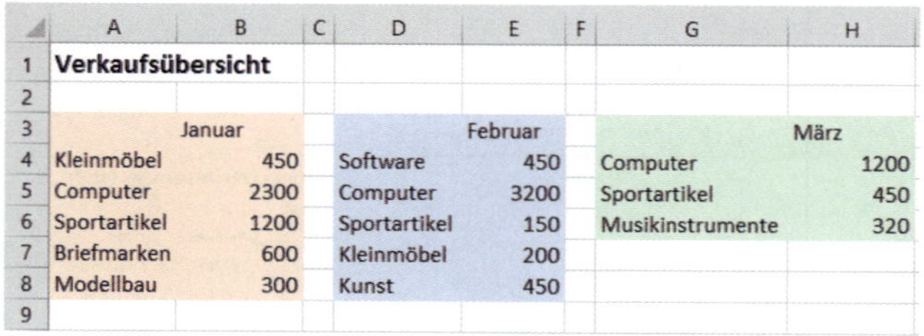

	A	B	C	D	E	F	G	H
1	Verkaufsübersicht							
2								
3	Januar			Februar			März	
4	Kleinmöbel	450		Software	450		Computer	1200
5	Computer	2300		Computer	3200		Sportartikel	450
6	Sportartikel	1200		Sportartikel	150		Musikinstrumente	320
7	Briefmarken	600		Kleinmöbel	200			
8	Modellbau	300		Kunst	450			
9								

2

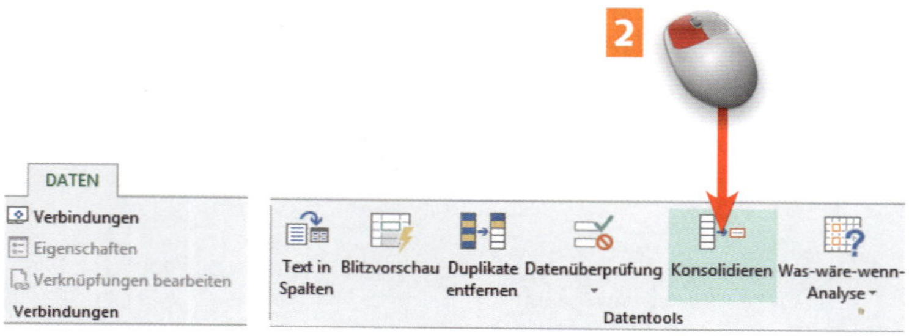

3

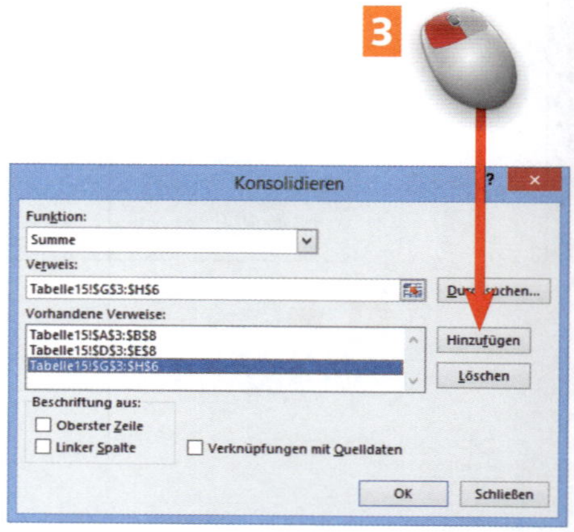

1 Die Verkaufsübersicht des eBay-Shoppers enthält die Verkäufe für die ersten drei Monate.

2 Wählen Sie *Daten/Konsolidieren*, ...

3 ... markieren Sie nacheinander die drei Bereiche inklusive Beschriftungen und klicken Sie auf *Hinzufügen*.

Die Konsolidierung ist weniger eine Was-wäre-wenn-Analyse, auch wenn sie in dieser Gruppe zu finden ist. Mit diesem Werkzeug fassen Sie Daten aus unterschiedlichen Zellbereichen zusammen und bilden sie in einer neuen Liste ab. Doppelte Datensätze werden dabei zusammengefasst (konsolidiert).

WISSEN

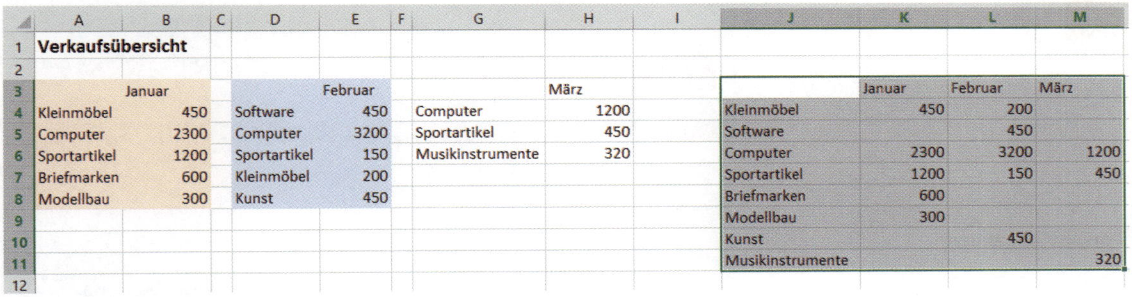

4

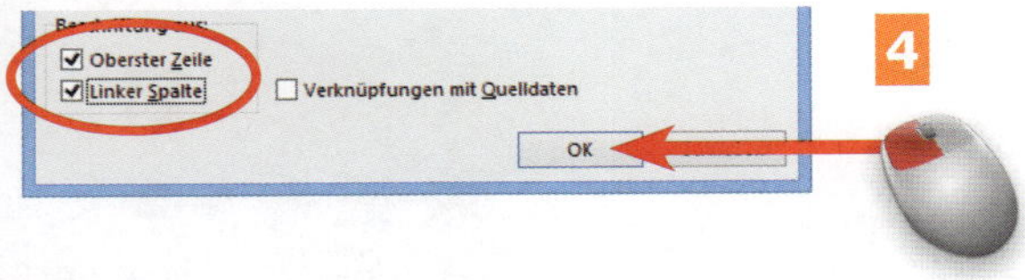

5

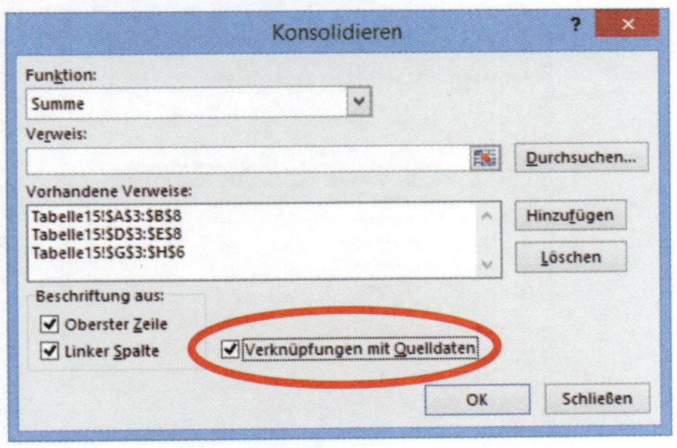

6

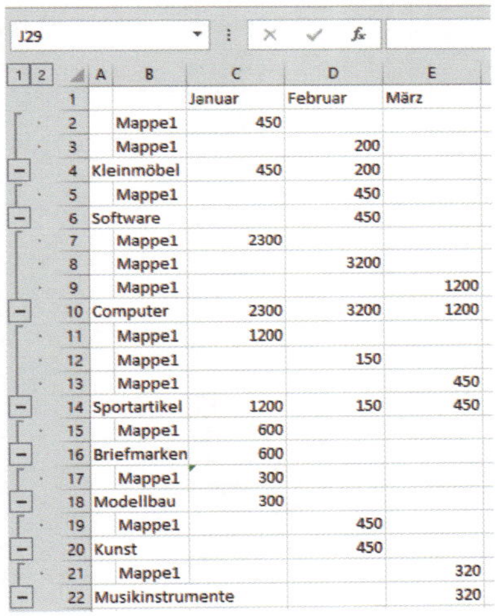

4 Kreuzen Sie die Optionen *Beschriftung aus oberster Zeile/Linker Spalte* an und starten Sie die Konsolidierung mit einem Klick auf *OK*.

5 Für die Verknüpfung mit den Quelldaten wechseln Sie auf ein neues Tabellenblatt oder eine neue Arbeitsmappe. Geben Sie die Bereiche an ...

6 ... und starten Sie die Konsolidierung. Das Ergebnis ist eine untergliederte Liste mit Verknüpfungen auf die Quelldaten.

Ende

Die Konsolidierung merkt sich Ihre Daten im Zielbereich. Setzen Sie den Zellzeiger in diesen und starten Sie erneut, werden alle Verknüpfungen angezeigt.

HINWEIS

Unter *Ansicht/Fenster* können Sie die Fenster nebeneinander anordnen.

TIPP

Sehen Sie sich auch die anderen Konsolidierungsformeln an. Neben *Summe* stehen auch statistische Funktionen (Mittelwert, Standardabweichung etc.) zur Auswahl.

HINWEIS

Start

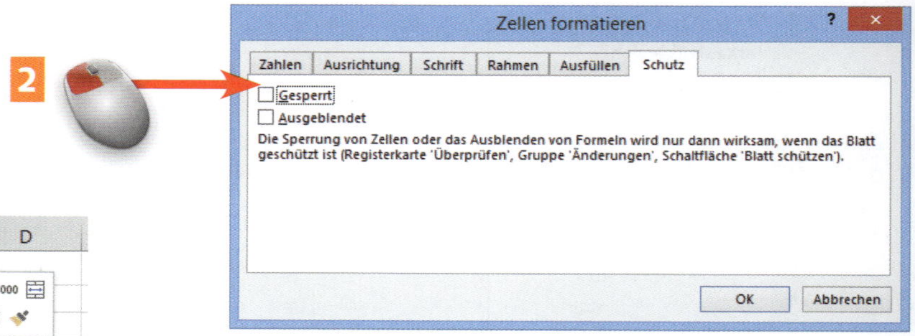

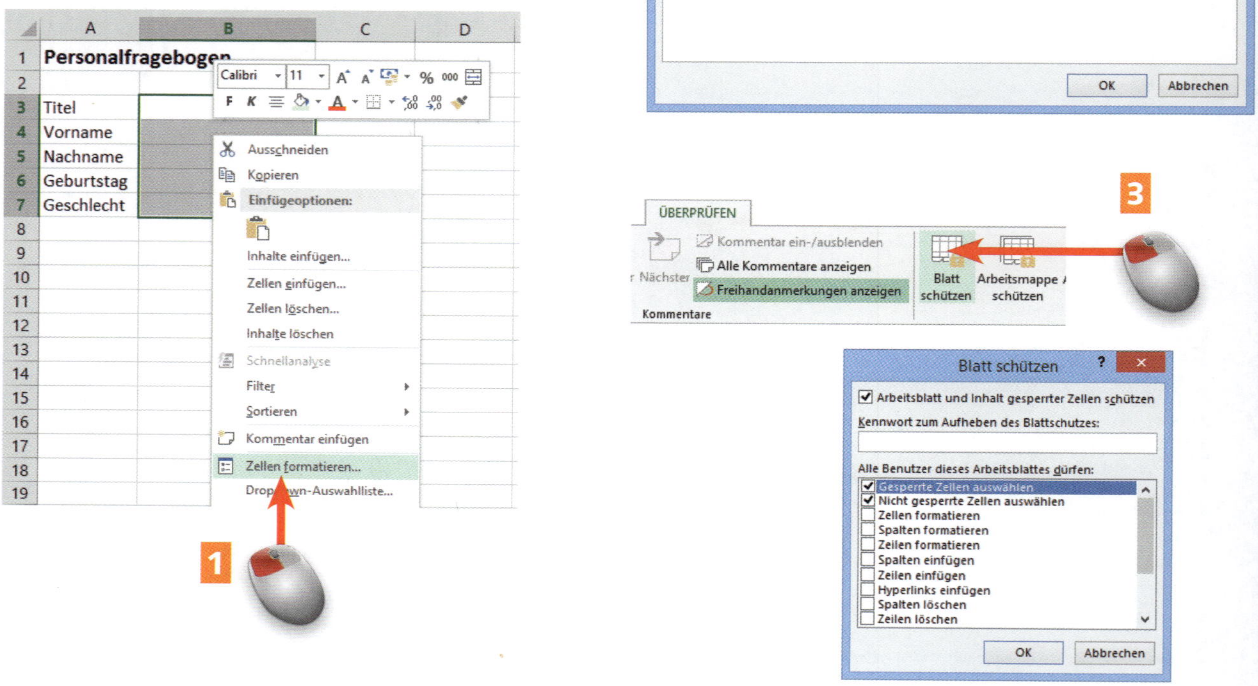

1 Um einzelne Zellen in einem Tabellenblatt für die Eingabe freizugeben, markieren Sie diese und wählen *Start/Zellen/Format/Zellen formatieren*.

2 Entfernen Sie auf der Registerkarte *Schutz* das Häkchen vor der Option *Gesperrt*.

3 Wenn Sie anschließend unter *Überprüfen/Änderungen* das Blatt schützen, können nur noch die ungesperrten Zellen bearbeitet werden.

Der Blatt- und Arbeitsmappenschutz sorgt dafür, dass Ihre wertvolle Arbeit nicht – mit oder ohne Absicht – zerstört wird. Schalten Sie zunächst den Zellschutz für einzelne Zellen aus und aktivieren Sie dann den Schutzmechanismus.

WISSEN

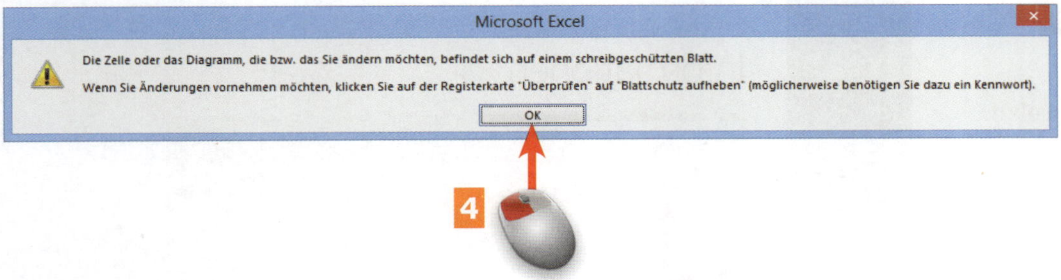

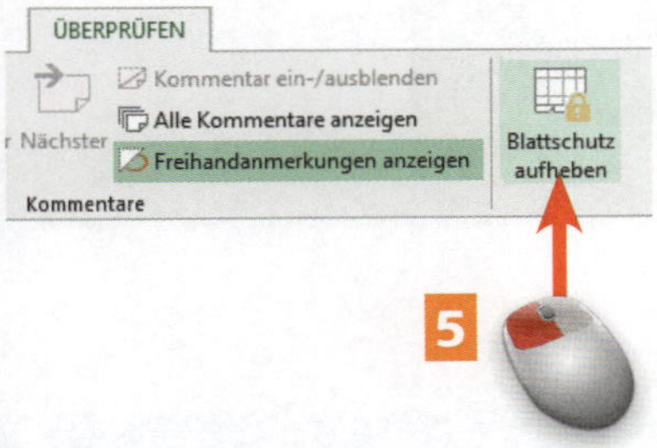

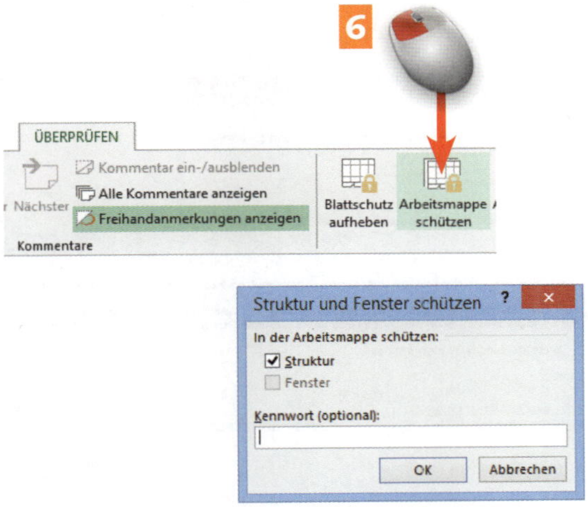

4 Eine Fehlermeldung weist darauf hin, dass Sie versuchen, eine gesperrte Zelle zu bearbeiten.

5 Unter *Überprüfen/Änderungen* wird der Blattschutz wieder aufgehoben.

6 Mit *Arbeitsmappe schützen* schalten Sie den Schutz für die gesamte Mappe ein. Geben Sie diese zusätzlich frei, können mehrere Benutzer darin arbeiten.

Ende

Um den Schutz von allen Zellen zu entfernen, klicken Sie auf das Kästchen links oben im Zeilen-/Spaltenkopf und entfernen den Zellschutz.

TIPP

Das Kennwort ist nicht zwingend, muss aber wieder eingegeben werden, wenn der Blatt- oder Arbeitsmappenschutz aufgehoben wird.

HINWEIS

In einem Tabellenblatt sind anfangs alle Zellen geschützt. Nehmen Sie den Schutz von allen Zellen, die Sie weiterbearbeiten wollen.

HINWEIS

Start

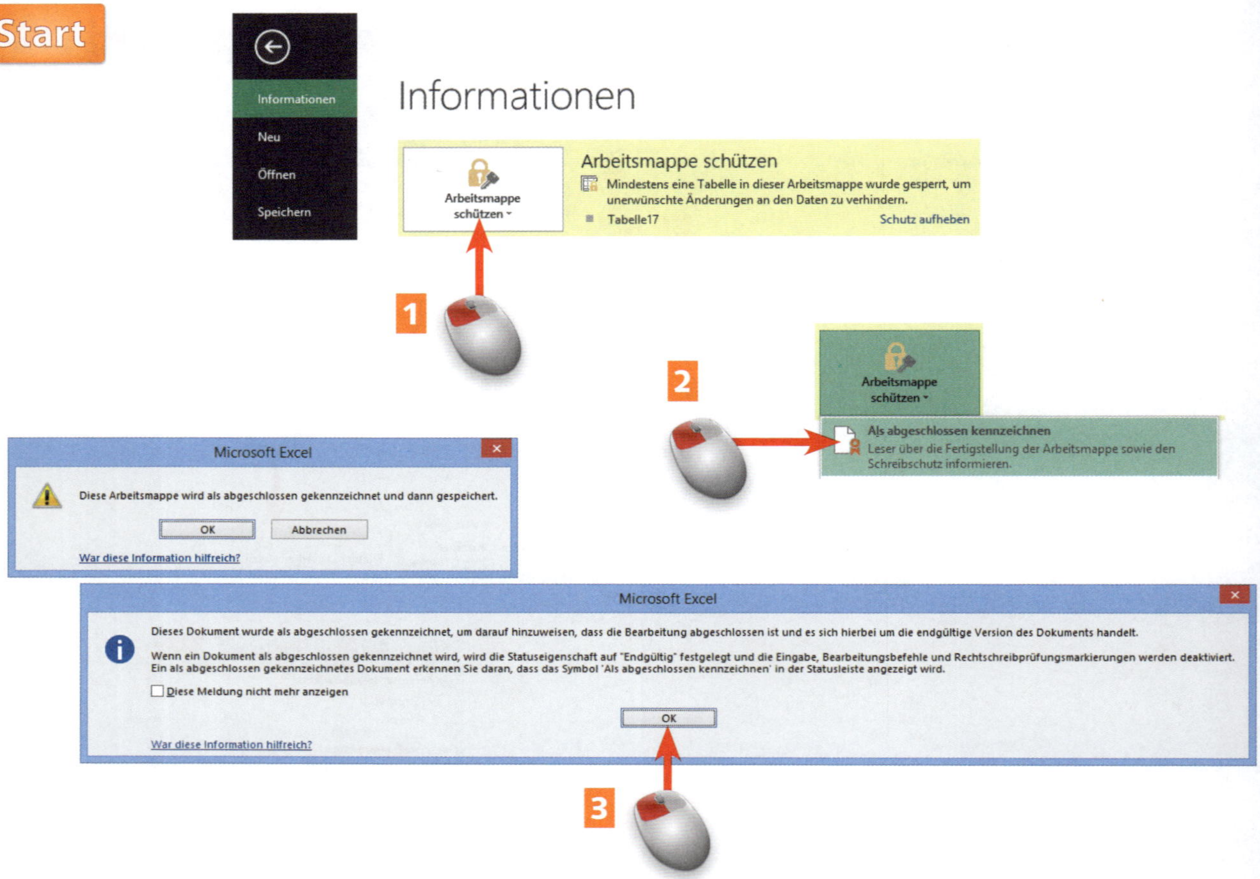

1 Klicken Sie im *Datei*-Menü auf *Informationen/Arbeitsmappe schützen*.

2 Kennzeichnen Sie die Mappe als abgeschlossen.

3 Bestätigen Sie die Meldungen, kreuzen Sie die Option *Diese Meldung nicht mehr anzeigen* an, wenn Sie die zweite Meldung nicht mehr sehen wollen.

Arbeitsmappen können als abgeschlossen gekennzeichnet werden, andere Benutzer dürfen sie dann nur schreibgeschützt öffnen. Ein Kennwortschutz verschlüsselt die Mappe sicher und schützt die Datei vor unerlaubten Zugriffen.

WISSEN

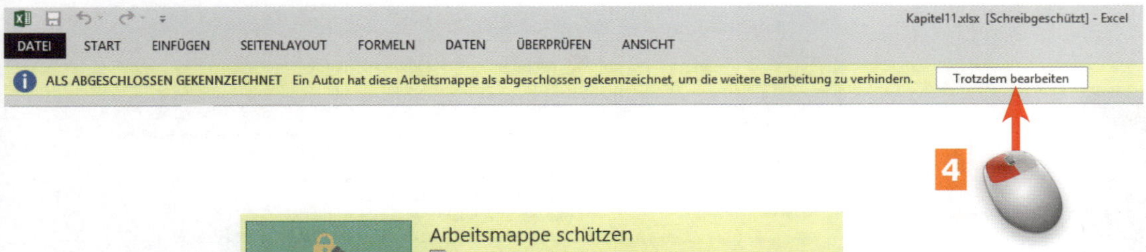

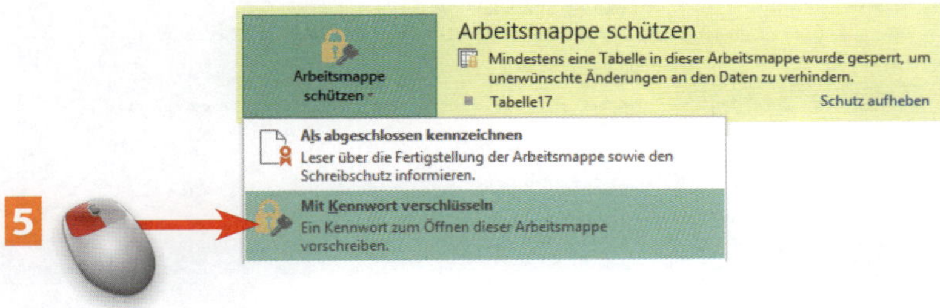

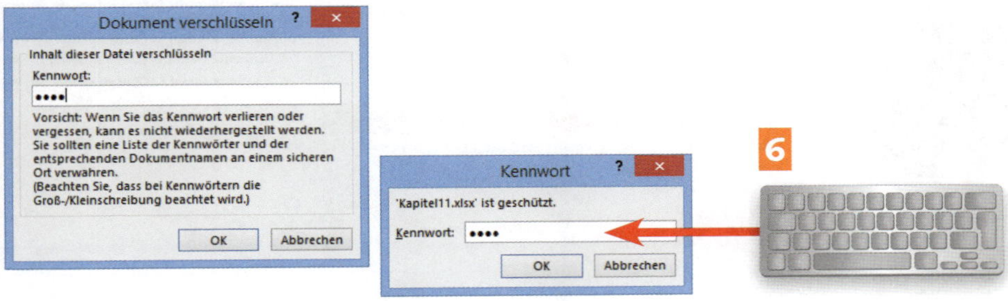

4 Wird die Mappe anschließend geöffnet, erscheint ein Hinweis. Mit *Trotzdem bearbeiten* heben Sie den Schreibschutz wieder auf.

5 Verschlüsseln Sie die Datei über *Datei/Informationen* mit einem Kennwort.

6 Geben Sie das Kennwort zweimal ein. Wird die Mappe anschließend geöffnet, muss das Kennwort eingegeben werden.

Ende

Wird eine als abgeschlossen gekennzeichnete Mappe geöffnet, sind alle Zellen, Bearbeitungssymbole und Befehle gesperrt. Die Sperre kann aber von jedem berechtigten Benutzer aufgehoben werden.

HINWEIS

Um ein Dateikennwort zu entfernen, aktivieren Sie den Kennwortschutz, löschen das Kennwort und bestätigen mit *OK*.

HINWEIS

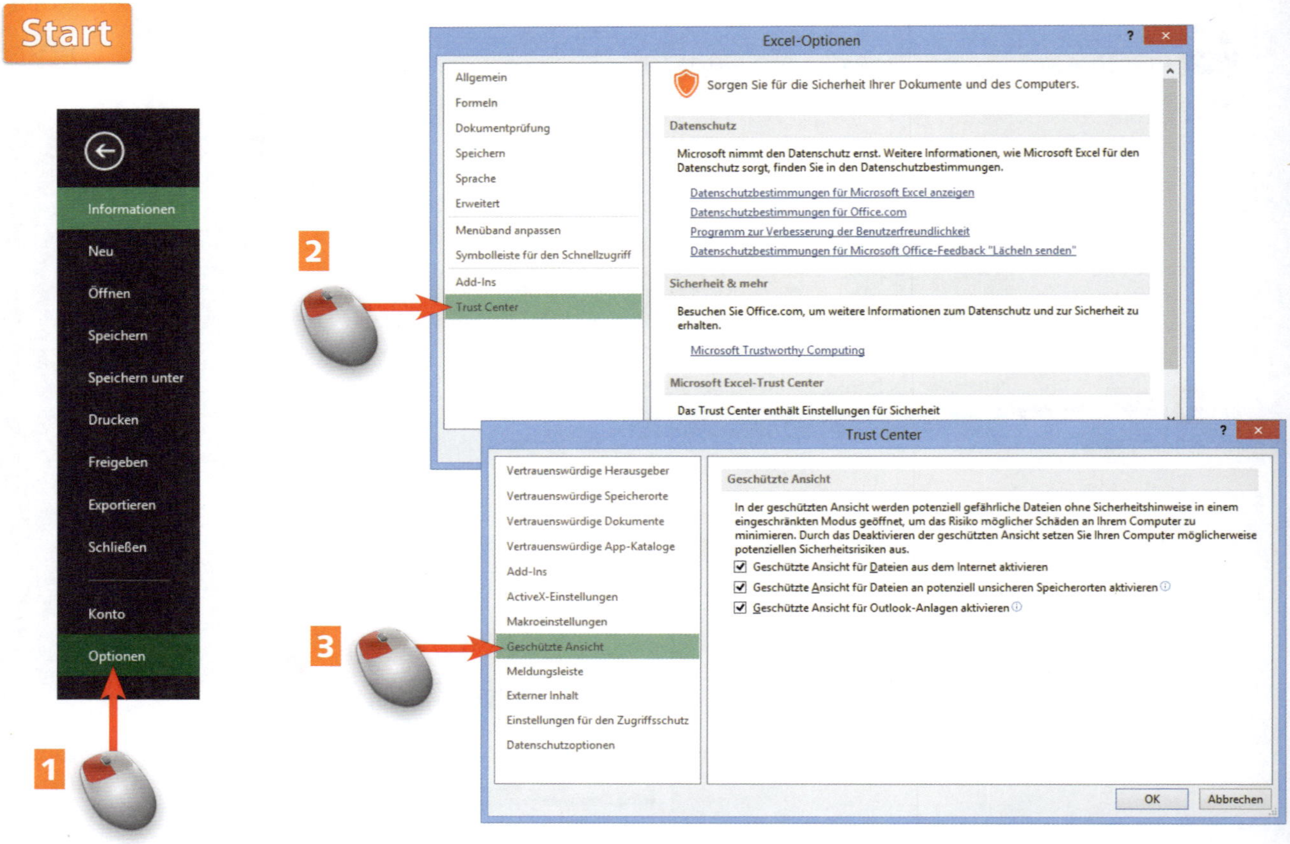

1 Öffnen Sie die Optionen im *Datei*-Menü.

2 Aktivieren Sie das Trust Center und klicken Sie auf *Einstellungen für das Trust Center*.

3 Stellen Sie sicher, dass die geschützte Ansicht aktiv wird, wenn potenziell gefährliche Dateien geöffnet werden.

Das Trust Center ist für alle Sicherheitseinstellungen rund um Dateien zuständig, die mit Excel aktiviert und bearbeitet werden können. Stellen Sie sicher, dass sich keine Viren oder andere Schädlinge einschleichen können.

WISSEN

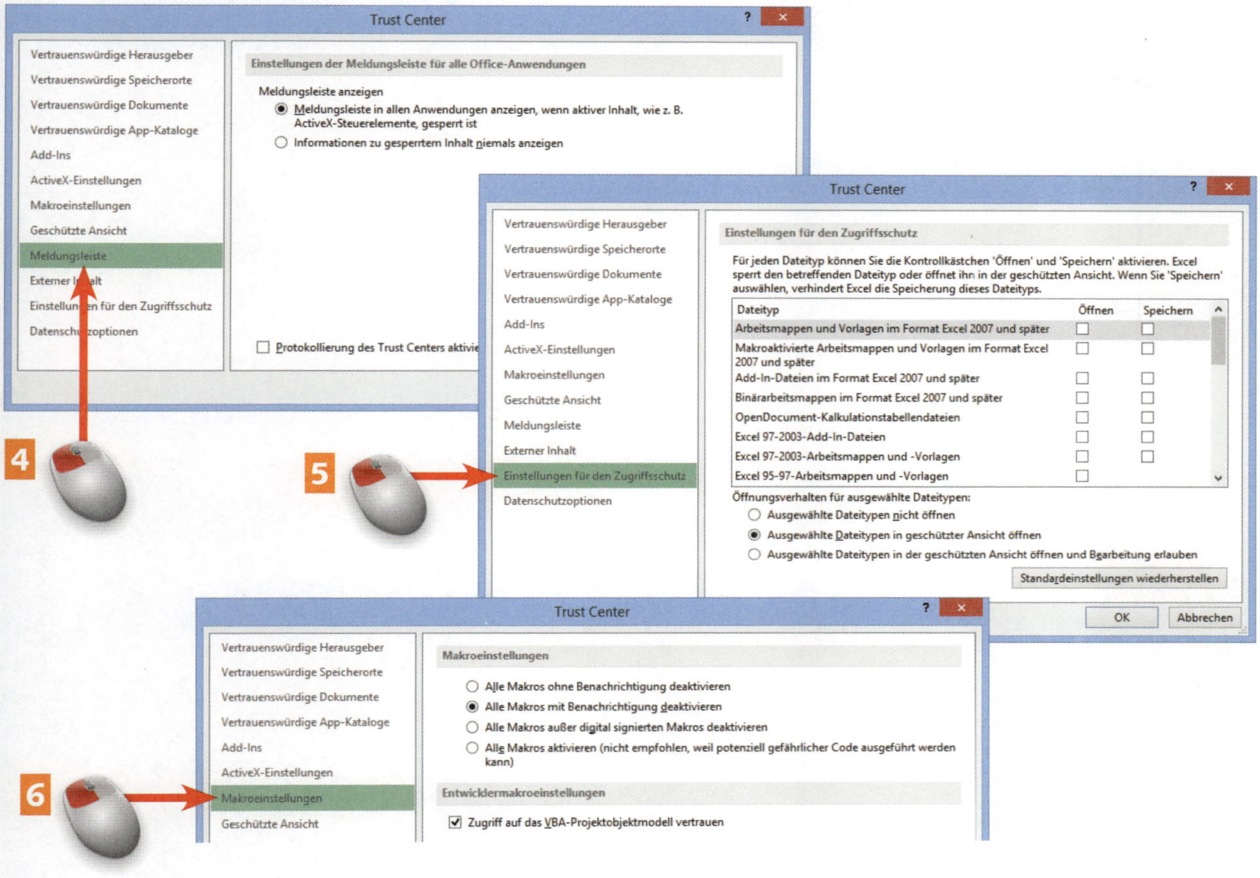

4 Sollte die Statusleiste Meldungen anzeigen, schalten Sie auf die erste Option um.

5 Makros dürfen nur nach Bestätigung ausgeführt werden, schalten Sie die zweite Option ein.

6 In den *Einstellungen für den Zugriffsschutz* regeln Sie den Zugriff auf Dateien älterer Versionen oder anderer Formate (z. B. OpenDocument).

Ende

Unter *Vertrauenswürdige Speicherorte* können Sie Ordner eintragen, in denen sichere Dateien hinterlegt sind.

TIPP

ActiveX: Softwarekomponenten von Microsoft, die aktive Inhalte enthalten können. ActiveX-Elemente sind häufig in Branchenprogrammen enthalten.

FACHWORT

Dateien werden in der geschützten Ansicht geöffnet, wenn sie aus Mailanlagen oder Internetlinks stammen oder wenn Excel ein älteres Format erkennt, das gefährlich sein kann. Die Tabellen können auch nicht bearbeitet werden.

HINWEIS

Externe Daten und Internet

12

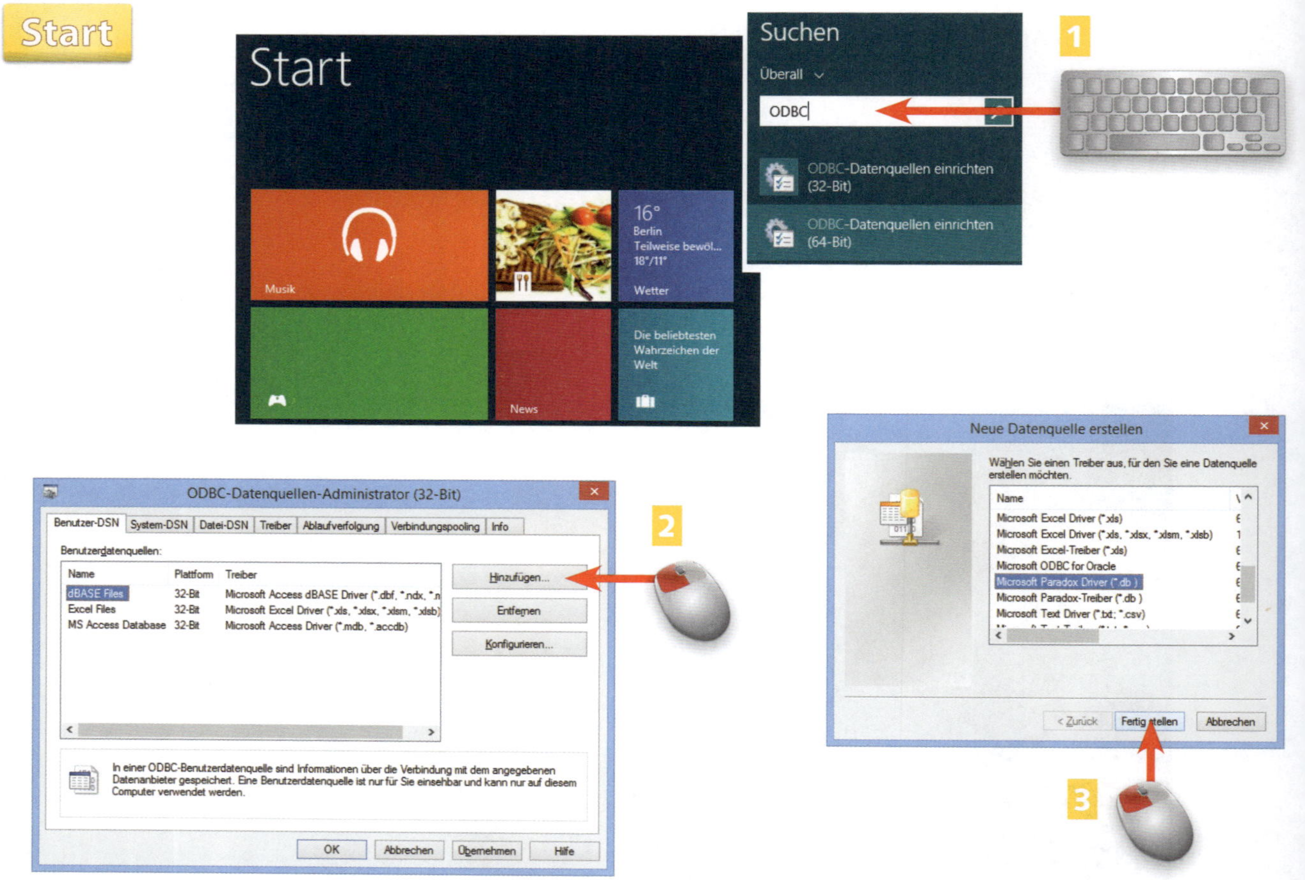

1 Geben Sie im Windows-Startbildschirm *ODBC* ein und starten Sie das Windows-Programm zur Verwaltung der ODBC-Quellen.

2 Der Datenquellen-Administrator listet alle ODBC-Verbindungen auf, klicken Sie auf *Hinzufügen*, um weitere einzufügen.

3 Wählen Sie einen ODBC-Treiber, geben Sie der Datenquelle einen Namen und bestätigen Sie mit *Fertig stellen*.

Verbindungen haben den Vorteil, dass externe Daten immer aktuell vorliegen. Sie müssen Daten aus externen Datenquellen nicht immer wieder kopieren, sondern stellen einmal eine ODBC-Verbindung her und richten diese so ein, dass die Daten automatisch abgeholt werden.

WISSEN

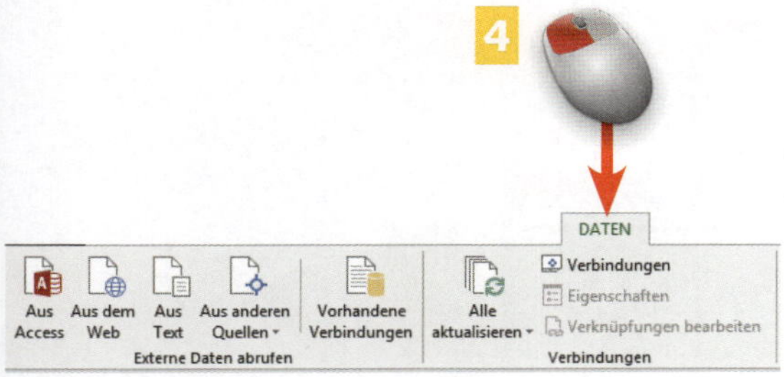

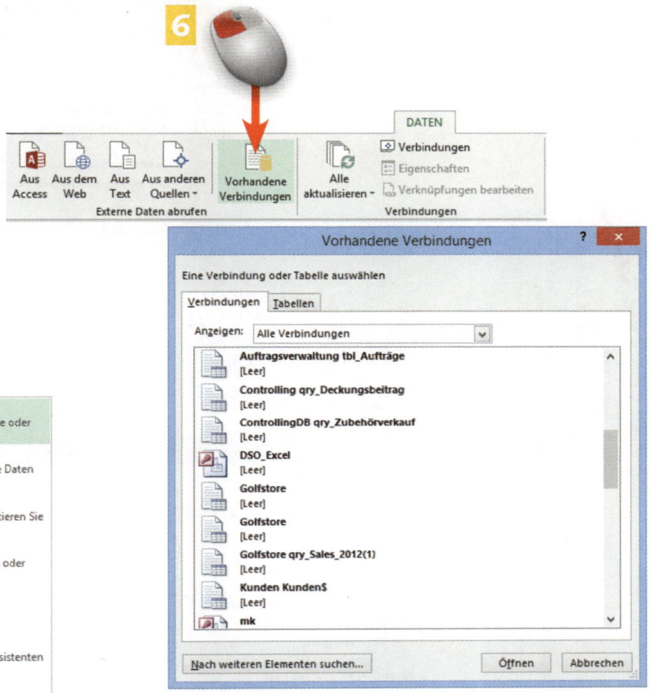

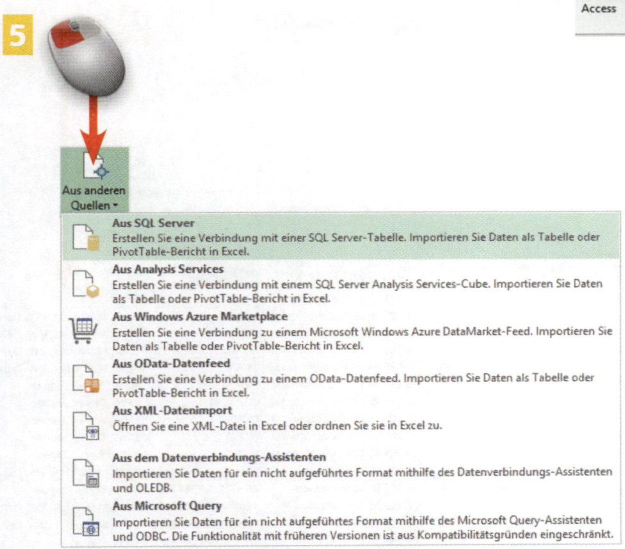

4 Schalten Sie um auf das Register *Daten*, hier sehen Sie alle verfügbaren Datenquellen.

5 *Aus anderen Quellen* bietet eine weitere Liste an Datenquellen an, u. a. den SQL Server mit seinen OLAP-Diensten.

6 Klicken Sie auf *Vorhandene Verbindungen*, um bereits benutzte und eingerichtete Verbindungen wieder zu verwenden.

In der Praxis wird ein ODBC-fähiges Programm, z. B. Oracle oder SQL Server, automatisch seinen ODBC-Treiber unter Windows einrichten.

HINWEIS

ODBC: **O**pen **D**ata**b**ase **C**onnectivity, standardisierte Datenbankschnittstelle auf Basis der Datenbanksprache SQL.

FACHWORT

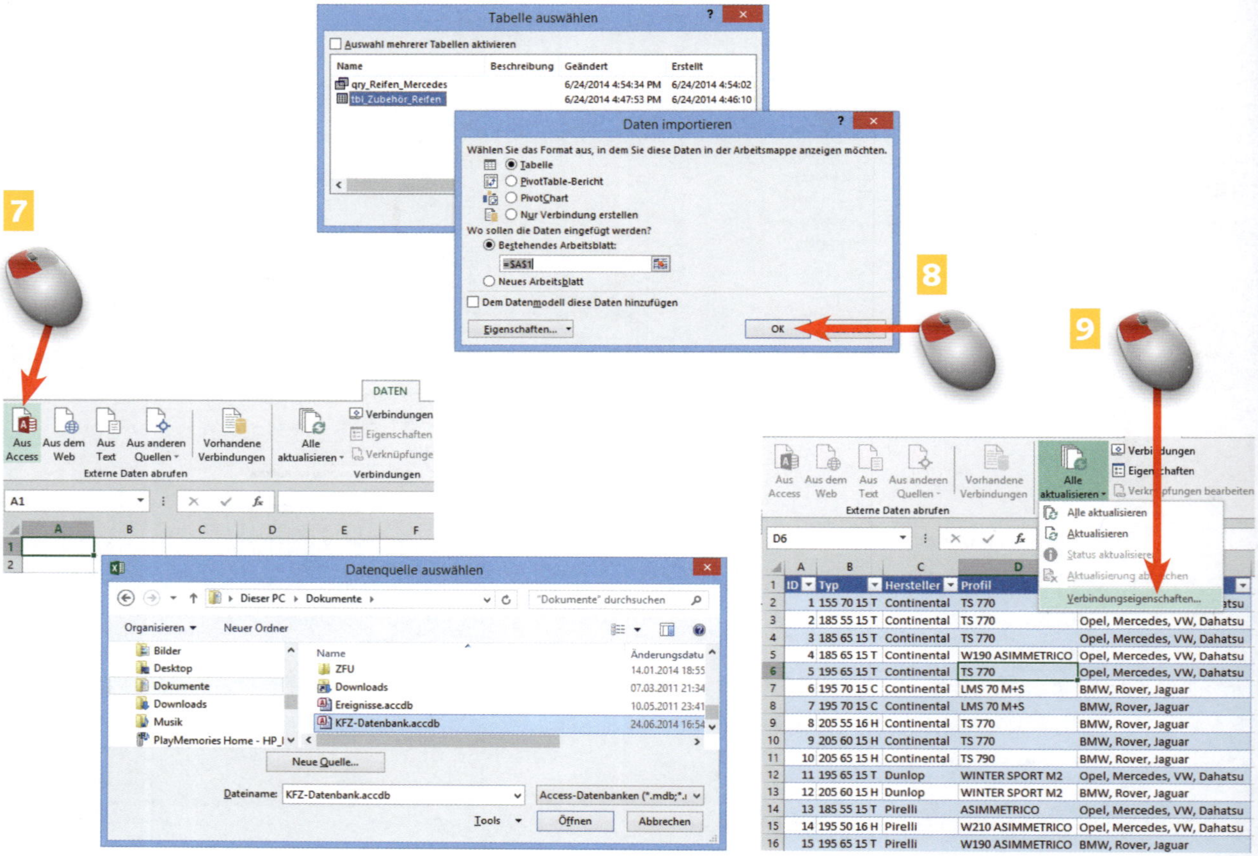

7 Mit Access-Datenbanken verbinden Sie sich über das Access-Symbol unter *Daten/Externe Daten abrufen*.

8 Wählen Sie die Tabelle oder die Abfrage und fügen Sie die Daten in Form einer Tabelle ein.

9 Mit *Daten/Aktualisieren* werden die Daten neu abgeholt. Aktivieren Sie die *Verbindungseigenschaften* der Tabelle.

Als Quellen für ODBC-Verbindungen bieten sich Datenbanken an. Das Ergebnis der Verbindung ist eine Tabelle, und wenn Sie ein Intervall für die Aktualisierung setzen, haben Sie stets aktuelle Daten.

WISSEN

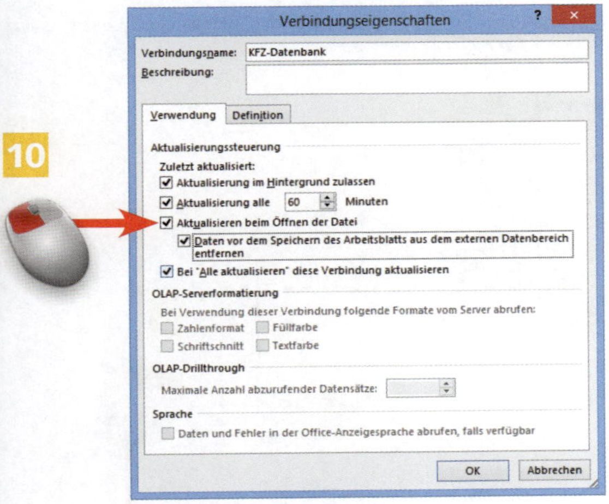

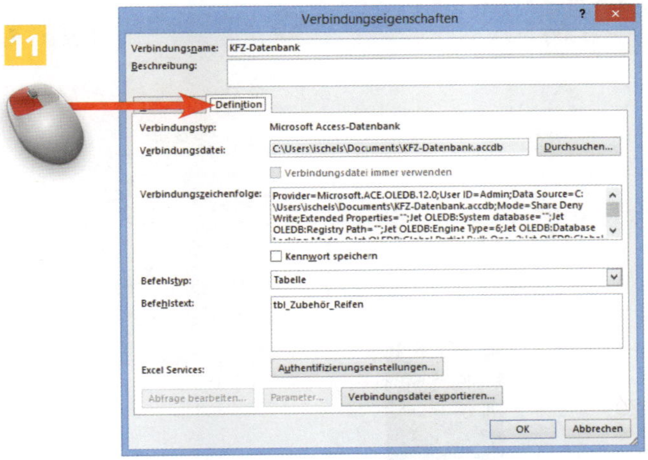

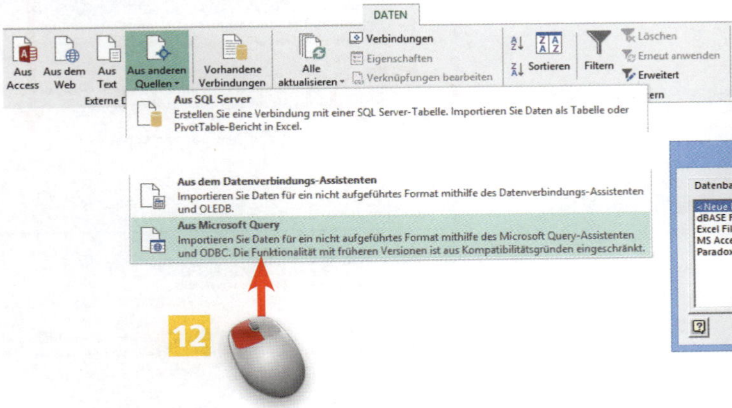

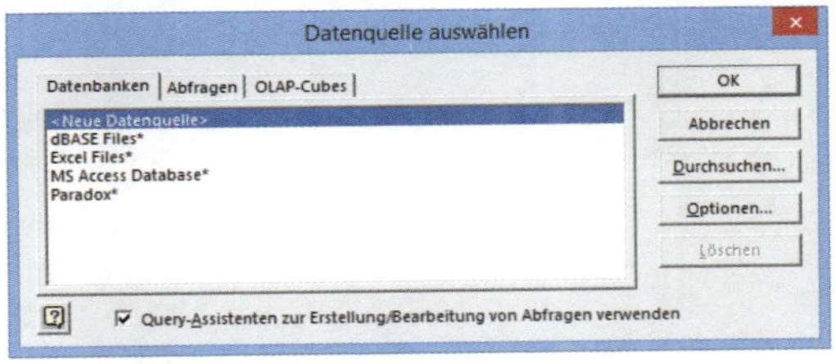

10 Geben Sie ein Aktualisierungsintervall an, lassen Sie die Daten beim Öffnen aktualisieren und vor dem Speichern der Mappe entfernen.

11 Das Register *Definition* zeigt die Verbindungsinformationen, zum Beispiel die Datei und den Provider.

12 Mit Microsoft Query können Sie auch Verbindungen zu Excel-Dateien herstellen. Ein Assistent führt Sie durch die Prozedur.

Ende

Die Verbindung lässt sich nur bearbeiten, wenn der Zellzeiger im verbundenen Bereich steht.

HINWEIS

Der Name der Tabelle wird mit der Verbindung aktualisiert, Sie können ihn über die Tabellentools jederzeit ändern oder einen neuen Namen zuweisen.

TIPP

Verbindungsinformationen können Sie auch als Dateien (Dateiendung ODC) exportieren.

HINWEIS

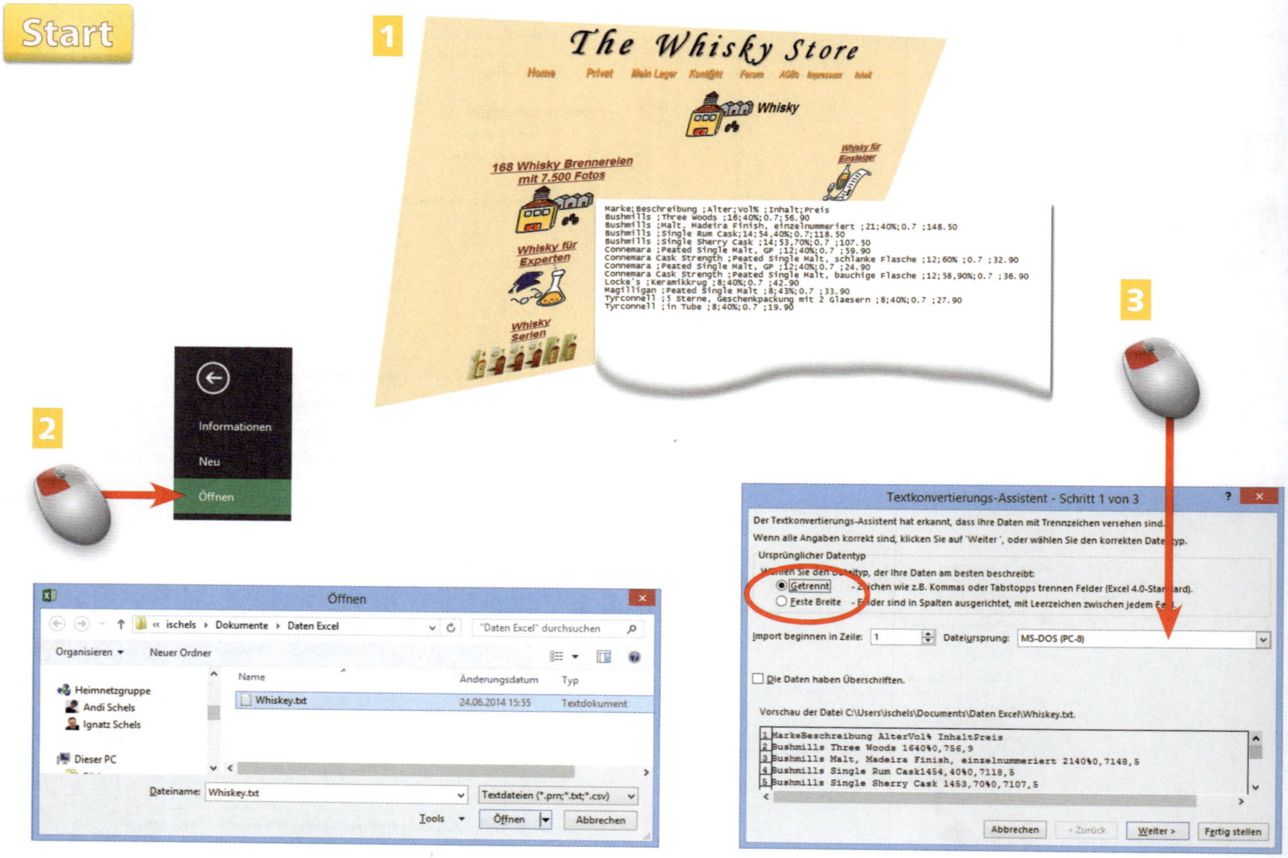

1 Die Preisliste vom Whisky Store liegt vor, leider nur als Textdatei. Als Trennzeichen für die Spalten ist das Semikolon erkennbar.

2 Wählen Sie *Office/Datei öffnen*, schalten Sie auf den Dateityp *Textdateien* um und holen Sie die Datei ins Excel-Fenster.

3 Der Textkonvertierungs-Assistent startet. Geben Sie den Dateityp *Getrennt* an und wählen Sie den passenden Dateiursprung.

Mit dem Textkonvertierungs-Assistenten wandeln Sie Textdaten in Excel-Listen um, vorausgesetzt, eine Spalteneinteilung ist erkenn- oder einsetzbar. Excel erkennt auch fremde Zahlen- und Währungsformate.

WISSEN

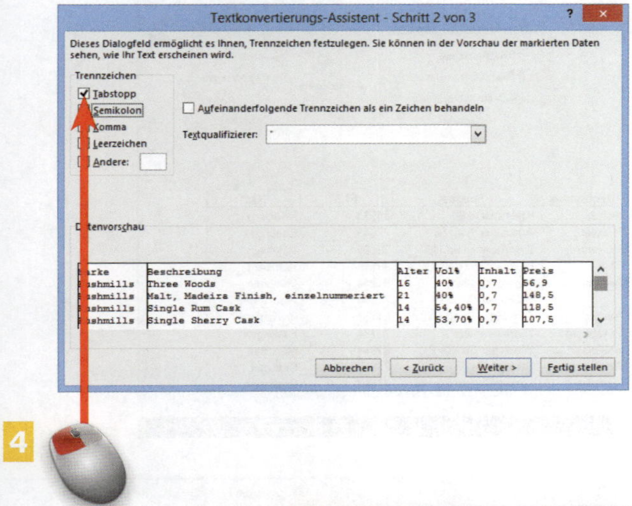

5

	A	B	C	D	E	F
1	Marke	Beschreibung	Alter	Vol%	Inhalt	Preis
2	Bushmills	Three Woods	16	40%	0,7	56,9
3	Bushmills	Malt, Madeira Finish, einzelnummeriert	21	40%	0,7	148,5
4	Bushmills	Single Rum Cask	14	54,40%	0,7	118,5
5	Bushmills	Single Sherry Cask	14	53,70%	0,7	107,5
6	Connemara	Peated Single Malt, GP	12	40%	0,7	59,9
7	Connemara Cask Strength	Peated Single Malt, schlanke Flasche	12	60%	0,7	32,9
8	Connemara	Peated Single Malt, GP	12	40%	0,7	24,9
9	Connemara Cask Strength	Peated Single Malt, bauchige Flasche	12	58,90%	0,7	36,9
10	Locke's	Keramikkrug	8	40%	0,7	42,9
11	Magilligan	Peated Single Malt	8	43%	0,7	33,9
12	Tyrconnell	5 Sterne, Geschenkpackung mit 2 Glaesern	8	40%	0,7	27,9
13	Tyrconnell	in Tube	8	40%	0,7	19,9

4 Im zweiten Schritt bestimmen Sie das Trennzeichen (hier Semikolon). Textqualifizierer sind Anführungsstriche, die geschlossene Textstellen markieren.

5 Im letzten Schritt können Sie Spaltenformate bestimmen und Spalten ausschließen. Mit *Fertig stellen* wird der Text eingelesen.

6 Für eine ODBC-Verbindung zur Textdatei wählen Sie *Daten/Externe Daten abrufen/Text*.

Ende

Achten Sie bei der ersten Anzeige der Textdatei auf die Vorschau: In älteren Dateien werden Umlaute oder Sonderzeichen falsch interpretiert, schalten Sie den Dateiursprung auf *MS-DOS (PC-8)*. Standard ist das Windows-ANSI-Format.

HINWEIS

Der Datentyp *Feste Breite* liegt vor, wenn alle Datensätze identische Spaltenbreiten in allen Zeilen haben. Ziehen Sie in diesem Fall die Spaltenlinien manuell ein, klicken Sie einfach in die Vorschau oder verschieben Sie Linien mit gedrückter Maustaste.

HINWEIS

Start

1

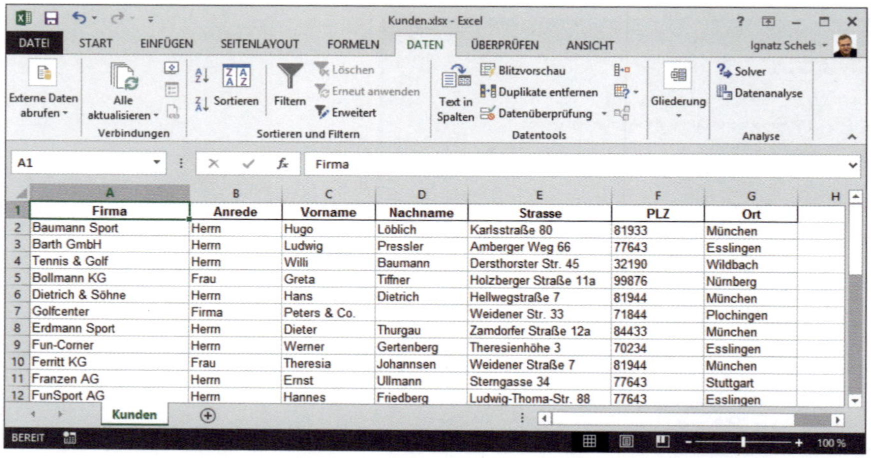

Firma	Anrede	Vorname	Nachname	Strasse	PLZ	Ort
Baumann Sport	Herrn	Hugo	Löblich	Karlsstraße 80	81933	München
Barth GmbH	Herrn	Ludwig	Pressler	Amberger Weg 66	77643	Esslingen
Tennis & Golf	Herrn	Willi	Baumann	Dersthorster Str. 45	32190	Wildbach
Bollmann KG	Frau	Greta	Tiffner	Holzberger Straße 11a	99876	Nürnberg
Dietrich & Söhne	Herrn	Hans	Dietrich	Hellwegstraße 7	81944	München
Golfcenter	Firma	Peters & Co.		Weidener Str. 33	71844	Plochingen
Erdmann Sport	Herrn	Dieter	Thurgau	Zamdorfer Straße 12a	84433	München
Fun-Corner	Herrn	Werner	Gertenberg	Theresienhöhe 3	70234	Esslingen
Ferritt KG	Frau	Theresia	Johannsen	Weidener Straße 7	81944	München
Franzen AG	Herrn	Ernst	Ullmann	Sterngasse 34	77643	Stuttgart
FunSport AG	Herrn	Hannes	Friedberg	Ludwig-Thoma-Str. 88	77643	Esslingen

2

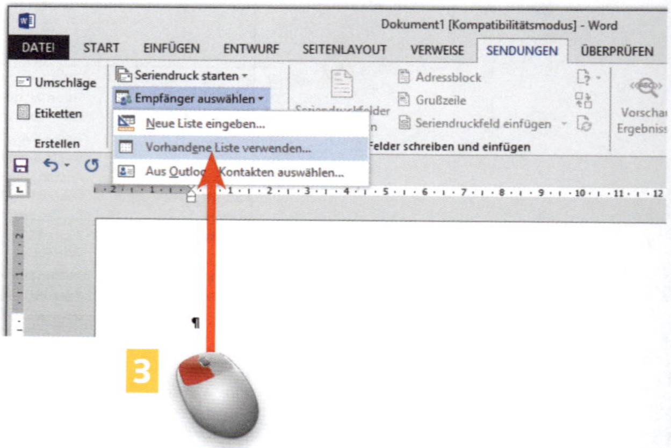

3

1 Legen Sie Ihre Kundenadressen in einer Liste mit Kopfzeile an, speichern und schließen Sie die Arbeitsmappe.

2 Starten Sie Microsoft Word aus dem Windows-8-Startbildschirm.

3 Mit *Sendungen/Seriendruck starten* legen Sie einen neuen Serienbrief an. Bestimmen Sie die gespeicherte Excel-Liste als Empfängerliste.

Word und Excel sind ein ideales Gespann. Das Textverarbeitungsprogramm ist für Briefe, Angebote und andere Korrespondenz zuständig, aus der Tabellenkalkulation werden die Daten für die Serienbriefe geliefert, zum Beispiel die Kundenadressen.

WISSEN

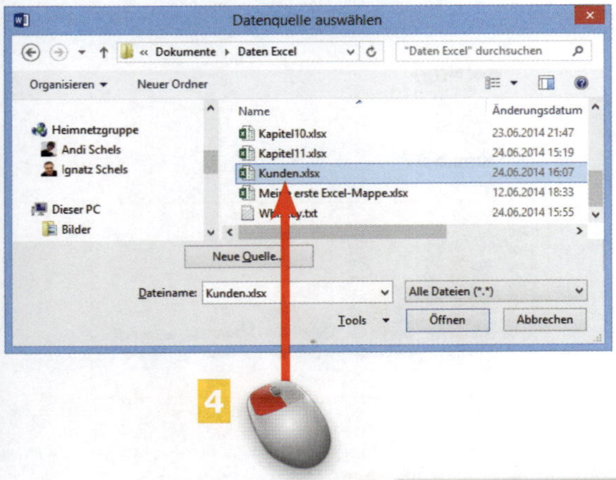

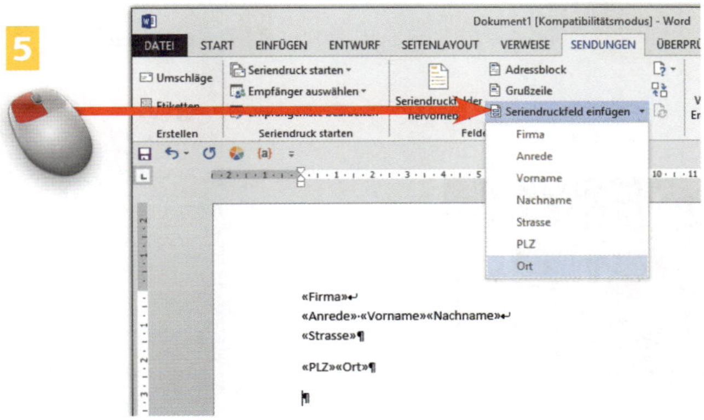

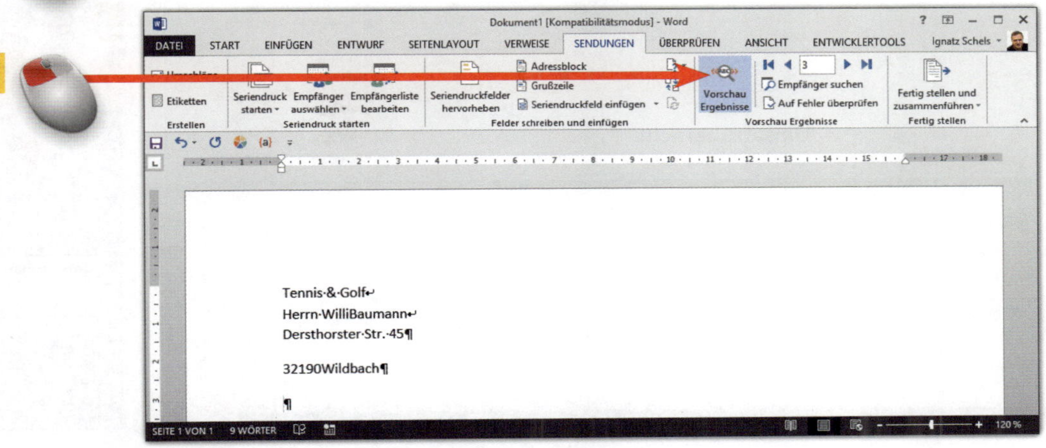

4 Geben Sie den Dateinamen und – nach Auswahl – den Namen der Tabelle an, in der sich die Serienbriefdaten befinden.

5 Unter *Sendungen/Felder schreiben und einfügen* können Sie die Felder einzeln oder im Adressblock in das Dokument holen.

6 Die Vorschau zeigt die Ergebnisse an, blättern Sie die Datensätze durch und drucken Sie Ihre Serienbriefe unter *Fertig stellen*.

Ende

TIPP

Weisen Sie Ihren Adressdaten den Bereichsnamen *Datenbank* zu, erkennt Word diese Liste sofort.

HINWEIS

Unter *Seriendruck starten* können Sie die Empfängerliste bearbeiten und einzelne Datensätze abwählen.

HINWEIS

Die Excel-Daten sind dynamisch mit dem Word-Serienbrief verbunden. Ändert sich die Liste, weil neue Datensätze hinzukommen oder Datensätze gelöscht wurden, hat der Serienbrief automatisch den neusten Stand.

Start

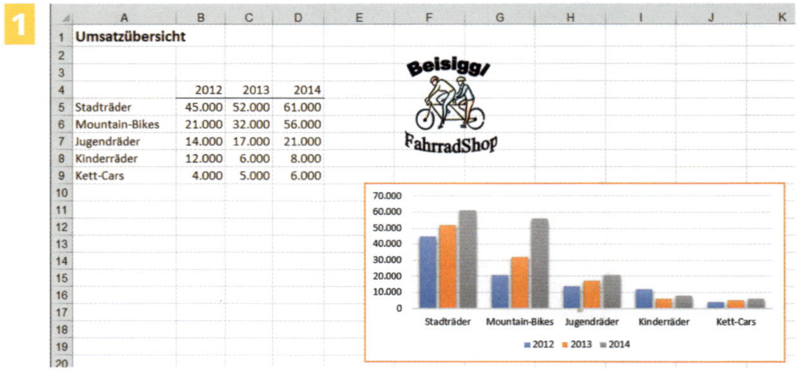

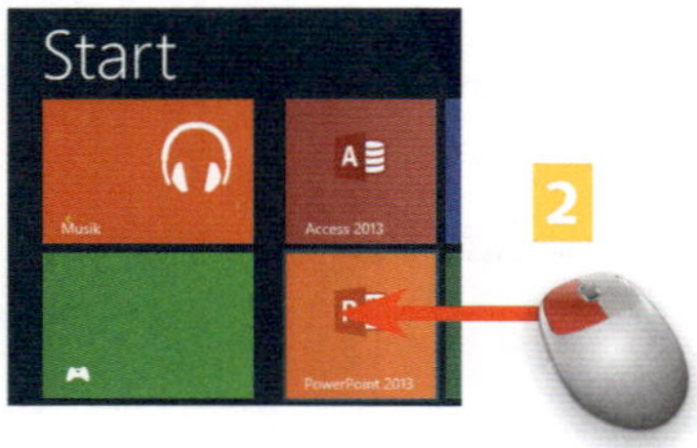

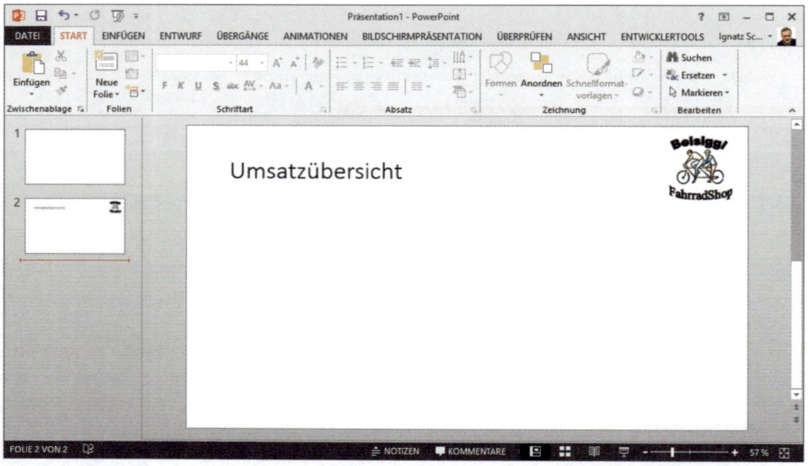

1. Erstellen Sie für eine Verkaufspräsentation eine Umsatztabelle und das passende Diagramm dazu.
2. Starten Sie PowerPoint und legen Sie nach der Titelfolie eine Folie mit Überschrift ohne weitere Elemente bereit.
3. Wechseln Sie zurück zu Excel und kopieren Sie die Tabellendaten in die Zwischenablage.

Präsentieren Sie Ihre Zahlen und Diagramme mit PowerPoint, dem Office-Programm für Bildschirmpräsentationen und Folienvorträge. Die Excel-Daten können Sie bequem über die Zwischenablage übertragen und auf Wunsch dynamisch verknüpfen.

WISSEN

4

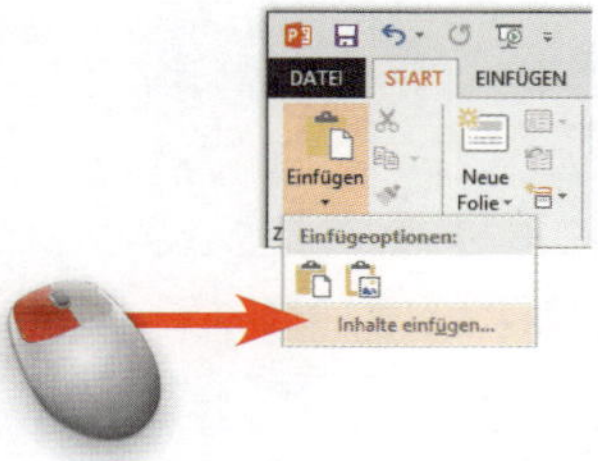

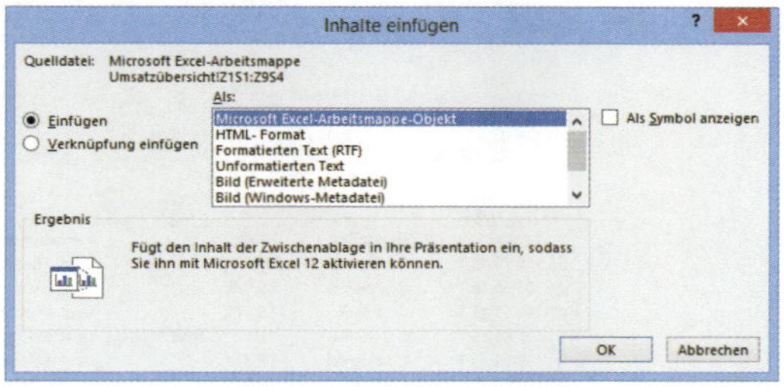

5

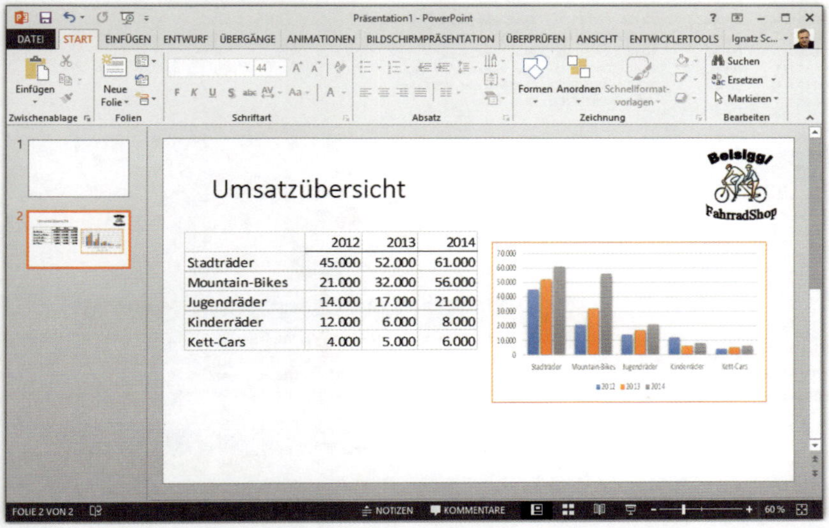

6

4 Im PowerPoint-Fenster wählen Sie *Start/Zwischenablage/Einfügen/Inhalte einfügen*. Holen Sie das Arbeitsblattobjekt auf die Folie.

5 Die Tabelle wird eingefügt, holen Sie auch das Diagramm als Grafikobjekt über die Zwischenablage in die Folie.

6 Ein Doppelklick auf das Objekt öffnet innerhalb des PowerPoint-Fensters die Excel-Registerkarten zur Bearbeitung oder schaltet (bei Verknüpfung) um zu Excel.

Ende

Mit *Verknüpfung einfügen* fügen Sie die Excel-Daten verknüpft ein, Tabelle und Diagramm aktualisieren sich damit automatisch, wenn sie sich in Excel ändern.

HINWEIS

PowerPoint bietet unter *Einfügen/Tabellen* auch die Möglichkeit, eine (leere) Excel-Tabelle zu erzeugen. Nach einem Doppelklick auf diese Tabelle können Sie sie mit den Excel-Werkzeugen bearbeiten.

HINWEIS

Start

1

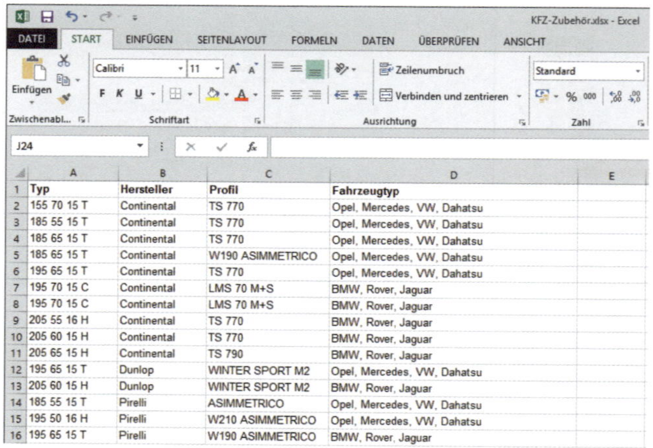

	A	B	C	D
1	Typ	Hersteller	Profil	Fahrzeugtyp
2	155 70 15 T	Continental	TS 770	Opel, Mercedes, VW, Dahatsu
3	185 55 15 T	Continental	TS 770	Opel, Mercedes, VW, Dahatsu
4	185 65 15 T	Continental	TS 770	Opel, Mercedes, VW, Dahatsu
5	185 65 15 T	Continental	W190 ASIMMETRICO	Opel, Mercedes, VW, Dahatsu
6	195 65 15 T	Continental	TS 770	Opel, Mercedes, VW, Dahatsu
7	195 70 15 C	Continental	LMS 70 M+S	BMW, Rover, Jaguar
8	195 70 15 C	Continental	LMS 70 M+S	BMW, Rover, Jaguar
9	205 55 16 H	Continental	TS 770	BMW, Rover, Jaguar
10	205 60 15 H	Continental	TS 770	BMW, Rover, Jaguar
11	205 65 15 H	Continental	TS 790	BMW, Rover, Jaguar
12	195 65 15 T	Dunlop	WINTER SPORT M2	Opel, Mercedes, VW, Dahatsu
13	205 60 15 H	Dunlop	WINTER SPORT M2	BMW, Rover, Jaguar
14	185 55 15 T	Pirelli	ASIMMETRICO	Opel, Mercedes, VW, Dahatsu
15	195 50 16 H	Pirelli	W210 ASIMMETRICO	Opel, Mercedes, VW, Dahatsu
16	195 65 15 T	Pirelli	W190 ASIMMETRICO	BMW, Rover, Jaguar

2

3

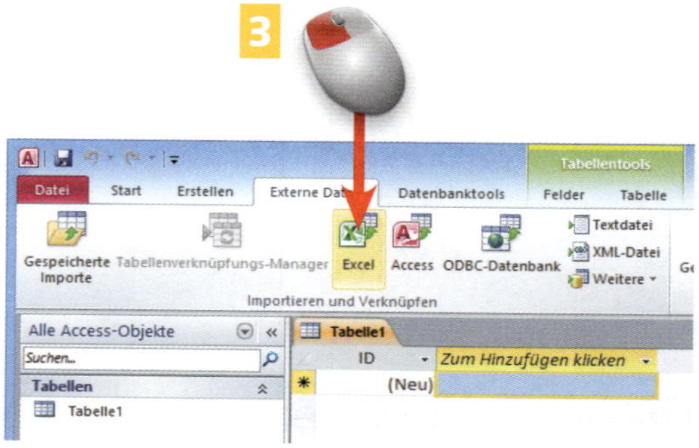

1 Excel-Daten, die in Access-Datenbanken importiert werden, müssen nach den Regeln einer Liste aufgebaut sein (Kopfzeile, einheitliche Datentypen).

2 Starten Sie Microsoft Access und legen Sie eine neue Datenbank an.

3 Wählen Sie *Externe Daten/Importieren* und klicken Sie auf das Excel-Symbol.

Mit dem Datenbankprogramm Access versteht sich Excel sehr gut. Excel-Tabellen können in eine Access-Datenbank importiert und verknüpft werden. Die Daten müssen aber als Liste aufbereitet sein.

WISSEN

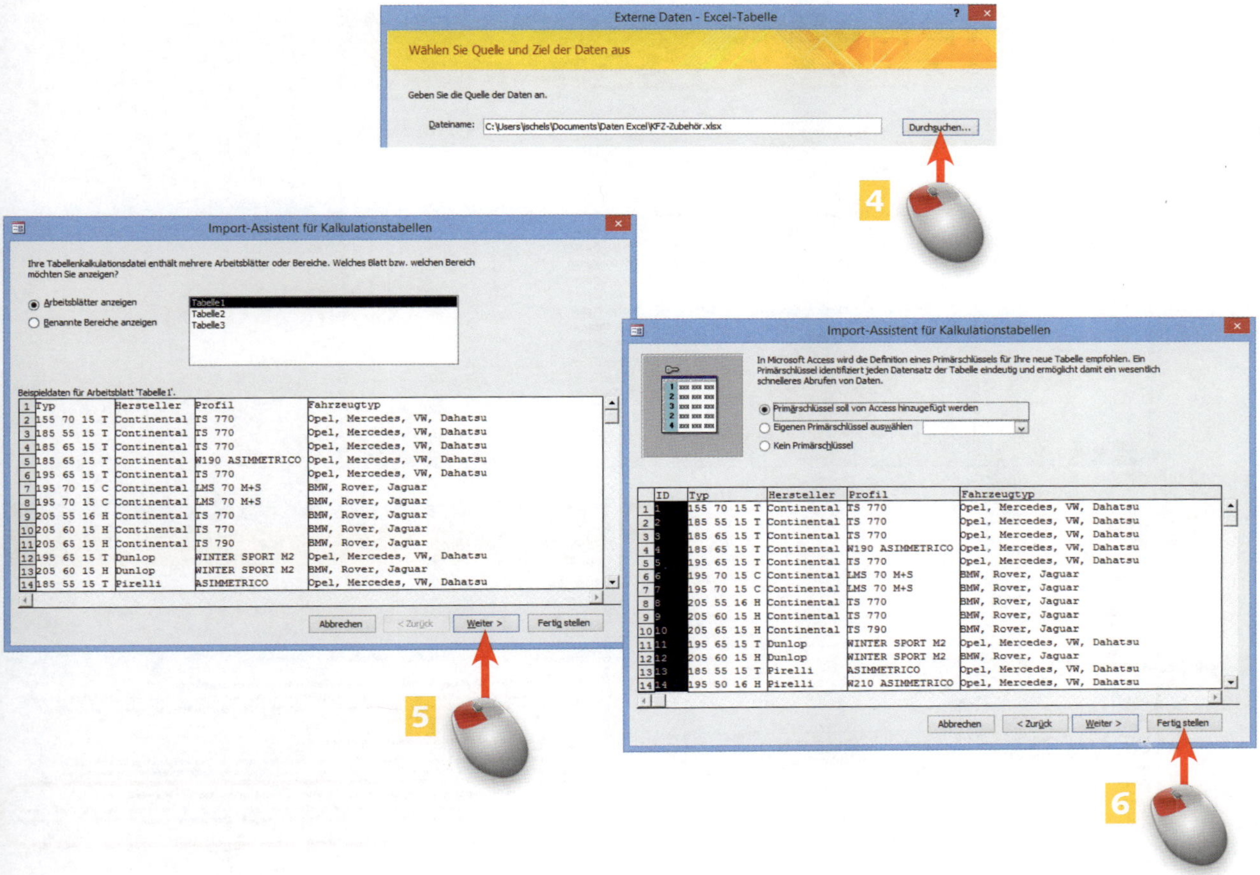

4 Klicken Sie auf *Durchsuchen* und markieren Sie die Arbeitsmappe, aus der Sie eine Tabelle importieren wollen.

5 Beantworten Sie alle Fragen des Import-Assistenten, der die Daten analysiert und für den Import aufbereitet.

6 Fügen Sie einen Primärschlüssel hinzu, wenn Sie für die neue Tabelle eine Spalte mit laufender Nummer brauchen, und geben Sie einen Tabellennamen an.

Verwenden Sie keine Leerzeichen oder Sonderzeichen in den Feldnamen der Excel-Liste. Die Tabelle sollte auch keine weiteren Daten enthalten, wenn ja, weisen Sie der Liste einen Bereichsnamen zu und importieren Sie diesen.

HINWEIS

Das Datenbankprogramm Access ist nicht in den Basisversionen des Office-Pakets enthalten.

HINWEIS

7

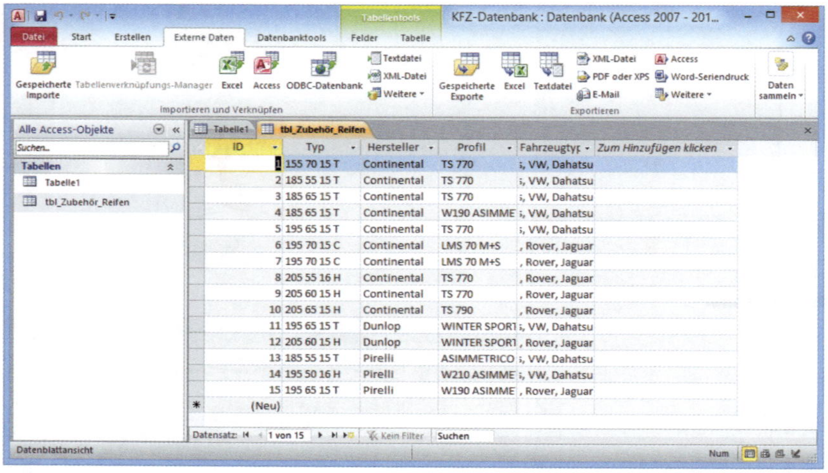

8

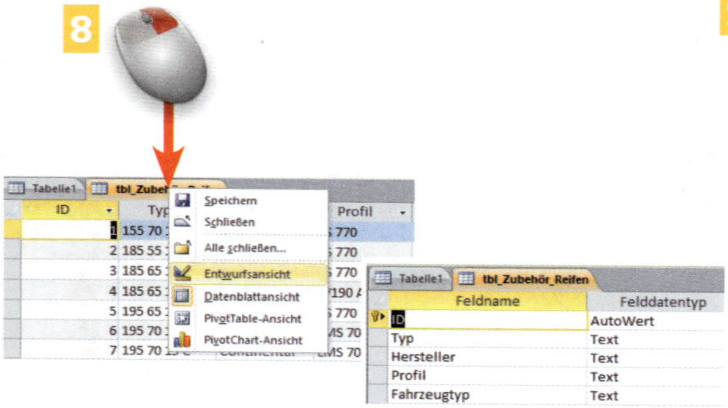

9

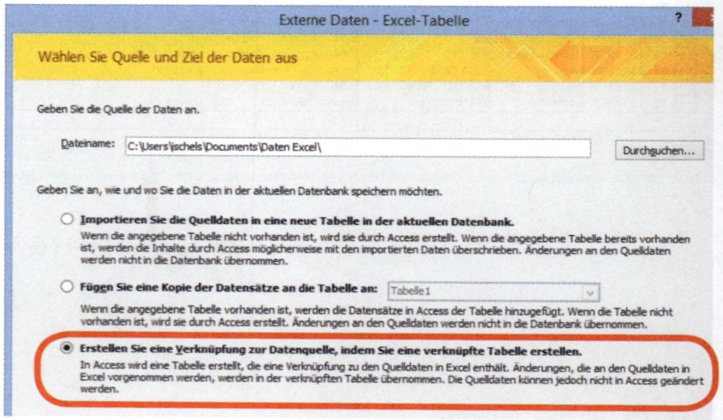

7 Und das ist das Ergebnis des Excel-Imports. Die neue Tabelle steht im Tabellenmodul bereit.

8 Schalten Sie gleich um in den Entwurfsmodus und überprüfen Sie, ob Access die Feldstruktur richtig interpretiert hat.

9 Wenn Sie die Daten in Excel weiterbearbeiten wollen, erstellen Sie eine Verknüpfung auf das Tabellenblatt.

Der Export einer Access-Tabelle nach Excel ist spielend einfach: Mit zwei Klicks wird aus der Datenbanktabelle eine Arbeitsmappe im Excel-Format.

WISSEN

10

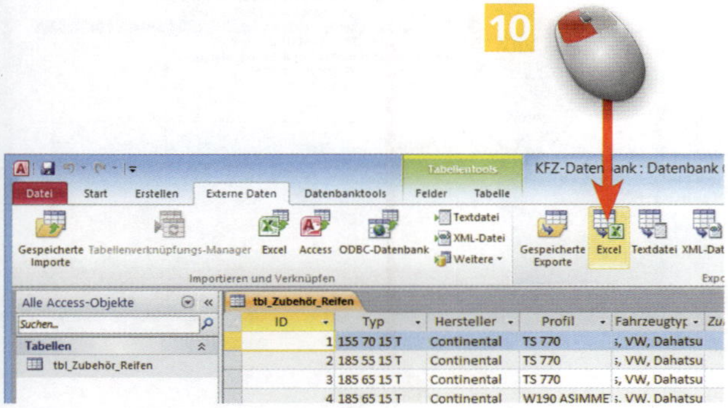

11

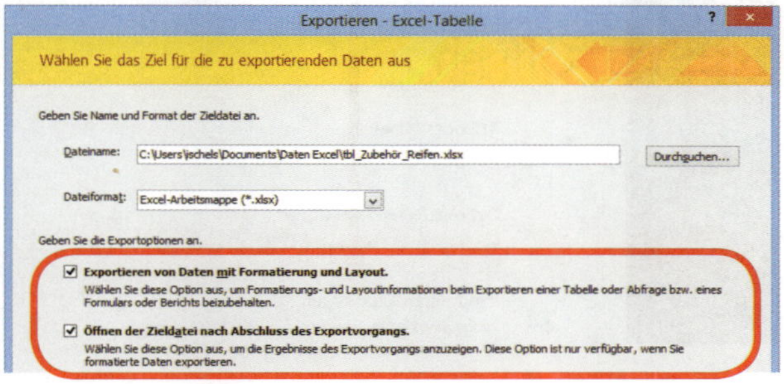

12

10 Und so wird eine Access-Tabelle nach Excel exportiert: Markieren Sie das Objekt im Tabellenmodul und wählen Sie *Externe Daten/Exportieren/Excel*.

11 Geben Sie Dateiname und Dateiformat an und kreuzen Sie die Optionen an, damit die Daten formatiert exportiert und anschließend geöffnet werden.

12 Exportiert werden können auch Abfragen, hier zum Beispiel eine Abfrage, die alle Datensätze nach einem Kriterium herausfiltert.

Ende

Eine verknüpfte Excel-Importtabelle kann im Access-Fenster nicht im Entwurfsmodus geändert werden. Die Verknüpfung können Sie in den *Datenbanktools* mit dem *Tabellenverknüpfungs-Manager* kontrollieren.

HINWEIS

Die schnellste Methode, Excel-Daten nach Excel zu befördern: Liste oder Tabelle mit Strg+C kopieren, Datenbankfenster öffnen, Strg+V.

TIPP

Excel kann auch Verknüpfungen auf Access-Tabellen oder -Abfragen aufbauen. Wählen Sie *Daten/Externe Daten abrufen/Aus Access*.

HINWEIS

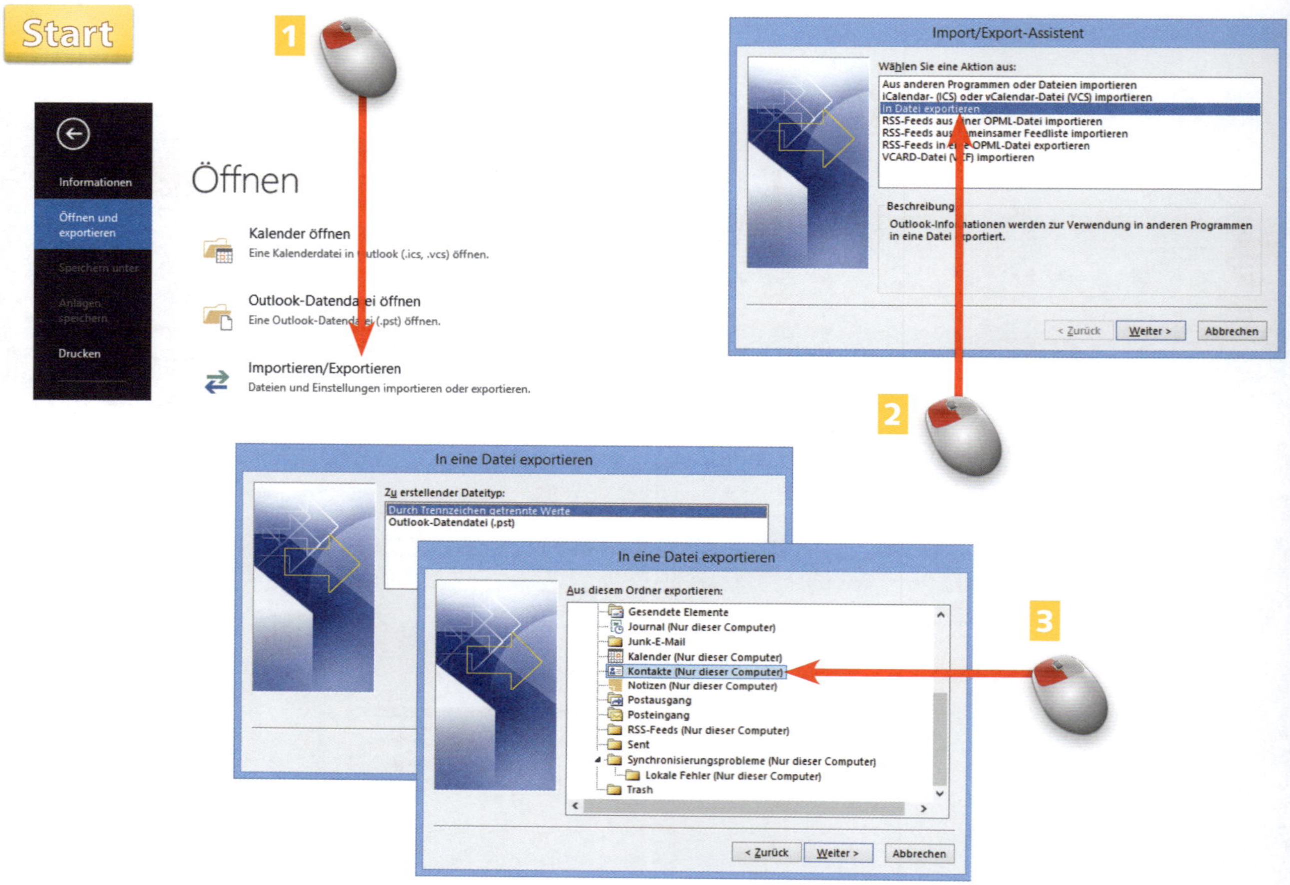

1. Holen Sie die Kontaktadressen aus Outlook in eine Excel-Mappe. Wählen Sie in Outlook *Datei öffnen/Importieren/Exportieren*.
2. Klicken Sie auf *In Datei exportieren*.
3. Geben Sie den Ausgabetyp *durch Trennzeichen getrennte Werte* an und bestimmen Sie den *Kontakte*-Ordner.

Excel kann mit dem Mailprogramm Outlook Adressdaten und andere Informationen austauschen. Exportieren Sie beispielsweise die Adressen aus dem *Kontakte*-Ordner in eine Excel-Tabelle.

WISSEN

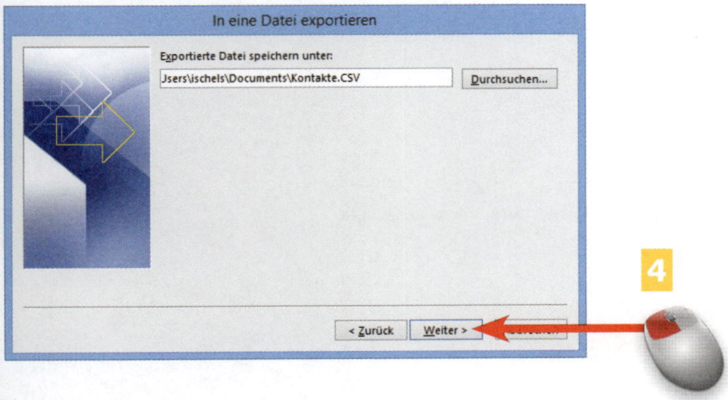

6

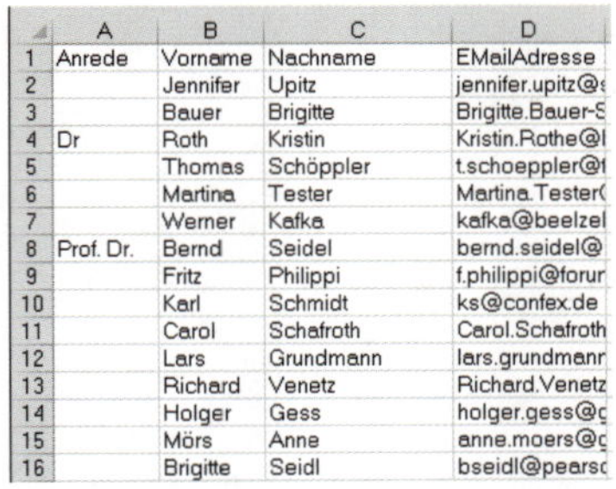

	A	B	C	D
1	Anrede	Vorname	Nachname	EMailAdresse
2		Jennifer	Upitz	jennifer.upitz@
3		Bauer	Brigitte	Brigitte.Bauer-S
4	Dr	Roth	Kristin	Kristin.Rothe@
5		Thomas	Schöppler	t.schoeppler@
6		Martina	Tester	Martina.Tester(
7		Werner	Kafka	kafka@beelze
8	Prof. Dr.	Bernd	Seidel	bernd.seidel@
9		Fritz	Philippi	f.philippi@forur
10		Karl	Schmidt	ks@confex.de
11		Carol	Schafroth	Carol.Schafroth
12		Lars	Grundmann	lars.grundmanr
13		Richard	Venetz	Richard.Venetz
14		Holger	Gess	holger.gess@g
15		Mörs	Anne	anne.moers@g
16		Brigitte	Seidl	bseidl@pearsc

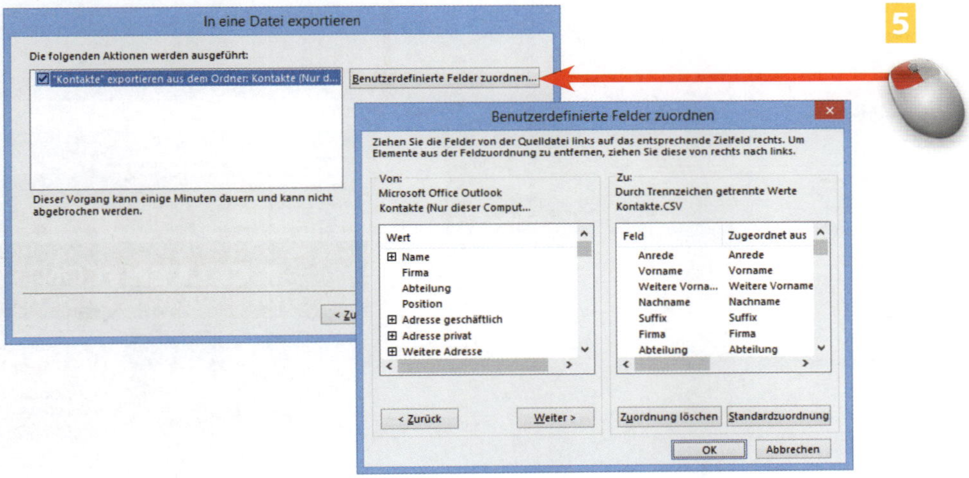

4 Bestätigen Sie den *Kontakte*-Ordner als Quelle für den Export.

5 Tragen Sie einen Dateinamen ein und klicken Sie auf *Benutzerdefinierte Felder*, um die Feldnamen zuzuordnen.

6 Nach Zuordnung der Felder werden die Adressen in die Excel-Arbeitsmappe kopiert.

Ende

Die Arbeitsmappe, die Sie als Ziel angeben, darf beim Start der Exportaktion nicht offen sein. Reduzieren Sie die Feldauswahl auf die nötigsten Felder. Outlook-Kontakte enthalten 92 (!) Felder.

HINWEIS

Wenn die Daten mit Komma als Trennzeichen exportiert werden, markieren Sie die erste Spalte und starten *Daten/Text in Spalten*.

TIPP

Mit *Datei/Öffnen/Importieren/Aus anderen Programmen importieren* können Sie Excel-Adressen auch nach Outlook holen.

HINWEIS

Start

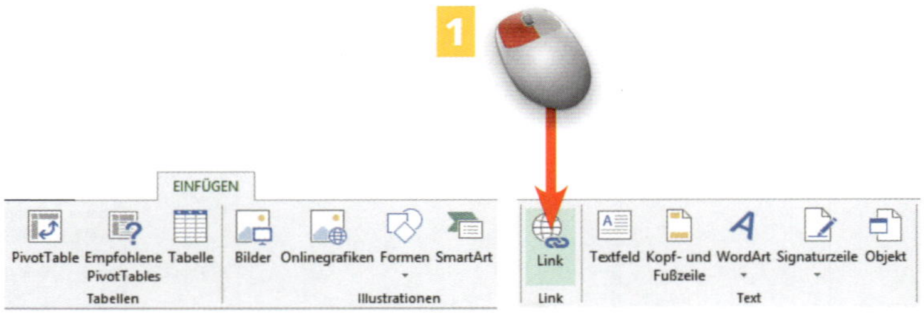

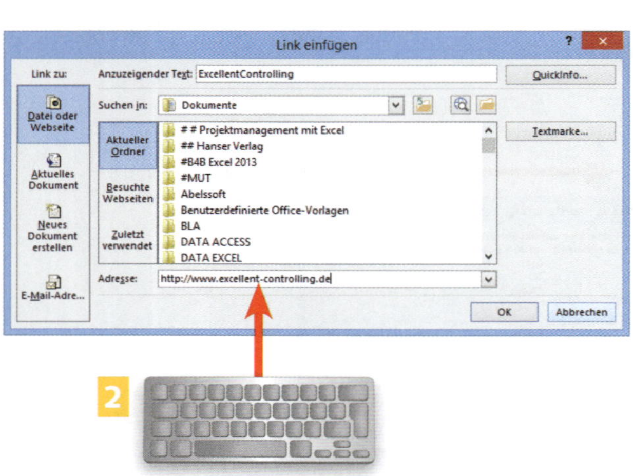

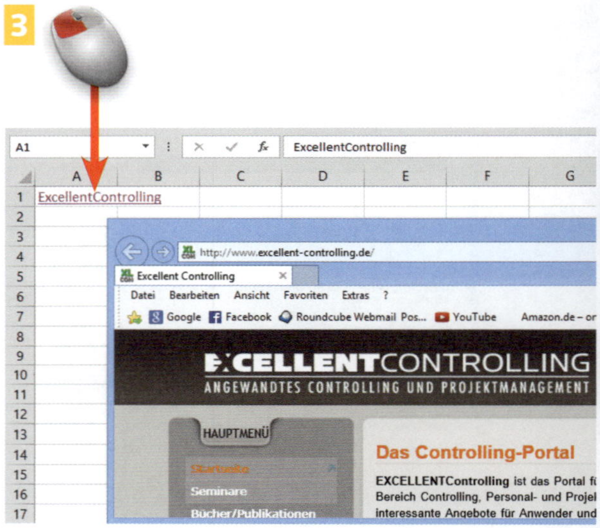

1 Setzen Sie den Zellzeiger in die Zelle, die den Link enthalten soll, und klicken Sie unter *Einfügen/Link* auf das Hyperlink-Symbol.

2 Geben Sie die Internetadresse (URL) ein und bestätigen Sie mit einem Klick auf *OK*.

3 Der Hyperlink steht in der Zelle, ein Klick darauf startet die Webseite, auf die der Link im Windows-Browser (hier Internet Explorer) verweist.

Was für den Internetbrowser und den Windows-Explorer längst Standard ist, können Sie auch in Excel realisieren: die Steuerung von Dateien, Tabellen oder Internetzugriffen mit Hyperlinks. Tragen Sie Hyperlinks direkt ein oder konstruieren Sie sie über eine Funktion.

WISSEN

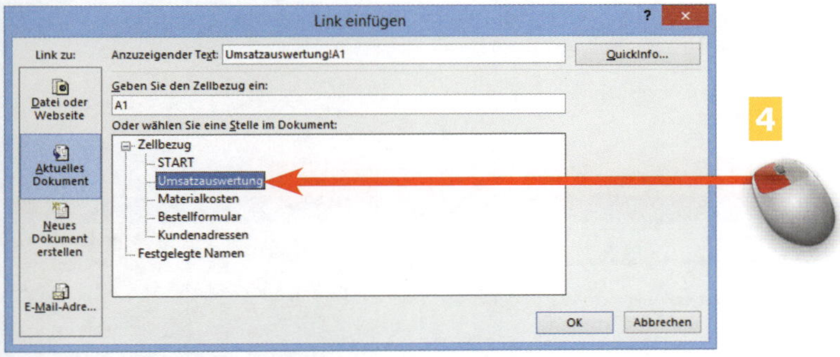

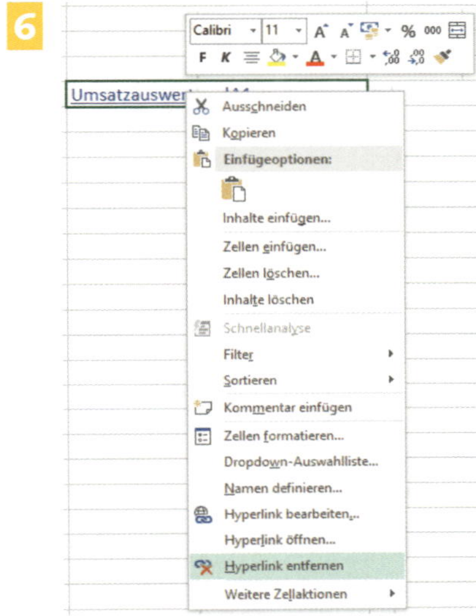

4 Ein Hyperlink kann auch auf einen Bereich oder auf eine andere Tabelle verweisen, hier auf die Zelle A1 der Tabelle *Umsatzauswertung*.

5 Die Funktion HYPERLINK produziert einen Link. Legen Sie sich Ihre persönliche Linkliste mit den besten Webadressen an.

6 Links (Hyperlinks) werden über das Kontextmenü bearbeitet und auch wieder gelöscht.

Ende

TIPP

Halten Sie die Maustaste länger gedrückt, wenn Sie eine Zelle mit Hyperlink markieren wollen, oder verwenden Sie einfach die Pfeiltasten.

HINWEIS

Die Sicherheitseinstellungen für Hyperlinks finden Sie in den Excel-Optionen (*Datei-Menü*) im Trust Center.

HINWEIS

Hyperlinks, die auf Zellbereiche verweisen, müssen immer den kompletten Pfad mit Laufwerk, Datei und Bereich enthalten. Verwenden Sie besser Bereichsnamen.

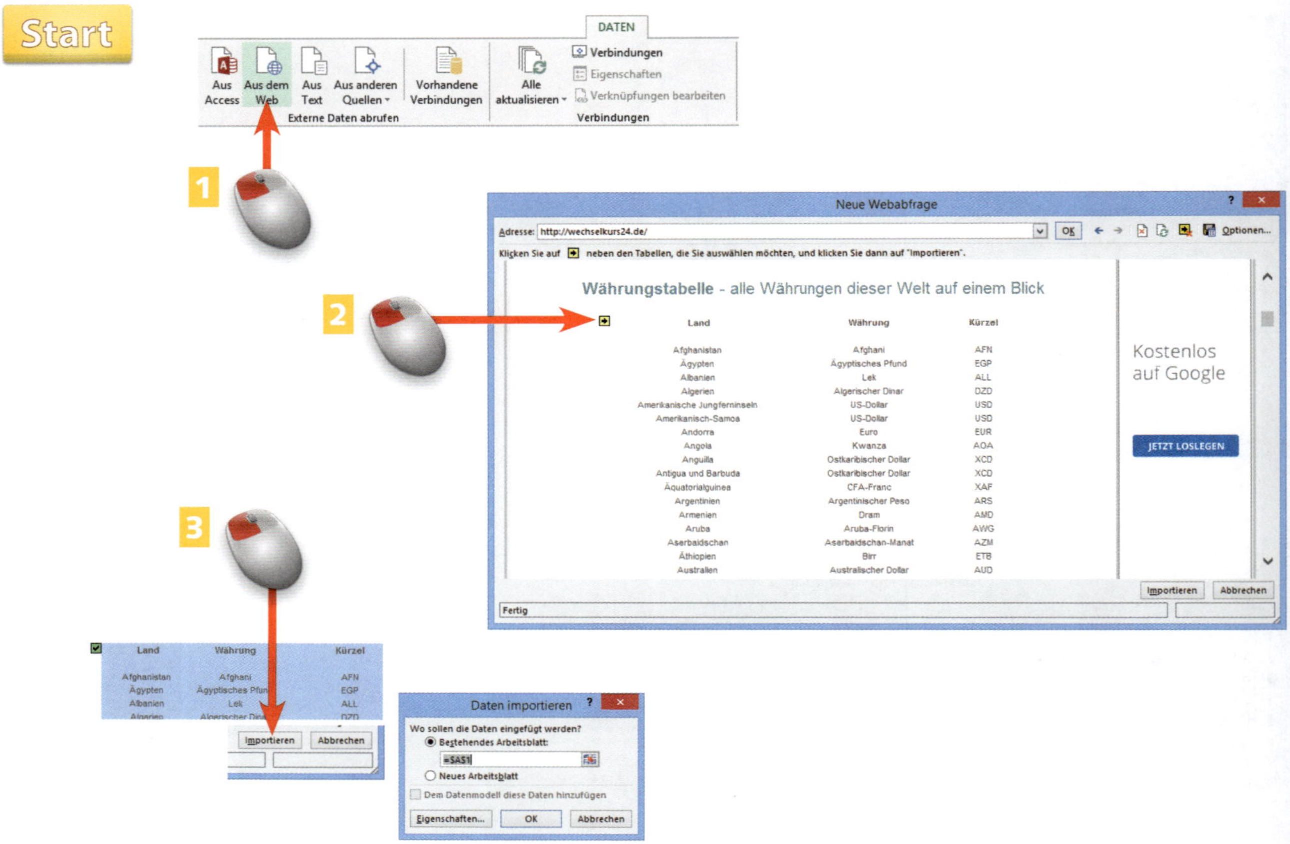

1 Für eine Webabfrage wählen Sie *Daten/Externe Daten abrufen/Aus dem Web*.

2 Die Webabfrage wird aktiviert, geben Sie die Adresse (URL) ein und markieren Sie die HTML-Tabelle, die Sie importieren wollen.

3 Klicken Sie auf *Importieren* und bestätigen Sie die Zielzelle oder markieren Sie im Hintergrund eine Zelle, in die die Daten eingefügt werden.

Tabellen aus Internetseiten müssen nicht mühsam kopiert werden. Binden Sie die Webinhalte einfach per Webabfrage in Ihr Tabellenblatt ein. Ein Klick genügt, und die Daten sind wieder aktuell.

WISSEN

4

	A	B	C
1	Land	Währung	Kürzel
2			
3	Afghanistan	Afghani	AFN
4	Ägypten	Ägyptisches Pfund	EGP
5	Albanien	Lek	ALL
6	Algerien	Algerischer Dinar	DZD
7	Amerikanische Jungferninseln	US-Dollar	USD
8	Amerikanisch-Samoa	US-Dollar	USD
9	Andorra	Euro	EUR
10	Angola	Kwanza	AOA
11	Anguilla	Ostkaribischer Dollar	XCD
12	Antigua und Barbuda	Ostkaribischer Dollar	XCD
13	Äquatorialguinea	CFA-Franc	XAF
14	Argentinien	Argentinischer Peso	ARS
15	Armenien	Dram	AMD

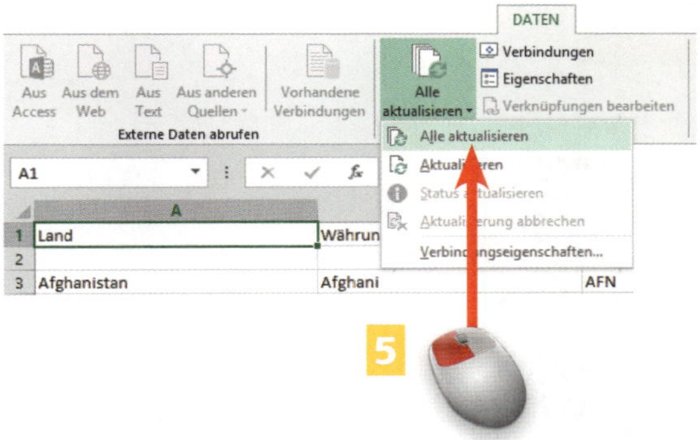

6

4 Die Tabelle wird eingefügt, der Bereich ist dynamisch mit der Internetseite verknüpft.

5 Klicken Sie auf *Daten/Verbindungen/Alle aktualisieren*, um alle Internetverknüpfungen zu aktualisieren.

6 Hier eine Internetseite, auf der viele HTML-Tabellen zu finden sind.

Ende

Das Ergebnis der Webabfrage wird automatisch mit einem Bereichsnamen versehen. Suchen Sie diesen unter *Formeln/Namens-Manager* und markieren Sie ihn im Namensfeld, um den Bereich schnell anzusteuern.

HINWEIS

Mit *Daten/Verbindungen/Eigenschaften* können Sie die Webverknüpfung bearbeiten und die Abfrage wieder öffnen.

HINWEIS

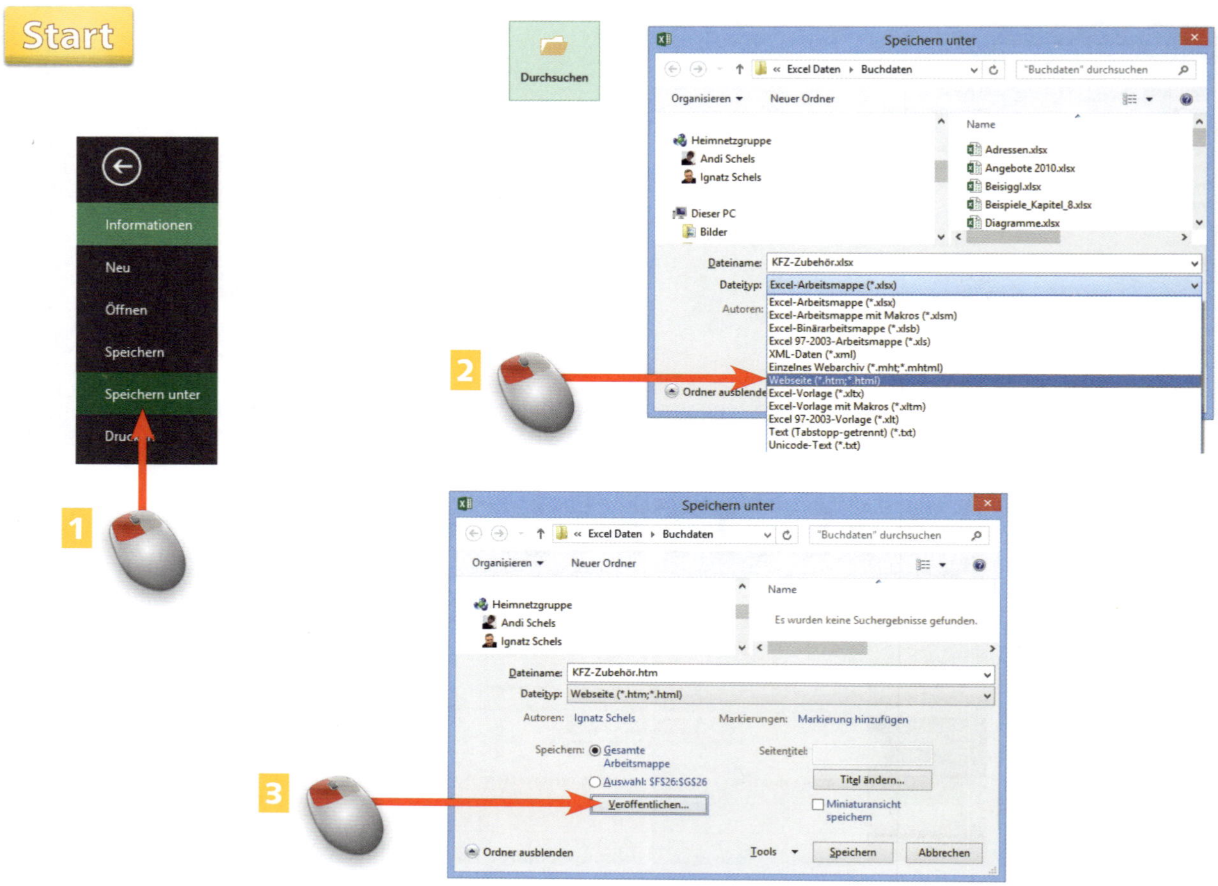

1 Wählen Sie im Office-Menü *Speichern unter.*

2 Schalten Sie auf den Dateityp *Webseite* um.

3 Tragen Sie einen Titel ein und klicken Sie auf *Veröffentlichen*.

Für die Gestaltung von Internet- oder Intranetseiten müssen Tabellen ins HTML-Format konvertiert werden. Speichern Sie Excel-Daten in diesem Format und lassen Sie das Ergebnis gleich im Browser anzeigen. Mit den SharePoint Services können mehrere Benutzer auf Ihre Tabellen zugreifen.

WISSEN

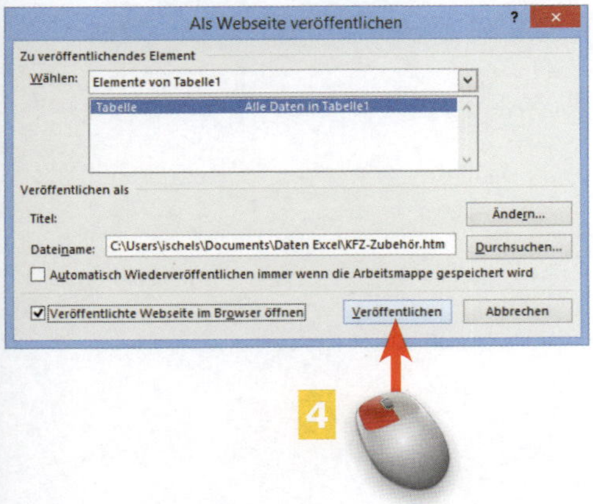

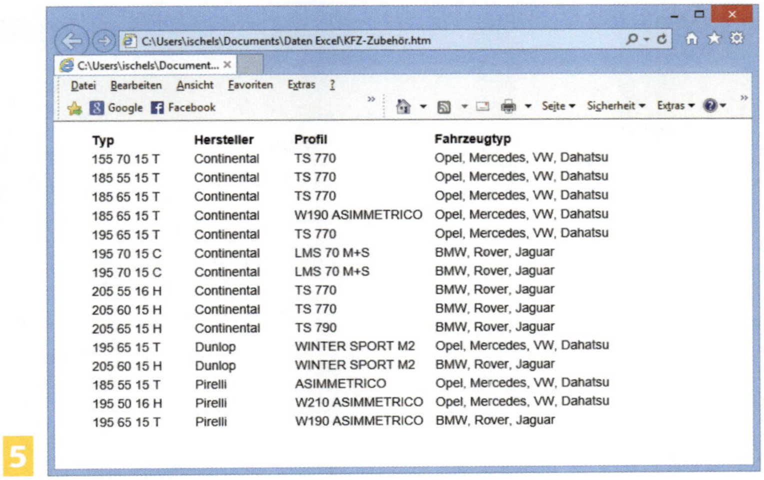

Typ	Hersteller	Profil	Fahrzeugtyp
155 70 15 T	Continental	TS 770	Opel, Mercedes, VW, Dahatsu
185 55 15 T	Continental	TS 770	Opel, Mercedes, VW, Dahatsu
185 65 15 T	Continental	TS 770	Opel, Mercedes, VW, Dahatsu
185 65 15 T	Continental	W190 ASIMMETRICO	Opel, Mercedes, VW, Dahatsu
195 65 15 T	Continental	TS 770	Opel, Mercedes, VW, Dahatsu
195 70 15 C	Continental	LMS 70 M+S	BMW, Rover, Jaguar
195 70 15 C	Continental	LMS 70 M+S	BMW, Rover, Jaguar
205 55 16 H	Continental	TS 770	BMW, Rover, Jaguar
205 60 15 H	Continental	TS 770	BMW, Rover, Jaguar
205 65 15 H	Continental	TS 790	BMW, Rover, Jaguar
195 65 15 T	Dunlop	WINTER SPORT M2	Opel, Mercedes, VW, Dahatsu
205 60 15 H	Dunlop	WINTER SPORT M2	BMW, Rover, Jaguar
185 55 15 T	Pirelli	ASIMMETRICO	Opel, Mercedes, VW, Dahatsu
195 50 16 H	Pirelli	W210 ASIMMETRICO	Opel, Mercedes, VW, Dahatsu
195 65 15 T	Pirelli	W190 ASIMMETRICO	BMW, Rover, Jaguar

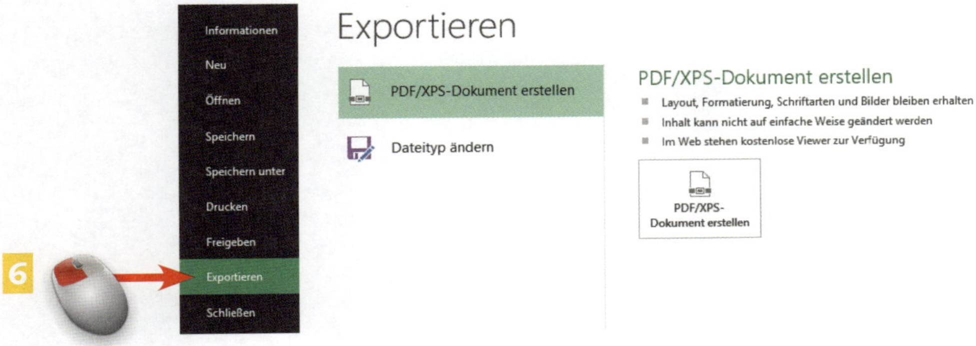

4 Bestimmen Sie, welches Tabellenblatt oder welcher Zellbereich veröffentlicht wird. Sie können auch die gesamte Arbeitsmappe veröffentlichen.

5 Das HTML-Dokument wird gespeichert und gleich im Browser-Fenster angezeigt.

6 Um eine Excel-Mappe oder ein Tabellenblatt als PDF-Datei zu speichern, wählen Sie *Datei/Exportieren*.

Ende

Unter *Datei/Freigeben* können Sie Tabellenblätter und Mappen auch in der Cloud speichern und für andere Benutzer freigeben oder als PDF-Anhang per Mail versenden.

HINWEIS

Mit den SharePoint Services können mehrere Benutzer auf Ihre Tabellen zugreifen.

TIPP

Lexikon

Diagramm

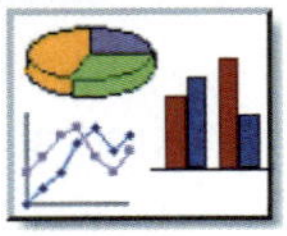

Die grafische Darstellung von Tabellendaten in verschiedenen Formen (Säulen, Balken, Linien, Torten usw.).

Diagrammblatt

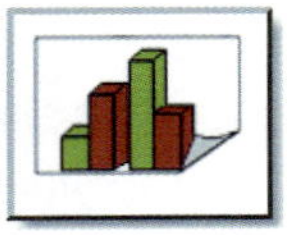

Ein Tabellenblatt, das nur Diagramme und grafische Objekte enthalten kann. Wird im A4-Querformat angelegt.

Diagramm-objekt

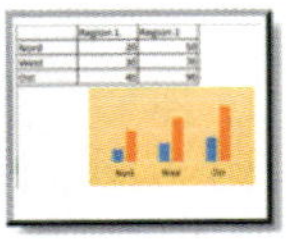

Ein Diagramm, das in einem Objektrahmen in die Tabelle gezeichnet wird. Kann in ein Diagrammblatt verschoben werden.

Direkte Zellbearbeitung

Option in den Excel-Optionen, die sicherstellt, dass Zellinhalte per Doppelklick direkt in der Tabelle bearbeitet werden können.

Drilldown

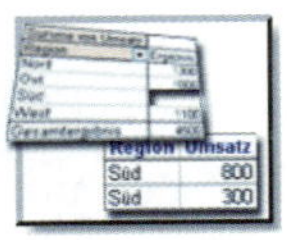

Die Technik, einen konsolidierten Wert (Summe) in der PivotTable per Doppelklick in seine Einzeldatensätze zu zerlegen. Dazu wird ein neues Tabellenblatt angelegt.

Abgeschlossen

Wird eine Arbeitsmappe als abgeschlossen gekennzeichnet, kann sie nicht mehr bearbeitet werden. Dieser Schreibschutz lässt sich aber aufheben.

Add-in

Zusätzliche Funktionen oder Makros werden in Dateien mit der Endung XLA gespeichert. Sie werden in den Excel-Optionen verwaltet und sind für den Benutzer unsichtbar.

Aktuelles Datum

Wird mit der Funktion HEUTE oder JETZT aus dem Systemdatum von Windows generiert und mit jeder Neuberechnung aktualisiert.

Arbeitsmappe

In dieser Datenform speichert Excel seine Tabellen. Standardmäßig sind drei Tabellen in einer neuen Mappe. Die Anzahl Tabellen ist beliebig, die Dateiendung ist XLSX.

Arbeitsmappenschutz

Schutzmechanismus, der alle Zellen in der Mappe vor Überschreibung schützt, die mit der Formatierung Schutz/Gesperrt ausgestattet sind.

Aufgabenbereich

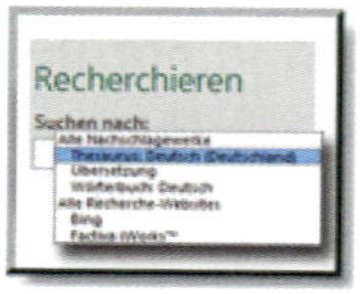

Randleiste links oder rechts am Tabellenrand, in der Werkzeuge angeboten werden. Der rechte Aufgabenbereich wird für die Anzeige und Verwaltung von ClipArts und für Dokumentprüfungen benutzt, links erscheint der Inhalt der Zwischenablage.

Ausfüllkästchen

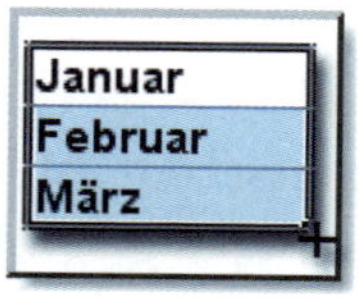

Das kleine schwarze Quadrat unten am Zellzeiger. Es wird zur Produktion von Füllreihen oder zum Kopieren von Zellen in eine Richtung mit dem Mauszeiger gezogen.

AutoFilter

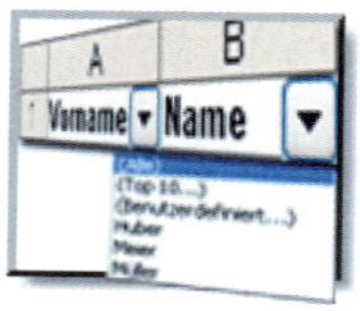

Die Filterpfeile, die mit der Zuweisung einer Tabelle oder mit dem Aufruf der Filterfunktion im Kopfbereich einer Liste angezeigt werden.

AutoSumme

Das Symbol mit dem Sigma-Zeichen in der Gruppe Start/Bearbeiten. Es bietet neben der SUMME-Funktion noch weitere Standardfunktionen an.

AutoVervollständigen

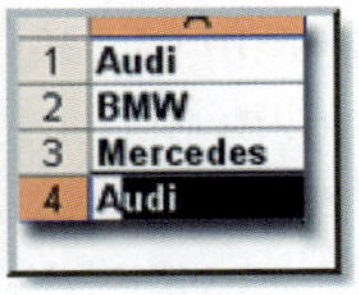

Bietet bei der Datenerfassung den Zellinhalt einer übergeordneten Zelle an, wenn die Anfangsbuchstaben übereinstimmen.

Balkendiagramm

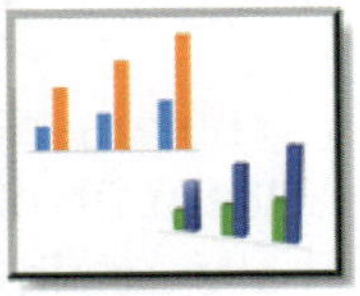

Diagrammtyp mit horizontalen Balken und vertikaler Größenachse. Kann mit Linien kombiniert werden.

Bearbeitungsleiste

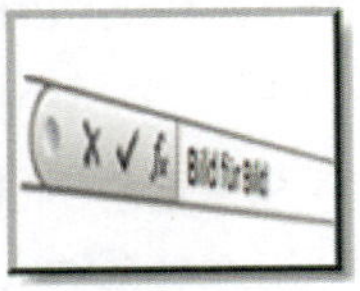

Die Leiste zwischen der Multifunktionsleiste und der Tabelle. Sie zeigt den Inhalt der aktiven Zelle und zwei Symbole für die Bearbeitung an.

Bedingte Formatierung

Eine Zellformatierung (Farbe, Muster, Schrift, Rahmen), die angezeigt wird, wenn eine dafür hinterlegte Bedingung erfüllt ist.

Bedingung

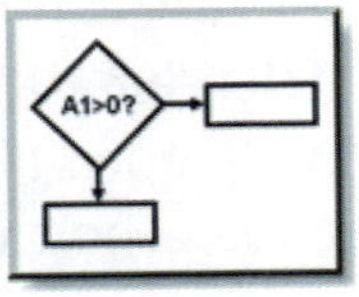

Logischer Ausdruck, der WAHR oder FALSCH zum Ergebnis haben kann. Wird in Formeln und Funktionen (WENN) verwendet.

Benutzerdefinierte Füllreihe

Eine Füllreihe, die vom Benutzer selbst angelegt und zur Liste der Standardfüllreihen hinzugefügt wurde (*Datei*-Menü).

Benutzername

Frei wählbarer Name, wird in den Excel-Optionen eingetragen und steht als Eigenschaft Autor in jeder von diesem Benutzer gespeicherten Arbeitsmappe.

Bereichsname

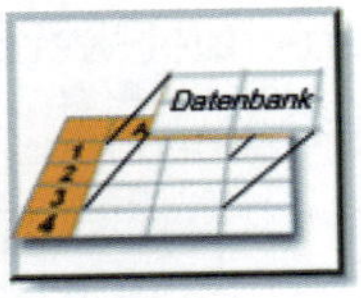

Eine Bezeichnung, die einem Zellbereich zugewiesen wird. Der Benutzer kann diese anstelle des Zellbezuges benutzen, um den Bereich anzusteuern oder in Formeln zu adressieren.

Bezug

So wird in Excel eine Zelladresse bezeichnet, wenn sich eine Formel darauf bezieht.

Bitmap

Ein (älteres) Format für Grafikdaten, in dem Bilder Punkt für Punkt gespeichert werden. Bitmap-Grafiken können als Dateien in Excel-Tabellen integriert werden.

Blattschutz

Ein Schutzmechanismus, der im Register Überprüfen aktiviert werden kann und alle Zellen mit dem Zellformat Schutz/Gesperrt vor Überschreibung schützt.

Calibri

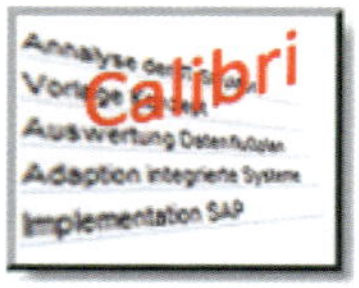

Die Standardschriftart für Tabellen. In den Excel-Optionen im Office-Menü kann eine andere Schrift für neue Tabellen eingestellt werden.

Datei

Die Speicherform für Daten allgemein. In Excel werden alle Tabellen in Form einer Arbeitsmappendatei mit der Dateiendung XLSX gespeichert. Dateien können auch als Grafikobjekte in die Tabelle geholt werden.

Datenmaske

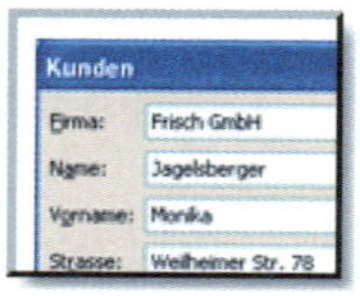

Ein Dialogfenster, das den Inhalt einer Liste zur Bearbeitung anbietet. Steht nicht mehr in Registern oder Menüs zur Auswahl, kann aber in die Symbolleiste für den Schnellzugriff integriert werden.

Datentabellen

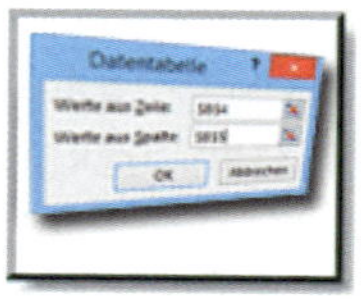

Eine Form der Was-wäre-wenn-Analyse (früher: Mehrfachoperation), in der Varianten einer Formel in Matrixform berechnet werden.

Design

Eine Gruppe einheitlicher Gestaltungselemente mit Farben, Schrift und Objektgestaltung. Designs werden programmübergreifend für die Office-Programme Excel, Word und PowerPoint gestaltet.

Diagramm

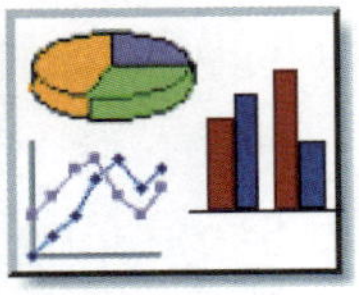

Die grafische Darstellung von Tabellendaten in verschiedenen Formen (Säulen, Balken, Linien, Torten usw.).

Diagrammblatt

Ein Tabellenblatt, das nur Diagramme und grafische Objekte enthalten kann. Wird im A4-Querformat angelegt.

Diagrammobjekt

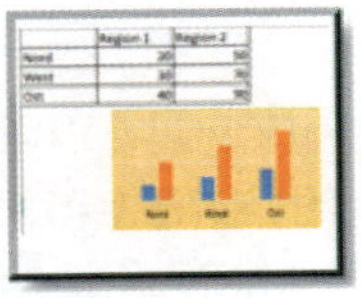

Ein Diagramm, das in einem Objektrahmen in die Tabelle gezeichnet wird. Kann in ein Diagrammblatt verschoben werden.

Direkte Zellbearbeitung

Option in den Excel-Optionen, die sicherstellt, dass Zellinhalte per Doppelklick direkt in der Tabelle bearbeitet werden können.

Drilldown

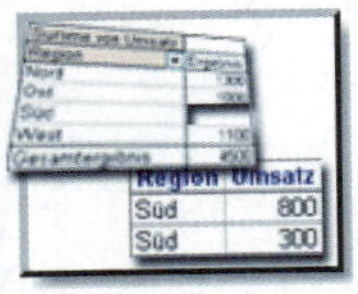

Die Technik, einen konsolidierten Wert (Summe) in der PivotTable per Doppelklick in seine Einzeldatensätze zu zerlegen. Dazu wird ein neues Tabellenblatt angelegt.

Druckbereich

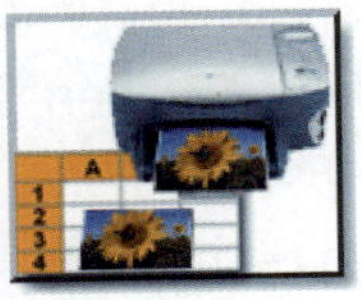

Bereichsname für den druckbaren Tabellenbereich. Wird über das Seitenlayout zugewiesen und wieder aufgehoben.

Drucktitel

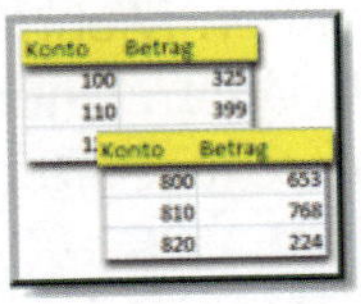

Ein Zellbezug, der im Seitenlayout eingetragen wird und die Zeilen des Druckbereiches enthält, die auf jeder Seite eines mehrseitigen Ausdrucks gedruckt werden.

Fehlerwert

Wird in der Zelle angezeigt, wenn eine Formel falsch rechnet (z.B. #WERT!, #DIV/0 oder #ZAHL!).

Feld

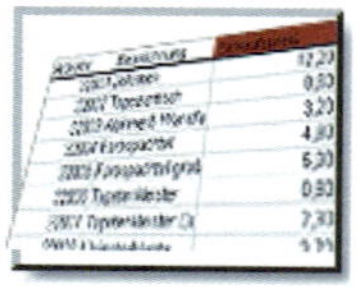

In Listen oder Datenbanken wird eine Spalte als Feld bezeichnet. Die Spaltenüberschrift ist der Feldname.

Formatvorlage

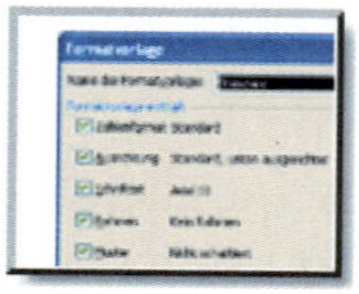

Die Sammlung mehrerer Formatierungen (Schrift, Zahlenformat, Ausrichtung ...), wird unter einer Bezeichnung gespeichert und Zellen (Zellenformatvorlage), Diagrammen (Diagrammformatvorlage) oder SmartArts (Schnellformatvorlage) zugewiesen.

Formel

Ein Rechenausdruck, der mit einem =-Zeichen oder +-Zeichen eingeleitet wird und zur Berechnung neben Zahlen und Text mathematische, logische Operatoren, Zellbezüge und Bereichsnamen verwendet.

Formelüberwachung

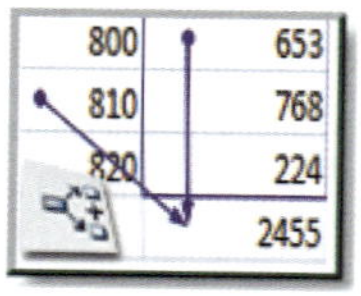

Eine Sammlung von Werkzeugen zum Aufspüren von Fehlern und zur Kennzeichnung von Bezügen in Formeln.

Funktionstasten

Tastenreihe am oberen Rand der Standardtastatur. Einige Funktionstasten sind mit Excel-Funktionen belegt (z. B. F2 = Zelle öffnen, F12 = Speichern unter).

Gitternetzlinien

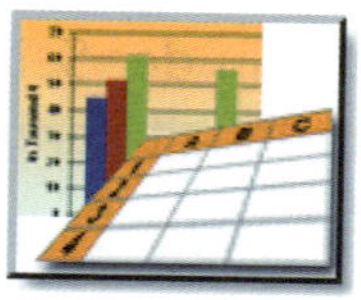

1. Horizontale und vertikale Linien in der Tabelle, die den Schnittpunkt von Zeilen und Spalten, die Zellen, markieren.
2. Linien an den Achseneinteilungen eines Diagramms, wahlweise als Hauptgitternetz oder Hilfsgitternetz.

Grafikobjekt

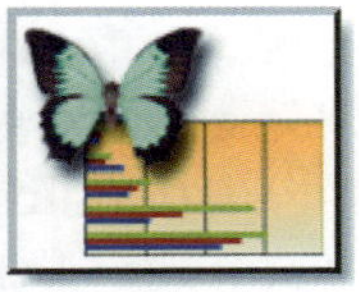

Bilder, Fotos, ClipArts und andere grafische Elemente, die als Objekte auf Tabellen importiert und platziert werden.

Gruppierung und Gliederung

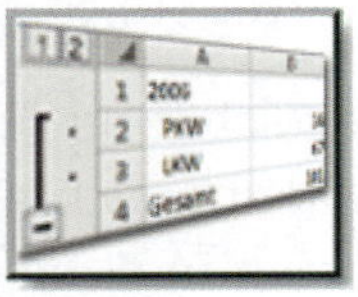

Damit werden Zeilen und Spalten in Tabellen in Ebenen eingeordnet. Mit Gliederungssymbolen am Tabellenrand (oben und links) werden die Ebenen geöffnet und geschlossen.

Kennwort

Wird beim Blattschutz oder Arbeitsmappenschutz oder beim Speichern der Datei angefordert und muss eingegeben werden, um die Mappe/das Blatt öffnen und bearbeiten zu können.

Kommentar

Ein gelber Textkasten mit Text und dem Benutzernamen in der ersten Zeile. Wird einer Zelle zugewiesen und erscheint, wenn der Mauszeiger auf die Zelle zeigt. Der Kommentarindikator weist auf den Kommentar hin.

Kommentar-indikator

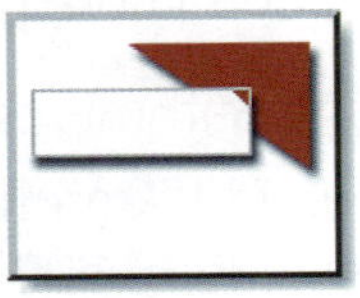

Das kleine rote Dreieck rechts oben in der Zelle, das darauf hinweist, dass die Zelle mit einem Kommentar versehen ist.

Kopf-/Fußzeilencodes

Textcodes, beginnend mit &-Zeichen, die in Kopf- und Fußzeilen eine automatische Information vertreten. Beispiele: &S (Seitenzahl), &D (Dateiname).

Kopfzeile/Fußzeile

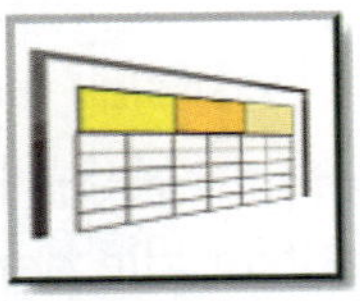

Der Bereich zwischen oberem bzw. unterem Blattrand und Tabelle. Die Größe wird in der Seiteneinrichtung festgelegt, der Inhalt kann auf drei Bereiche verteilt werden.

Kreisdiagramm

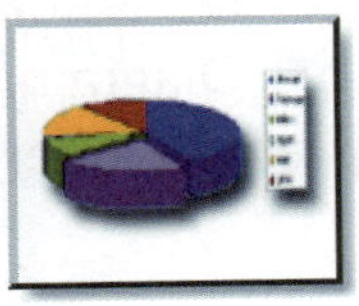

(Auch Tortendiagramm) Diagrammform zur Verdeutlichung der Verteilung einer Gesamtmenge auf mehrere Teilmengen. Hat keine Achsen und kann nur eine einzelne Datenreihe visualisieren.

Liniendiagramm

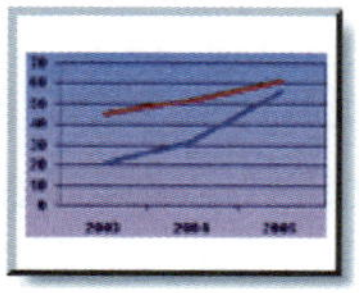

Diagrammform, in der die Datenreihen in Linienform einer Achse entlangführen. Verdeutlicht meist einen zeitlichen Ablauf oder Schwankungen in einem Wertebereich.

Liste

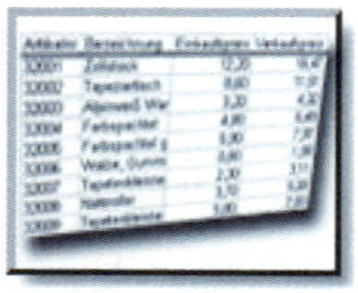

Bezeichnung für einen geschlossenen Zellenbereich als Sammlung von Datensätzen in eindeutig klassifizierten Spalten (Feldern). Viele Excel-Werkzeuge wie Filter, Sortierung und PivotTables setzen Listen voraus.

Makro

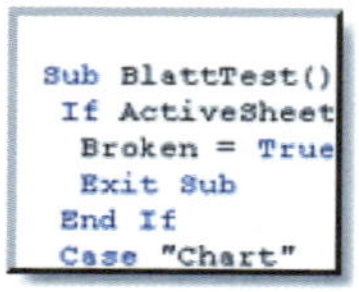

Ein Programm, geschrieben in der Programmiersprache Visual Basic for Applications (VBA), das Ereignisse und Abläufe rund um Zellen, Tabellen, Objekte und Mappen steuern kann.

Makrorecorder

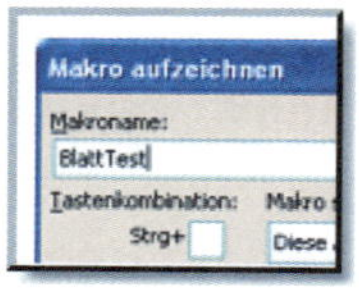

Mit dem Makrorecorder werden Aktionen in der Excel-Oberfläche aufgezeichnet und in ausführbaren VBA-Code umgewandelt. Die aufgezeichneten Codezeilen werden im VBA-Editor bearbeitet.

Mehrfachmarkierung

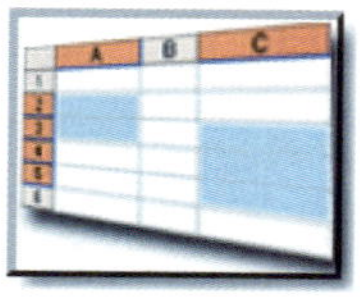

Eine Markierung in der Tabelle, die mindestens zwei Bereiche umfasst. Dazu wird die zweite und nächste Markierung mit gedrückter Strg-Taste gesetzt.

Menüband

Die große Leiste mit den Registern, die in Gruppen unterteilt sind (frühere Bezeichnung: Multifunktionsleiste). Sie lässt sich ein- und ausblenden und passt die Gruppen- und Symbolgrößen an die Fenstergröße an.

Namens-Manager

Hier werden die Bereichsnamen der aktiven Mappe verwaltet. Namen können neu definiert oder mit Bezügen versehen werden.

Objekt

Alle Elemente einer Tabelle, die nicht in Zellen stehen, werden als Objekte bezeichnet. Dazu gehören Grafiken, ClipArts und Diagramme.

ODBC

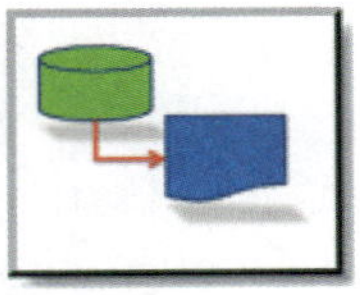

Open database connectivity, bezeichnet das Verfahren, externe Datenquellen mit Excel-Tabellen zu verknüpfen. Dazu wird ein Bereich (Datenbank) aus externen Dateien eingelesen und dynamisch verknüpft.

OLAP

Online analytic processing. Die Technik für multidimensionale Datenbanken. Excel kann OLAP-Daten integrieren und analysieren und bietet Cube-Funktionen für OLAP-Würfel.

OneDrive

Internetdienst von Microsoft unter Windows Live, bietet die Möglichkeit, Dateien online abzulegen (max. 25 GB).

Outlook

Das Mailprogramm des Office-Pakets. Kann mit Excel Daten austauschen, beispielsweise Kontakte oder Aufgabenlisten.

PDF

(Portable document format) Das Standarddateiformat für Dokumente. Excel kann Tabellen als PDF-Dateien speichern.

Persönliche Makro-Arbeitsmappe

Eine ausgeblendete, nicht sichtbare Arbeitsmappe, die beim Aufzeichnen eines Makros als Speicherort gewählt werden kann. Wird als Datei PERSONAL.XLSB gespeichert.

Pfad

So wird die Textkette bezeichnet, die Position und Bezeichnung einer Datei mit allen Laufwerken, Ordnern und Unterordnern enthält, z. B. *C:\Users\Benutzername\Daten\Umsatz.xlsx*.

PivotChart

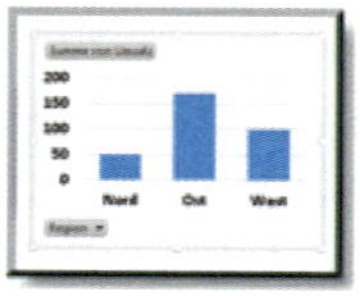

Die grafische Form der PivotTable mit Rubriken-, Reihen- und Datenbereich. Wird immer zusammen mit einer PivotTable erzeugt.

PivotTable

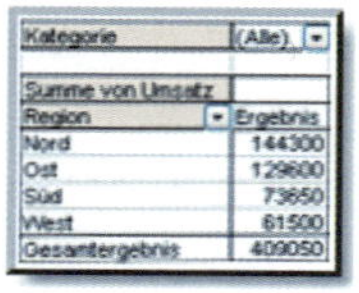

Die Spezialform einer Tabelle, die Daten aus Listen in Seiten-, Zeilen-, Spalten- und Datenbereich einordnet und die Ergebnisse kumuliert. Die Anordnung der Feldnamen bestimmt die Art der Berechnung.

PowerPoint

Das Präsentationsprogramm aus dem Office-Paket zur Herstellung von Bildschirm- oder Beamerpräsentationen. Excel-Tabellen und -Diagramme können in PowerPoint-Folien importiert werden.

Prozentzeichen

Excel dividiert ein Formelergebnis durch 100, wenn ein Faktor das Prozentzeichen enthält. Im Zahlenformat verwendet, multipliziert das angezeigte Zeichen das Ergebnis optisch.

Punktdiagramm

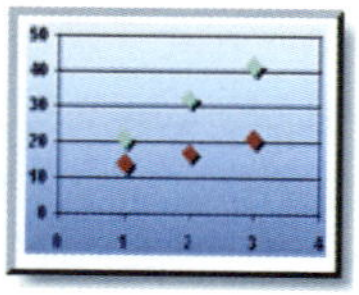

Diagrammform mit zwei Größenachsen. Die Datenpunkte werden horizontal wie vertikal an der numerischen Skala aufgetragen.

QuickInfo

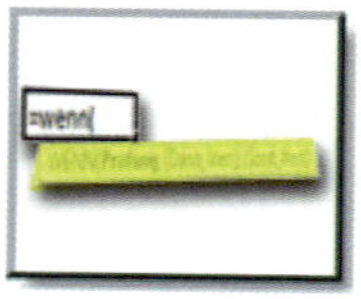

Der kleine Hilfstext, der am Mauszeiger auftaucht, wenn eine Formel erstellt wird oder wenn dieser etwas länger auf ein Symbol oder ein Objekt zeigt.

Rechtschreibprüfung

Mit diesem Werkzeug prüft Excel alle Zellinhalte auf falsch geschriebene Begriffe. Zum Abgleich dient ein umfangreiches Wörterbuch, das für alle Office-Programme gilt.

Register

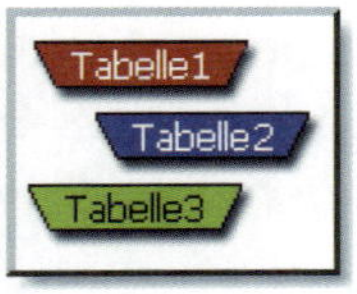

Die Ordnungsform für Tabellenblätter. Register werden am unteren Rand des Tabellenfensters angezeigt, sie dienen zur Benennung der Tabellen und für die Verwaltung der Blätter (Kopieren, Verschieben, Löschen).

Ringdiagramm

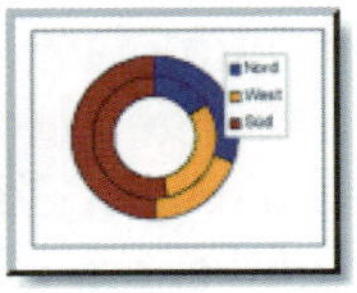

Diagrammform, die zur Visualisierung der Größenverhältnisse mehrerer Datenreihen dient.

Säulendiagramm

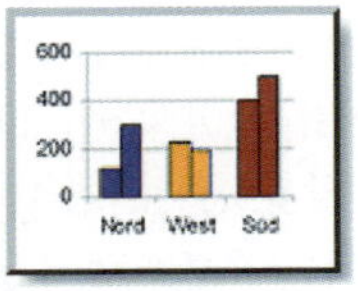

Diagrammform, die alle Werte eines Zellbereiches in Säulenform entlang der Größenachse anzeigt. Säulendiagramme werden meist für Größenvergleiche eingesetzt.

Schrift, Schriftgrad

Excel verwendet das Schriftenangebot von Windows. Der Schriftgrad bezeichnet die Größe der Schrift, gemessen im typografischen Maß Punkt (1 Punkt = 0,352 mm).

Seitenansicht

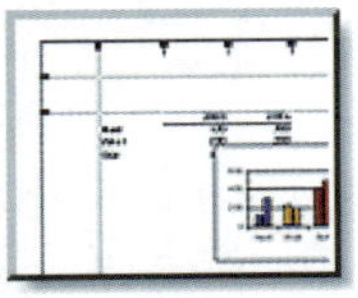

Wird vor dem Drucken einer Tabelle im Datei-Menü angezeigt, präsentiert Tabellen, wie sie gedruckt werden. Randlinien und Spaltenbreiten können manuell verändert werden, zur Bearbeitung von Zellen muss die Ansicht wieder ausgeschaltet werden.

Seitenlayout

Unter diese Bezeichnung fallen alle Einstellungen, die sich auf die gedruckte Form einer Tabelle beziehen (Papierformat, Kopf-/Fußzeilen, Druckbereich etc.).

Seitenumbruch

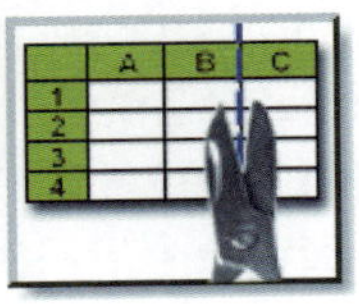

Wird links von einer Spalte oder über einer Zeile eingefügt und ersetzt damit den automatischen, vom Papierformat erzwungenen Seitenumbruch. Seitenumbrüche sind an gestrichelten Linien erkennbar.

Seitenumbruchvorschau

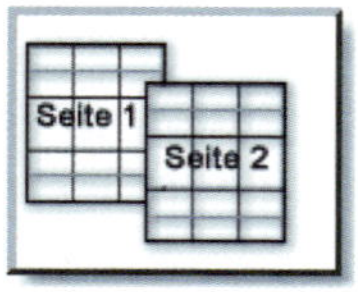

In dieser Ansicht werden alle Druckränder und Seitenumbrüche mit blauen Linien visualisiert und können vom Benutzer manuell geändert werden.

SharePoint Services

Serveranwendung für Webseiten, die Benutzern den gemeinsamen Zugriff auf Formulare, Dokumente und Anwendungen ermöglichen. Excel kann Tabellen auf SharePoint-Servern veröffentlichen.

Sicherheitscenter

Zentrale Sammelstelle in den Excel-Optionen für Datenschutz und Sicherheitseinstellungen. Regelt den Zugriff von Makros, Verknüpfungen, ActiveX, Objekten u. a. und prüft Mappen auf Sicherheitslücken.

Smarttag

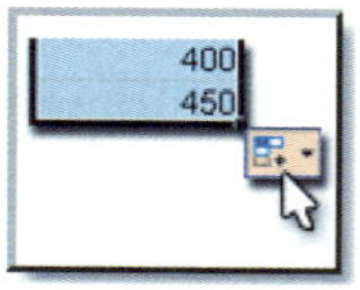

Das kleine Kästchen, das neben dem Zellzeiger auftaucht, wenn eine Aktion beendet wurde, zum Beispiel eine Füllung mit dem Füllkästchen. Der SmartTag bietet Alternativen zur Aktion oder zum Zellinhalt.

Sortieren

Listen und Tabellen können zeilen- oder spaltenweise sortiert werden, wahlweise über Sortiersymbole oder einen Sortierdialog, in dem beliebig viele Sortierschlüssel angegeben werden.

Spalten

Die horizontale Einteilung einer Tabelle. Excel-Tabellen enthalten 16.384 (2^{14}) Spalten.

Spaltenbreite

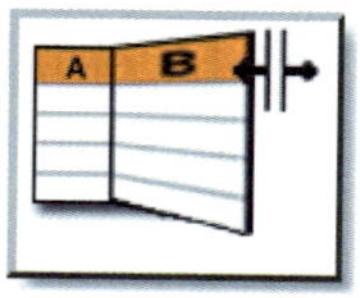

Wird über Format-Symbole oder durch Ziehen der rechten Spaltenlinie im Spaltenkopf angepasst. Das in der QuickInfo gezeigte Maß ist die Anzahl Zeichen und (in Klammern) die Breite in Pixel. Maßstab für die Anzahl Zeichen ist das breiteste Zeichen.

Sparklines

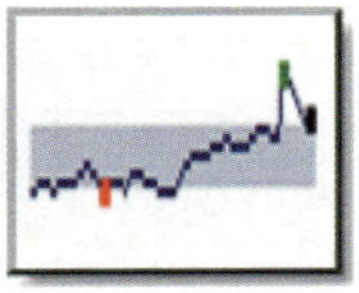

Zellgrafiken in Linien oder Balkenform. Visualisieren Zahlenwerte in Zellen. Höchst- und Tiefstwerte können unterschiedlich eingefärbt werden.

Standardspeicherort

Laufwerk und Ordner, die Excel beim Öffnen oder Speichern einer Arbeitsmappe automatisch ansteuert. Kann in den Excel-Optionen eingetragen werden.

Statusleiste

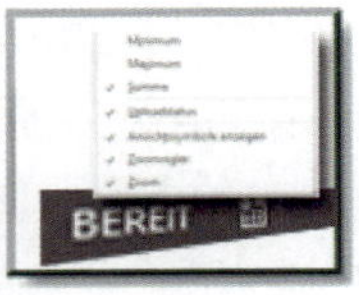

Die Leiste am unteren Fensterrand, in der die Ansichtssymbole und die Zoomleiste stehen. Mit der rechten Maustaste lassen sich zahlreiche Informationen für diese Leiste ein- und ausblenden.

Storno

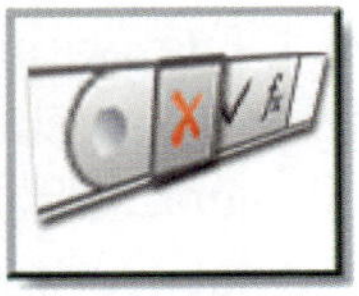

Das Kästchen am linken Rand der Bearbeitungsleiste. Damit wird die Bearbeitung der Zelle abgebrochen (auch mit der [Esc]-Taste).

Symbolleiste für den Schnellzugriff

Die kleine Symbolleiste, die als Einzige vom Benutzer anzupassen ist. Sie kann mit Symbolen für alle Excel-Befehle bestückt und wahlweise über oder unter der Multifunktionsleiste platziert werden.

Szenarien

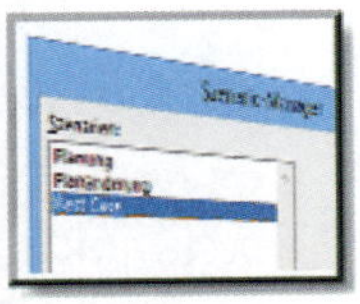

Die mit dem Szenario-Manager gespeicherten und mit einem Namen versehenen Werte eines Zellbereiches mit bis zu 32 Zellen.

Tabelle

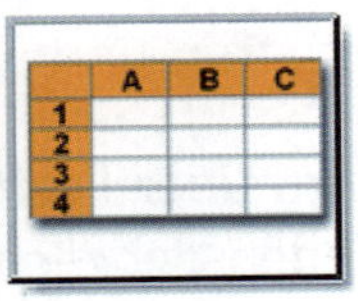

Bezeichnung für eine Sonderform von Bereichen im Tabellenblatt (früher: Liste). Excel-Tabellen sind geschlossene Listen mit Kopfzeile und identischen Datentypen in den einzelnen Spalten. Sie können in Bereiche zurückkonvertiert werden.

Teilergebnis

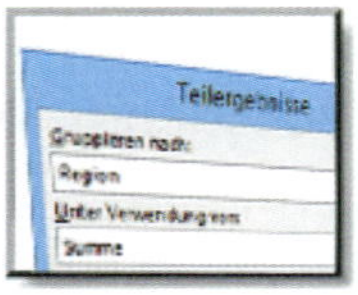

1. Werkzeug aus Daten/Gliederung, mit dem Zwischensummen in Listen eingezogen werden.
2. Funktion zur Auswertung von gefilterten oder gegliederten Daten.

VBA

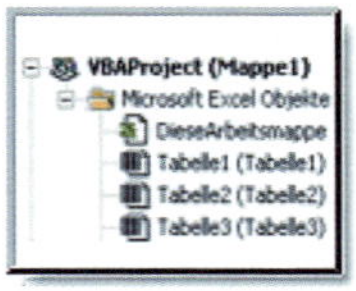

Visual Basic for Applications. Die Programmiersprache im Office-Paket, mit der Ereignisse und Abläufe gesteuert werden können. VBA ist die Basis für Makros.

Verknüpfung

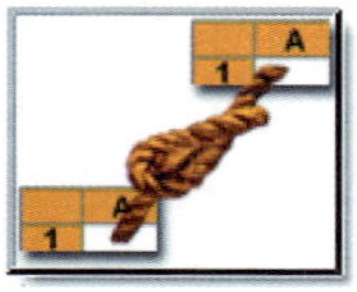

Eine Formel, die sich auf Inhalte von Zellen oder Objekten in anderen Tabellen oder Arbeitsmappen bezieht.

Vorlage

Arbeitsmappe, die als Kopie geöffnet wird. Die Dateiendung ist XLTX. Excel bietet Beispielvorlagen und Onlinevorlagen über office.com an.

Währung

So heißt das Symbol in der Liste der Zahlenformate, das den markierten Daten das Währungsformat zuweist.

Was-wäre-wenn

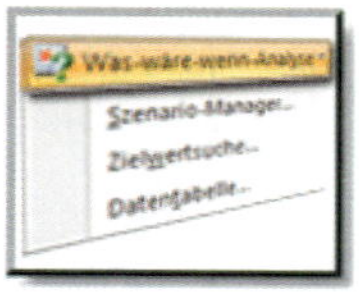

Eine Gruppe von Analysewerkzeugen in der Gruppe Daten/Datentools (Szenario-Manager, Zielwertsuche und Datentabelle).

WordArt

Office-Dienstprogramm für Schrifteffekte. Textobjekte werden in die Tabellen gezeichnet und mit Farben, Konturen, Schatten und 3D-Effekten formatiert.

Zahlenformat

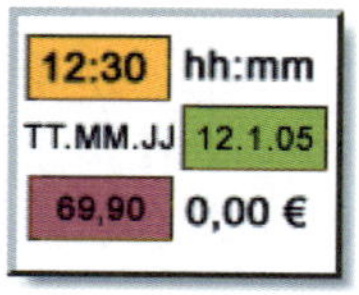

Formatierung für Zahlenwerte in Zellen, wahlweise als Dezimalzahl, Währung, Datum oder benutzerspezifisch. Das Zahlenformat regelt auch die Anzahl sichtbarer Nachkommastellen, das Währungszeichen und das Prozentzeichen.

Zeilen

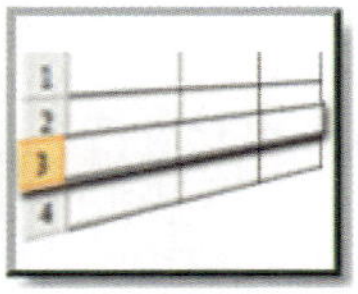

Die vertikale Einteilung einer Tabelle. Excel-Tabellen enthalten 1.048.576 (2^{20}) Zeilen.

Zeilenhöhe

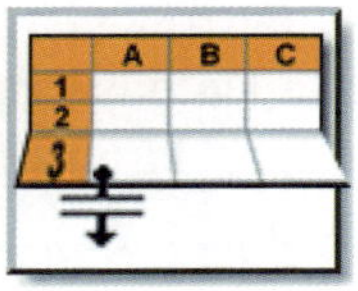

Wird mit dem Format-Symbol oder durch Ziehen der unteren Randlinie der Zeile im Zeilenkopf eingestellt. Die Zeilenhöhe wird im typografischen Maß Punkt (1 Punkt = 0,352 mm) gemessen, die QuickInfo zeigt sie auch in Pixel.

Zelle

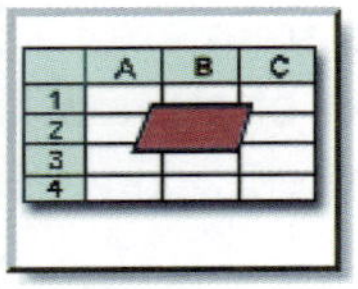

Der Schnittpunkt von Zeile und Spalte in der Tabelle. Eine Excel-Tabelle enthält 17.179.869.184 Zellen.

Zellschutz

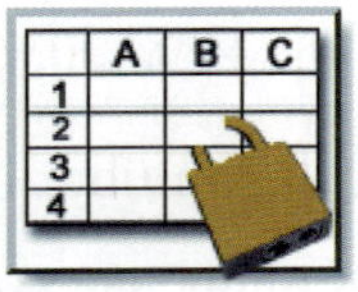

Ein Zellenformat, das die Zelle als geschützt deklariert. In neuen Tabellen sind alle Zellen geschützt, der Schutz wird aber erst mit der Aktivierung von Blatt- oder Arbeitsmappenschutz wirksam.

Zielwertsuche

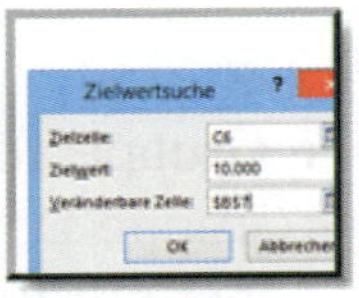

Eine Was-wäre-wenn-Analyse, die im Iterationsverfahren einen Zielwert berechnet.

Zoom

Das Größenmaß für die angezeigte Tabelle oder die Bezeichnung für das Werkzeug, das die angezeigte Größe ändert. Der Zoomfaktor ist der Grad der Vergrößerung/Verkleinerung.